Nah dran, weit weg. Geschichte des Kantons Basel-Landschaft

Nah dran, weit weg. Geschichte des Kantons Basel-Landschaft

Band zwei **Bauern und Herren. Das Mittelalter**

IMPRESSUM

Dieses Werk erscheint als Nr. 73.2 der Reihe Quellen und Forschungen
zur Geschichte und Landeskunde des Kantons Basel-Landschaft.

Autorinnen und Autoren
Dorothea A. Christ, PD Dr. phil.
Anna C. Fridrich, lic. phil.
Mireille Othenin-Girard, Dr. phil.
Dorothee Rippmann, Dr. phil., MAS
Albert Schnyder, Dr. phil.
Béatrice Wiggenhauser, Dr. phil.

Aufsichtskommission
René Salathé, Dr. phil., Präsident
Roger Blum, Prof. Dr. phil. (bis 1996)
Markus Christ, Pfr.
Jürg Ewald, Dr. phil. (ab 1988)
Beatrice Geier-Bischoff, Landrätin (ab 1996)
Jacqueline Guggenbühl-Hertner, lic. iur., MAES
Bruno Gutzwiller, Dr. iur.
Matthias Manz, Dr. phil.
Guy Marchal, Prof. Dr. phil. (bis 1993)
Martin Schaffner, Prof. Dr. phil.
Jürg Tauber, Dr. phil. (bis 1988)
Achatz von Müller, Prof. Dr. phil. (ab 1993)
Regina Wecker Mötteli, Prof. Dr. phil.
Dominik Wunderlin, lic. phil.

Auftraggeber
Regierungsrat des Kantons Basel-Landschaft

Verlag
Verlag des Kantons Basel-Landschaft

Redaktion
Anna C. Fridrich, lic. phil.

Lektorat
Elisabeth Balscheit, Dr. phil.

Gestaltung
Anne Hoffmann Graphic Design, Basel

Satz: Anne Hoffmann Graphic Design, Basel und Schwabe & Co. AG, Muttenz.
Herstellung: Schwabe & Co. AG, Muttenz. Buchbinderei: Grollimund AG, Reinach.

Diese Publikation wurde mit Mitteln aus dem Lotteriefonds ermöglicht.
ISBN 3–85673–263–2 (Gesamtausgabe). ISBN 3–85673–264–0 (Band 1 und 2)
© Liestal, 2001. Autorinnen, Autoren und der Verlag des Kantons Basel-Landschaft

Alle Rechte vorbehalten

Bauern und Herren

Der zweite Band der Kantonsgeschichte ist dem Mittelalter seit dem Jahr 1000 gewidmet. Im Zeitraum von rund 500 Jahren veränderten sich die ländliche Gesellschaft, aus deren Perspektive der vorliegende Band geschrieben ist, ihre Lebens- und Wirtschaftsweise nachhaltig. Seit dem 12. Jahrhundert entstanden aus Weilern allmählich Dörfer. Das Zusammenleben in geschlosseneren Siedlungen begünstigte die Entstehung der so genannten Dreizelgenwirtschaft, einer neuen Organisationsform der landwirtschaftlichen Produktion. Von zentraler Bedeutung war die Entwicklung der Gemeinde, die zur Trägerin politischer, wirtschaftlicher und religiöser Funktionen wurde. Zum wachsenden Gemeindebewusstsein gehörte, dass sich die Menschen auf dem Land seit dem Spätmittelalter auch für die Gestaltung des kirchlichen Lebens selbst verantwortlich fühlten.

Auch die Herrschaftsverhältnisse waren um 1500 nicht mehr dieselben wie in den ersten 400 Jahren des Jahrtausends: An die Stelle von Adel und Klöstern trat in der alten Basler Landschaft zunehmend die Stadt Basel. Der Bischof verlor seine Rechte in der Basler Landschaft; im Birseck und Laufental gelang es ihm jedoch im 15. Jahrhundert seine Herrschaft zu konsolidieren. Die Entstehung eines Territoriums prägten jedoch nicht nur die Herren, auch die Bauern spielten dabei ihre Rolle. Die Landbevölkerung nahm Herrschaft nicht hin, sondern gestaltete ihr Verhältnis zum Herrn, beispielsweise in Aktionen des gemeindlichen Widerstandes, aktiv mit.

Band zwei knüpft inhaltlich an das letzte Kapitel in Band eins an, das der Herrschaftsbildung und der Entwicklung des frühen Adels im Baselbiet um das Jahr 1000 bis ins 13. Jahrhundert gewidmet ist. Die Chronologie am Ende des Bandes setzt deshalb mit der Jahrtausendwende ein. Im Anhang finden sich auch ein Literaturverzeichnis, ein Personen-, Orts- und Sachregister sowie das Glossar, das die wichtigsten Sachbegriffe erklärt. Am Ende jedes Kapitels stehen die Anmerkungen und Lesetipps mit Hinweisen auf weiterführende Literatur.

Die neue Baselbieter Geschichte folgt einem Gesamtkonzept, das von der Forschungsstelle gemeinsam erarbeitet wurde. Für die einzelnen Texte hingegen zeichnen die Autorinnen und Autoren selbst verantwortlich. Das Konzept des vorliegenden zweiten Bandes stammt von Dorothee Rippmann, die der Forschungsstelle seit Januar 1988 angehört hat. 1999 übergab sie die Redaktion an Anna C. Fridrich.

Anna C. Fridrich

Inhaltsverzeichnis

Kapitel 1 Dorothea A. Christ Seite 9
Wandel der ländlichen Gesellschaft im Hochmittelalter
• Dinghöfe;
Vom Hof des Grundherrn
zum bäuerlichen Betrieb;
Vom Fronhofverband zum Hofverband;
Vom Hofverband zur Dorfgemeinde;
Stadtgründungen;
Neue Gruppierungen im Adel;
Innerständische Konkurrenz und Konflikte
zwischen den Ständen
• Frühe Spuren der Schriftlichkeit;
Bevölkerungswachstum;
Landherren und Herrschaftszentren;
Landesherren und ihre Erben;
Urkunden, Urbare und Zinsbücher;
Die Statthalter der Grundherren

Kapitel 2 Béatrice Wiggenhauser Seite 43
Klöster und monastische Lebensformen
• Geistliche Gemeinschaften
im Basler Raum;
Das Leben im Kloster;
Die Gründung des Klosters Schöntal;
Hoch- und spätmittelalterliche
adlige Klostergründungen;
Die zisterziensischen Klöster;
Soziale Zusammensetzung der Konvente;
Beginen und Terziarinnen
• Wechselvolle Geschichte Schöntals;
Verschwiegene Doppelklöster;
Die Beinwiler Klosterbibliothek;
Die Konversen und Konversinnen;
Wallfahrten zu Klöstern und Kapellen

Kapitel 3 Anna C. Fridrich Seite 61
Kleinstädte: Lebensform mit beschränkten Sonderrechten
• Stadtgründungen
und ihre territoriale Bedeutung;
Liestal und Waldenburg;
Laufen;
Die Stadt als territoriales Zentrum?
• Städtebau – Stadtbauten;
Wohnen in der Stadt;
Alltag in Laufen

Kapitel 4 Dorothee Rippmann Seite 71
Das tägliche Brot und der Festbraten
• Viehhaltung und Fleischkonsum auf
Riedfluh und Ödenburg; Der Fleisch-
konsum auf der Ödenburg
• Die kirchlichen Fastengebote;
Vorratshaltung und Ernährung auf Burgen
des 11. und 12. Jahrhunderts;
Der Fleischkonsum auf der Riedfluh

Kapitel 5 Dorothee Rippmann Seite 83
Schriftlichkeit und Macht vom Mittelalter bis um 1800
• Von der Kalbshaut zur Diskette;
Schriftzeugnisse
in einer mündlichen Kultur;
Schriftlichkeit, Mündlichkeit und
kollektive Erinnerung;
Schriftgut seit 1400;
Normative Texte, Landesordnungen
• Verwaltungsschriftgut;
Quellen zum Steuerwesen;
Andere Verzeichnisse;
Leibeigenenverzeichnisse;
Verwaltungsschriftgut zu Wirtschaft und
grundherrschaftlicher Organisation;
Rechnungsbücher;
Quellen zur Geschichte des Baselbiets
in der frühen Neuzeit, von Albert Schnyder

Kapitel 6 Dorothee Rippmann Seite 101
Wege zum städtischen Territorium
• Basels Nachbarn;
Das Bistum und die Sisgauer
Herrschaften im 14. Jahrhundert;
Politik der versäumten Gelegenheiten;
Erste Erwerbungen der Stadt Basel;
Unmittelbare Folgen;
Ausbau seit der Zeit um 1450
• Absicherung von Herrschaft:
Die Landeshoheit;
Die Landgrafschaft;
Das bischöfliche Territorium

Kapitel 7 Dorothee Rippmann Seite 123
Das Dorf und seine Menschen
• Im Zeichen der Pest;
Frauen und Männer – Leibeigene
und Hintersassen;
Haushalt, Familie und Arbeit
• Eine frühe demographische Quelle;
Eine einfache Frau im Birseck:
Die Magd Grete von Schaffhausen;
Nachlass und Bestattungskosten
einer Birsecker Magd

Kapitel 8 Dorothee Rippmann Seite 139
Wirtschaft und Sozialstruktur auf dem Land im Spätmittelalter
• Grundherrschaft und Bauern;
Typen von Grundherrschaften im Gebiet
des heutigen Kantons;
Grundherrschaftliche Verwaltung;
Von der Zeitleihe zur Erbleihe;
Die Grundlasten;
Bäuerlicher Landbesitz: Das Beispiel
des Farnsburger Amts
• Die ökonomische Situation der Bauern;
Klimaveränderung und ökologische Krise;
Reaktionen auf Krisen und Konjunkturen;
Soziale Gegensätze;
Tendenzen der Entwicklung;
Administration und Dorfämter

Kapitel 9 Mireille Othenin-Girard Seite 165
Frömmigkeit im 15. Jahrhundert: Religiöse Praxis auf der Landschaft
• Die Kirche im Dorf;
Frömmigkeit der Laien;
«um gotlichs dienst merung willen»
• «die arbeit grosz und der sold klein»;
Fastengebote;
Heiligenverehrung;
Adelige Frömmigkeit

Kapitel 10 Dorothee Rippmann Seite 183
Randständige: Beargwöhnt – Abgesondert – Ausgestossen – Verfolgt
• Erste Hexenverbrennungen
im Basler Raum;
Ein Hexenprozess im politischen Kontext;
Juden in Basel;
Einwanderer aus «Klein-Ägypten»
• «Zauberfrauen» und Hexenverfolgung;
Angeklagte im Netz
gerichtlicher Kollaboration;
Die Leprösen und das Feldsiechenhaus
bei Muttenz

Kapitel 11 Dorothee Rippmann Seite 197
Gemeinde im Widerspruch: Soziale Unrast und Bauernunruhen
• «Ir sind herren,
wir puren sind aber meister»;
Widerstand gegen
die Herren von Eptingen;
Unruhe, Aufstand und Krieg;
Der Sissacher Immlistreit;
Intrige und Gerücht im Dorf;
Der Prozess;
Öffentliche Meinung
versus Landgerichtsentscheid
• Widerstand im Fürstbistum;
Erfahrungen leibeigener Bauern;
Clewin Rütschin und seine Familie;
Jörg Spörli;
Eine andere Weihnachtsgeschichte …;
Betrug in der Mühle;
Die Bauernrichter im Landgericht

Anhang
Glossar   Seite 226
Literatur   Seite 231
Personenregister   Seite 243
Ortsregister   Seite 245
Sachregister   Seite 248
Chronologie   Seite 250

Wandel der ländlichen Gesellschaft im Hochmittelalter

Bild zum Kapitelanfang
Priester, Ritter und Bauern
Die Kirche nahm für sich in Anspruch, das richtige Verhalten aller Menschen zu definieren und das von der Norm abweichende zu rügen und zu strafen. Auf dieses Bestreben weist ein Ausschnitt aus einem Handbuch für Beichtväter hin, welchen die Herren von Eptingen im Spätmittelalter in ihr Familienbuch aufnahmen: «Ritterschaft zu üben ist keine Sünde, sondern wohl und recht getan, denn die Ritter dienen dem Gemeinwohl, indem sie die Gemeinde schützen. Zu Friedenszeiten sollen sich die Ritter üben im Waffengebrauch (Speer, Bogenschiessen, Ringe werfen), sie sollen an Turnieren teilnehmen. [...] Aber Ritterschaft übt man unrechtmässig aus, wenn man Menschen gewaltsam zu etwas zwingt, wenn man Untertanen an Leib und Gut schädigt und ihnen das ihrige unredlich abnimmt. Zudem ist es Sünde, wenn Ritter und Knechte den Menschen mehr abnehmen, als was diese schuldig zu geben sind. Und schliesslich ist es unrechte Ritterschaft, wenn die Ritter Ritterspiele treiben um der weltlichen Ehre und der Wollust willen, und wenn daraus Schaden entsteht, indem jemand dadurch stirbt oder sonst Menschen davon geschädiget werden. Doch soll man überall eine gute Haltung und ehrbaren Willen an den Tag legen und nichts Böses willentlich tun, sondern Gott in allem vor Augen haben.»
Diese Passage verdeutlicht: Am Ende des Hochmittelalters hatten sich die Stände ausgebildet und grenzten sich voneinander ab. Das Verhältnis zwischen den gesellschaftlichen Gruppen war labil und nicht unbedingt freundlich. Oberstes Interesse der Landleute, die weit mehr als die Hälfte der Gesamtbevölkerung ausmachten, war der Friede. Im Falle einer äusseren Bedrohung war es unmöglich, genügend Erträge für das eigene Überleben und die Abgaben zu produzieren.

Dinghöfe

Das Baselbiet war im Hochmittelalter eine Landschaft der Höfe: Von diesen Zentren aus wurde die landwirtschaftliche Produktion organisiert, dort wurde Recht gesprochen, von dort aus erfolgte der herrschaftliche Zugriff auf die Menschen. Vom zentralen Hof aus wurden die Menschen auch geschützt. Spuren dieser alten Wirtschaftsweise finden sich heute noch in den Flurnamen; beispielsweise verweisen die Salbünten in Aesch oder das Selgelende in Bubendorf auf den Begriff des Sallandes. Salland war in Eigenbau bewirtschaftetes Herrenland, dessen Zentrum der Ding- oder Meierhof war. Diesem zentralen Hof waren die Bauern zu Diensten und Abgaben verpflichtet. Der Haupthof war also einerseits Zentrum einer Rechts- und Organisationsform, andererseits kleinste Siedlungseinheit, aus der später ein Dorf oder eine kleine Stadt entstehen konnte. Aus den Höfen von Liestal und Laufen heraus entstanden Kleinstädte. Ebenfalls bedeutsam waren die Höfe bei Maisprach und Sissach.[1] In Muttenz besassen das Basler Kloster St. Alban und das Basler Domstift je einen Dinghof.[2] Im Muttenzer Bann lag auch ein Hof der Grafen von Homberg,[3] in Buus und Titterten je ein frohburgischer Dinghof.[4] Weitere derartige Höfe standen in Bubendorf, Hölstein, Allschwil, Aesch und Arlesheim. Mit Ausnahme des Hofs in Aesch, der den Grafen von Thierstein gehörte, waren diese Dinghöfe im Besitz von Klöstern oder kirchlichen Machtträgern. Nur zu einzelnen Dinghöfen ist Näheres bekannt: In Bubendorf umfasste der Hof beispielsweise rund 1300 Jucharten bebaubares Land und war in 130 Untereinheiten, so genannte Schupposen, gegliedert; der Gürbelhof in Hölstein erstreckte sich auf einer Fläche von 60 Jucharten, aufgeteilt in 10 Schupposen.[5]

Die Menschen, welche zum Dinghof gehörten, versorgten sich weitgehend selbst. Was sie nicht produzierten, konnte an einem der freien, nicht an eine Stadt gebundenen Märkte beschafft werden. Derartige Marktplätze existierten in der Nähe der späteren Städte Liestal und Waldenburg. Hier konnten die Bauern überschüssige Erträge absetzen und Produkte tauschen;

Frühe Spuren der Schriftlichkeit
Zahlreiche Baselbieter Gemeinden führen ihre Geschichte auf die Zeit zwischen 1000 und 1200 zurück. In jene Jahrhunderte fallen viele Erstnennungen, welche willkommene Anlässe bieten, ein Dorffest zu feiern. Die Historikerin betrachtet diese frühen schriftlichen Zeugnisse der Baselbieter Geschichte als Anfang verschiedener Überlieferungsstränge und ist sich bewusst, dass die Auswahl der Texte, welche uns erhalten geblieben ist, das Resultat von Zufällen ist.[1] Den Informationswert dieser hochmittelalterlichen Schriftstücke mindert dies aber keineswegs. Viele Dorfnamen finden sich erstmals in Kloster- oder Papsturkunden.[2] In den Klöstern wurde Schriftlichkeit nicht nur gepflegt, dort wurden Schriftstücke auch aufbewahrt. Einzelne Höfe oder Siedlungen werden in Eheverträgen, Schenkungen oder Erbschaften genannt. Die Mönche hielten schriftlich fest, wenn grosse Güter den Besitz wechselten oder wenn um Gut gestritten wurde. Mit einer Erstnennung können ein Dorf, ein Hof oder mehrere Höfe gemeint sein. Sie kann aber auch als individueller Namenszusatz erscheinen, der auf die Herkunft eines Vertragspartners oder eines Zeugen hinweist.[3] Nicht alle Urkunden sind echt. Das Dokument, in dem beispielsweise Liestal erstmals erwähnt wird,

zur Intensivierung der Beziehungen zwischen Gewerbe- und Landwirtschaftssiedlungen trugen diese Märkte aber wenig bei, dazu waren sie zu klein. Geld zirkulierte kaum, der Handel über grössere Distanzen war unbedeutend.

Die Menschen lebten in kleinräumigen, überblickbaren Verhältnissen. Jeder kannte jeden, es war kaum nötig, Konfliktregelungen oder Ansprüche schriftlich festzulegen. Als erste bedienten sich die kirchlichen oder klösterlichen Grundherren der Schriftlichkeit in der Gutsverwaltung. Sie waren einerseits aufgrund eigener Vorgaben dazu gezwungen. Die Aufzeichnungen dienten ihnen andererseits dazu, ihre Ansprüche und Forderungen gegenüber anderen Herren zu untermauern. Die frühesten Belege für die Baselbieter Höfe stammen daher aus kirchlichen oder klösterlichen Quellen. Sie ergeben aber ein sehr lückenhaftes und einseitiges Bild: Weltliche wie geistliche Herren verfügten im Wesentlichen über Gutshöfe und das dazugehörige Land und über Streubesitz, beispielsweise Mühlen, Tavernen oder einzelne Landparzellen. Sie hielten fest, welche Abgaben und Frondienste ihnen geleistet wurden. Das bedeutet, dass über die dörflichen Verhältnisse nur Schriftquellen vorliegen, welche die Sicht der Herren spiegeln. Mit Hilfe späterer Quellen lassen sich aber doch einige Erkenntnisse über das Leben der Landbevölkerung gewinnen.

Vom Hof des Grundherrn zum bäuerlichen Betrieb

Im Hochmittelalter entwickelte sich aus dem grundherrlichen Hof der marktverflochtene bäuerliche Betrieb. Sicht- und fühlbar wurde dieser Prozess, indem die grundherrliche Gerichtsbarkeit zerfiel und sich die Pflichten und Rechte der Leibeigenen änderten. Die alte hofrechtliche Organisation mit den persönlichen Beziehungen zwischen Herren und Hörigen trat in den Hintergrund. Eine neue, ökonomisch-rechtlich geprägte Gesellschaftsform entwickelte sich und beeinflusste die Lebens- und Arbeitsbedingungen der Menschen. Es bildete sich ein eigener Stand der Bauern.[6]

wurde nicht, wie der Fälscher schrieb, 1189 ausgestellt, sondern erwiesenermassen erst etwa 30 Jahre später.[4]

Viel zu schenken und zu streiten gab es in Baselland nicht, solange das Gebiet wenig erschlossen und dünn besiedelt war. Im Grenzland zwischen dem Königreich Hochburgund und dem Römischen Reich war die Präsenz der weltlichen oder geistlichen Landesherren, beispielsweise des Fürstabts von St. Gallen oder des Murbacher Abts, nur indirekt spürbar. Man wusste in Augst oder Füllinsdorf vielleicht, dass als Kirchenheiliger Gallus gewählt worden war, weil das Kloster St. Gallen Rechte dort geltend machen konnte. Ob der St. Galler Einfluss auch anderweitig sicht- und spürbar war, wissen wir nicht.

Nach dem Tod des letzten Königs von Burgund im Jahre 1032 ging das burgundische Königreich an den deutschen König über. Direkte Folgen dieses Besitzwechsels auf höchster Ebene sind für die Menschen, die in Baselland lebten, nicht nachweisbar. Vor Ort zählte das Verhalten der Grafengeschlechter und der Basler Bischöfe, welche als Statthalter des Königs auftraten. Schriftliche Zeugnisse darüber, wie die Menschen den Wechsel zum Reich erlebten, gibt es ebenso wenig wie Aufzeichnungen über Herrschaftsrechte oder Grenzverläufe. Aber der Bau mehrerer Burgan-

Anlass für ein Dorffest
Auswahl urkundlicher Ersterwähnungen von Baselbieter Ortsnamen nach 1000.

1004 Binningen
1102/1103 Oberwil, Pratteln, Rünenberg, Thürnen, Hölstein, Gelterkinden
1118 Allschwil
1135 Pfeffingen
1141 Laufen
1144 Brislach
1145 Eptingen
1147 Blauen
1145/1153 Langenbruck
1152 Titterten, Reigoldswil, Diegten, Bubendorf
1154 Arisdorf
1168 Burg
1174/1176 Reinach
1187 Niederdorf
1189 Liestal, Bennwil
1194 Lauwil, Seltisberg, Lupsingen, Liedertswil, Bretzwil, Zwingen
1196 Rothenfluh, Wintersingen, Geckingen (später: Münchenstein)
1207 Maisprach

Das alte System der Herrenhöfe wandelte sich aber nur langsam. Alte Rechtsformen und -bräuche wurden weiter entwickelt, Neuerungen behutsam eingeführt. Eine grundlegende Änderung brachte die neue Organisation der landwirtschaftlichen Produktion. Schon im Frühmittelalter kannte man das Prinzip des Flurwechsels: Damit die Ackerfläche nicht jedes Jahr dem humuszehrenden Getreidebau ausgesetzt war, liess man sie in bestimmten Abständen brachliegen und sich eine natürliche Pflanzendecke bilden. Diese wurde vor der neuen Getreideaussaat in den Boden gepflügt. Damit erhielt der Acker neue Nährstoffe und blieb fruchtbar. Im Hochmittelalter wurde die Feldwiesen- oder Zweifelderwirtschaft praktiziert, bei der das Ackerland alternierend in einem Jahr mit Getreide bepflanzt war und im anderen Jahr brachlag. An die Stelle der Zweifelderwirtschaft trat ungefähr vom 12. Jahrhundert an allmählich die so genannte Dreizelgenwirtschaft, die unten erläutert wird. Diese Umstellung änderte zunächst einmal das Verhältnis zwischen Acker- und Wiesenland. Der Anteil des Weidelands ging zurück.[7]

Darüber hinaus wandelten die Grundherren althergebrachte Ordnungen ab, indem sie beispielsweise ihre Twing- und Bannrechte in einem Dorfbann flächendeckend geltend machten. Das bedeutet, dass sie Geltungsbezirke des Rechts definierten und ihre Rechte weniger mit dem Status der Bewohner eines Dorfes begründeten. Mit erweiterten bäuerlichen Erbrechten kamen die Herren den Bauern entgegen. Sie wollten, dass das Land kontinuierlich bebaut wurde und Zinsen abwarf. Die Herren wussten sehr wohl, dass Abwanderung und ein ständig wechselnder Bestand an Bauern die Kontrolle des Besitzes erschwerten und den Ertrag schmälerten. Sie mussten den Bauern entgegenkommen, wenn sie ihren Besitz an Land und Leuten halten wollten. Indem sie den Bauern die unbefristete Verfügung über ein Stück Land und einen niedrigen Zins zusicherten, schränkten sie die eigenen Verfügungsrechte über das Land ein. Mit der Zeit veränderten sich dadurch die Pflichten und Rechte der Landbesitzer und Landbebauer

Neue Herrschaftsformen
Die Organisation der Arbeit in der Landwirtschaft wandelte sich grundlegend. Die persönliche Beziehung zwischen Grundherr und Hörigen trat zurück; die Kontakte fanden vielerorts nur noch indirekt statt, die Zugehörigkeit zu einem Herrn wurde über Abgaben und Dienste ausgedrückt (vgl. Pfeile). Die Hörigen erfüllten ihre Pflichten gegenüber dem Grundherren auf den Ding- oder Fronhöfen, die Herren selbst lebten nicht mehr dort. Ihre Statthalter wurden mit der Zeit zum Bezugspunkt der Bevölkerung: Die Dinghöfe boten Schutz, dort waren die Abgaben abzuliefern, dort wurde Gericht gehalten.

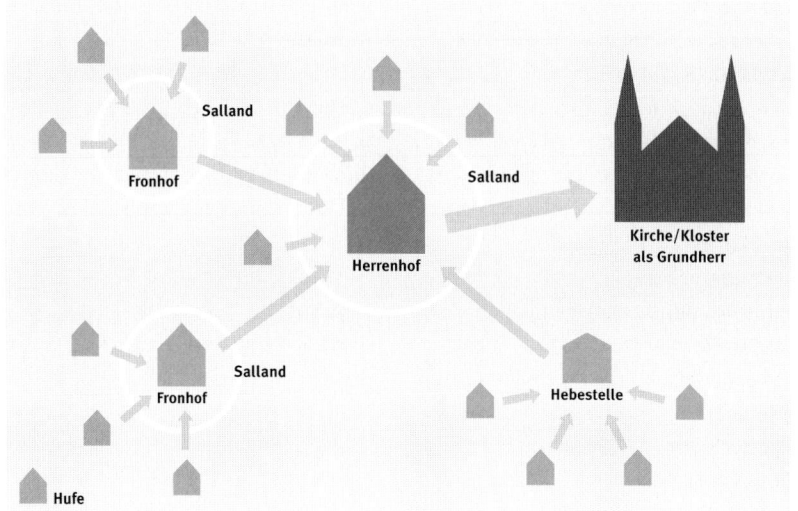

grundlegend. Die Grundherren gaben ihre herrschaftlichen Aufgaben nach und nach ab, sei es an übergeordnete Herren oder direkt an die entstehenden Dorfgemeinden. Damit erhielten die bäuerlichen Gemeinschaften neue Aufgaben, und die Lebensgrundlage der alten Grundherren wandelte sich. Sie wurden abhängig von den Abgaben und Zinsen,[8] und damit von der Zuverlässigkeit ihrer Abgabenverzeichnisse und ihrer Einnehmer. Für die Bauern versachlichte sich die Beziehung zum Grundherrn. Mit der Förderung des Getreideanbaus, mit der Verzelgung des Landes sowie mit den Neuerungen im Erbrecht veränderten sich die bäuerlichen Lebensgrundlagen; Bauern und Herren stellten sich darauf ein. Grundherren und Bauern entwickelten die neue Ordnung der landwirtschaftlichen Produktion also letztlich gemeinsam.

Vom Fronhofverband zum Hofverband

Im Frühmittelalter war die überwiegende Mehrheit der Menschen eng an die Grundherrschaft gebunden. Sie lebten auf kleinen Höfen oder auf einem Herrenhof. Das Hofrecht, dem sie unterworfen waren, galt auch für diejenigen, die ein Handwerk, zum Beispiel Textilherstellung, Knochenbearbeitung, Töpferei oder Schmiedekunst ausübten. Im Hofrecht hatten diese Menschen kein eigenes Recht, auch kein Erbrecht, und daher waren sie auch nur befristet verantwortlich für das Stück Land, das sie bebauten.[9]

Zwischen dem 10. und dem 12. Jahrhundert sah sich die wachsende Bevölkerung mit immer grösseren Versorgungsschwierigkeiten konfrontiert. Die Abgaben und Zinsen der Grundherren mussten über den Lebensunterhalt hinaus erwirtschaftet werden, was je nachdem eine schwere Belastung war. Um diese Bedürfnisse zu decken, rodete man nicht nur Land, sondern wandelte auch viele Weideflächen in Ackerland um. Wo deswegen weniger Vieh gehalten werden konnte, verloren die Bauern eine wichtige Düngerquelle. Mit der Rodung von Wäldern wurden Brenn- und Bauholz sowie Obst, Beeren, Pilze und Kräuter knapper. Insgesamt wurde die Versorgungslage

lagen am Hauenstein wird mit dem Wechsel des obersten Herrn in Verbindung gebracht: Die später als Ödenburg bezeichnete Festung bei Wenslingen und die Frohburg lagen im Grenzgebiet zwischen dem Römischen Reich und Burgund.[5]

Bevölkerungswachstum

Die Menschen im Hochmittelalter lebten auf dem Land, Städte gab es kaum. Die meisten Menschen waren unfrei und wurden als Knechte oder Hörige bezeichnet. Wie auch die Leibeigenen gehörten sie wie eine Sache zu ihrem Gut und konnten mit diesem veräussert werden. Zwischen dem 11. und dem 13. Jahrhundert veränderte sich die Gesellschaftsordnung. Die Landbevölkerung wurde nach und nach von den Rittern unterschieden, mit der Zeit grenzten sich auch die Stadtbewohner als eigene Gruppe ab. Damit nahm die soziale Mobilität der Bevölkerung zu, gleichzeitig wandelten sich die Wirtschaftsformen und die Rechtsordnung grundlegend.[6] Begleitet und beeinflusst wurden diese Entwicklungen von einer markanten Bevölkerungsvermehrung: Man nimmt an, dass sich die Bevölkerung in Europa im Hochmittelalter mindestens verdoppelte. Auch diejenige des Baselbiets scheint stark zugenommen zu haben.[7]

schwieriger; eine bessere Organisation der Produktion war der einzige Weg, die Erträge zu steigern. Eine leichte Klimaerwärmung trug ebenfalls zur Intensivierung der Landwirtschaft bei.

Im Frühmittelalter hatte jeder Herrenhof auf den eigenen Hofstellen und auf dem Haupthof, dem Salhof, produziert. Die Huber arbeiteten sowohl auf der ihnen zugewiesenen Hofstelle, der Hufe, als auch im Salhof für den Herrn. Die Fronlast auf dem Herrenland wurde mit der Zeit vermindert, die Bauern erhielten eigene Höfe zugewiesen. Immer mehr kleinere Betriebe lösten sich aus dem Fronhofsverband heraus. Langsam setzte sich durch, dass eine Bauernfamilie ihre Parzelle in Eigenverantwortung bewirtschaftete und davon Abgaben entrichtete. Streusiedlungen wuchsen zu Dörfern zusammen. Für diese neuen landwirtschaftlichen Produktionsgemeinschaften lässt sich nun die Dreizelgenwirtschaft beschreiben: Im Zentrum lagen die Wohn- und Wirtschaftsgebäude, darum herum Gartenland. Ein Garten gehörte jeweils zu einer einzelnen Hofstelle, war eingezäunt und wurde nicht von der Dorfgemeinschaft, sondern von den Bewohnerinnen und Bewohnern der entsprechenden Hufe bewirtschaftet. Die Erträge der Gärten trugen wesentlich zur Nahrungsversorgung der Bevölkerung bei; es wurden vielerlei Gemüse gezogen, verschiedene Sorten von Rüben, Bohnen, Erbsen, Kürbisse, Lauch und Kohl, Zwiebeln und Knoblauch. In einem äusseren Ring lag das Ackerland, aufgeteilt in drei grosse Teile, die so genannten Zelgen, und einen Teil Wiesland. Jeder Bauer besass in jeder Zelge einen oder mehrere kleine Streifen Land. Jährlich wechselte man auf jeder Zelge zwischen Winter-, Sommerfrucht und Brache ab. Winterfrucht war vorwiegend Dinkel; Hafer und Hirse werden als Sommerfrucht bezeichnet. Die Bauern legten die Fruchtfolgen gemeinsam fest und bewirtschafteten die Äcker – je nach anfallender Arbeit – individuell oder kollektiv. Die starke Zerstückelung der Felder und ihre Lage bedeutete, dass ein Bauer seine Äcker oft nur über die angrenzenden Felder erreichen konnte. Dies zwang die Bauern dazu, zur selben Zeit zu säen, die Felder einzuzäunen, zu ernten und nach der Ernte

Mehr Menschen benötigten mehr Nahrung und mehr Siedlungsraum. Der so genannte Landesausbau ist ein weiteres Charakteristikum des Hochmittelalters. Um die Versorgung zu verbessern, wurde Neuland gerodet, und man versuchte, die landwirtschaftlichen Erträge zu steigern. Weltliche und geistliche Grundherren verlegten sich immer mehr darauf, andere Personen für sich arbeiten zu lassen, um sich und ihre Herrschaftszentren zu versorgen. Mit dem Anwachsen der Bevölkerung standen den Herren zusätzliche Arbeitskräfte zur Verfügung, denn diejenigen Menschen, welche zu einem Gut des Herrn gehörten, waren zum Frondienst verpflichtet.

Um Verbesserungen in der Landwirtschaft bemühten sich auch die Klöster. Sie rodeten Land und entwickelten beispielsweise einen neuen Pflugtyp, mit dem das Aufbrechen und Wenden der Erde einfacher und wirkungsvoller wurde. Der alte Hakenpflug vermochte lediglich die Scholle zu zerkrümeln und musste deshalb kreuz und quer über den Acker gezogen werden. Der neue, so genannte Beetpflug war seit dem 11. Jahrhundert bekannt und verbreitete sich vor allem im 13. Jahrhundert. Dieses Gerät fasste tiefer ins Erdreich und wendete die Scholle um. Man musste den Acker nur einmal durchpflügen. Mit dem Beetpflug veränderte sich die Form der Äcker.

WANDEL DER LÄNDLICHEN GESELLSCHAFT IM HOCHMITTELALTER

die Felder als Stoppelweide für das Vieh freizugeben. Ausserhalb der Zelgen lag die Allmend, das heisst Wald- und Weideland, welches gemäss gemeinsam entwickelten Regeln von allen genutzt werden durfte. In den stark bewaldeten Tälern des oberen Baselbiets wurde neben dem Getreideanbau und der Viehwirtschaft auch schon früh Eisen gewonnen respektive verhüttet.[10]

Da sich die Grundherren von der Eigenwirtschaft zurückzogen, verfügte der Herr nicht mehr direkt über seine Untergebenen, er wurde zum Empfänger von Abgaben und Zinsen. Zwischen Herren und Hubern traten Dinge

Um das umständliche Wenden des Zuggespanns am Ackerrand zu vermeiden, wurden die Ackerstreifen lang und schmal gehalten.[8] Die Möglichkeiten der Innovation blieben aber bescheiden, zum Beispiel waren das Kummet oder die wassergetriebene Mühle in unserer Gegend noch nicht gebräuchlich.

Im Kontext von Bevölkerungswachstum und Landesausbau wandelte sich das Zusammenleben, Arbeiten und Denken der Menschen grundlegend. Dieser Prozess vollzog sich zuerst und vor allem auf den Höfen der Grundherren.

Landherren und Herrschaftszentren

Das heutige Kantonsgebiet gehörte verschiedenen Herren. Der Bischof von Basel, die Klöster Schöntal und Beinwil sowie teilweise weit entfernt lebende Grundherren verfügten über den grössten Teil des Landes.[9] Die Grafen von Frohburg und die Grafen von Saugern waren ebenfalls sehr begütert. Ihr Besitz gruppierte sich einerseits um die Burgen Alt-Thierstein und Alt-Homberg ob Frick und um die so genannte Ödenburg bei Wenslingen. Während die Anlage bei Wenslingen schon im 12. Jahrhundert verlassen wurde, blieben die Thiersteiner und Homberger Burg bis ins 14. Jahrhundert hinein bewohnt. Zum

Dorf und Burg um 1665

Noch in der frühen Neuzeit ist die mittelalterliche Einteilung des Ackerlands in drei Zelgen beim Dorf Metzerlen SO deutlich zu erkennen, ebenso die Burg Rotberg und das dazugehörige Acker- und Wiesland. Wer immer die Burg besass, kontrollierte auch das Dorf und verfügte mit dem Schlossgut über eine eigene Versorgungsgrundlage. Um das Schlossgut zu bestellen, waren die Herren aber auch auf die dörflichen Arbeitskräfte angewiesen. Je nach Herrschaftsverhältnissen waren die Leute von Metzerlen zur Arbeit auf dem Schlossgut gezwungen, oder sie erhielten eine Entschädigung dafür.

an die Stelle des persönlichen Verhältnisses: Mit seinem Anteil der von ihnen erwirtschafteten Erträge in Form von Getreide, Wein, Gartenfrüchten und Wachs verfügte der Herr nur noch indirekt über die bäuerliche Arbeitskraft. Bauern und Bäuerinnen werden in den Quellen erstmals als Subjekte greifbar. Im eigenen Interesse verbesserten die Grundherren die bäuerliche Rechtsstellung und ermässigten vielerorts die Zinsen. Wenn neues Land urbar gemacht werden sollte (wie es beispielsweise in osteuropäischen Gebieten nachgewiesen ist), liessen sich bäuerliche Arbeitskräfte nur noch mit der Zusicherung einer unbefristeten Verfügung über das ihnen zugesprochene Land gewinnen. So setzte sich auch im Baselbiet die Erblichkeit von bäuerlichen Lehen durch und die Bauern gewannen immer mehr Eigenständigkeit. Im Verlauf des Hochmittelalters zogen sich auch die weltlichen Herren in Burgen oder befestigte Hofstätten zurück. Sie überliessen die Verwaltung der Herrschaften mehr und mehr ihren Statthaltern und erschienen vor den Gutsleuten nur noch zu bestimmten Gelegenheiten, so anlässlich der Zinstermine oder zum Hofgericht, an dem alle Huber teilzunehmen hatten.[11] Jeder Huber vertrat seine Hofstelle mit dem dazugehörigen Land in der Hof-Versammlung, dem Ding. Zu seiner Hufe oder Schuppose gehörten ein Hof, Ackerland, Wiesen, ein Garten, je nachdem auch Wald und Rebland sowie das Recht der Allmendnutzung. Die Schupposen waren unterschiedlich gross (fünf bis 20 Jucharten), blieben aber weder als Besitzeinheit noch als Einheit der Leistungen und Rechte bis ins Spätmittelalter bestehen. Der wichtigste Grund für die Zersplitterung war, dass Schupposen schon früh ganz oder teilweise in Unterleihe vergeben wurden. Zudem legten Bauern oft mehrere Schupposen(-teile) zusammen, wenn dadurch die Bewirtschaftung vereinfacht und die Erträge gesteigert werden konnten. Mit der Erbleihe erhielt die Landwirtschaft auf den Hufen eine neue zeitliche Perspektive. Damit veränderte sich das Zusammenleben der Menschen, indem zum Beispiel die Ehe einen neuen ökonomischen Sinn erhielt. Das so genannte Ehe- und Arbeitspaar wird fassbar. Die Ehegatten waren für das Erwirtschaften

Schutze ihres Klosters Beinwil errichteten die Grafen von Saugern um 1100 eine Burganlage im Bann der heutigen Gemeinde Büsserach SO. Die Anlage wurde Bello genannt; auf ihren Fundamenten entstand später die Feste Neu-Thierstein.
Kleinere Besitzungen gehörten im Hochmittelalter zur Burg Wartenberg bei Muttenz, zur Grottenburg Riedfluh bei Eptingen, zur Feste Altenberg in der Nähe der heutigen Schauenburg, zur Burghalde bei Liestal sowie zu Burgenrain und Sissacherfluh. Schriftliche Quellen, welche Aufschluss über die Bedeutung dieser Festen geben könnten, sind nicht überliefert.[10] Die spätere Entwicklung lässt aber vermuten, dass diese Burgen schon im Hochmittelalter an Bedeutung verloren, als das Bistum Basel (und damit die Stadt als Bischofssitz) an Gewicht gewann: Das Bistum galt um die Mitte des 11. Jahrhunderts als arm; 1041 erhielt der Bischof von König Heinrich III. die Grafschaftsrechte über den Sisgau und über Gebiete am Jurasüdfuss. Die Ländereien am Jurasüdfuss waren ehemaliger Besitz des in der Schlacht bei Forchheim gefallenen Gegenkönigs Rudolf von Rheinfelden. In der ersten Hälfte des 12. Jahrhunderts belehnte der Bischof die Grafen von Frohburg mit einem Teil dieser Gebiete. Die Stammburg der Frohburger lag am Jurasüdfuss, in der Nähe der heutigen Stadt Olten.[11]

ihres Lebensunterhalts und der geschuldeten Abgaben selbst verantwortlich und teilten darüber hinaus die Möglichkeit, den Überschuss ihrer gemeinsamen Arbeit an die eigenen Kinder weiterzugeben. Ein neues Denken im Verwandtschaftsverband entstand. In den Quellen ist immer häufiger von Gemeinschaften die Rede, welche im Kern aus einem Paar und seinen eigenen Kindern bestanden, aber auch erweitert werden konnten, beispielsweise durch die Kinder eines Elternteils, durch die Eltern oder durch Geschwister der Eltern. Im 13. Jahrhundert häufen sich die Hinweise, dass sich das Denken in derartigen Zusammenhängen bei den Bauern verbreitet hatte.

Auf dem Hof teilten sich Männer, Frauen und Kinder in die Arbeit. In den Quellen des Hochmittelalters fehlen differenzierte Angaben über eine Arbeitsteilung zwischen Mann und Frau. Klar ist aber, dass Bäuerinnen keineswegs nur die Hausarbeit und leichtere Arbeiten verrichteten. Bildliche Darstellungen zeigen, dass Frauen und Männer an der Arbeit in der Feld- und Viehwirtschaft beteiligt waren. Männer wie Frauen mähten und banden das Getreide, halfen einander beim Dreschen, stellten aus Milch Butter und Käse her, schlachteten Haustiere, nahmen Aufsichtsfunktionen wahr und leisteten Frondienste auf den Herrenhöfen. Zu den typisch weiblichen Pflichten gehörten allerdings die Aufsicht über das Herdfeuer, die Zubereitung des Essens, das Anlegen von Vorräten sowie die Verarbeitung von Hanf, Flachs und Wolle. Kinder waren sowohl als Hilfskräfte im elterlichen Betrieb als auch für die Altersversorgung der Eltern wichtig. Sie wurden schon sehr früh zu kleineren Arbeiten herangezogen und schrittweise in die Arbeitswelt der Erwachsenen eingegliedert. Sie lernten die Geräte handhaben, mit Haustieren umgehen und sich in die Dorfgemeinschaft einfügen. Anders als adelige Kinder wuchsen die meisten bei ihren Eltern auf.[12]

Die sozialökonomischen Veränderungen wirkten sich auch auf die Kirche aus und wurden von ihr unterstützt. Das Ehe- und das Erbrecht veränderte sich. Das kanonische Recht verlangte bei einer Eheschliessung die

---

Mit dieser Aufwertung des Basler Bistums und der Ausweitung des baslerischen Einflusses über den Jura hinaus traten die Frohburger am Ende des 11. Jahrhunderts als neuer Herrschaftsfaktor auf. Sie setzten sich nördlich des Juras fest, gewannen Gefolgsleute und machten ihre Rechte geltend: Sie gründeten das Kloster Schöntal, kontrollierten die Hauensteiner Passübergänge und hielten die Burg Wartenberg bei Muttenz als Lehen des Strassburger Bischofs. Mit der Kontrolle dieser wichtigen Handelsrouten waren für die Frohburger lukrative Zolleinnahmen verbunden. Noch mehr Gewinn versprach hingegen ein Privileg, welches König Friedrich um die Mitte des 12. Jahrhunderts dem Basler Bischof Ortlieb, einem Grafen von Frohburg, erteilte. Die Frohburger erhielten das Recht, im ganzen Bistum nach Erzen zu graben und Bergwerke zu errichten.[12]

Die Grafen setzten alles daran, ihre vorteilhafte Position zu halten. Als die Strasse über den Unteren Hauenstein verlegt wurde und nicht mehr an der frohburgischen Stammburg nördlich von Trimbach vorbeiführte, liessen sie in der Talenge zwischen Rümlingen und Läufelfingen die Burg Neu-Homberg errichten.[13] Die Grafen von Frohburg versuchten aber auch, über die Kontrolle des Bistums ihre weltliche Herrschaft weiter auszubauen. So er-

Den Naturgewalten ausgeliefert
Im Jahre 1295 ging über das Dorf Onoldswil, bekannt als Zollstelle an der Strasse über den Hauenstein, ein Erdrutsch nieder. Die Zeitgenossen berichteten, dass das Geröll die Frenke staute, sodass das Wasser bis zur Höhe der Kirchturmspitze stieg. Unter- und oberhalb der verstopften Talenge errichtete die Landbevölkerung nach dieser Katastrophe ihre Häuser neu. Die beiden Teilsiedlungen wurden zunächst Nieder- respektive Oberonoldswil genannt; ab etwa 1500 sind die heutigen Gemeindenamen Nieder- und Oberdorf belegt, ungefähr 100 Jahre später wurden die beiden Gemeindebanne voneinander getrennt.
Hinter der Kirche St. Peter in Oberdorf ist der Schuttkegel des Erdrutsches heute noch sichtbar.

Zustimmung beider Eheleute (Konsensehe). Im Grundsatz war dies nicht neu; inwiefern sich diese Forderung praktisch durchsetzen liess, ist unklar. Wie sich Eheleute fanden, warum Ehen geschlossen wurden und welche Rolle ökonomische Überlegungen dabei spielten, geht aus den Quellen ebenfalls nicht hervor. Sicher durften Bauern nur innerhalb ihres Standes heiraten, und es war ihnen verboten, einen Angehörigen eines anderen Herrn als Ehepartner zu wählen. Auch mit Heiratsbeschränkungen sorgten die Herren also dafür, dass ihnen Abgaben und Rechte erhalten blieben. Liebesgeschichten, Ehealltag oder Familientragödien bleiben ebenso im Dunkeln wie Schilderungen von gegenseitigen Erwartungen oder Enttäuschungen. Die Kirche versuchte durchzusetzen, dass Trauungen nur in Anwesenheit von Priestern und in der Kirche vollzogen werden konnten. Dagegen wehrte sich der Adel, dessen Auffassung der Verwandtschaft sich ebenfalls grundlegend gewandelt hatte. Die Adeligen wollten ihre Heirats- und Bündnispolitik nicht von aussen beeinflussen lassen. Kam es deswegen zu Konflikten, hatte die Landbevölkerung oft unter Plünderungs- und Verwüstungszügen zu leiden.[13]

Im Verhältnis zwischen Herren und Bauern spielten das Land und der Friede die zentrale Rolle. Das Land gehörte zumeist nicht denjenigen, die es bebauten. Die Bauern mussten ihren eigenen Lebensunterhalt erwirtschaften und einem unter Umständen fernen Herrn Dienste und Abgaben leisten. Die Erfüllung dieser Pflichten ging allem anderen vor. Der Lebensunterhalt und die Beweglichkeit der Herren hingen davon ab, ob und wie konstant ihnen die Zinsen und Abgaben geliefert wurden. Daher konnten die Bauern nicht unbedingt auf Verständnis oder Hilfe des Herrn hoffen, wenn sie bedroht waren oder die Ernte schlecht gewesen war. Beide Seiten waren voneinander abhängig, hatten aber nur noch wenig persönlichen Kontakt. Das soziale und ökonomische Gleichgewicht war aber auch durch äussere Umstände ständig bedroht: Klimatische Schwankungen und die daraus folgenden Missernten, Veränderungen der Umwelt durch das Abholzen von

staunt es nicht, dass der dritte Frohburger Bischof wegen Verschleuderung von Kirchengut angeklagt und 1179 abgesetzt wurde.[14] Gut 40 Jahre später erhielten die Frohburger wieder mehr Macht und Güter, und zwar auf dem Erbweg. Im Jahre 1223 starben die Grafen von Homberg in männlicher Linie aus, die Frohburger traten im Sisgau ihr Erbe an und nannten sich von da an Grafen von Neu-Homberg.[15]
Erbgänge von Hochadeligen und Fürsten betrafen die ganze Bevölkerung. Sie verursachten oft gefährliche Konflikte. Vorsorglich wurden darum entsprechende Abmachungen schon früh schriftlich festgehalten. Grosse Besitzverschiebungen,

die auf dynastische Gründe zurückgehen, kamen im Baselbiet immer wieder vor.

Landesherren und ihre Erben
Die spärlichen Schriftquellen über das Baselbiet im Hochmittelalter betreffen vor allem Schenkungen oder Güter, die bei Erbgängen oft übertragen wurden. Aus den Urkunden lässt sich eine chronologische Abfolge der hiesigen Landesherren ableiten. Ein solches Unterfangen ist aber oft weniger ergiebig als die Suche nach den Hintergründen solcher Besitzwechsel. Motivationen oder Schwierigkeiten tauchen in den Urkunden aber kaum auf. Die Urkunden beschreiben nicht den Lösungs-

WANDEL DER LÄNDLICHEN GESELLSCHAFT IM HOCHMITTELALTER 19

BAND ZWEI / KAPITEL 1

Wald oder Bevölkerungszunahme ohne entsprechende Erschliessung von neuen Anbaugebieten führten immer wieder zu Hungersnöten. Konflikte der Herren untereinander oder zwischen Nachbarn bedeuteten eine zusätzliche Gefahr.

Wenn Überfluss und Hungersnot sich unmittelbar ablösten, schwankten auch die Preise für lebensnotwendige Güter beträchtlich. Viele Böden und auch die Wälder wurden übernutzt. In Hungerszeiten wanderten viele Bauern in die Städte ab und liessen die Äcker brachliegen. Neues Land wurde nicht mehr erschlossen. Die abgewanderten Arbeitskräfte fehlten in der Landwirtschaft, dadurch stiegen die Löhne, vereinzelt kamen auch so genannte Wüstungen vor; zum Beispiel in der Nähe des heutigen Dorfes Rothenfluh: Die Weilersiedlungen Hendschikon, Werdlingen, Loglingen und Hohlwingen wurden im Verlauf des Hochmittelalters aufgegeben, weil die einzelnen Hofstätten und Zelgen näher zusammengebracht wurden. Ein weiteres Beispiel für die Aufgabe eines Ortes ist Onoldswil. Im Jahre 1295 ging ein Bergsturz nieder, die Frenke staute sich und die Bevölkerung war gezwungen, sich ober- und unterhalb der Gesteinsmassen neu anzusiedeln. In diesem Fall wird angenommen, dass der Bergsturz auf Bodenerosion wegen massiver Übernutzung des Waldes als Holz- und Nahrungsquelle zurückging.[14]

Im Baselbiet wurde hauptsächlich Getreide angebaut. Wenn die Getreidepreise fielen, waren besonders jene Bauern betroffen, welche nicht auf Viehzucht, auf Wein-, Flachs- oder Obstbau ausweichen konnten. Diese Verdienstalternativen waren zum Teil sehr arbeitsintensiv und verursachten Produktionskosten. Beispielsweise musste für den Rebbau jedes Jahr Material zum Aufbinden der Reben gekauft sowie Dünger beschafft und verteilt werden.[15] Die Ausweichmöglichkeiten standen also nur den relativ begüterten Bauern offen oder denjenigen Herren, welche genügend Frondienstleistende hatten oder Tagelöhner entschädigen konnten. Armut und Hunger bedrohten die kleinen und mittleren Bauern daher besonders stark. Ging es dieser überwiegenden Mehrheit der ländlichen Bevölkerung aber schlecht,

weg, sondern halten nur die Entscheidung über eine Erbfolge, Heirat oder den Kompromiss nach einem Rechtskonflikt fest. Trotzdem muss sich die Forschung nicht auf die Rekonstruktion einer Herren-Reihe beschränken; sie kann versuchen, den Wandel im Herrschaftsverständnis, in der Wahrnehmung von Land und Menschen und im Umgang mit dem geschriebenen Wort nachzuzeichnen.

1223 waren die Grafen von Alt-Homberg in männlicher Linie ausgestorben. Der Mittelpunkt ihrer Herrschaft lag im Frickgau. Nach der Erbteilung kamen die Habsburger[16] und im Sisgau die Grafen von Frohburg zum Zug. Wie oben erwähnt, nannten sich die frohburgischen Erben der Homberger bald nach ihren Vorfahren und traten als Herren der Städte Waldenburg und Olten in den Lehensdienst des Basler Bischofs.[17] Mit Werner III. (Wernli) starben 100 Jahre später die Grafen von Neu-Homberg aus (1325) und ein Konflikt um das Erbe entstand. Vor allem um die Grafschaftsrechte im Sisgau stritten sich von Anfang an die Habsburg-Laufenburger und die Thiersteiner, während der Anspruch des Grafen von Frohburg allerseits anerkannt blieb. Diese hatten zusammen mit den Habsburgern und den Neu-Hombergern die landgräflichen Rechte seit 1275 gemeinsam ausgeübt.[18] Der Streit wurde

hatten auch die Grundherren weniger Gewinn. Fielen die Getreidepreise, war ein Naturalzins weniger wert; wenn keine Ernte eingebracht wurde, gab es überhaupt keine Zinsen. Auf diese Unsicherheiten wurde unterschiedlich reagiert: Entweder verschuldeten sich Bauern wie Grundherren,[16] oder reiche Grundherren und begüterte Bauern nutzten die schlechten Zeiten zur Besitzvermehrung. Sie horteten Vorräte und verkauften diese später mit Gewinn.

Vom Hofverband zur Dorfgemeinde

Ein Bauer, der über seine Hufe unbefristet verfügen durfte, konnte in gewissem Sinne wie ein Besitzer auftreten. Die Leiheformen, die im Hochmittelalter aufkamen, veränderten das Zusammenleben in den Dörfern. Es wurde nun möglich, die landwirtschaftliche Produktion neu und längerfristig zu planen. Dies betraf nicht nur den einzelnen Betrieb: Bäuerinnen und Bauern konnten und mussten sich nun darauf einstellen, auf lange Zeit mit- und nebeneinander zu leben und zu arbeiten. Leider sagen die erhaltenen Quellen des Hochmittelalters nichts darüber aus, wer in einem Dorf was besass, wie die Fruchtfolge auf den Zelgen oder die Allmendnutzung geregelt waren, wie gross ein durchschnittlicher Betrieb war und wie die Felder innerhalb der dörflichen Zelgen lagen und bewertet wurden. Auch zur Frage, ob und wie die lokalen Herrschafts- und Eigentumsverhältnisse die landwirtschaftliche Produktion beeinflussten, gibt es keine schriftlichen Belege.[17]

Fast alle Dokumente, die Auskünfte über die entstehenden Dorfgemeinden enthalten, stammen aus dem Spätmittelalter und sind Aufzeichnungen der Grundherren, nicht der betroffenen Bauern.[18] Wichtig ist: Im spätmittelalterlichen Dorf waren die Bewohner in einem recht hohen Mass in die Dorfverwaltung eingebunden und konnten so gemeinsam den Freiraum nutzen, der durch ihre Selbstorganisation entstanden war. Diese stabileren sozialen Verhältnisse förderten die Entstehung von Dorfgemeinden entscheidend. Die Siedlungsform «Dorf» wandelte sich zur eigenständigen

vor dem elsässischen Landgrafen ausgetragen, von diesem jedoch ohne Beschluss vertagt. Die Thiersteiner teilten sich nach 1326 in zwei Linien: Thierstein-Farnsburg und Thierstein-Pfeffingen.[19] Erst 1359 fiel der definitive Schiedsspruch des Herzogs Rudolf IV. von Habsburg-Österreich. Dieser Spruch bestätigte wahrscheinlich die Herrschaftsverhältnisse, die sich vor Ort entwickelt hatten: Die mit dem Herzog verwandten Grafen von Habsburg-Laufenburg erhielten den schon in ihren Händen befindlichen Grundbesitz zusammen mit der Hälfte der Landgrafschaft(s)rechte). Graf Sigmund III. von Thierstein-Farnsburg berief sich auf seine Abstammung von den Neu-Hombergern. Ihm wurden die bereits unter seiner Herrschaft stehenden Dörfer Zeglingen, Rünenberg, Kilchberg, Oltingen, Diegten, Arisdorf, Magden, Wintersingen und Maisprach sowie ein Erbrecht auf die Landgrafschaft zugesprochen. Am 11. März 1363 nahm Graf Johann, der letzte weltliche Frohburger, Graf Sigmund III. vertraglich als Gemeinder auf, das heisst, er anerkannte ihn als erbberechtigten Mitinhaber der Landgrafschaft. Die Habsburger hatten zwar weiterhin keinen Eigenbesitz im Sisgau, die Landgrafschaft war für sie aber eine willkommene Einnahmequelle und daneben war sie ein Mittel, um im Sisgau Einfluss zu nehmen und von Süden

rechtlich-ökonomischen Einheit. Auf dieser Grundlage, die im Hochmittelalter gelegt wurde, entwickelten sich die Dorfgemeinden, die im Spätmittealter so eigenständig wurden, dass sie beispielsweise die eigenen Kirchen, Pfründen und Pfarrer kontrollierten. Dieser Entwicklung stand die Tatsache entgegen, dass sich die Grenzen der politischen und der kirchlichen Gemeinde meist nicht deckten und dass kirchliche wie weltliche Herrschaftsrechte über ein Dorf oft im Besitz verschiedener Herren waren.[19]

Die neuen Dorfgemeinschaften organisierten ihre Produktion besser und regelten ihre Belange mit der Zeit selbst. Das kam den Grundherren entgegen, auch wenn die neuen Rechts- und Produktionsgemeinschaften die Kontrolle des Besitzes erschwerten. Diese Situation und die Konkurrenz der verschiedenen Herren konnte für die Bauern ein Vorteil oder ein Nachteil sein: Im schlimmsten Fall gerieten sie zwischen die Fronten oder mussten verschiedenen Herren Abgaben leisten. Durch geschicktes Lavieren konnte es ihnen aber auch gelingen, sich ihren Verpflichtungen zu entziehen, denn im Hochmittelalter lockerte sich die Verbindung zwischen den Schupposen.

Nach und nach lösten sich die Grundherrschaften auf. Aus der Sicht der Herren blieben die Huber die einzige Verbindung zwischen den verschiedenen Schupposen. Den Überblick über die Rechts- und Besitzverhältnisse zu behalten wurde immer schwieriger, ebenso die Kontrolle der geschuldeten Abgaben und Leistungen. Um dieser Entwicklung entgegenzuwirken, konnte der Grundherr vorschreiben, die Dienste seien einem Statthalter (Meier oder Vogt) zu leisten, oder er konnte eine Abgabe oder einen Zins veräussern. In einem solchen Fall musste die Dienstpflicht des Bauern neu begründet werden. Ein Bauer leistete seine Dienste nicht mehr als Huber, der seinem Herrn gehörte, sondern weil er innerhalb eines bestimmten Dorfbannes lebte. Wer als Statthalter oder neuer Herr Abgaben und Zinsen forderte, hatte den Anspruch zu begründen. Die Kontrolle der Dienst- und Abgabepflichten erforderte einen administrativen Aufwand.

her näher an die Stadt Basel heranzukommen. Für die Frohburger wiederum bestätigte der Schiedsspruch alte Rechte.[20]
Aus der Zeit vor dem 14. Jahrhundert ist kein Beleg darüber erhalten, wer der Lehensherr der Landgrafschaften im Buchsgau und Sisgau war. Man weiss nur, dass der König im 11. Jahrhundert dem Basler Bischof eine Grafschaft geschenkt hatte. Vom ursprünglichen Recht her waren Grafschaften Teil des Reichsguts.[21] Ob der König mit dieser Schenkung auf seine Rechte am Reichsgut verzichtete, ist ungewiss. Über die Lehensherrschaft über die Landgrafschaften gibt erst ein Beleg aus dem 14. Jahrhundert klare Auskunft: Als der

Basler Bischof 1363 hiesigen Grafen die Landgrafschaften lehensweise übertrug, galt er als der höchste Lehensherr. Er bestätigte die bisherige Würde des Grafen von Frohburg.[22] Drei Jahre später aber starb Graf Johann und sein Lehen, ein Viertel der Landgrafschaft, fiel an Sigmund III. von Thierstein. Dieser konnte wenige Jahre später auch den Rest des Erbes an sich bringen, das heisst die Hälfte der Landgrafschaft, welche die Habsburg-Laufenburger innegehabt hatten.[23] Allerdings wissen wir nicht, wie es dazu kam. Die Grafen von Thierstein-Farnsburg verfügten damit im Sisgau nicht nur über reichen Grundbesitz und die damit verbundenen

Viele bäuerliche Dienstpflichten wurden mit der Zeit in Geldabgaben umgewandelt. Der Grundherr trat nur noch als Einnehmer von Gebühren und Abgaben in Erscheinung. Er verlor seine wirtschaftliche Ordnungsfunktion, galt aber auch immer weniger als Garant für Sicherheit und Friede (Schutz und Schirm). Diese Aufgabe hatte ihn ursprünglich berechtigt, Abgaben und Dienste zu verlangen. Mit der Versachlichung der Beziehung zu den Hubern und mit der Umwandlung von Diensten in Geldabgaben erhielten die Herren mehr Bewegungsfreiheit in der Verwaltung ihres Besitzes. Sie nutzten diese Möglichkeiten weidlich aus und begannen schon früh, ihre Güter und Rechte mit Verkäufen oder Verpfändungen zu konzentrieren, um möglichst grossen Ertrag aus ihnen herauszuholen.

Jede grössere Handänderung barg Chancen, aber auch Gefahren für alle Beteiligten: Wenn der Grundherr die Huber auf dem veräusserten Land nannte, wusste der Pfandnehmer oder Käufer, wer ihm Zinsen schuldete. Der Grundherr konnte fortan beim Pfandinhaber seinen Anteil der Abgaben beanspruchen und musste nicht mehr jeden Huber ansprechen. Dieser Vorteil musste aber immer mit einem Kontrollverlust bezahlt werden: Ein Bauer konnte Anteile mehrerer Schupposen innehaben und dem Pfandinhaber erklären, er wisse nicht mehr, von welchem Gut er wem die Zinse schulde. Der Pfandinhaber wiederum konnte dem ursprünglichen Herrn die Ablieferung von Zinsen verweigern und sich mit der Widerborstigkeit der Bauern rechtfertigen. Um derartige Konflikte und Einkommenseinbussen zu verhindern, musste ein Grundherr die Besitzverhältnisse auf seinem Land aufzeichnen, jede Veränderung registrieren und die betreffenden Schriftstücke bei Handänderungen weitergeben.

Wenn auch der Huber trotz allem die Bezugsperson der Grundherren blieb,[20] so suchten doch die meisten Grundherren, ihre vielen verschiedenartigen Rechte an einem Ort zu bündeln. Neben Verpfändungen und Verkäufen waren Städtegründungen ein möglicher Weg.

Frauensiegel

Frauen konnten grundsätzlich eigene Rechte geltend machen, in besonderer Art und Weise trifft dies für adelige Frauen zu. Ein Ausdruck der Rechtsstellung dieser Frauen sind die Siegel, mit denen persönliche Verfügungen, Briefe, aber auch Quittungen bestätigt werden konnten. Die Siegel der Gräfinnen Agnes (1334) und Anna (1465) von Thierstein zeigen einerseits das redende Thiersteiner Wappen, nämlich die Hindin (Tier) auf dem Dreiberg (Stein). Andererseits weist Agnes' Siegel auf ihre Herkunft aus dem Geschlecht der Herren von Weissenburg hin; Annas Siegel auf die Familie ihres Gatten, des Burggrafen aus dem österreichischen Lienz.

Rechte, sondern sie hatten, von einigen Ausnahmen abgesehen, flächendeckend auch die Landeshoheit inne. Dies bedeutete im Wesentlichen, dass sie Zölle, Bussen und Abgaben einziehen und Bergbau treiben durften, dass sie Fisch-, Jagd- und Wasserrechte sowie Gerichtsrechte geltend machen konnten.[24] Aus der Erbmasse der Frohburger bildete sich später die Herrschaft Farnsburg als wichtigstes Gut der Grafen von Thierstein-Farnsburg.[25]
Diese Erbregelungen dokumentieren «Herrschaftsgeschichte», sie sagen aber noch mehr aus. Aus der Fülle möglicher Interpretationsansätze seien vier herausgegriffen.
1. Im Hochmittelalter konnten (hoch)adelige Frauen Herrschaftsrechte erben und vererben. Über das Erbrecht der Frauen auf dem Dorf ist wenig bekannt.[26] Adelige Männer konnten sich durchaus auf ihre Mütter oder Ehefrauen (weniger auf die Schwestern) berufen, wenn sie Ansprüche stellten, und sie taten das auch: Die Besitzübertragungen von den Alt- zu den Neu-Hombergern sowie von den Neu-Hombergern zu den Thiersteinern vollzogen sich über Ehefrauen. Diese Möglichkeit, das Erbe nicht nur über Söhne und Brüder, sondern auch über Töchter und Schwestern an die nächsten Blutsverwandten weiterzugeben, wurde im spätmittelalterlichen Reich, dem das Baselbiet

Stadtgründungen

Im Baselbiet war der oben beschriebene «Verdorfungsprozess» im 14. Jahrhundert weitgehend abgeschlossen.[21] Weltliche und geistliche Herren zogen ihre Güter und Rechte territorial zusammen und konzentrierten ihren Besitz. Über Gütertausch, -verpfändung und -verkauf wurden fern gelegene Streugüter abgestossen, günstig gelegene Güter erworben und neue Landwirtschaftsflächen urbar gemacht. Im Baselbiet sind solch frühe Rodungen fassbar für die Klöster Schöntal, Olsberg und Beinwil. Am besten belegt ist das Neurodungsgebiet zwischen Onoldswil und Waldenburg. Die Schöntaler Mönche gerieten in den Jahren 1146 bis 1152 in einen heftigen Streit mit dem Priester von Onoldswil, weil dieser von ihnen Rodungsabgaben verlangte. Nach einigem Hin und Her verfügte Graf Ludwig von Frohburg, dass die Mönche dem Priester eine einmalige Abfindung zahlen müssten und dafür das gesamte neu erschlossene Land zwischen Langenbruck und dem Holznachthübel (am Hang Richtung Schöntal) beanspruchen durften.[22]

Verschiedene bestehende Siedlungen erhielten ein Stadtrecht, das heisst, den Einwohnerinnen und Einwohnern wurden Sonderrechte zugebilligt, ein Markt wurde geschaffen und eine Stadtmauer gebaut. Die Herren konnten mit solchen Gründungen ihre ökonomische Situation verbessern, ihre Herrschaft ausdehnen, ihre Ansprüche umfassender darstellen und durchsetzen. Für ihre Angehörigen liessen sich in der Stadt zudem bequemere Wohn- und Lebensbedingungen schaffen als auf einer einsamen feuchtkalten Burg. Befestigte Orte entstanden auch durch Erweiterung und/oder Ummauerung grösserer Kirchen, bei Zollstellen oder in der Nähe von Burgen. Wenn mehrere dieser Elemente bereits an einem Ort vorhanden waren, hatte die Neugründung gute Chancen, Bewohnerinnen und Bewohner anzuziehen und zu wachsen.

Im 13. Jahrhundert verlegten die Grafen von Frohburg den offenen «Altmarkt» bei Liestal um gut einen Kilometer in nordwestlicher Richtung, ummauerten den neuen Standort und versahen ihn mit Türmen und Toren.

zugerechnet wurde, immer mehr zu Gunsten der Männererbgänge zurückgedrängt. Männliche Verwandte erhielten gegenüber den Töchtern Vorrang. In Frankreich und Burgund hingegen hielt der Adel am Erbrecht der Frauen fest.[27]

2. Unter einer «Grafschaft» versteht man heute gemeinhin ein Territorium oder ein Bündel von Rechten, welches sich auf ein umgrenztes Gebiet bezieht. Die Urkundenreihe zu den Landgrafschaften in der Nordwestschweiz zeigt, dass sich diese moderne Flächenvorstellung keinesfalls mit derjenigen der mittelalterlichen Menschen deckt: Erst in den Teilungsurkunden des 14. Jahrhunderts findet sich die erste schriftlich fixierte Grenzbeschreibung der Landgrafschaft Sisgau.

3. Schriftquellen, welche im Hochmittelalter zu fliessen begannen, wurden im Spätmittelalter immer zahlreicher. Die Aufzeichnungen traten im Streitfall zunehmend an die Stelle der mündlichen Überlieferung. Die Parteien waren jetzt gezwungen, Gewohnheitsrechte urkundlich niederzulegen. Wahrscheinlich war es 1363 tatsächlich das erste Mal, dass die Inhaber der Landgrafschaft Sisgau ihre Rechte und Kompetenzen schriftlich festhielten. Damit verloren diese Rechte etwas von ihrer engen Verbindung zu einer Person; sie wurden schriftgebunden und damit abstrakter.

Dieser Markt ergänzte den Bereich um die Liestaler Kirche St. Martin. Dort lagen bereits das Kornhaus und ein Frei- oder Fronhof, sodass die vorher verstreuten Institutionen nun an einem Ort zusammenwuchsen: Kirche, Markt, Gewerbe, Zoll und Gericht. Den nötigen Schutz bot die Befestigung. Um die Mitte des 13. Jahrhunderts war Liestal ein befestigter Platz. Liestal ist damit ein gutes Beispiel für die so genannte Ballungstheorie, mit der die Forschung die Siedlungs- und Güterkonzentrationsprozesse des Hochmittelalters zu erfassen sucht.[23]

Die Grafen von Frohburg gründeten eine ganze Reihe weiterer Kleinstädte dies- und jenseits des Jura. Sie betrieben den Ausbau von Siedlungen zu Städtchen nicht nur in Liestal, sondern auch in Zofingen, Fridau, Wiedlisbach und Waldenburg. An jedem Ort fanden sie unterschiedliche Voraussetzungen für eine Stadtgründung vor. Zofingen, zum Beispiel, verfügte mit dem Chorherrenstift über ein grosses Entwicklungspotential.[24] Verschiedene Grafen und Gräfinnen von Frohburg dürften sich vor allem dort und kaum noch auf der Frohburg aufgehalten haben. Fridau, Wiedlisbach und Waldenburg hatten kein Kloster oder Stift aufzuweisen, die Siedlungen lagen hingegen an wichtigen Verkehrs- und Handelsstrassen.[25]

Waldenburg war ein Sonderfall. Seine Gründung steht in engem Zusammenhang mit der Frohburger Stiftung des Klosters Schöntal in der Mitte des 12. Jahrhunderts. Das Städtchen wurde auf neu gerodetem Land unterhalb der Grafenburg angelegt. Mit dieser Sperrung der Talenge kontrollierten die Frohburger den Zugang zur Passstrasse über den Hauenstein und sicherten sich die entsprechenden Zolleinnahmen. Sie integrierten in die Mauern Waldenburgs den alten offenen Markt beim Holznachterberg, ein Salz-, Korn- und Badehaus, eine Trotte, Säge und verschiedene Gewerbebetriebe, welche die durchziehenden Händler versorgten und den lokalen Bedarf deckten. Mindestens so wichtig wie die Kontrolle über die Strasse aber waren für die Grafen die Eisengewinnung und -verarbeitung sowie die Holzwirtschaft. In Waldenburg konnten sie diese Interessen zusammenfassen.[26]

Handelswege
Mit Holzbohlen befestigter Abschnitt der Nord-Süd-Verbindung von Basel über den Hauenstein ins Mittelland. Die Bohlen ermöglichten die Überquerung eines Hochmoors und gaben dem Dorf Langenbruck den Namen.

4. Für eine weitgehend schriftlose Gesellschaft, wie es die hochmittelalterliche war, war Herrschaft immer mit einer konkreten Person verbunden. In der Person des Herrn oder seines Stellvertreters waren die Herrschaftsrechte gebündelt. Ob nun der König oder der Bischof der oberste Lehensherr einer Landgrafschaft war, musste im Hochmittelalter weder für die Bauern noch für die Herren schriftlich festgehalten werden. Im 14. Jahrhundert waren die Umstände anders: Es ist sicher kein Zufall, dass die Grafen Rudolf von Habsburg und Sigmund von Thierstein ein Jahr nach ihrer Übernahme der Landgrafschaft 1367 einen Gerichtstag nach Sissach einberiefen.[28] Sie wollten allen zeigen, wer die neuen Landgrafen waren, und sie liessen diesen Schritt dokumentieren. Das Dokument von diesem Landtag ist das älteste erhaltene Zeugnis eines solchen Herrschaftswechsels in Baselland.

Urkunden, Urbare und Zinsbücher
Die mittelalterliche Gesellschaft war hierarchisch. Jeder hatte seinen Platz in der Welt und sollte dort bleiben, wo Gott ihn mit der Geburt hingestellt hatte. Diese Norm spiegelt sich beispielsweise in den Anredeformeln und Zeugenlisten der Urkunden. Die Urkunden bilden die grösste Gruppe der hochmittelalterlichen Schriftzeugnisse und

WANDEL DER LÄNDLICHEN GESELLSCHAFT IM HOCHMITTELALTER

Maria und die Grafen von Frohburg
Dieser vergoldete Kreuzfuss für das so genannte Heinrichskreuz im Basler Münster wurde um 1100 angefertigt. Maria hält ein Lilienszepter und ihr Kind; eine ganz ähnliche Mariendarstellung zeigt das spätere Siegel des Basler Domkapitels, welches in der Schildumschrift auf die «Basler Marienkirche», das heisst auf das Münster, verweist.

Die Frohburger Gründungen entwickelten sich unterschiedlich, am raschesten wuchs Liestal. Im westlichen Kantonsteil waren ähnliche Bestrebungen der Basler Bischöfe und der Grafen von Saugern weniger erfolgreich: Der bischöfliche Hof in Laufen, die Festungsanlage von Zwingen und die Stiftung des Klosters Beinwil blieben ohne grössere Ausstrahlung, daran änderte auch das Stadtrecht nichts, welches der Bischof Laufen im Jahre 1295 gewährte.[27] Die Grafen von Frohburg hatten zwischen 1133 und 1179 ununterbrochen den Basler Bischofsstuhl inne. Sie versuchten, diesen Besitz in der Familie zu halten.[28] Trotz vieler Erfolge gelang es ihnen aber nicht, eine grosse geschlossene Herrschaft aufzubauen und langfristig zu halten. Die Frohburger setzten zum Auf- und Ausbau ihrer Herrschaft alle möglichen Mittel ein. Neben den oben erwähnten Städtegründungen und dem Burgenbau ist hier auch die Selbstdarstellung im religiösen Bereich zu nennen. Die heilige Maria war nicht nur eine der wichtigsten Adelsheiligen, sie war auch die Hauptheilige des Basler Bistums und Münsters. Die Grafen von Frohburg erklärten die Gottesmutter zu ihrer Patronin und unterstellten deren Schutz das von ihnen gestiftete Kloster Schöntal.[29] Sie begründeten die Tradition, am Geburtstag Mariä, dem 8. September, in Basel ein Turnier abzuhalten. Mit der Wahl Maria Magdalenas als Altarheiliger der Kapelle in Waldenburg zeigten die Frohburger ihre Nähe zur kirchlichen und monastischen Reformbewegung, in der Maria Magdalena als tätige Büsserin verehrt wurde.[30] Wer eine dieser Kirchen betrat, sollte sehen, wie fromm, ritterlich und mächtig die Frohburger waren. In denselben Zusammenhang gehören auch einige Werke des Dichters Konrad von Würzburg. Konrad lebte zwischen 1260 und 1287 in Basel und wurde von Ritter Peter Schaler unterstützt. Peter war einer der mächtigsten Basler Bürger und zugleich Dienstmann der Grafen von Frohburg. Zu Konrads Publikum gehörten sicher auch die Adeligen auf den Burgen der Basler Umgebung. Konrad von Würzburg wurde in der Kapelle der heiligen Maria Magdalena im Basler Münster beerdigt.[31]

enthalten zumeist Regelungen über kirchliche oder klösterliche Güter. Vereinzelt finden sich Hinweise auf gewerbliche Anlagen und Handwerksbetriebe, auf Steinbrüche, Gipsgruben und Bergwerke sowie auf Tavernen und Herbergen.[29]
Für ein Dorf war die Kirche ein wichtiges Zeichen der Siedlungskontinuität. Kirchen waren Ausdruck einer Ordnung, in der geistlich-religiöse Bindungen nahtlos in soziale und wirtschaftliche Beziehungen übergingen. Der Siedlungsverband, die Produktionsgemeinschaft, die rechtlich-politische Gemeinschaft und die Kirchgemeinde überlagerten sich und umschlossen mehr oder weniger dieselben Personen.

Rechtlich gesehen aber waren diese unterschiedlichen Körperschaften keineswegs deckungsgleich. Das bedeutet, dass die Bewohnerinnen und Bewohner eines Dorfes in der Regel mehreren Herren unterstellt waren. Die Herren übten ihre Rechte oft in Konkurrenz zueinander aus. In dieser Situation musste um stabile Verhältnisse immer wieder neu gerungen werden. Der Friede war sehr wichtig für Klöster, Bischof, Domstift, einzelne Adelige sowie für die Stadtbürger. Sie alle waren auf die Versorgung durch die Landbevölkerung angewiesen. Auch wenn das Dorf unter mehrfacher Kontrolle stand,[30] konnten sich die Menschen doch mit der Zeit auch ihre Frei-

WANDEL DER LÄNDLICHEN GESELLSCHAFT IM HOCHMITTELALTER

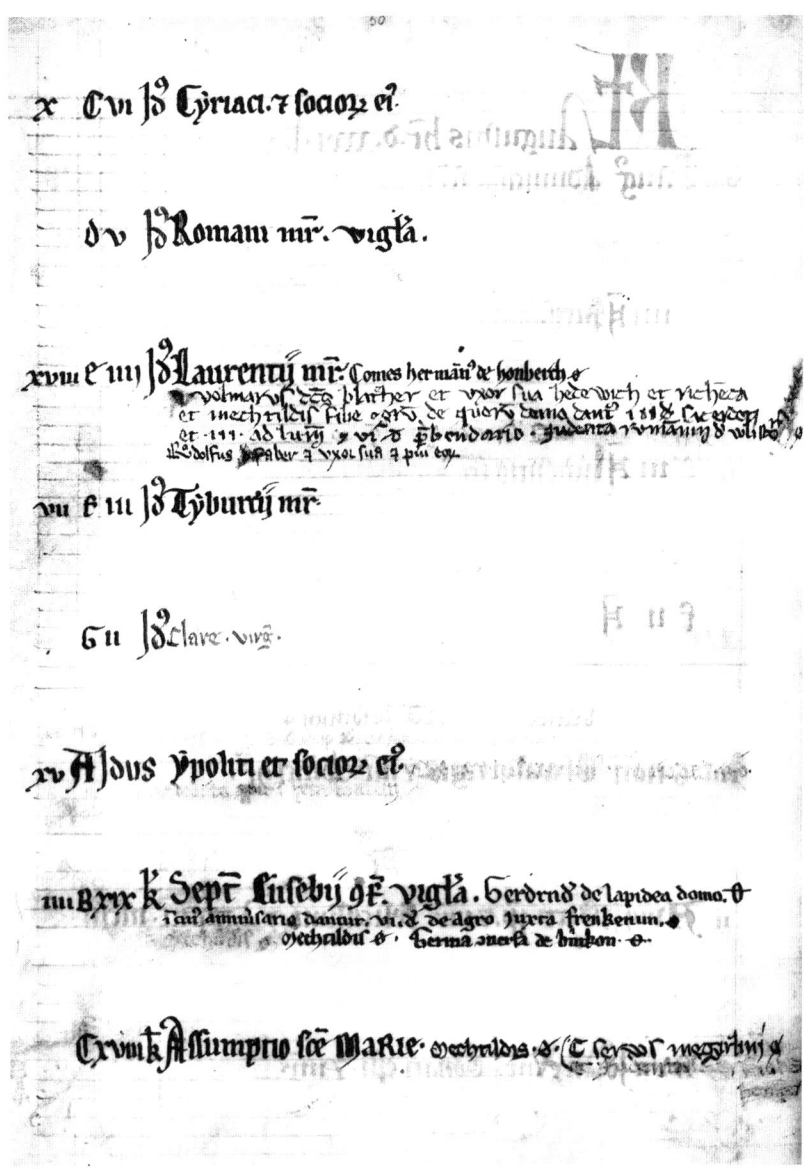

Das Jahrzeitenbuch von Liestal

Mit den Güter- und Besitzkonzentrationen kamen unterschiedliche soziale Gruppen an einem Ort zusammen, es entstanden neue Beziehungen. Das zeigt zum Beispiel das Jahrzeitenbuch von Liestal, welches wahrscheinlich in der zweiten Hälfte des 13. Jahrhunderts von einem Priester der Stadtpfarrkirche St. Martin angelegt und von seinen Nachfolgern bis ins 14. Jahrhundert weitergeführt wurde. Das Jahrzeitenbuch enthält mehr als 100 Stiftungen, die das Gedenken an Verstorbene regelten. Eine bunt gemischte soziale Gruppe tritt uns entgegen: Männer und Frauen, Adelige, Kleriker und Bauern. In den Kirchen von Liestal, Munzach und Lausen wurden Stiftungen beispielsweise für Gräfin Ita von Homberg und den Herrn der Liestaler Kirche, Graf Rudolf von Frohburg eingerichtet. Daneben sind Dienstleute der Frohburger, Geistliche und Dorfleute zu finden. Vergleichsweise häufig sind im Jahrzeitenbuch die Stiftungen von Dorfmeiern, typisch ist auch das gemeinsame Auftreten von Ehepartnern als Stifter. In einigen Fällen werden mehrere Generationen derselben Familie fassbar.
Die Seite zeigt unter anderem den Eintrag für eine Sammeljahrzeit am Tag des heiligen Märtyrers Laurentius (10. August). An diesem Tag sollte in der Kirche von Liestal an die Grafen Hermann und Volmar von Homberg gedacht werden; später wurden in das Totengedenken Volmars Gattin Hedwig, deren Töchter Richenza und Mechthild sowie eine weitere Einzelperson und ein Ehepaar eingeschlossen.

räume schaffen. Detaillierte Auskünfte darüber, wie sich die Beziehungen zwischen Herren und Bauern gestalteten und veränderten, sind in den Urkunden nicht zu finden. Indirekt erschliesst sich ein etwas differenzierteres Bild, wenn man Urbare und Zinsbücher beizieht.

Hofrechte, Urbare und Zinsbücher, die Rückschlüsse auf das Baselbiet zulassen, sind seit dem 13. Jahrhundert überliefert. Am bedeutsamsten sind die Aufzeichnungen der Basler Dompropstei und des Basler Klosters St. Alban.[31] Urbar und Zinsbuch waren Hilfsmittel der Besitzverwaltung. Sie beschreiben das Land, den Besitz und die Abgaben aus der Sicht der Grundherren. Mit der Verschriftlichung ihrer Pflichten sollte verhindert werden, dass Bauern Abgaben verweigerten oder dass auf anderen Wegen Besitz oder Rechte verloren gingen.

Urbar und Zinsbuch galten als rechtssichernde Dokumente. Sie wurden bis ins 16. Jahrhundert vor Gericht als Beweismittel zugelassen. In Urbaren wurden einzelne Güter nach Umfang und Lage beschrieben. Mit den Zinsbüchern wurden die Zinseingänge kontrolliert, das heisst, hier sind die Einkünfte umschrieben und es ist festgehalten, von wem sie zu welchen Terminen zu leisten waren. Im Zinsbuch wurden die Einträge nach Orten gegliedert, inner-

Ständelehre
Im Hochmittelalter bildete sich die Idee der drei Stände, eine Ordnungsvorstellung, die jahrhundertelang Bestand hatte, wie dieser Holzschnitt des ausgehenden 15. Jahrhunderts zeigt. Links oben steht der Klerus, dessen Aufgabe die Fürbitte ist, rechts der Adel, der das Volk zu schützen hat, unten das bäuerliche Volk, dem die Feldarbeit obliegt. Die drei Stände sind an ihrer Tracht erkennbar; über der gottgewollten Ordnung thront Christus.

Auf den Märkten, in den Kleinstädten, auf dem Land und in den Kirchen suchten die Herren nach Möglichkeiten, sich darzustellen. Neben den oben erwähnten Beispielen sind weiterum sichtbare Steinburgen oder Wappenbilder im Chor einer Kirche – beispielsweise in Muttenz – als Belege zu nennen. Die Herren versuchten, überall sichtbar präsent zu sein. Dieser Wunsch wird nachvollziehbar, wenn man das mittelalterliche Herrschaftsverständnis kennt. Herrschaft, so wie sie die Frohburger und ihre Zeitgenossen verstanden, war ein umfassender Verfügungs- und Ordnungsanspruch. Er betraf Körper und Seele, Raum und Zeit der Menschen. Ein herrschaftsloser Zustand war bedrohlich, weil dann auch keine Schutzpflicht bestand. Freiheit, wie wir sie heute als individuelles Grundrecht verstehen, bedeutete für die Menschen im Mittelalter Unordnung und Gefahr. Daher wurde das Vakuum, das entstand, wenn ein Herrengeschlecht im Mannesstamm ausstarb, unverzüglich gefüllt.

Im Hochmittelalter begannen sich Klerus, Adel und Bauern voneinander abzugrenzen. Innerhalb der einzelnen Stände bildeten sich neue gesellschaftliche Gruppen. Herrschaftsrechte zu besitzen und zu vererben, blieb dem Adel vorbehalten, die körperliche Arbeit vor allem den Bauern, der Gebetsdienst dem geistlichen Stand. Jede Gruppe entwickelte spezifische Verhaltensnormen und eigene Freund- und Feindbilder. Damit entstanden auch neue Kriterien der sozialen Zugehörigkeit und Zuordnung.

Neue Gruppierungen im Adel

Im hierarchischen Verhältnis zwischen Herren und Bauern galt der Grundsatz: Was Bauern über den Bedarf und die Abgaben hinaus erwirtschafteten, musste dem Herrn abgeliefert werden. Als Gegenleistung für Abgaben und Dienste boten die Grundherren den Bauern im Idealfall Schutz und Rechtssicherheit. Wer auf dem Acker arbeitete, gehörte weder zum Stand der Herren noch zu den Geistlichen. Die Pflicht der körperlichen Mühe kennzeichnete den Bauern. Diese Abgrenzung zwischen den verschiedenen sozialen

halb der Orte nach der Art der Abgabe. Dasselbe Grundstück konnte also mehrfach eingetragen sein, wenn darauf zum Beispiel Geld- und Getreide- oder Weinzinsen lasteten. Das Zinsbuch hält die Einkünfte fest, gibt aber keinen Überblick über den Umfang der Güter eines Herrn. Letzteres ist hingegen der Zweck des Urbars: Das Urbar hält die Beziehung zwischen Gütern und Zinsen fest, damit nicht vergessen ging, von welchem Gut ein Zins zu entrichten war und auf welcher Rechtsgrundlage der Anspruch beruhte.[32]
Die Beziehung einzelner Dorfbewohner zu den Grundherren ist aus solchen Quellen nicht zu erschliessen. Klar wird aber, dass grund-, leib- und gerichtsherrliche Verhältnisse aufs engste zusammenhingen. Jede Grundherrschaft hatte eine eigene Ordnung in Rechts- und Wirtschaftsdingen, und sowohl die Rechte der Bauern als auch die Ansprüche des Herrn wurden den örtlichen Gegebenheiten immer wieder angepasst. Für die Bäuerinnen und Bauern wurde die Dorfgemeinschaft als Regelungsinstanz im alltäglichen Leben immer wichtiger. Zumindest in Zeiten, da kein Krieg geführt wurde, dürfte sich der direkte Kontakt zum Herrn auf ein Minimum beschränkt haben.[33]
Über die landwirtschaftlichen Belange hinaus geben Urbare, Zinsbücher und Hofrechte aber auch Einblick in die Aufgaben

Gruppen bestand in der Theorie; die körperliche Arbeit konnte in der Praxis keineswegs so strikt abgewertet werden. Sie wurde von Adel und Geistlichkeit zum Teil unterschiedlich aufgefasst. Ein Beispiel dafür waren die Konflikte zwischen den alten und den neuen Mönchsorden. Den einen war der Gebetsdienst, wie im Frühmittelalter, die wichtigste Aufgabe eines Mönches oder einer Nonne, die anderen interpretierten die Nachfolge Christi umfassender und erklärten auch die Arbeit auf dem Acker, auf dem Hof oder in der städtischen Gemeinde zum Gottesdienst.[32] Adelig sein hiess für Frieden, Recht und die Kirche sorgen, besondere Waffen tragen und einem Oberherrn Gefolgschaft leisten. Es bedeutete zudem eine gesellschaftliche Führungsstellung einnehmen und verteidigen. Landwirtschaft zu treiben und körperliche Arbeit wurden unvereinbar mit diesem Standesideal. Gemeinsam war den Adeligen im Weiteren, dass sie einander um Güter, Rechte, Ämter, Einkünfte und um Gefolgsleute konkurrenzierten und dass sie nicht direkt an Grundbesitz gebunden waren. Diese Standesnorm wurde von verschiedenen Adeligen im Alltag ganz unterschiedlich umgesetzt. Es entstanden so auch innerhalb des Adelsstandes verschiedene Gruppen, die sich gegeneinander abgrenzten. Diese Entwicklung setzte im Hochmittelalter ein.

Alle Adeligen definierten sich über Herrschaftsrechte. Sie mussten sich, um diese geltend zu machen, ihren Untergebenen und Nachbarn in Erinnerung rufen. Darum mussten sie ihre Rechte aktualisieren und immer wieder bestätigen lassen. Während die Angehörigen der alten Hochadelsgeschlechter über zahlreiche Güter und Verdienstmöglichkeiten verfügten, waren andere Adelige weniger frei zu tun, was ihnen beliebte. Sie waren abhängig von den begrenzten Erträgen ihrer Güter und meist über einen Eid an einen Oberherrn gebunden; darauf hatten sie Rücksicht zu nehmen.

In Zeiten steigender Herrschaftskonkurrenz waren die Bewahrung des Familienbesitzes und die Versorgung des Nachwuchses besonders wichtig und schwierig. Wenn sich Adelige über Heirat, Dienst- und Lehensbeziehungen mit anderen Geschlechtern verbündeten, mussten die Entscheidungs-

Das Jüngste Gericht

Diese Wandmalereien im Inneren der Muttenzer Pfarrkirche stammen aus dem frühen 16. Jahrhundert und zeigen die auferstandenen Toten vor dem Weltenrichter Christus. Rechts werden die Erlösten von einem Engel und Petrus in den Himmel geführt, während links zahlreiche Teufel ihre Opfer ins Höllenfeuer werfen. Im Gegensatz zu ähnlichen Darstellungen werden hier die Toten nicht durch ihre Tracht in Stände eingeteilt und voneinander unterschieden.

träger, meist die Väter, das Für und Wider im Hinblick auf das ganze Geschlecht genau abwägen. Würde dem jungen Ehepaar ein Erbfolger geschenkt werden? War dessen Existenzgrundlage gesichert? Wie würden Untertanen, Nachbarn, Fürsten und Städte, aber auch die eigenen Verwandten auf die neuen Verbündeten reagieren? Wie würden sich Konflikte und Widerstände auswirken? Nicht nur das Bestehen eines Geschlechts, sondern auch dessen soziale und wirtschaftliche Stellung hingen mit ab von den Entscheidungen, die ein Vater für seine Kinder traf.

Aber nicht nur die umsichtigen Väter und die blinden Zufälle trugen zur inneren Differenzierung des Adels bei, sondern auch der Hochadel und die geistlichen Fürsten, welche ihre eigenen Höfe aufbauten. Auf dem Land und in der Stadt entwickelte sich aus den «Kammerhandwerkern» eine neue soziale Gruppe, die mit der Zeit dem Adelsstand zugerechnet wurde. Bis zum 11./12. Jahrhundert bedienten die so genannten Ministerialen am bischöflichen Hof ihren Herrn und dessen Gefolge. Als ursprünglich Unfreie stiegen sie bald in die Halbfreiheit und dann zu Bürgern und Angehörigen des Patriziats auf. Immer mehr von ihnen wurden zu Rittern geschlagen und bildeten das Gegenstück zur geistlichen «Oberschicht» am Hof, das heisst zu den Domherren. Diese Entwicklung ist für die Bischofsstadt Strassburg und die Ostschweiz untersucht worden. Es ist anzunehmen, dass auch die Basler Ministerialen in ähnlicher Weise sozial aufzusteigen vermochten.[33]

Wie die Bischöfe hatten auch die Grafen von Frohburg Dienstleute, die zunächst Inhaber von Hofämtern gewesen waren. Sie hatten beispielsweise das Amt des Stallmeisters (Marschalk) oder des Hofmeisters (Truchsess) inne. Später wurden diese Amtsbezeichnungen zu Familiennamen. Diese Gefolgsleute hüteten und verwalteten zunächst die gräflichen Burgen. Im 12./13. Jahrhundert begannen sie, wie andere Niederadelige, auch selber Burgen zu bauen. Ihren Mitteln angemessen, waren diese Befestigungen meist klein. Wartenberg bei Muttenz oder die Weiherhäuser von Binningen und Bottmingen gehören zu ihnen. Die Gefolgsleute der Frohburger spielten

Adelsburgen auf dem Land

Die Psitticher setzten sich bevorzugt auf den Hügeln des Birsig- und des Birstals fest; wohl nicht zuletzt aus Gründen der Stadtnähe, denn dies bedeutete auch Nähe zu ihrem bischöflichen Herrn. Die neuen Burgen der Sterner wurden eher im oberen Kantonsteil errichtet.

aber auch in den kleinen, jungen Städten im gräflichen Herrschaftsbereich eine wichtige Rolle. Sie bekleideten verschiedene Ämter und vertraten die Stadtherren beispielsweise als Schultheissen oder Vögte.[34] Die Bindung an den gemeinsamen Oberherrn brachte die Gefolgsleute einander näher und grenzte ihren «Eid-Verband» gegen die Dienstleute anderer Herren ab: In der Basler Region traten neben frohburgischen und bischöflichen Gefolgsleuten auch Getreue der Grafen von Habsburg auf.

Die bischöflichen Dienstleute übernahmen in der Stadt Basel schon früh wichtige politische Aufgaben. Die Münch und die Schaler taten sich unter den Frohburger Ministerialen besonders hervor. Die Schaler hatten das Bürgermeisteramt in der zweiten Hälfte des 13. Jahrhunderts jahrzehntelang inne und stellten zeitweise auch noch den Schultheissen. Mit der Wahl Peter Schalers zum Basler Bischof erreichte dieses Geschlecht den Höhepunkt seiner Macht.[35] Die Adelsgruppe, der die Schaler angehörten, blieb bis in die Neuzeit hinein fester Bestandteil der städtischen Führungsschicht. Da die Bischöfe immer mehr auch landadelige Geschlechter in ihre Dienste nahmen und die alteingesessenen Stadtadeligen ausserhalb Basels Burgen bauen wollten, kam es immer wieder zu bewaffnetem Streit. Dabei bekämpften sich oft nicht nur einzelne, sondern ganze Gruppen von Adeligen.

Neben den unfreien Dienstleuten gehörten auch Hochadelige, wie die Grafen von Thierstein, zum Gefolge des Bischofs, der ihnen Herrschaftsaufgaben übertrug, zum Beispiel das Amt des obersten weltlichen Richters im Bistum.[36] Zahlreiche Domherren sowie Äbte und Prioren von Stadtbasler Klöstern entstammten dem Gefolge der Hochadeligen. Domstift und Klöster besassen auf der Landschaft umfangreiche Güter. Die engen Verbindungen zwischen diesen einflussreichen Gesellschaftsgruppen liessen Stadt und Landschaft näher zusammenrücken. Die Verflechtungen zwischen Adel und Klerus konnten stabilisierend wirken, bei sozialen und ökonomischen Interessenkonflikten aber auch zu bewaffneten Auseinandersetzungen führen. Unter solchen Fehden hatte die Landbevölkerung am meisten zu leiden.

Psitticher und Sterner

In Basel hatten sich die Dienstleute des Bischofs Heinrich von Neuenburg, die sich Psitticher nannten, zusammengeschlossen. Eine andere Vereinigung, die Sterner, bestand aus Anhängern Rudolfs von Habsburg. Nach 1265 gerieten die beiden Gruppen aneinander. Die Psitticher führten mit dem grünen Papagei (Psittich) auf weissem Grund das Symboltier der Münsterpatronin Maria in ihrem Wappen. Die Fahne der Sterner war rot und zeigte einen weissen Stern. Vereinfacht gesagt wollten die Psitticher ihre Vormachtstellung in der Stadt halten, die Sterner wollten die Macht der Münch und der Schaler brechen. Nach zahlreichen Verwüstungen, Raubzügen, Burgenzerstörungen und kleinen Gefechten wurden die Sterner aus der Stadt vertrieben und schlossen sich den Truppen Rudolfs von Habsburg an. Rudolf belagerte Basel im Jahre 1273, wurde während der Belagerung zum Römischen König gewählt und zog als solcher ehrenvoll in die Stadt ein. Die Sterner kehrten nach Basel zurück. König Rudolf gelang es zwar, die führenden Köpfe der Psitticher an sich zu binden, Friede aber kehrte noch lange nicht ein. Erst 1298 konnte der Bischof die ständigen Fehden beenden, indem er verfügte, dass die Ämter des Bürgermeisters und des Oberstzunftmeisters abwechslungsweise von einem Sterner und einem Psitticher besetzt werden sollten. Diese Regelung wurde bis ins späte 14. Jahrhundert beibehalten.

derjenigen, welche mit der Besitzverwaltung betraut waren und die Bücher führen mussten: die Meier und Vögte.

Die Statthalter der Grundherren
Seit dem 12. Jahrhundert sind die Ämter des Vogts und des Meiers belegt. Meier und Vögte vertraten ihre Herren. Sie mussten nicht unbedingt freien Standes sein; noch im 15. Jahrhundert gab es Leibeigene, die diese Ämter ausübten. Vögte, Meier und Pfarrherren stellten die Verbindung zwischen den Bauern und den manchmal weit weg lebenden Herren her. Sie nahmen innerhalb der vorher beschriebenen Entwicklung von der Grund- zur Rentenwirtschaft die zentrale Vermittlerfunktion wahr. Es wird angenommen, dass sich die Meier besonders für die Verbesserung des bäuerlichen Erbrechts einsetzten. Da sie zumeist aus der begüterten Bauernschicht stammten, profitierten sie am meisten von den Neuerungen.

Die Meier zogen Steuern, Zinsen, Abgaben, Bussen und Pfänder ein und sassen dem Gericht vor. Sie waren für die Ernennung des Bannwarts zuständig. Meier oder Pfarrer mussten den Zuchtstier und den Zuchteber halten; diese Pflicht konnte aber auch dem reichsten Bauern des Dorfes übertragen werden. Schliesslich musste der Meier dem Herrn während einiger

Päpstliche Urkunde vom 14. März 1194
Für verschiedene Baselbieter und Solothurner Gemeinden ist diese Urkunde das älteste erhaltene Zeugnis des Gemeindenamens, mehr sagt der Text – es handelt sich um eine Besitzbestätigung der päpstlichen Kanzlei für das Kloster Beinwil – nicht. Auf dem metallenen Siegel sind die Köpfe der Apostel Petrus und Paulus abgebildet.

Innerständische Konkurrenz und Konflikte zwischen den Ständen

Das ganze Mittelalter hindurch konkurrenzierten sich Klerus, Hoch- und Niederadel um Güter und Rechte. Diese Konflikte trugen dazu bei, dass einzelne Geschlechter immer reicher und mächtiger wurden und andere verarmten oder ganz verschwanden. Wie in anderen Städten wurde auch in Basel die Konkurrenz dadurch verschärft, dass die stadtsässigen Adeligen zunehmend Burgen auf dem Land bauten, während der Landadel in die Stadt drängte und einflussreiche Positionen beanspruchte. «Gewinner» und «Verlierer» zu benennen ist für das Hochmittelalter aber sehr schwierig, vor allem weil die ungefestigten Familiennamen die eindeutige Identifikation einer Person erheblich erschweren.[37] Eine der wenigen individuellen Erfolgsgeschichten lässt sich von Graf Rudolf von Frohburg erzählen. Graf Rudolf war zunächst Pfarrer von Onoldswil, Rektor der Kirche zu Liestal, dann Propst in Schöntal, Zofingen (1242), Beromünster (1253) und ab 1262 zusätzlich Basler Domherr. Im Verlauf seines Lebens baute der Graf seine Beziehungen also kontinuierlich aus, bis er über weitreichenden politischen Einfluss verfügte. Er pflegte weit gespannte Beziehungen und sorgte dafür, dass eine Frohburger Grabstätte im habsburgischen Kloster St. Urban in Luzern errichtet wurde. Der Graf starb 1272.[38]

Es finden sich aber auch «Absteiger». Wahrscheinlich führten in zahlreichen Fällen vor allem ökonomische Probleme dazu, dass ein Familienname aus den Quellen «verschwand». Oft dürften aber noch weitere Faktoren mitgespielt haben: Das Fehlen von Erbfolgern, Krieg mit Fürsten oder Nachbarn, zu wenig Geld, um standesgemäss aufzutreten, schlechte Ernten und unruhige Untertanen. Quellen aus dem Hochmittelalter gibt es zu dieser Frage aber kaum. Ein Beispiel für eine Art «Abstieg» bilden die Freiherren von Ramstein. In der ersten Hälfte des 13. Jahrhunderts versuchten die Ramsteiner, bei der Burg Zwingen eine städtische Siedlung aufzubauen. Der bischöfliche Landesherr wehrte sich dagegen, weil er eine Schmälerung seiner Rechte als Besitzer Laufens befürchtete. Er setzte sich durch, Zwingen

Tage im Jahr Herberge und Verpflegung bieten. Neben den Meiern amteten auch Vögte in den Dörfern. Ihre Kompetenzen überschnitten sich in vielen Bereichen mit denen der Meier. Die Vogtei reduzierte sich schon früh auf das Recht, die (Vogt-)Steuern zu erheben. Der Vogtstitel wurde ein frei veräusserbarer Rechtstitel. Die mit der Steuer verbundene Verpflichtung, die Bevölkerung zu schützen, trat zunehmend in den Hintergrund.[34] An den Dorf- oder Untervogt delegierten die Herren ihre gerichtlichen Befugnisse, ausser in solchen Fällen, wo es ihnen diente, selbst zu Gericht zu sitzen. Wenn der Vogt das Dorfgericht leitete, hatte er nicht nur Recht zu sprechen, sondern fertigte auch Verkäufe aus. Vögte und Meier wussten so über die dörflichen Besitz- und Rechtsverhältnisse genau Bescheid. Der Vogt trat deutlicher im Namen der Herren auf als der Meier. Er übte die Hochgerichtsbarkeit aus und vollstreckte im Allgemeinen auch die Gerichtsentscheide. Von den eingezogenen Bussen wurde sein Sold abgezogen; eine andere Form der Entschädigung waren die Vogteiabgaben. Wo die Rechte und Pflichten des Vogtes anders geregelt waren als allgemein üblich, wurden die Ausnahmen meist schriftlich festgehalten.[35] Schliesslich setzten die Grundherren in regelmässigen Abständen Einungsleute, Scheidleute,

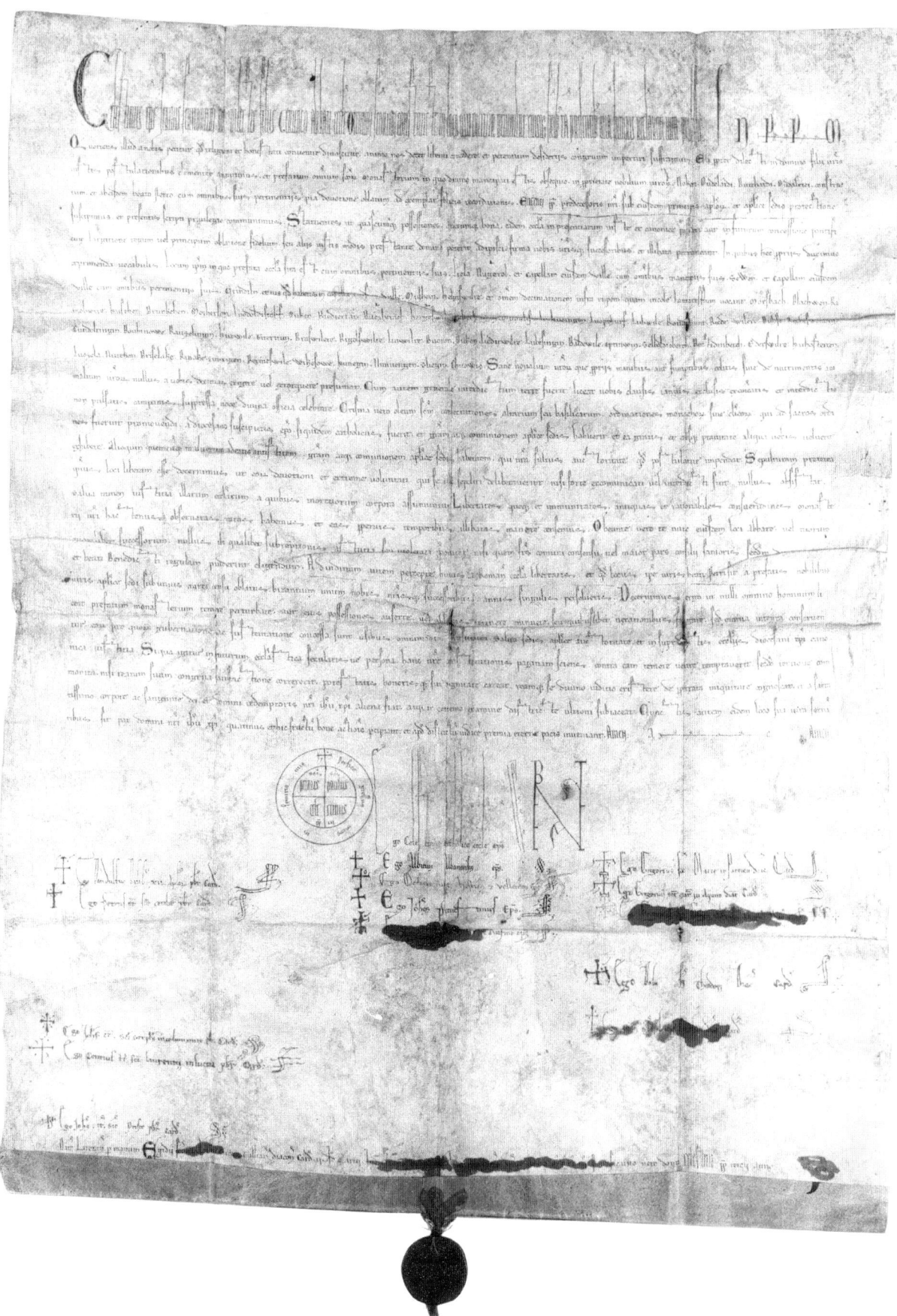

blieb unbedeutend, Laufen hingegen erhielt 1295 ein Stadtrecht. In derselben Zeit teilte sich das Geschlecht der Ramsteiner. Schon zuvor hatten die Ramsteiner Liegenschaften in der Stadt Basel erworben.

Während sich die Angehörigen des einen Zweiges weiterhin als altfreie Land- und Burgherren definierten, entfernten sich die anderen mehr und mehr vom Freiherrenstand. Sie traten in den Dienst der Basler Bischöfe, nannten sich Ritter von Ramstein und nahmen Wohnsitz in Basel. Sie konnten ihre Stellung rasch ausbauen und in bischöflichen Diensten aufsteigen. Sie stellten fast in jeder Generation Angehörige des Basler Domkapitels und konnten damit auch auf die Bischofswahlen Einfluss nehmen. Ritter von Ramstein bekleideten Ämter am bischöflichen Hof, hüteten als Burgvögte wichtige Stützpunkte des Bischofs, beispielsweise in Pruntrut, Laufen und Liestal, sie waren im Basler Rat vertreten und stellten seit dem 14. Jahrhundert mehrmals den Bürgermeister. Die Ritter von Ramstein hatten zu diesem Zeitpunkt ihren Status als altfreie Herren längst verloren, aber ihre ökonomische und politische Stellung war bedeutend besser als die ihrer freiherrlichen Verwandten. Wie andere Adelsgeschlechter auch, nutzten die beiden Ramsteiner Linien ihre Wappen, um die Verwandtschaft und die alte Tradition des Geschlechts auszudrücken und um sich gleichzeitig gegeneinander abzugrenzen. Sie behielten dasselbe Wappenbild, setzten es aber in unterschiedliche Farben um. Die Freiherren behielten die gekreuzten Lilienstäbe in Silber auf schwarzem Grund, die ritterliche Linie hingegen führte die Lilien in Rot auf goldenem Grund.[39]

Mit der Zeit akzentuierten sich die Unterschiede innerhalb des Adelsstandes. Einen gewissen Ausgleich bot im Hochmittelalter das Idealbild des christlichen Ritters, mit dem sich vom Fürsten bis zum kleinsten Herrn alle Adeligen identifizieren konnten. Längerfristig wertete der «Ritterstand» vor allem die Niederadeligen auf. Die Verbreitung des ritterlichen Ideals trug dazu bei, dass Grafen- und altfreie Herrengeschlechter immer mehr versuchten, sich in ihrer Heirats- und Besitzpolitik vom Rest des Adels abzu-

Die Ödenburg bei Wenslingen
Der ursprüngliche Name der Burg, die um die Mitte des 11. Jahrhunderts erbaut wurde, ist unbekannt. Die Anlage wurde kurz vor 1200 bereits wieder verlassen und daher als «öde Burg» bezeichnet. Die Ringmauer mit Torturm umschloss eine Fläche von rund 1700 Quadratmetern, auf der sich zwei oder drei Steinhäuser und mehrere Holzbauten befanden. Die meisten Bauten waren entlang der Ringmauer aufgereiht. Keramik, Münzen, Hufnägel, Sporen und weitere Funde weisen darauf hin, dass in der Ödenburg viele Adelige ein- und ausgingen. Man nimmt an, dass die Ödenburg – gleich wie die benachbarten und zur selben Zeit erbauten Anlagen Alt-Thierstein bei Gipf-Oberfrick und Alt-Homberg im Gebiet der Gemeinde Wittnau – im Zusammenhang mit einer frühen Grenz- und Herrschaftsbildung errichtet wurde.

grenzen. Ihr Hauptargument war die altfreie Geburt; ein Kriterium, das seit dem 13. Jahrhundert immer wichtiger wurde.

Nur den Grafengeschlechtern gelang es, sich innerhalb des Adels als Sondergruppe bis ins Spätmittelalter zu halten. Für das Kantonsgebiet wichtig waren die Grafengeschlechter von Homberg, Frohburg, Thierstein, Pfirt, Habsburg und Saugern. Bei den Freiherrengeschlechtern ist die Aufzählung aufgrund der Quellenlage schwieriger, sicher gehören die Bechburger, Falkensteiner und Ramsteiner in diese Gruppe. Den altfreien Herren und den Niederadeligen blieben die attraktivsten Herrschafts- und Bereicherungsmöglichkeiten, wie zum Beispiel Städtegründungen, verschlossen. Sie hatten hingegen mehr Gelegenheiten, ihren Besitz und ihre soziale Position über Heiratsverbindungen oder Pfandbesitz zu verbessern. Weil sie zahlreicher waren, hatten sie eindeutig mehr potentielle «Geschäftspartner» als die Hochadeligen,[40] was längerfristig ein grosser Vorteil war.

Die Heiratsbeziehungen eines Geschlechts waren ein zentrales soziales Merkmal, welches die Stände voneinander trennte und zur standesinternen Differenzierung beitrug. Eine derartige Heiratspolitik unter Bauern oder Gewerbetreibenden ist für das Baselbiet im Hochmittelalter nicht belegt. Spätmittelalterliche Beispiele hingegen zeigen, dass kleinste Verletzungen der Norm geahndet werden konnten: Einem Freiherrn wurden Herrschaftsrechte aberkannt, in einem anderen Fall mussten die Kinder einer freien Frau den unfreien Rechtsstand ihres Vaters erben.[41] Ein weiteres Differenzierungsmerkmal war das Herkommen eines Geschlechts, dessen Bewahrung zum adeligen Selbstverständnis gehörte. Findige und erfolgreiche Adelige wie die Herren von Eptingen entwickelten im Spätmittelalter eine geradezu abenteuerliche Phantasie in ihrem Bemühen, die Wurzeln ihres Geschlechts im alten Rom anzusiedeln, weil dies für besonders vornehm gehalten wurde.[42] Familienlegenden als Legitimationsmittel sind für das Hochmittelalter hierzulande kaum belegt, hingegen zeugen die im 12. und 13. Jahrhundert erbauten Burgen in Bauweise und Ausstattung von der stan-

Feuerschauer, Bannwarte und Hirten ein. Auch diese Ämter trugen dazu bei, dass eine Dorfgemeinschaft ihre Belange immer mehr selbst regeln konnte.[36]
Unter dem Vorsitz des Meiers oder Vogts tagte das Dinghof- oder das Dorfgericht zu wechselnden Terminen, aber mindestens einmal im Jahr. Das Gericht regelte neben Grundstücksgeschäften auch Probleme des dörflichen Lebens und der landwirtschaftlichen Organisation: Man befasste sich mit Streitfällen unter Gemeindemitgliedern sowie mit der Nutzung der Fluren und der Allmend. Zudem waren die Dorfrichter zuständig für strittige Grenzfragen, für die Bauordnung im Dorf, für die Waldnutzung und den Bergbau, für die Ausmarchung der Banngrenzen und die Kontrolle der Flurgrenzen. Die Hälfte der Familien eines Dorfes dürfte mit ihrem Hausvater im Gericht vertreten gewesen sein.
Im Gegensatz zum Meieramt war das Kirchenpflegeramt (auch Kirchmeieramt genannt) zeitlich befristet, möglicherweise auf ein Jahr. Es wechselte im Turnus zwischen bestimmten Gemeindemitgliedern. Zu den Aufgaben des Kirchmeiers gehörten die Güterverwaltung und der jährliche Einzug von Zinsen und Abgaben, die der Kirche zustanden. Manchmal war der Kirchmeier auch für die Verwaltung von Stiftungsvermögen (zum Beispiel für Jahr-

Hölstein, Laufen und Bretzwil
Anlässlich der Landesausstellung von 1939 wurden alle schweizerischen Gemeindewappen präsentiert. Viele Gemeinden hatten noch kein Wappen und griffen auf die Elemente alter Adelswappen zurück. Beliebt waren der Adler der Herren von Eptingen (Pratteln, Ziefen, Eptingen, Hölstein), der Bischofsstab (Laufen, Röschenz, Reinach, Liestal) und die Lilien (Gilgen) der Herren von Ramstein, Besitzer der Burg Gilgenberg (Nunningen, Brislach, Zwingen, Bretzwil).

Kochen und Essen

Das Fresko aus einem Zürcher Haus stammt aus dem frühen 14. Jahrhundert und zeigt einen Wurstsieder bei der Arbeit: In einem Kessel, einem so genannten Grapen, siedet er Würste, holt sie mit einer Art Gabel heraus und hängt sie zum Trocknen in den Rauchfang. Gabeln zum Essen gab es im Mittelalter noch nicht, hingegen fand man zweizinkige Geräte für die Arbeit in der Küche, zum Beispiel bei Waldenburg, in den Ruinen der Ödenburg (bei Wenslingen) und von Altenberg (bei Füllinsdorf).

desinternen Konkurrenz und den Repräsentationsbedürfnissen der Adeligen. In Baselland finden sich Spuren von etwa 70 Burgen, die vorwiegend auf den Ritteradel zurückgehen. Am repräsentativsten waren solche in der Nähe einer wichtigen Strasse, bei einer Brücke oder auf einer Herrschaftsgrenze. Schon im 12. Jahrhundert hatte der Hochadel sein Vorrecht, Burgen zu bauen, verloren. Zudem wurden die neuen Befestigungen zumeist aus Stein errichtet, und auch dies bedeutete für den Hochadel den Verlust einer Sonderstellung. Die Gefolgsleute des Basler Bischofs bauten ihre Burgen vorwiegend im Birseck. Die Burgenreihe Münchsberg, Engenstein, Schalberg und Frohburg wurde von den Geschlechtern der Schaler und der Münch errichtet. Reichenstein bei Arlesheim wurde von der gleichnamigen Familie erbaut. Diese Burgen hatten wenig Ähnlichkeit mit den ausgedehnten Anlagen des Hochadels aus dem 10./11. Jahrhundert, also mit Altenberg, Ödenburg oder mit der Alt-Frohburg: Diese älteren Anlagen bestanden aus aneinander gereihten, eingeschossigen Einzelbauten aus Stein. Die Festigungen des 12./13. Jahrhunderts waren kleiner, kompakter und dichter überbaut. Ihre repräsentative Funktion zeigt sich in den höheren und dickeren Mauern und in den Überresten der Inneneinrichtung. Bei Ausgrabungen wurden Kachelöfen, Fensterverglasungen, Keramik, Schmuckstücke und anderes mehr gefunden. Den Bau einer Burg konnten sich aber viele kleine Adelige nicht leisten, daher wurde der Burgenbesitz als Zentrum eines Güter- und Rechtskomplexes zum wichtigen sozialen Differenzierungsmerkmal.[43]

Neben den repräsentativen Aspekten, die immer mehr Mittel erforderten, entschied schliesslich auch die geschickte Nutzung ökonomischer und rechtlicher Mittel über die soziale Stellung eines Geschlechts. Adelige machten ihre Herrschaftsrechte direkt oder indirekt geltend und zogen Gewinn daraus. Die Herren von Reichenstein, zum Beispiel, erhielten schon im Hochmittelalter bischöfliche Burgen als Lehen und traten bald auch als Pfandherren auf. Das heisst: Der Bischof benötigte Geld, die Reichensteiner stellten es zur Verfügung und erhielten im Gegenzug vom Bischof Burgen,

zeiten) verantwortlich. In Gebieten, die zu Klöstern gehörten, hatten zudem die meist adeligen Kastvögte Schutzpflichten und Gerichtsrechte über Leute und Güter des Klosters. Sie durften aber keine ungerechtfertigten Abgaben erheben, keine Untervögte ernennen und sie mussten bestehende Immunitäts- und Friedensbereiche respektieren. Wenn die Vögte ihre Macht missbrauchten, konnten die Mönche gegen sie klagen. Der Bischof hatte das Recht, sie nach dreimaliger Ermahnung abzusetzen.[37]

Inhaber eines dörflichen Amtes hatten eine Sonderstellung, sowohl innerhalb der Gemeinde als auch gegenüber den Grundherren. Sie waren der Herrschaft und der Gemeinde verpflichtet, beide Seiten waren auf sie angewiesen. Vögte und Meier wurden von den Dorfgenossen gewählt und stammten auch aus deren Reihen. Die Grundherren brauchten zuverlässige Einnehmer, Garanten von Recht und Ordnung im Dorf und Menschen, die ihnen Informationen über Besitz- und Sozialverhältnisse lieferten. Nur so konnten sie ihr Land und die Menschen, die es bebauten, langfristig halten und Gewinn daraus ziehen. Die Strukturen der dörflichen Gemeinden überdauerten einen Herrenwechsel meist. Dies verstärkte die Abhängigkeit der Herren von den Statthaltern vor Ort zusätzlich,

Gerichtsrechte und andere Güter als Pfänder. Der Bischof belehnte sie gleichzeitig mit diesen Gütern. Damit wurde der lehensrechtlich untergeordnete Vasall zum pfandrechtlich übergeordneten Gläubiger. Von der Anlehnung an den höher gestellten Herrn dürften sich kleine Adelige nicht nur Einnahmen, sondern auch politischen Schutz versprochen haben. Derartige Rechtsverhältnisse bedeuteten wohl in der Praxis eine sehr starke Bindung und gegenseitige Abhängigkeit zwischen Bischof und Pfandinhaber. Die Untertanen bekamen eine solche Herren-Politik als verstärkten Druck zu spüren, denn der Pfandinhaber trieb seinen Gewinn, das heisst Zinsen und Abgaben, in der Regel rücksichtsloser ein als der hochadelige Herr.[44]

Die neue Formierung des Adels, die im Hochmittelalter begann, hing eng mit der Schichtung innerhalb des Bauernstandes zusammen. In den Dörfern bildete sich eine kleine Gruppe begüterter Bauern, die meist nicht nur über mehr Land und Produktionsmittel verfügten als ihre Nachbarn, sondern auch die herrschaftlichen Ämter als Vogt oder Meier innehatten. Niederadelige und reiche Bauern kamen sich in den Lebensbedingungen und im Verhalten sehr nahe, was die Konkurrenz verschärfte. Die Entwicklung der Stadt Basel beschleunigte die soziale und ökonomische Differenzierung in den umliegenden Gebieten zusätzlich.

Im 12. Jahrhundert waren Ritter und Bauern ständisch getrennt. Die Trennungslinie war aber verhältnismässig durchlässig; sozialer Auf- und Abstieg war über die Standesgrenze hinweg möglich. Zur Verbesserung ihrer Einkünfte tat der niedere Adel vieles, was ihn mit anderen sozialen Gruppen in Verbindung, aber auch in Konflikte brachte: Niederadelige überfielen Dörfer und machten Handelsrouten unsicher. Sie traten in die Dienste der Landesherren und versuchten auch, sich über Geld- und Pfandgeschäfte zu bereichern.[45]

Neben der körperlichen Arbeit wurde im späten Hochmittelalter also der Besitz zum entscheidenden Merkmal der sozialen Position. Viele niedere Adelige hatten keine eigenen Burgen oder Turmhäuser. Sie leisteten rit-

Würden bringen Bürden
Dieser Topfhelm aus dem späten 13. Jahrhundert wurde auf dem Adlerberg zwischen Frenkendorf und Pratteln gefunden und gehörte einem Herrn von Eptingen. Der Helm besteht aus fünf vernieteten Platten und wurde wahrscheinlich vor allem bei Turnieren getragen. Viel Luft und Licht liess er nicht durch, und schwer war er auch. Aber ein derartiger Helm zeigte, zusammen mit Schwert und Sporen, dass der Träger ein Ritter war. Die Helmzier und der Wappenschild ordneten ihn einer Familie zu.

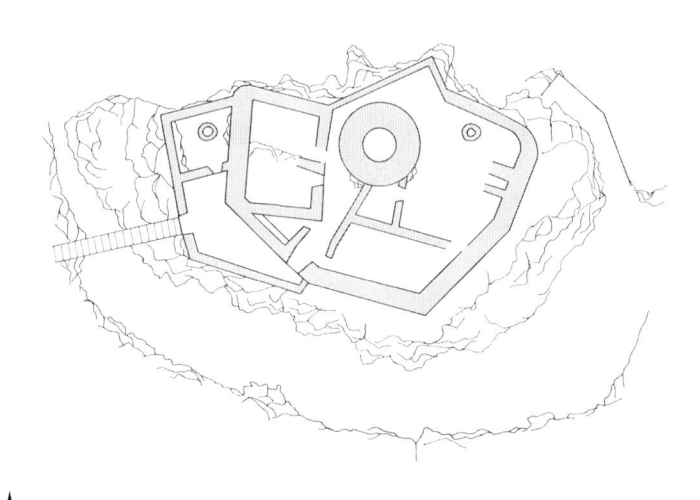

Neue Burgen
Die Burg Bischofstein bei Sissach wurde um 1250 von den Herren von Eptingen erbaut. Die einzelnen Gebäude gruppierten sich eng um den massiven, runden Bergfried. Diese Feste war sicher nicht als Treffpunkt für glanzvolle Feste gedacht, dafür war sie zu klein. Sie bildete aber zweifellos den Mittelpunkt eines eigenen Rechtsbezirks, der auch neu gerodete Gebiete im Raum des Kienbergs umfasste. Um ihre Position zu festigen, unterstellten sich die niederadeligen Eptinger der Lehensherrschaft des Basler Bischofs und nannten ihre Burg nach ihm.

Der Zahn der Zeit
Die Burg Neu-Thierstein, von Nordwesten gesehen. Das Bild zeigt den Turm um 1930. Vergleicht man dieses Bild mit dem heutigen Zustand des Turms, wird klar: Die Umwelteinflüsse von sieben Jahrzehnten im 20. Jahrhundert haben den Mauern weitaus stärker zugesetzt als Wind, Wetter und sonstige Einflüsse der Jahrhunderte zuvor.

terlichen Lehensdienst für ihr Land, wohnten auf befestigten Herrenhöfen oder in Bauernhöfen mitten im Dorf. Sie mussten wie alle anderen Bauern den dörflichen Flurzwang beachten. Die weniger begüterten Niederadeligen waren zumindest während eines Teils des Jahres in der Landwirtschaft beschäftigt, und darauf wurde im Hochmittelalter Rücksicht genommen: Manchmal unterbrach man Kämpfe, um die Ernte einzubringen[46]. Unabdingbare Merkmale des adeligen Standes waren der Besitz von Schwert und Pferden, und nur in Zeiten höchster ökonomischer Bedrängnis trennten sich die Herren von ihren Rechten an Eigenleuten. Mobilität, Bewaffnung und sichtbare Verfügungsmacht über Menschen: Diese Attribute zeichneten Herrschaftsberechtigte aus, und daran wurde festgehalten.

Die Berittenen des Frühmittelalters waren zu Rittern geworden. Dass zum Beispiel die Burganlage bei Wenslingen häufig von Rittern und (Hoch-)Adeligen besucht wurde, legen Funde von Hufeisen und Hufnägeln nahe.[47] Solange ihre Ausrüstung nicht zu kostspielig war, konnten sich die Ritter diese Lebensweise leisten, welche sie von der übrigen Landbevölkerung abgrenzte. Zum aufwendigen Leben gehörten auch Turniere, Feste, Spiele und der Besitz schöner Handschriften. Schliesslich dienten Stadthöfe, beispielsweise in Basel oder Rheinfelden, der adeligen Repräsentation. Wie der «Beinwilerhof» der Grafen von Thierstein in Basel zeigt, konnten diese Höfe gemeinsam mit einem Kloster, das dem Geschlecht nahe stand, finanziert und genutzt werden. Bei aller Grosszügigkeit, die ein Adeliger zu demonstrieren hatte, waren die Herren durchaus in der Lage, «Synergien» zu erkennen und zu nutzen.[48] Je mehr sich die Standesunterschiede vertieften und je weiter die innerständische Differenzierung fortschritt, desto schwieriger wurde die ökonomische Lage der kleinen Adeligen. Um 1100 war der soziale Abstand zwischen ihnen und den reichen Bauern zwar gering, aber noch feststellbar. Das Rittertum war mehr ein Berufs- als ein Geburtsstand und die ritterliche Lebensführung einigermassen bezahlbar. Als Resultat ökonomischer und kultureller Entwicklungen hatte sich nach 1250 die

Geschichten erzählen
Geschnitzter Spielstein aus dem 11. Jahrhundert, gefunden bei Altenberg (Füllinsdorf). Die Darstellung zeigt einen Drachen. Dieses Fabelwesen kommt als Symbol des Teufels in der Bibel vor, in vielerlei Gestalt und unterschiedlichen Rollen tritt der Drache in Sagen und Märchen auf.

denn die Herren waren auf die Abgaben, Zinsen und Dienste angewiesen. Sie hatten daraus nicht nur einen Teil ihres Lebensunterhalts zu bestreiten, sie mussten auch für die Ausstattung ihrer Kinder aufkommen und ihre Burgen instand halten. Wichtigste Grundlage für Kontinuität und Prosperität war der Friede. Meier und Vögte waren zumindest Mit-Garanten des Friedens im Dorf und hatten in unterschiedlicher Form Anteil an den wirtschaftlichen Erträgen. Wenn Konflikte innerhalb einer Gemeinschaft oder zwischen Bauern und Herren ausbrachen, waren die Inhaber dörflicher Ämter in einer Zwischenposition: Die Herren brauchten Wissen und Un-

terstützung, um sich vor Ort durchzusetzen. Die Bauern hingegen hatten Angst vor Gewalt, Hunger und Not, und die Meier und Vögte mussten sich so verhalten, dass sie auch über den Streit hinaus in der Dorfgemeinschaft leben konnten. Meier oder Vogt zu sein, war so wohl oft schwierig, auch wenn das Amt grossen Status- und Kapitalgewinn mit sich bringen konnte. Meier und Vögte werden im Spätmittelalter verhältnismässig häufig als soziale «Aufsteiger» fassbar.

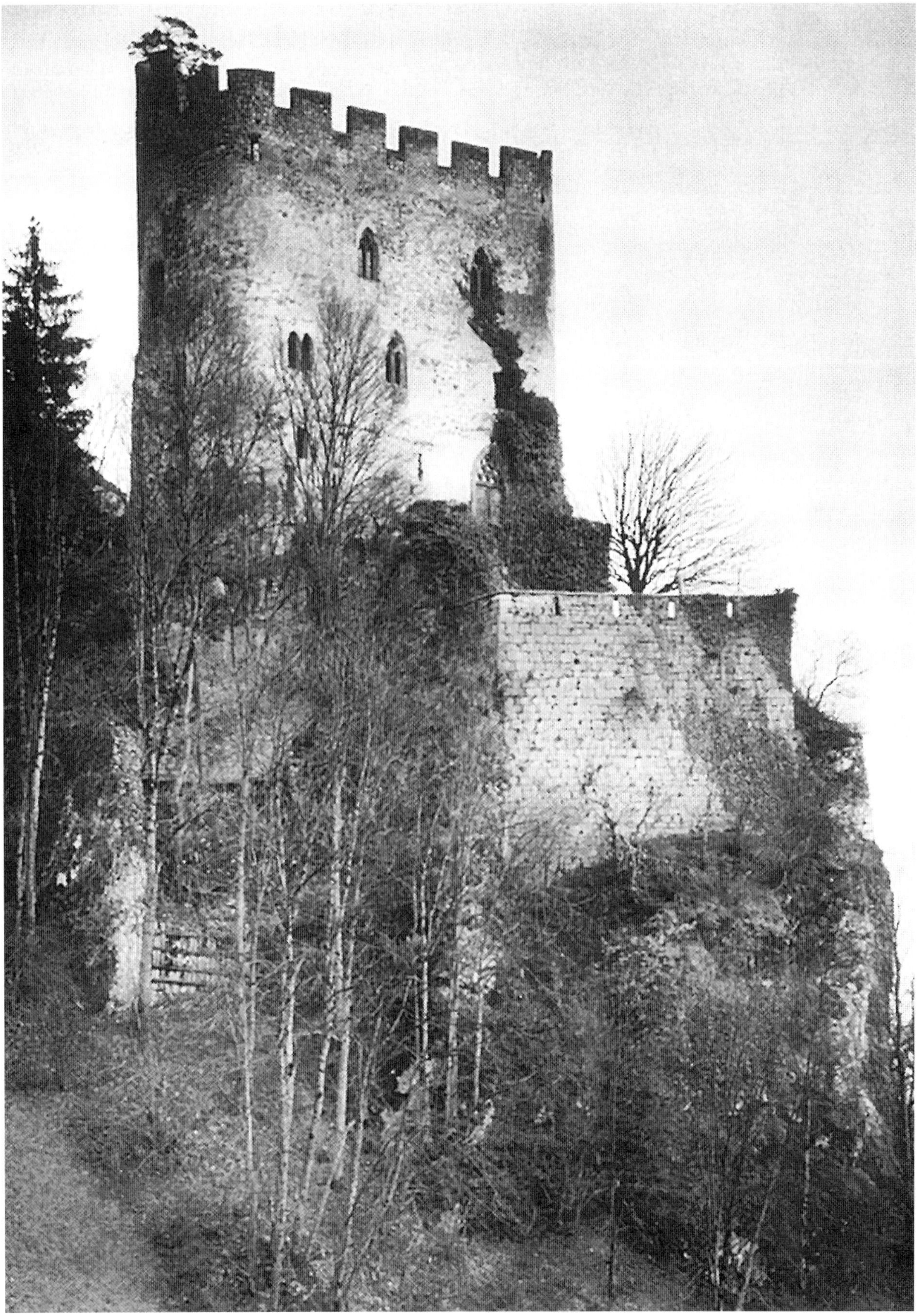

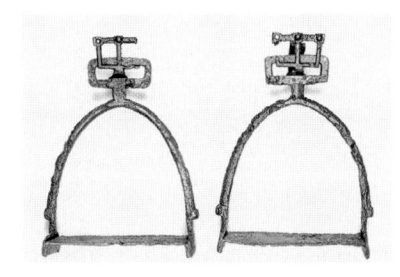

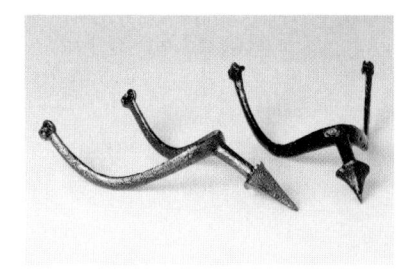

gesellschaftliche Kluft zwischen Niederadeligen und Bauern zwar eindeutig vergrössert. Aber die ritterliche Lebensführung wurde teurer, und der ökonomische Abstand zwischen den Ständen schrumpfte. Die Adeligen mussten ihre wirtschaftliche Basis verteidigen und neue Einkommensquellen erschliessen. Sie trieben die ihnen zustehenden Abgaben rücksichtslos ein, kamen aber ihren Schutzpflichten immer weniger nach. Dass sie sich damit bei den Bauern unbeliebt machten, belegen die Adelsschelten in den Chroniken der Zeit.[49] Die Ritter ihrerseits entwerteten mit Hohn und Spott die bäuerliche Kultur. Der Graben zwischen den Ständen vertiefte sich. In der Dichtung und in der bildenden Kunst erscheinen bauernfeindliche Klischees. Im Rahmen höfischer Feste und Turniere wurden vermehrt standesspezifische Verhaltensnormen eingeübt und das Idealbild des ritterlichen Adeligen propagiert. «Bauer» war zum Schimpfwort geworden. Da einzelne Bauern immer reicher wurden, überflügelten sie ihre kleinadeligen Nachbarn. Spannungen und Rivalitäten waren die Folge.[50] Die niederadeligen Geschlechter, welche ihre gesellschaftliche Position bis ins 13. Jahrhundert halten konnten, profitierten vom gestiegenen Sozialprestige der Ritter. Auch wenn sie sich die ritterliche Lebensführung nicht mehr leisten konnten, genossen sie einen gewissen Respekt, denn das ritterliche Ideal wurde auch in der Stadt hochgehalten. Die Bewohner Basels gehörten zwar zumindest theoretisch demselben Stand an wie die Bauern, grenzten sich aber gegenüber der Landbevölkerung deutlich ab. Literarische Quellen dokumentieren, wie weit verbreitet das negative Bild des Bauernstandes war. Von ständisch geprägten Animositäten blieb aber auch der Klerus nicht verschont; insbesondere wurden in Ständepredigten und Ständelehren sowie in der höfischen Literatur drastische Bilder von feisten, faulen, geilen Mönchen und Nonnen gezeichnet und über die mangelnde Bildung der mittellosen Leutpriester auf dem Land geklagt.[51]

Reiter und Ritter
Als Kennzeichen des berittenen Adels waren Sporen mehr als nur ein Ausrüstungsgegenstand. Sie wurden einem Adeligen übergeben, wenn er als erwachsen galt. Die Sporen aus dem 12. Jahrhundert wurden bei Eptingen (Riedfluh), bei Waldenburg (Gerstel) sowie auf Scheidegg bei Gelterkinden gefunden. Die Steigbügel aus dem 10. Jahrhundert stammen aus einer Grabung in der Nähe der Kirche von Ziefen.

Lesetipps

Anschaulich schildert Dorothee Rippmann anhand der Geschichte von Rothenfluh (Rippmann 1996d), wie eine Siedlung, die auf einer hochmittelalterlichen Herrschaftsgrenze gelegen war, zum Dorf wurde. Die exemplarische Untersuchung zeigt auch deutlich die Probleme der Quellenlage, die Notwendigkeit der langfristigen Betrachtung und die Möglichkeiten, welche der Beizug verschiedenartiger Quellen (Schriftquellen, Flurnamen, Erkenntnisse der Archäologie) eröffnet.

Der 5. Band der für Schulen konzipierten Serie «Fundort Schweiz» bietet hauptsächlich Abbildungen von Funden aus dem Basler Raum. Zusätzlich ist darin neu erstelltes Bildmaterial zu komplexen Sachverhalten zu finden (Tauber/Hartmann 1988).

Die Abbildungen sind ebenso verständlich erläutert wie die in den Texten verwendeten Fachbegriffe. Schliesslich bietet der Ausstellungskatalog «Tatort Vergangenheit» (Ewald/Tauber 1998) sowohl den aktuellen Forschungsstand aus Archäologie und Geschichtswissenschaft als auch kommentiertes Bildmaterial.

Abbildungen

Päuli-Pfirter-Stiftung, Pratteln: S. 9.
Tabelle S. 11: Nach StA BL, Dok. G9801URK.V03.
Anne Hoffmann Graphic Design: Grafik S. 12.
StA SO, AD 13, 1, S. 86: S. 15.
Roland Grieder, Basel: S. 19.
Château du Haut-Koenigsbourg, Foto: F. Szvardon: S. 23.
Archäologie und Kantonsmuseum BL: S. 25, 36 unten, 37, 38, 40.
Kreuzfuss aus dem Münster, heute in der Basler Clarakirche, Römisch-Katholische Kirche Basel-Stadt. Foto: Historisches Museum Basel, Nr.: PL. F 493: S. 26.
StA BL, AA, 1 B, S. 50, Jahrzeitenbuch Nr. 2: S. 27.
Werner Meyer: Hirsebrei und Hellebarde, Olten 1985, S. 129: S. 28.
Denkmalpflege des Kantons Basel-Landschaft: S. 29.
Anne Hoffmann Graphic Design, nach Meyer 1964, S. 87: Karte S. 30.
StA BL, M 915, S. 126. Christian Wurstisen, Bassler Chronick, Basel 1580 (Eintrag 1258): S. 31.
StA SO, Urkundensammlung, Urkunde vom 14. März 1194: S. 33.
Anne Hoffmann Graphic Design, nach Meyer 1981, S. 113: Grundriss S. 34.
Verlag des Kantons Basel-Landschaft: S. 35.
Schweizerisches Landesmuseum, Zürich, Nr. LM-19713: S. 36 oben.
Anne Hoffmann Graphic Design, nach Meyer 1981, S. 88: Grundriss S. 37.
Schweizerischer Burgenverein, Basel: S. 39.

Anmerkungen

1 Die Höfe sind 1276 als Reichslehen in habsburgischer Hand erwähnt (Boos Nr. 125).
2 Erstmals 1277 und 1310 erwähnt, Boos Nr. 230 und BUB 2, S. 134, Nr. 233.
3 1274 und 1306, vgl. Boos Nrn. 111, 220.
4 In Buus mit Kirchensatz, vgl. Marti 1991, S. 285, mit Patronatsrecht der Martinskirche in Titterten, vgl. Gauss/Suter 1975, S. 537–543.
5 Zu den Dinghöfen Burckhardt 1860, S. 9–42; Sigrist 1979, S. 208–232. Zu Hölstein (Gürblen), vgl. Rippmann 1991, S. 41.
6 Gilomen 1977, S. 119ff.
7 Meyer 1985, S. 47.
8 Gilomen 1977, S. 194f.
9 Gilomen 1977, S. 200–207.
10 Rösener 1985, S. 54–72; Bd. 2, Kap. 7; Rippmann 1991, S. 43; Meyer 1985, S. 46–48.
11 Burckhardt 1860, S. 33–40.
12 Rösener 1985, S. 193f.; Mitterauer 1984.
13 Rösener 1985, S. 195–198; Weissen 1994, S. 179–181.
14 Rippmann 1991, S. 42–47; Rippmann 1996d, S. 18f.
15 Weissen 1994, S. 316f.
16 Gilomen 1977, S. 113–115, 118–121.
17 Gilomen 1977, S. 124f.
18 Vgl. Bd. 2, Kap. 5, 7 und 8.
19 Othenin-Girard 1994, S. 414–417.
20 Sablonier 1979, S. 233–250; Gilomen 1977, S. 198f.
21 Rippmann 1996d, S. 18.
22 Vgl. Bd. 2, Kap. 2. Flurnamen weisen auf die Rodungen hin, vgl. Rippmann 1991, S. 38f., 43.
23 Zur weiteren Entwicklung der Stadt Liestal Ewald/Tauber 1998, S. 524–529. 1241 ist vom «burgo Liestal» die Rede (SUB 1, S. 231, Nr. 403), 1254 heisst Liestal «munitio», d.h., es ist befestigt, Merz 1910, Bd. 2, S. 193f.
24 Hesse 1992.
25 Ammann 1934.
26 Rippmann 1991, S. 38–46, 49; Ewald/Tauber 1998, S. 512–515.
27 Vgl. Bd. 2, Kap. 3.

28 HS I/1, S. 171–174. Es handelte sich um die Bischöfe Adalbero, Ortlieb und Ludwig.
29 SUB 1, Nr. 81, S. 51; Meyer 1967, S. 10.
30 Boos Nr. 57 (1246), später ist für dieselbe Kapelle ein Patrozinium des heiligen Drachentöters Georg nachgewiesen, auch er ist ein typischer Adelsheiliger.
31 LexMA 5, Sp. 1366f.; Meyer 1967, S. 10.
32 Vgl. Bd. 2, Kap. 2.
33 Sablonier 1979, S. 256, umschreibt diese Gruppe als neue Adelsform, die zwischen dem «herrschaftsautonomen Adel des 11./12. Jahrhunderts und der adligen landesfürstlichen Staatsdienerschaft des 14./15. Jahrhunderts» stand.
34 Zu den Dienstleuten der Frohburger vgl. Schenker 1975. Zu besonderen Problemen der Ministerialen in Stadtnähe vgl. Sablonier 1979, S. 236.
35 HS I/1, S. 182f.
36 Christ 1998, S. 68–73.
37 Sablonier 1979, S. 55–68.
38 HS II/1, S. 181, 548f.
39 Meyer 1996, S. 93–99; weitere Beispiele: Rösener 1984a, S. 688 Anm.
40 Sablonier 1979, S. 174–186. Die Verhältnisse in der Ostschweiz dürften mit den Entwicklungen in der Nordwestschweiz vergleichbar sein.
41 Stöcklin 1991; Christ 1998, S. 74; Othenin-Girard 1994, S. 367–375.
42 Christ 1992, S. 178–187.
43 Meyer 1964; Meyer 1972, S. 357–365; Ewald/Tauber 1998, S. 515–518.
44 Zwischen ca. 1280 und 1330 wurden zahlreiche Burgen dem Basler Bischof aufgegeben und als Lehen zurückgenommen. – Zur geschilderten besitzpolitischen Strategie vgl. Christ 1998, S. 122–131; Marchal 1986.
45 Vgl. Sablonier 1979, S. 247f.
46 Rösener 1984a, S. 671–676.
47 Tauber 1991; vgl. Ewald/Tauber 1998, S. 502–504.
48 Christ, 1998, S. 154–157.
49 Sablonier 1979, S. 243–250.
50 Rösener 1984 und Sablonier 1979, S. 233–250. Zu archäologischen Funden, die den Einfluss der höfischen Kultur belegen, vgl. Ewald/Tauber 1998, S. 516–518.
51 Oediger 1953; vgl. Bd. 2, Kap. 9.

1 Vgl. Bd. 2, Kap. 5.
2 Vgl. Bd. 2, Kap. 2. Die Urkunde für Schöntal von 1225 in SUB 1, S. 183, Nr. 331. Die Erstnennungen im Amt Liestal sowie im Grenzgebiet zwischen den heutigen Kantonen Baselland und Solothurn gehen auf frühere Papsturkunden zu Gunsten des Klosters Beinwil zurück: Eugen III. (1147) und Coelestin III. (1194), vgl. SUB 1, Nrn. 91 und 237, vgl. auch ebenda Nr. 123, Urkunde von Kaiser Friedrich.
3 Einen Überblick über die Erstnennungen im Kontext bei Rippmann 1991, S. 34–38.
4 Boos Nr. 29; Rück 1966, S. 151ff.
5 Vgl. Bd. 1, Kap. 7.
6 Rösener 1984a.
7 Zu Europa allgemein vgl. Jakobs 1984, S. 89f. Fundierte Bevölkerungszahlen für die Zeit vor 1400 existieren nicht, vgl. Gilomen 1977, S. 117 und Bd. 2, Kap. 7.
8 Meyer 1985, S. 46.
9 Vgl. Bd. 2, Kap. 2.
10 Meyer 1997; Ewald/Tauber 1998, S. 496f., 511f.
11 Meyer 1972, S. 370–375; Bd. 1, Kap. 7.
12 SUB 1, Nr. 139; vgl. Rippmann 1991, S. 36–46.
13 Vgl. Rippmann 1975; Frey 1969.
14 HS I/1, S. 173f.
15 Vgl. Tauber 1991.
16 Im Frickgau bereits nach dem Aussterben der Grafen von Lenzburg, ca. 1170, Schneider 1977, S. 203.
17 Boos Nr. 87.
18 Rippmann 1975, S. 47–64.
19 Dies geht aus einer Güterausscheidung von Allodialbesitz in Ormalingen hervor; Boos Nr. 275. Zur Bedeutung dieser «Linienteilung» Christ 1998, S. 60f. und Kapitel 2.2.4–2.2.6.
20 Vgl. Rippmann 1975; Schneider 1977, S. 186ff. Der Urkundentext ebenda, S. 286ff.
21 Vgl. Bd. 1, Kap. 7.
22 Boos Nrn. 387 und 388.
23 Schneider 1977, S. 186f.
24 Vgl. Bd. 2, Kap. 6.
25 Othenin-Girard 1994, S. 185–191.
26 Zum bäuerlichen Erbrecht Sablonier 1979, S. 235; Bd. 2, Kap. 8.

27 Zu den Erbgängen Schneider 1977, S. 256f., 271 und Christ 1998, S. 540–549.
28 Christ 1998, S. 76f.
29 Rippmann 1991, S. 36f., 45.
30 Vgl. Bd. 2, Kap. 8 und 11.
31 Analysen der frühesten Quellen finden sich bei Burckhardt 1860, Gilomen 1977 und bei Othenin-Girard 1994.
32 Gilomen 1977, S. 294f.
33 Auch hier lässt sich wenig verallgemeinern und kaum etwas über das Kantonsgebiet aussagen, vgl. Gilomen 1977, S. 124f.
34 Gilomen 1977, S. 86f., 96.
35 Gilomen 1977, S. 96.
36 Gilomen 1977, S. 108ff.
37 Gilomen 1977, S. 86f.

Klöster und monastische Lebensformen

KLÖSTER UND MONASTISCHE LEBENSFORMEN

Bild zum Kapitelanfang
Die Klosterkirche von Schöntal
Die Westfassade der Kirche ist der älteste erhaltene Teil des früheren Klosters Schöntal bei Langenbruck. Sie dürfte am Ende des 12. Jahrhunderts errichtet worden sein und hat ihren romanischen Zustand weitgehend bewahrt.

Lamm und Löwe
Über dem Westportal der ehemaligen Schöntaler Klosterkirche sind mehrere Skulpturen und Verzierungen angebracht. Noch heute lassen sich ein Agnus Dei (Lamm Gottes) mit Ständerkreuz gleich oberhalb der Türe und der Kopf eines zähnefletschenden Löwen am linken Ansatz des halbkreisförmigen Entlastungsbogens gut erkennen. Die Figuren vermittelten den eintretenden Gläubigen Erzählung und Glaubensgehalt zugleich: Sie verweisen sowohl auf die Gründungssage des Klosters als auch auf die biblische Geschichte.

Geistliche Gemeinschaften im Basler Raum

Die kirchliche Situation im Basler Raum war im Verlauf des Mittelalters einem steten Wandel unterworfen. Klöster wurden gegründet und aufgegeben, geistliche Gemeinschaften entstanden und gingen ein. Die Geschichte der Klöster und ihrer Bewohner und Bewohnerinnen war eng mit den herrschenden politischen, wirtschaftlichen, sozialen und religiösen Strukturen und Entwicklungen verbunden. Das Klosterwesen konnte sich nie gänzlich der Welt und ihren Veränderungen entziehen. Der heutige Kanton Basel-Landschaft bildet nur einen kleinen Teil des alten Bistums Basel, welches die Nordwestschweiz und das Elsass umfasste. Klöster und monastische Lebensformen müssen deshalb in einem grösseren Raum betrachtet werden. Im 10. und 11. Jahrhundert kam es zu einer grossen religiösen Reformbewegung, welche auch den monastischen Bereich erfasste. Eines der Hauptziele der Erneuerung war die Rückkehr der Klöster zu einem Leben in Armut. Die Reform löste eine Welle von benediktinischen Klostergründungen aus, die im südalemannischen Raum von den Schwarzwaldklöstern Hirsau und St. Blasien gefördert wurden. Das früheste Ordenshaus in unserer Gegend, das um 1100 gegründete Kloster Beinwil, geht auf diese Bewegung zurück.[1] Die ersten Äbte von Beinwil kamen aus Hirsau. In Schöntal entstand rund vier Jahrzehnte später ein weiteres Benediktinerkloster.[2]

Der Zisterzienserorden gelangte mit der Gründung einer Zisterze in Lucelle 1123/24 in den Basler Raum[3]. Die Mitglieder dieses benediktinischen Reformordens wollten in Einfachheit von ihrer Hände Arbeit leben und in der Abgeschiedenheit Ackerbau und Viehzucht betreiben.[4] Einkünfte aus Zins- und Pachtwirtschaft lehnten sie in den Anfängen ab. Das Ideal der Eigenbewirtschaftung prägte die Frühzeit des Zisterzienserordens, ging im Spätmittelalter aber verloren. Von Lucelle aus wurde Ende des 12. Jahrhunderts ein Tochterkloster in St. Urban gegründet.[5] In Olsberg wurde in den 1230er Jahren das erste Zisterzienserinnenkloster auf dem Gebiet der heutigen Schweiz errichtet.[6] Die meisten Frauenklöster dieses Ordens ent-

Wechselvolle Geschichte Schöntals
Die wechselvolle Geschichte Schöntals zeigt, dass Klöster keineswegs konstante Institutionen waren.[1] Schöntal wurde vor 1146 als Männerkloster gegründet, nach einer kurzen Zeit als Doppelkloster bestand im 13. Jahrhundert ein Frauenkonvent und ab 1415 wieder ein Männerkloster. Die Kastvogtei über das Ordenshaus ging zu Beginn des 15. Jahrhunderts an die expandierende Stadt Basel über, nachdem der letzte männliche Vertreter der frohburgischen Gründerfamilie 1367 gestorben und das Kloster verarmt war. Als Schöntal im Jahre 1415 in den Besitz der Serviten kam, lebten die neuen Mönche nicht mehr nach der Benedikts-, sondern nach der Augustinusregel. In der Reformation wurde Schöntal 1525 verwüstet und aufgehoben. Auf dem klösterlichen Grundstück liess das Basler Spital einen landwirtschaftlichen Betrieb einrichten und die ehemalige Klosterkirche diente fortan als Geräteschuppen.

Verschwiegene Doppelklöster
Sowohl in Beinwil als auch in Schöntal bestanden von der Mitte des 12. bis zur Mitte des 13. Jahrhunderts geistliche Gemeinschaften von Männern und von Frauen am gleichen Ort unter einem gemeinsamen Oberen. Diese hochmittelalterliche Insti-

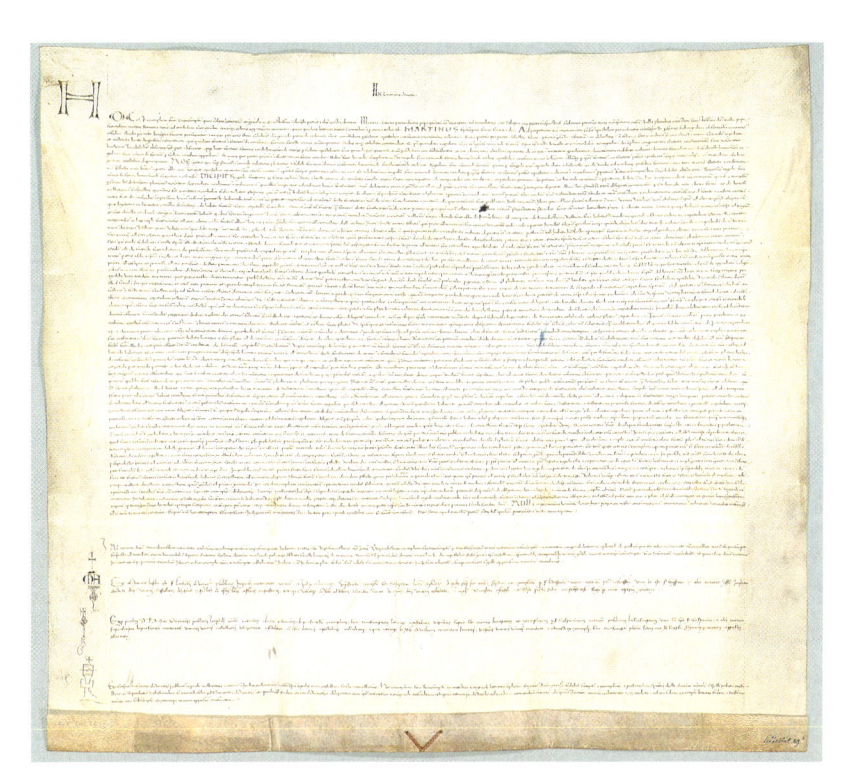

Privileg des Servitenordens
Papst Martin V. bestätigte am 16. März 1424 die Ordensregeln der Serviten für die Gemeinschaft in Schöntal. Die abgebildete Urkunde vom 28. Juni 1425 mit den 22 Regeln ist ein Vidimus, das heisst eine beglaubigte Abschrift. Durch die unten links angebrachten Signete und Unterschriften mehrerer Notare erhielt das Pergament die gleiche öffentliche Beweiskraft wie eine Originalurkunde.

standen in rascher Folge von der Mitte des 13. Jahrhunderts an.[7] Die Frauengemeinschaft in Engental in Muttenz, die 1460 in den Zisterzienserorden aufgenommen wurde, ist eine der seltenen Spätgründungen.[8]

Eine weitere neue monastische Lebensform boten die Ritterorden, die in der Zeit von Klosterreform und Kreuzzugsbewegung aufgekommen waren und eine Verbindung von Mönchtum und Rittertum darstellten. In der ersten Hälfte des 13. Jahrhunderts gründeten die Johanniter eine Kommende in Rheinfelden und der Deutsche Orden eine solche auf der anderen Seite des Rheines in Beuggen.[9] Die Mitglieder dieser Ritterorden versahen Gottesdienst und Seelsorge, waren karitativ tätig und finanzierten mit den Überschüssen aus ihrer Haushaltsführung den Kampf gegen die Andersgläubigen.

tution, für die es im Mittelalter keinen speziellen Namen gab, wird von der Forschung als Doppelkloster bezeichnet.[2] Wesentlichen Anteil an der Entstehung solcher Gemeinschaften hatte die Klosterreform. Viele im Hochmittelalter gegründete Reformklöster des deutschen Südwestens verfügten über einen zugehörigen Frauenkonvent.[3] Im Verlauf des 13. Jahrhunderts wurden die Doppelklöster fast überall aufgegeben; eine der beiden Gemeinschaften verschwand oder wurde an einen anderen Ort verlegt. Gründe dafür waren die Ablehnung von Doppelklöstern durch zeitgenössische Kirchenmänner und die allgemein einsetzende Weigerung der Orden, Frauenklöster aufzunehmen oder zu betreuen. Die Orden schreckten vor den Verpflichtungen für einen Frauenkonvent zurück, wie die seelsorgerische Betreuung der Nonnen oder die Verwaltung des Klostergutes.

Weil in einem Doppelkloster der Abt des Männerkonvents den Frauenkonvent nach aussen vertrat, dominiert in der Überlieferung die Leitung des Ordenshauses und der männliche Teil. Zudem wurden die in den Quellen schwer fassbaren Doppelklöster von der Geschichtsschreibung lange kaum beachtet oder regelrecht übergangen. Das Doppelkloster war eine «verschwiegene Institution».[4]

BAND ZWEI / KAPITEL 2

Die hochmittelalterlichen Frauengemeinschaften, die in Schöntal und Beinwil neben dem männlichen Verband und in Kleinlützel lebten, bestanden nur kurz.[10] Im Spätmittelalter wurde die Klosterlandschaft durch mehrere religiöse Frauenkonvente bereichert. In der Gegend von Aesch in der zweiten Hälfte des 14. Jahrhunderts und vermutlich in Engental in der ersten Hälfte des 15. Jahrhunderts bestanden Beginensammlungen.[11] Beginen waren fromme Frauen, die ein religiöses Leben führten, ohne einem Orden anzugehören. Das ursprünglich städtische Beginenwesen verbreitete sich im 14. und 15. Jahrhundert auch auf der Basler Landschaft. Die Frauenkonvente im Spiserhaus in Rheinfelden, in Iglingen und in Schauenburg beziehungsweise im Roten Haus in Muttenz hatten sich dem Dritten Orden der Franziskaner angeschlossen.[12] Auf der Basler Landschaft waren es nicht wie andernorts die Dominikaner, sondern die Franziskaner, die sich im 14. und 15. Jahrhundert der Frauengemeinschaften annahmen. Die Terziarinnen wurden so von einem Priester angemessen seelsorgerisch betreut und vom Vorsteher der Basler Franziskaner regelmässig visitiert; sie waren auch vor Feindseligkeiten geschützt.

Zwei weniger verbreitete Orden, die Paulinereremiten und die Serviten, besassen auf dem Gebiet des heutigen Kantons Basel-Landschaft im 15. Jahrhundert je eine Gemeinschaft. Die Paulinereremiten, 1250 in Ungarn gegründet, unterhielten im Roten Haus in Muttenz einen Männerkonvent als einzige Niederlassung in der Schweiz. Die Serviten, ein kleiner Bettelorden, der 1233 von sieben Kaufleuten aus Florenz zur Verehrung Marias gestiftet worden war, übernahmen 1416 das Kloster Schöntal.

Das Leben im Kloster
Die monastische Lebensform, deren Ideal die Weltflucht war, sprach Männer und Frauen an, die ihr Dasein im Sinn des Evangeliums und der Apostel verbringen wollten. Mönche und Nonnen versprachen Armut, Keuschheit und Gehorsam bis an ihr Lebensende. Die drei grossen mittelalterlichen Ordens-

Das Kloster Beinwil wurde durch seine ersten Äbte, die aus Hirsau kamen, von der benediktinischen Reform geprägt. Die früheste Spur einer Frau findet sich in der Bestätigung einer Schenkung von Adalbert und Reinhard von Rappoltstein aus dem Jahr 1156, in der erwähnt wird, dass sich ihre Mutter unter den Gehorsam des Beinwiler Abtes gestellt habe, um dort ein klösterliches Leben zu führen.[5] Zur materiellen Versorgung Adelheids von Rappoltstein hatten die Brüder dem Ordenshaus ein Gut in Nuglar übergeben. Ob die Adlige als Reklusin in Beinwil gelebt oder sich einer bereits bestehenden Frauengemeinschaft angeschlossen hat, ist unklar.

Der erste sichere Hinweis auf ein Doppelkloster in Beinwil geht aus einer Bittschrift des Basler Bischofs an Papst Honorius III. aus dem Jahre 1219 hervor.[6] Um den Unterhalt von Brüdern und Schwestern zu sichern, hatte der Bischof dem Kloster die Pfarrkirchen in Erschwil und Seewen inkorporiert. Die Namen einiger damaliger Nonnen sind im Erschwiler Jahrzeitbuch verzeichnet. Ein Eintrag aus der ersten Hälfte des 13. Jahrhunderts erwähnt beispielsweise eine «Mechthilt de Spiegelberg monacha».[7] Gemäss Klostertradition lebte die Frauengemeinschaft beim heutigen Hof Unter-Möschbach in der Gemeinde Beinwil.[8] In den schriftlichen Überresten

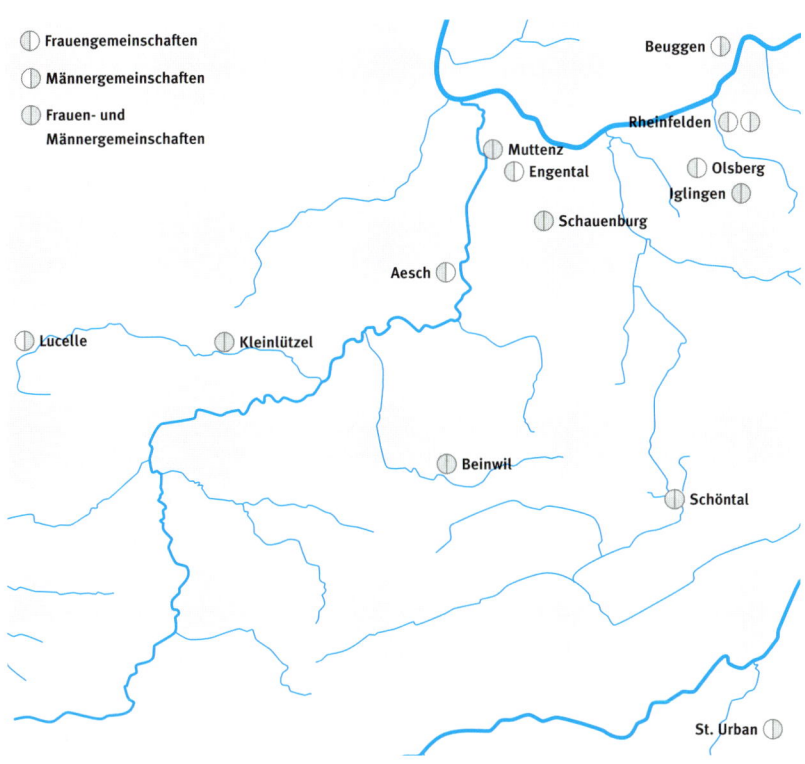

Geistliche Gemeinschaften vom 12. bis 15. Jahrhundert

- Frauengemeinschaften
- Männergemeinschaften
- Frauen- und Männergemeinschaften

Ort	Orden	Gründung
12. Jahrhundert		
Beinwil SO	Benediktiner Frauengemeinschaft	um 1100
Lucelle, Haut-Rhin	Zisterzienser	1123/24
Schöntal BL	Benediktiner Benediktinerinnen Serviten	vor 1146
Kleinlützel SO	Frauengemeinschaft Augustinerchorherren	zweite Hälfte 12. Jh.
St. Urban LU	Zisterzienser	1194
13. Jahrhundert		
Kommende Rheinfelden AG	Johanniter	1212
Gottesgarten Olsberg AG	Zisterzienserinnen	vor 1234
Kommende Beuggen, Baden-Württemberg	Deutscher Orden	1246
14. Jahrhundert		
Spiserhaus Rheinfelden AG	Franziskaner-Terziarinnen	1349
Aesch BL	Frauengemeinschaft	zweite Hälfte 14. Jh.
15. Jahrhundert		
Rotes Haus Muttenz BL	Paulinereremiten Franziskaner-Terziarinnen	nach 1421
Iglingen AG	Männergemeinschaft Franziskaner-Terziarinnen	erste Jahrzehnte 15. Jh.
Engental BL	Frauengemeinschaft Zisterzienserinnen	erste Hälfte 15. Jh.
Schauenburg BL	Männergemeinschaft Benediktiner Franziskaner-Terziarinnen	erste Hälfte 15. Jh.

Schenkungen der Konversen

Eine Urkunde aus dem Jahre 1226 zeigt, wie weit der Besitz des Klosters Schöntal verstreut war. Sogar im weit entfernten Pratteln besass das Kloster Einnahmequellen. Nicht nur Adlige wie die Herren von Frohburg schenkten dem Konvent Güter und Nutzungsrechte. Ein beträchtlicher Teil der Schenkungen geht auf Konversen und eine Konversin des Klosters zurück.

Schöntaler Klosteranlage

Das älteste überlieferte Bild von Schöntal stammt aus dem Jahre 1682. Es vermittelt eine Vorstellung davon, wie der Lebensraum der Mönche und Nonnen ausgesehen hat. Die ehemalige Klosterkirche mit der romanischen Fassade ist links erkennbar. An sie schliesst das mit einem Turm bewehrte Meierhaus an. Das Gebäude rechts mit dem Dachreiter ist die frühere Marienkapelle. Dahinter steht das grosse Hauptgebäude der Anlage, das Herrenhaus. Ausserhalb der Mauer befinden sich Scheune und Ställe.

regeln waren die Benedikts-, die Augustinus- und die Franziskusregel. Die Mönche und Nonnen in Beinwil und in Schöntal lebten im Hochmittelalter nach der Benediktsregel. Auf dieser fussten auch die Vorschriften des Reformordens der Zisterzienser. Die Augustinus- und die Franziskusregel waren weniger streng und entsprachen der Lebensweise der mobilen Bettelordensleute. Auch die Serviten in Schöntal lebten nach der Augustinusregel. Die Vorschriften des Dritten Ordens der Franziskaner, den viele Frauengemeinschaften im Basler Raum befolgten (Terziarinnen), waren lockerer als die der drei grossen Ordensregeln. Der Dritte Orden war ursprünglich für Laien gedacht, die ein Leben in christlicher Vollkommenheit anstrebten.

Um vor Einflüssen der Aussenwelt geschützt zu sein, lebten die Mönche und Nonnen in einem abgeschlossenen Wohnbereich. Generell wurde die Klausur bei den Frauen strikter angewandt als bei den Männern. Die Zisterzienserinnen in Olsberg waren in ihrer Bewegungsfreiheit eingeschränkter als ihre Brüder in Lucelle oder St. Urban. Eine strenge Klausur konnte bei Frauengemeinschaften aber nur eingerichtet werden, wenn diese über genügend Vermögen verfügten und von Ordenspriestern betreut wurden. Mussten Arbeiten ausser Haus verrichtet und der Gottesdienst auswärts besucht werden, konnte keine strenge Klausur bestehen. Dies war bei den Terziarinnen im Basler Raum der Fall. Im Allgemeinen bildete sich ein gemässigter Klausurmodus heraus.

Ein besonderes Merkmal der klösterlichen Lebensweise war der gemeinsame Tagesablauf: Alle Männer oder Frauen der Gemeinschaft beteten, arbeiteten und assen zusammen. Wie der Alltag im Kloster konkret aussah, unterschied sich von Orden zu Orden und von Zeit zu Zeit. Laut der Benediktsregel, die im Frühmittelalter zur allein gültigen monastischen Ordnung für die Klöster des Reichs erklärt worden war, sollten die Religiosen siebenmal am Tag im Stundengebet das Lob Gottes singen.[13] Die Horen mit ihren Gebeten und Gesängen strukturierten den Tagesablauf. Weitere liturgische Dienste waren das Feiern von Jahrzeitstiftungen, die Mitwirkung bei

Totenmessen, die Verehrung von Kirchenpatronen und Reliquien und das alljährliche Kirchweihfest. In der Zeit zwischen den Stundengebeten lasen und studierten die Mönche und Nonnen die Bibel, religiöse Werke und andere Bücher. Neben geistlichen Übungen wurden manuelle Arbeiten verrichtet. Mönche betätigten sich in der Landwirtschaft und der Verwaltung des Klostergutes oder kopierten Bücher durch Abschreiben. Religiöse Frauen führten Handarbeiten wie Weben oder Spinnen aus.

Eine weitere Einschränkung im Klosteralltag bestand beim Essen. Kleriker wie Laien waren dazu angehalten, während bestimmter Tage im Jahr zu fasten und auf Speisen wie Fleisch zu verzichten. Die Serviten in Schöntal mussten laut den 1424 bestätigten Ordensregeln in den zwei wichtigsten Fastenzeiten, den vier Adventswochen vor Weihnachten und den vierzig Tagen vor Ostern, fasten.[14] Zudem war jeder Freitag ein Fastentag. Dreimal in der Woche, am Sonntag, Dienstag und Donnerstag, wurde hingegen Fleisch genossen. Gelockert wurde diese Vorschrift für Kranke, Schwache und Mönche auf Reisen.

Die Gründung des Klosters Schöntal

Ein Gefährte des Grafen Adelbero von Frohburg habe sich bei der Jagd im Wald verirrt.[15] Da sei ihm bei einer Quelle die Muttergottes mit dem Jesuskind im Arm erschienen. Maria habe den Jäger auf einem Wagen, der von einem Lamm und einem Löwen gezogen worden sei, aus der Wildnis hinausgeführt. Zur Erinnerung an die wunderbare Erscheinung sei vom Grafen in diesem Wald ein Kloster gegründet worden. Zwei Fassadenskulpturen, ein Lamm und ein Löwe, die noch heute am früheren Kirchengebäude sichtbar sind, haben wohl zur Entstehung der Gründungssage des Klosters Schöntal geführt.[16] Im Unterschied zur Sage handelten mittelalterliche Kirchenstifter aber selten allein aus individueller Frömmigkeit. In Schöntal können neben religiösen auch politische, wirtschaftliche und soziale Beweggründe ausgemacht werden.[17]

Schöntaler Messingbecken
Im Jahre 1218 bestätigte der Bischof von Basel dem Kloster Schöntal die Inkorporation der Pfarrkirchen Bennwil und Titterten. Nach diesem Rechtsakt konnte das Kloster über die Einkünfte der Kirchen verfügen und den Pfarrer bestimmen. Das Messingbecken mit dem Lamm Gottes, eine Nürnberger Arbeit aus dem 15. Jahrhundert, stammt ursprünglich aus Schöntal. Es ist noch heute in der Bennwiler Kirche als Taufschale in Gebrauch und erinnert an die frühere Verbindung zwischen dem Kloster und der Pfarrei.

findet sich allerdings kein Beleg zum Standort dieses Konvents. In der Mitte des 13. Jahrhunderts versiegen die Nachrichten. Vielleicht hatte sich der Konvent aufgelöst oder war nach Kleinlützel oder nach Schöntal übergesiedelt.[9]

Für das vor 1146 gegründete Benediktinerkloster Schöntal ist um 1180 erstmals eine Frauengemeinschaft belegt. Ein Mann namens Chono von Solothurn übergab dem Ordenshaus zwei Töchter, die er mit Gütern ausstattete.[10] Vielleicht war Schöntal bereits von Anfang an als Doppelkloster eingerichtet worden.[11] Im Gegensatz zu Beinwil und dem allgemeinen Trend verschwand in Schöntal nicht der Frauen-, sondern der Männerkonvent im Laufe des 13. Jahrhunderts. Von diesem Zeitpunkt an stand den Nonnen eine Meisterin vor, während für die Verwaltung weiterhin ein Propst verantwortlich war.[12]

Die Beinwiler Klosterbibliothek

Klöster hatten einen grossen Bedarf an geistlichem und religiösem Lesestoff. Sie waren mit ihren Schulen, Skriptorien und Bibliotheken bis zum Aufkommen der Universitäten im 13. Jahrhundert die wichtigsten Kulturzentren und Bildungsstätten. Aus einem Bücherverzeichnis aus der Zeit um 1200 geht hervor, dass auch das abgelegene Kloster Beinwil eine umfangreiche

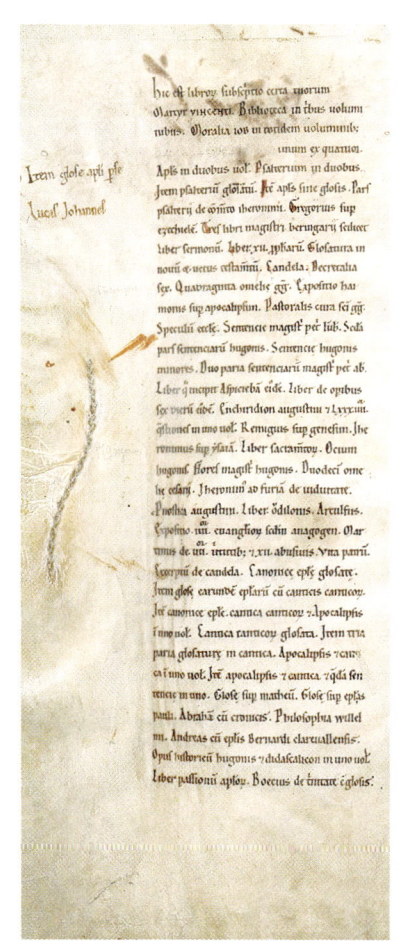

Beinwiler Bibliothekskatalog
In der Überschrift des Beinwiler Bibliothekskatalogs wird der Märtyrer Vinzenz, der Schutzpatron des Klosters, angerufen: «Hic est librorum subscriptio certa tuorum, Martyr Vincenti» (Dies ist das bekannte Verzeichnis deiner Bücher, Märtyrer Vinzenz).
Die Aufzählung der Bestände beginnt mit der lateinischen Bibel in drei Bänden: «Biblioteca in tribus voluminibus» (Eine Bibel in drei Bänden).
Das an zweiter Stelle genannte Werk, die ebenfalls dreibändigen Moralia Job, enthalten im letzten Buch den abgebildeten Bibliothekskatalog.

Das Ordenshaus wird 1146 erstmals urkundlich erwähnt.[18] Der Bischof von Basel bestätigte, dass Adelbero von Frohburg und seine Söhne Volmar und Ludwig eine «cella» errichtet und mit Gütern ausgestattet hatten. Die politische Funktion der Gründung geht aus den folgenden Anordnungen hervor: Niemand durfte auf dem Grundbesitz des Benediktinerklosters eine Burg oder eine andere Art Befestigung anlegen, keiner sollte das Kloster und dessen Gut mit Dienst- oder Steuerforderungen belasten und allein die Frohburger konnten die Mönche als Vögte in weltlichen Dingen vertreten. Mit diesen Bestimmungen wollten die Frohburger verhindern, dass sich andere weltliche oder geistliche Personen in der Gegend niederliessen. Das Kloster Schöntal diente ihnen als erster dynastischer Stützpunkt nördlich des Juras.

Von wirtschaftlichem Nutzen war das Kloster wegen des Landesausbaus. Die Mönche schufen sich eine Lebensgrundlage, indem sie rodeten und brachliegende Landstriche im Grenzland von Buchsgau und Sisgau bebauten. Um die Erträge dieses Neulandes kam es bereits um 1150 zum Streit mit dem Pfarrer von Onoldswil, der wohl ältesten Pfarrkirche der Gegend.[19] Der Priester forderte den Neubruchzehnten ein, da die urbarisierten Gebiete in seinem Pfarrsprengel lagen. Das Ordenshaus berief sich auf die von den Frohburgern gewährte Steuerfreiheit. Nachdem der Prozess von den Mönchen bis vor die päpstliche Kurie in Rom gebracht worden war, wurde ein Vergleich geschlossen: Das Rodungskloster übergab der Pfarrkirche eine halbe Hube Land und dem Pfarrer einen Geldbetrag als Abfindung. Dafür stand den Mönchen inskünftig das Recht auf alles Neuland zwischen Langenbruck und dem Markt beim Holznachtberg ohne Bedingung zu.

Wirtschaftliche Bedeutung hatten neben dem Ausbau des Landes die Bodenschätze.[20] Im Raum Langenbruck lässt sich an zahlreichen Stellen der Abbau von Eisenerz belegen. Die Reste eines mehrere Meter hohen Hochofens aus dem 12./13. Jahrhundert wurden im Dürsteltal gefunden. Ob diese Vorkommen bereits bei der Gründung Schöntals eine Rolle gespielt haben, ist aber nicht gesichert.

und gut bestückte Bibliothek besass.[13] Dieses Inventar findet sich am Schluss eines Pergamentbandes aus der Beinwiler Bibliothek, der 1386 an das Zisterzienserkloster St. Urban verkauft wurde und heute in der Luzerner Zentralbibliothek aufbewahrt wird. Da die Bestände der mittelalterlichen Beinwiler Bibliothek verloren sind, ist der Katolog ein wertvolles Zeugnis für die geistliche und wissenschaftliche Tätigkeit der Mönche.

Der hochmittelalterliche Katalog nennt annähernd 200 Bände, deren Anordnung im Katalog wohl der einstigen Aufstellung der Bücher in der Bibliothek entspricht. Die geistliche Abteilung enthält Werke berühmter zeitgenössischer französischer Scholastiker. Dies kann ein Hinweis darauf sein, dass einer oder mehrere Beinwiler Mönche in Paris studiert hatten.[14] Einige Bücher verweisen auf die aufkommende Mystik. Der profane Bereich umfasst Bücher zu Grammatik, Rhetorik, Logik, Arithmetik, Geometrie, Astronomie und Musik. Höchst selten für die Zeit um 1200 sind die lateinischen Übersetzungen der wichtigsten Schriften von Aristoteles. Am Schluss des Katalogs sind medizinische und heilkundliche Texte sowie klassische lateinische Literatur aufgeführt.

Im Bibliothekskatalog sind offensichtlich nicht alle Bücher des Klosters aufgelistet,

Die Stifter von Kirchen und Klöstern nahmen als Kastvögte Einfluss auf die Besetzung von kirchlichen Pfründen und die Aufnahme von Kandidaten und Kandidatinnen. Adligen Familienmitgliedern, die nicht heiraten wollten oder dies aus erbpolitischen Überlegungen nicht durften, wurde so eine klerikale Karriere oder eine adäquate Unterbringung ermöglicht. Auch die Frohburger machten davon Gebrauch. In der Mitte der 1230er Jahre hatte Graf Ludwig III. von Frohburg dem Kloster Schöntal die Kirche von Onoldswil zum Seelenheil seines verstorbenen Bruders geschenkt.[21] 1237 bestätigte der Bischof von Basel, dass der Schöntaler Prior Ludwigs Sohn Rudolf als Leutpriester der besagten Pfarrkirche eingesetzt hatte.[22] Auf diese Weise verschafften die Frohburger dem jungen Familienmitglied ein erstes Kirchenamt. Rudolf von Frohburg erlangte später weit bedeutendere Pfründen und wurde Propst der Chorherrenstifte Zofingen und Beromünster sowie Domherr in Basel und Konstanz.[23]

Die Schöntaler Gemeinschaft und die frohburgischen Grafen und Gräfinnen waren schliesslich im religiösen Bereich auf vielfältige Weise miteinander verbunden. Die Mitglieder des Konvents sorgten für das Seelenheil der Stifterfamilie, welche sie in ihre Gebete einschlossen. Jeweils am 2. Mai, dem Tag nach der Kirchweihfeier, wurde in Schöntal die Jahrzeit der Wohltäter und Stifter aus den Geschlechtern Frohburg, Falkenstein, Bechburg und Wildenstein begangen.[24] Den Frohburgern war Schöntal Gebets-, Begräbnis- und Gedächtnisstätte, die auch zu ihrem Ansehen beitrug. Ihr Hauskloster beschenkten sie und ihre Ministerialen mit Gütern und mit Reliquien.[25]

Hoch- und spätmittelalterliche adlige Klostergründungen

Weltlicher und kirchlicher Bereich waren im Mittelalter nicht voneinander getrennt. Die Ressourcen, die zur Ausstattung von geistlichen Institutionen benötigt wurden, lagen im Früh- und Hochmittelalter grösstenteils in den Händen des Adels oder hoher adliger kirchlicher Würdenträger. Auch im

Essostab

Klostertradition und Wirklichkeit klaffen am Beinwiler Essostab auseinander: Nach der Beinwiler Tradition gehörte der Stab dem ersten Abt von Beinwil namens Esso, der aus dem Kloster Hirsau gekommen und 1133 verstorben war. Aufgrund stilistischer Vergleiche ist der kunstvolle Stab mit der Krümme aus Elfenbein aber ins 13. Jahrhundert zu datieren. Er stammte wohl aus einer der Werkstätten in Sizilien oder Süditalien, deren Erzeugnisse damals in viele Länder Europas gelangten. Die ursprünglichen Wanderstäbe wurden zu symbolträchtigen Hirtenstäben und zu Zeichen geistlicher Würde. Die Darstellung zeigt einen Drachenkopf, welcher eine fliehende Gazelle angreift. Auf dem Drachenkopf steht eine Art Reiher, der auf den zurückgewandten Kopf des gehetzten Tieres einhackt.

denn es fehlen liturgische Werke und Bücher mit der Ordensregel. Sie wurden vermutlich in der Kirche aufbewahrt oder befanden sich bei den einzelnen Mönchen. Aus dem umfangreichen Bestand darf geschlossen werden, dass Beinwil ein eigenes Skriptorium besass. Auch der Band mit dem Bücherverzeichnis ist im Lüsseltal geschrieben worden. Der Bestand einer Klosterbibliothek wurde durch Schenkungen und durch das Abschreiben von ausgeliehenen Büchern im eigenen Skriptorium vermehrt.

Die Konversen und Konversinnen

Eine Gemeinschaft von Mönchen oder Nonnen war im Alltag auf die Mithilfe von weltlichen Personen angewiesen, denn die Religiosen durften, wollten oder konnten nicht alle anfallenden Arbeiten selbst erledigen. Zu einem Klosterhaushalt gehörten Konversen und Konversinnen sowie entlöhnte Knechte und Mägde. Konversen und Konversinnen hatten die weltliche Lebensführung zu Gunsten einer religiösen aufgegeben. Sie versprachen Gehorsam und Besitzlosigkeit, führten körperliche Arbeiten aus und hatten geringere liturgische Pflichten als die Mönche oder Nonnen. Konversen unterschieden sich

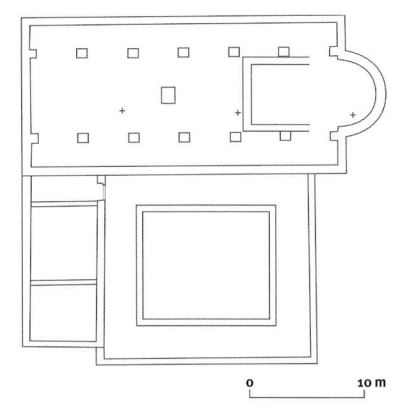

KLÖSTER UND MONASTISCHE LEBENSFORMEN

Gebiet des Basler und Solothurner Juras waren die meisten Klöster Stiftungen des Adels. Der Kreis der adligen Klosterstifter veränderte sich vom Hoch- zum Spätmittelalter analog zur sozialen Zusammensetzung des Adels. Zuerst gingen die Stiftungen wie in Schöntal von Hochadligen und führenden Adelsfamilien aus, später vom niederen Adel.[26]

In Beinwil entstand um 1100 auf die Initiative mehrerer Adliger ein Benediktinerkloster. Die 1123/24 gegründete Zisterze Lucelle verdankt ihre Existenz drei Cousins aus dem Hause Montfaucon, bedeutenden Vasallen der Grafen von Burgund. Die ebenfalls zisterziensische Niederlassung in St. Urban geht auf eine Stiftung der freiherrlichen Brüder Werner, Lütold und Ulrich von Langenstein im Jahre 1194 zurück. Schliesslich vermutet man, dass in Kleinlützel von den Grafen von Saugern in der zweiten Hälfte des 12. Jahrhunderts ein Ordenshaus gegründet worden ist.

Im Unterschied zu diesen Personen waren Heinrich und Rudolf von Auggen, die dem Zisterzienserinnenkloster Gottesgarten 1236 in Olsberg Land verkauften und schenkten, Angehörige eines breisgauischen Rittergeschlechts. Sie ermöglichten, dass sich die Nonnen dort niederlassen konnten. Ob die Herren von Auggen zu dieser Zeit die einzigen Wohltäter des Klosters waren, ist unbekannt. Als der Hochadel im 15. Jahrhundert bei der Gründung und Förderung von Kirchen und Klöstern an Bedeutung verlor, waren die Ministerialgeschlechter Eptingen und Münch von Münchenstein in diesem Bereich aktiv.[27] Hans Bernhard von Eptingen gründete 1466 in Schauenburg ein Benediktinerkloster und vermachte das Anwesen nach dem Wegzug der Mönche 1480 einer religiösen Frauengemeinschaft als Jahrzeitstiftung. Diese Kirchenpolitik war nur eine von verschiedenen Massnahmen des Eptingers, um seine Stellung als Herr in Pratteln zu sichern und zu stärken. Hans Thüring Münch von Münchenstein liess 1421 in Muttenz einen Hof, das Rote Haus, zu einem Kloster mit Kirche umbauen.

Die frühromanische Kirche Beinwil
Nachdem ein Brand die kurz zuvor restaurierte ehemalige Klosteranlage Beinwil verwüstet hatte, wurden die Gebäude im Jahre 1978 archäologisch untersucht. Unter dem bestehenden ehemaligen Kloster wurden die Fundamente einer früheren Anlage aus dem 12. Jahrhundert freigelegt. Es handelt sich um eine dreischiffige Kirche mit Apsis, an die im Süden ein Kreuzgang anschliesst. Kirche und Kreuzgang sind für die Zeit auffallend grosszügig konzipiert. Der Raum im Westen, in der Regel der Wohnraum, erscheint dagegen recht klein.

Ein von Mönchen und Nonnen bewohntes Kloster
Diese Urkunde des Bischofs von Basel vom 22. Juni 1252 enthält einen der wenigen Hinweise auf ein Doppelkloster in Beinwil. Im Text werden auf der zweituntersten Zeile in der Mitte neben den «fratres», den Brüdern, auch «sorores», Schwestern, erwähnt. In Beinwil bestand im Hochmittelalter sowohl ein Männer- als auch ein Frauenkonvent.

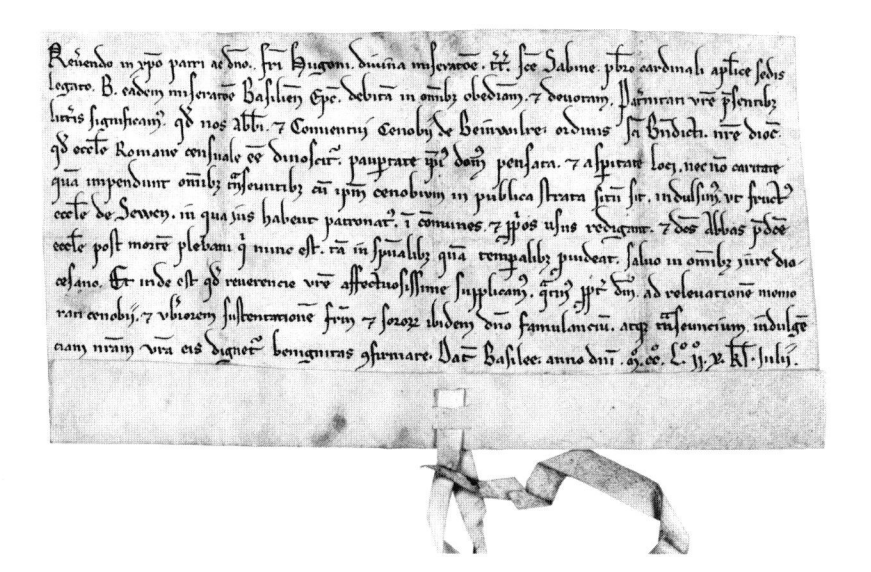

KLÖSTER UND MONASTISCHE LEBENSFORMEN 53

Die zisterziensischen Klöster

Die Klöster des Zisterzienserordens waren bis ins 14. Jahrhundert bestrebt, ihren Landbesitz mittels Wirtschaftshöfen, so genannten Grangien, selbst zu bebauen. Alle Zisterzen versuchten deshalb, eine möglichst geschlossene Herrschaft zu errichten. Auch in Olsberg lässt sich die zisterziensische Politik der gezielten Güterkonzentration gut verfolgen.[28] Durch Verkäufe und Käufe stiess das Zisterzienserinnenkloster im 13. Jahrhundert abgelegene Streugüter ab und erwarb Güter um Olsberg herum. Im 14. Jahrhundert lag der Hauptteil des Besitzes in den umliegenden Dörfern Olsberg, Hersberg, Nusshof, Arisdorf, Giebenach, Augst, Magden und Iglingen. In dieser Zeit sind in Olsberg und Giebenach von Konversen bewirtschaftete und geführte Grangien belegt. Mehrmals erhielt das Kloster Häuser oder Anteile an Häusern in Basel geschenkt. Nicht betroffen von der Arrondierung des Besitzes waren die Güter im entfernten Oberelsass. Von dort bezog das Kloster Wein.

Die Zisterzienser erbrachten bemerkenswerte technische Leistungen. Mit der Errichtung eines komplexen Kanalsystems mit mehreren offenen Wasserläufen, Teuchelleitungen, Fischteichen und Schleusen erwiesen sich die Mönche und Konversen St. Urbans als Pioniere im Wasserbau.[29] Südwestlich von Roggwil sicherte sich das Ordenshaus Wässerungsrechte an

Fliesen aus St. Urban

Die Freiherren von Grünenberg liessen in ihrer Burgkapelle bei Melchnau BE einen Fliesenboden verlegen, dessen Platten aus der Zisterze St. Urban LU stammten. Das Kloster verfügte über eine eigene Ziegelei, in welcher der in der Umgebung abgebaute Ton bearbeitet und gebrannt wurde. Die Manufaktur in St. Urban war für ihre Qualitätsprodukte berühmt, wie die abgebildete Fliese zeigt, die in der zweiten Hälfte des 13. Jahrhunderts hergestellt wurde.

von den Mönchen durch Barttracht und dunklere Kleidung und waren getrennt von den Religiosen untergebracht.

Von der auf normativen Quellen wie Konversenregeln beruhenden Vorstellung, dass Konversen allesamt ungebildete Hilfskräfte niederer sozialer Herkunft gewesen seien, hat sich die Forschung unterdessen verabschiedet.[15] Wie aus einem Güterbeschrieb von 1225/26 hervorgeht, waren die Konversen des Benediktinerklosters Schöntal keineswegs mittellos.[16] In der Urkunde sind 13 *conversi* und eine *conversa* namentlich genannt, die mit ihren materiellen Zuwendungen den Grundbesitz Schöntals im Sisgau und Buchsgau vergrössert haben. Konversen erfüllten insbesondere in den Klöstern des Zisterzienserordens, dessen Wirtschaftssystem nur dank ihnen überhaupt funktionieren konnte, durchaus verantwortungsvolle Aufgaben: In St. Urban hatten Konversen die Leitung einer Grangie inne *(magistri grangiae)*, standen einem Handwerksbetrieb vor (der *magister sutorum* beaufsichtigte die Schuster, der *magister textorum* die Weber) oder arbeiteten als Fachleute für den Handel *(mercatores)*.[17] Dass einige von ihnen nachweislich zu bedeutendem Ansehen gelangten, unterstreicht die Aufstiegsmöglichkeiten für Konversen in der klösterlichen Hierarchie.

KLÖSTER UND MONASTISCHE LEBENSFORMEN

der Langeten, deren Lauf im Jahre 1224 verbessert und in Richtung Roggwil geleitet wurde. Mit dieser Massnahme konnte der sonst trockene Landstrich bebaut werden. Die Wässermatten bestehen zum Teil noch heute. Als Handelswaren bot St. Urban gewerbliche Produkte wie Butter, Käse, Wolle, Häute und Felle feil. Überregionale Berühmtheit erlangte das Kloster wegen der Herstellung von Backsteinziegeln und Tonfliesen, welche zu einer begehrten Handelsware wurden.[30] Die Überschüsse aus ihrer effizienten Produktion verkauften die Zisterzen auf den städtischen Märkten. Klostereigene Stadthöfe dienten als Verwaltungs- und Organisationszentren beim Handel mit den verschiedenen Gütern. St. Urban besass Häuser in Basel, Liestal, Solothurn, Herzogenbuchsee, Olten, Zofingen und Sursee.[31]

Soziale Zusammensetzung der Konvente

Mönche und Nonnen haben mit ihrem zurückgezogenen Leben vergleichsweise wenige Spuren in den historischen Quellen hinterlassen. Etwas bessere Überlieferungschancen hatten dabei die Vorsteher und Vorsteherinnen der Klöster, die ihre Institution nach aussen vertraten. Die soziale Zusammensetzung der Konvente durchdringt somit nur an einzelnen Punkten die Klostermauern, und nur an wenigen Stellen wird die geografische und gesellschaftliche Herkunft der Religiosen sichtbar.

In Schöntal und in Olsberg mussten die Frauen wie vielerorts beim Eintritt ins Kloster eine materielle Ausstattung für ihren Lebensunterhalt mitbringen. Nur wenige Frauen beziehungsweise ihre Familien hatten die Mittel dazu, weshalb in den beiden Klöstern im 13. und 14. Jahrhundert vorwiegend adlige Frauen lebten. In Schöntal sind Äbtissinnen und Nonnen aus den Familien von Eptingen, von Hasenburg, von Michelbach und von Falkenstein belegt.[32] Sie lebten nicht selten zusammen mit nahen Verwandten im Kloster. Über die Aufnahme von Kandidatinnen entschieden in Schöntal der Konvent und die Grafen von Frohburg als Kastvögte. Die Zahl der Nonnen hing von der wirtschaftlichen Lage des Ordenshauses ab und

Das verschwundene Kloster in Muttenz
Ein Siegel des Klostervorstehers aus der ersten Hälfte des 15. Jahrhunderts und eine Skizze von Georg Friedrich Meyer von 1678 zeigen die ehemalige Klosteranlage zum Roten Haus in Muttenz. Auf dem Siegel ist ein Einsiedler mit Pilgerstab unter einem gotischen Baldachin dargestellt, der ein Modell des Klosters in seinen Händen hält. Das Siegel und die Skizze geben wenigstens eine ungefähre Vorstellung vom Aussehen des verschwundenen Klosters.

Frauenklöster waren sowohl im religiösen Bereich als auch im profanen Alltag auf Männer angewiesen. Die Konversen konnten hier, weil die Nonnen nicht so stark wie die Mönche an Wirtschaft und Verwaltung beteiligt waren, besonders grossen Einfluss nehmen. Im überlieferten Schriftgut zum Zisterzienserinnenkloster Olsberg werden im 13. und 14. Jahrhundert häufig Konversen erwähnt, welche die wichtigsten Posten in der Verwaltung des Grundbesitzes und der Wahrung der klösterlichen Rechte nach aussen innehatten.[18] Bei den manuellen Tätigkeiten im Haushalt konnten die Nonnen auf die Hilfe von Laienschwestern zählen. Im 14. Jahrhundert ging die Zahl der Konversen allgemein stark zurück und die Zisterzen betrieben nicht mehr Eigen-, sondern Pachtwirtschaft.[19] Auch St. Urban gab etliche Höfe, die noch Anfang des 14. Jahrhunderts selbst bewirtschaftet worden waren, als Lehen an Bauern aus. Gleiches lässt sich im Frauenkloster Olsberg beobachten, wo später in der Klostergutsverwaltung nicht mehr Konversen, sondern Laien tätig waren.

Wallfahrten zu Klöstern und Kapellen

Klöster und Kapellen galten als Orte besonderer Heilsvermittlung; sie waren Ziele von Pilgerreisen und Wallfahrten. Zur Ver-

KLÖSTER UND MONASTISCHE LEBENSFORMEN   55

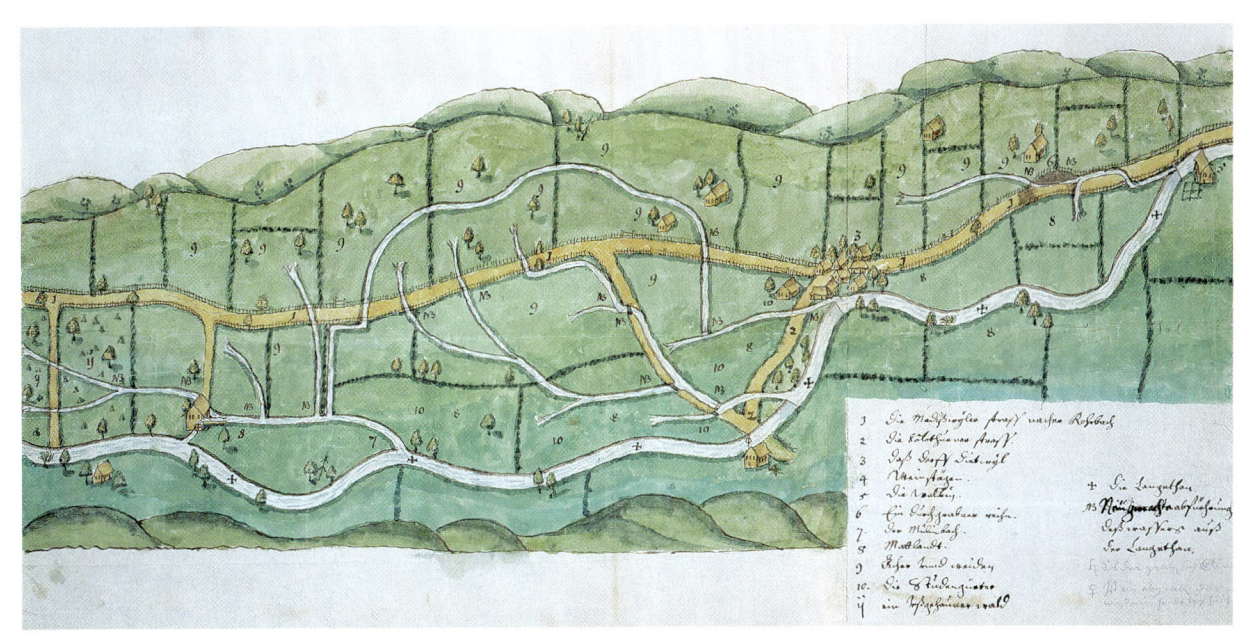

wurde 1320 auf maximal 16 festgesetzt.[33] Aber bereits 1336 teilten sich wiederum zu viele Nonnen die geringen Einkünfte.[34] Bei der Übergabe an den Servitenorden Anfang des 15. Jahrhunderts lebten nur noch sechs Frauen in Schöntal, wo unterdessen auch Angehörige der angesehenen Basler Familien zu Rhein und Ritter Aufnahme gefunden hatten.

Auch Olsberg, wo in den Anfängen zwölf Nonnen lebten, übte auf den Adel eine grosse Anziehungskraft aus. Annähernd die Hälfte der 25 Olsberger Konventualinnen war im Jahre 1375 adliger Abkunft.[35] Besonders enge und vielfältige Beziehungen bestanden auch hier zu den Eptingern, die eine Äbtissin und mehrere Nonnen stellten und das Kloster wiederholt beschenkten. Weiter waren die Ministerialgeschlechter von Hergheim, von Tegerfeld, von Mörsberg und von Baden vertreten. Daneben finden sich auch Frauen aus den Basler Ritter- und Bürgermeisterfamilien und aus Rheinfelder Bürgergeschlechtern. Ab dem 15. Jahrhundert überwog im klei-

Wässermatten von St. Urban
Dieser Bewässerungsplan der Matten an der Langeten wurde Ende des 17. Jahrhunderts erstellt. Er illustriert, wie nachhaltig die Zisterzienser in St. Urban die Landschaft geprägt haben. Seit dem Hochmittelalter steigerte das Kloster den Ertrag von Wiesen durch künstliche Bewässerung.

ehrung einer Stätte trugen insbesondere Reliquien bei, die in den Altären aufbewahrt wurden. Schöntal war ein attraktiver Gnadenort, denn das Kloster verfügte laut einem Verzeichnis aus dem Ende des 12. Jahrhunderts über eine beeindruckende Sammlung von Primärreliquien (körperliche Überreste von Heiligen) und vor allem von Sekundärreliquien (alles, was mit den Heiligen in Kontakt gekommen war).[20] Im Hauptaltar befanden sich unter anderem ein Teil eines Kleidungsstücks von Maria und ein Stück des Armes der Heiligen Ursula; in einem Altar bei der Kirchentüre war ein Stück Stein aus dem Felsen untergebracht, auf dem das Kreuz Christi gestanden hatte. Die Reliquien waren dem Kloster von Angehörigen lokaler Adelsgeschlechter geschenkt worden. Mehrere Frohburger, unter ihnen auch Bischof Ortlieb, und frohburgische Ministeriale waren auf dem zweiten Kreuzzug mit dem Kaiser ins Heilige Land gezogen und hatten sich dort Reliquien beschafft, die sie nach ihrer Rückkehr verschiedenen Klöstern und Kirchen vermacht hatten. Auch nach dem Abflauen der Kreuzzugsbewegung wuchs der Schöntaler Reliquienschatz weiter an, wie Nachträge aus dem Jahre 1409 im oben erwähnten Verzeichnis belegen.[21] Damals wurden zwei Altäre neu geweiht.

Ein Neubau in Olsberg

Die Zisterzienserinnen in Olsberg konnten es sich in der Mitte des 14. Jahrhunderts leisten, ihre Klosterkirche neu bauen zu lassen. Dieser zweite Bau war einiges mächtiger als die erste Kirche aus dem 13. Jahrhundert. Er steht, verkürzt und umgestaltet, noch heute. Schlichtheit und geometrische Klarheit waren formale Merkmale der Zisterzienserbauten. Typisch ist auch die Unterteilung der Kirche in drei Raumabschnitte (von rechts nach links): Im Presbyterium zelebrierte der Priester am Hochaltar die Messe, im Frauenchor beteten und sangen die Nonnen, im Konversenchor hielten sich die Laienbrüder und -schwestern auf.

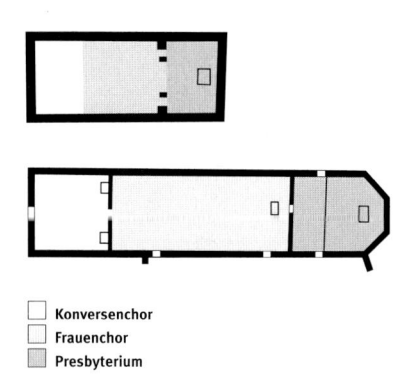

☐ Konversenchor
☐ Frauenchor
■ Presbyterium

ner werdenden Konvent, der 1452 noch fünf Frauen umfasste, die städtische Herkunft. Im Gegensatz dazu war das Spiserhaus in Rheinfelden von Anfang an von der Stadt geprägt. Im Stiftungsbrief von 1349 wurde bestimmt, dass in ihm zwölf einheimische Schwestern wohnen sollten.[36] Neben der städtischen Führungsschicht Basels hatte kurz vor der Reformation auch der Mittelstand einen angemessenen Platz im kirchlichen Bereich gefunden: Die meisten Schwestern im Roten Haus in Muttenz stammten aus Basler Handwerkerfamilien.[37]

Nicht nur in den erwähnten Frauenklöstern spiegelte deren soziale Zusammensetzung das gesellschaftliche Umfeld und dessen Veränderung im Laufe des Spätmittelalters. Hochadel und Ministerialität wurden auch in den Klöstern von der städtischen Oberschicht und dem Gewerbe treibenden Bürgertum abgelöst. Diese Tendenz kann auch im zisterziensischen Männerkloster St. Urban beobachtet werden.[38] Nach der Gründung im Jahre 1194 lebten dort nicht nur zwölf Mönche aus dem Mutterkloster Lucelle, sondern auch Werner und Lütold von Langenstein, zwei der drei freiherrlichen Stifter des Ordenshauses. Dass adlige und zisterziensische Lebensführung nicht einfach zusammenzubringen waren, geht aus einer Aussage des Abtes von Lucelle hervor. Er äusserte 1196 die wohl nicht unbegründete Befürchtung, eine grössere Zahl adliger Mönche in St. Urban könnte das Armutsideal gefährden. In der Folgezeit stammte der grösste Teil der Konventualen aus der Ministerialität und zunehmend aus dem Bürgertum; im 14. Jahrhundert waren auch einige bedeutende Bauerngeschlechter im Konvent vertreten. Eine prominente Ausnahme war Hermann VI. von Frohburg, der von 1356 bis zu seinem Tod 1367 Abt des Klosters war und mit dem das einst einflussreiche Grafengeschlecht im Mannesstamm ausstarb.[39] Die meisten Konventualen St. Urbans kamen aus den heutigen Kantonen Luzern, Solothurn, Basel und Aargau; einige stammten aus dem Oberelsass, aus dem Schwarzwald und der Bodenseegegend und waren wohl aus anderen Zisterzen nach St. Urban gekommen.

Während Pilger und Pilgerinnen des Früh- und Hochmittelalters die Heiligen ihrer Zielorte um Heilung und Hilfe anflehten und Kontaktreliquien als Andenken mitnahmen, rückte im Spätmittelalter der Erwerb von Ablässen in den Vordergrund. Viele geistliche Institutionen bemühten sich um Ablassbriefe. Schöntal erlangte im Jahre 1419 von Papst Martin V. eine Ablassurkunde: Wer das Kloster am Kirchweihtag, dem 1. Mai, besuchte, erhielt drei Jahre und dreimal 40 Tage Ablass.[22] Zwei Jahre später gewährte auch der Basler Bischof einen Ablass: Der Besuch am Kirchweihtag brachte einen 40-tägigen Ablass für Todsünden und ein Jahr Ablass für lässliche Sünden ein.[23] Der Pilgerverkehr und die frommen Schenkungen der Besucher und Besucherinnen brachte einer Kirche oder einem Ordenshaus beträchtliche Einkünfte. Die Schöntaler Mönche versuchten auf diese Weise, den Wiederaufbau ihres verarmten Klosters zu fördern.

Kollektive Wallfahrten und Prozessionen waren typisch für das religiöse Leben des 15. Jahrhunderts:[24] Solche wurden beispielsweise von den Kirchgemeinden Münchenstein und Binningen nach Basel oder von der Kirchgemeinde Sissach zu den Filialkirchen unternommen. Sowohl das Zisterzienserkloster Olsberg als auch

Beginen und Terziarinnen

Die Sammlung im Rheinfelder Spiserhof entstand auf Initiative von drei Bürgerinnen: Elsbeth, Katherina und Verena, die Töchter des verstorbenen Ratsherrn Johannes Spiser, vergabten im Jahre 1349 ihr Haus im Spiserhof, einen Garten und Wiesen einer Frauengemeinschaft.[40] Auch im ländlichen Iglingen wurde eine Sammlung von Frauen gefördert. Im Jahre 1465 nahmen die Zisterzienserinnen von Olsberg zwei Terziarinnen in das ehemalige Bruderhaus bei der Nikolauskapelle auf, das sich in ihrem Besitz befand.[41] Der Olsberger Konvent gestattete ihnen, weitere Frauen nach Absprache mit dem Kloster anzunehmen, und versprach, ihnen keine unerwünschten Frauen aufzudrängen. Die Terziarinnen verpflichteten sich, für das Licht in der Kapelle besorgt zu sein und die Güter und Einkünfte zusammenzuhalten. In Schauenburg war es dagegen noch der Adel in Gestalt Hans Bernhards von Eptingen, der nach der fehlgeschlagenen Gründung eines Benediktinerklosters das Anwesen im Jahre 1480 einer Schwesternsammlung vermachte.[42]

Die Terziarinnen verdienten ihren Unterhalt auf unterschiedliche Weise. Ein grosser Teil des Einkommens der Frauen in Iglingen resultierte aus ihren religiösen Aufgaben. Gemäss der Gründungsurkunde von 1465 sollten die der Nikolauskapelle gespendeten Gaben zu je einem Drittel dem Kloster Olsberg, der für Iglingen zuständigen Pfarrkirche Magden und den Terziarinnen zukommen.[43] Reliquien sowie bischöfliche und päpstliche Ablässe machten Iglingen und Olsberg zu attraktiven Wallfahrtsorten. Die Pilger und Pilgerinnen spendeten und stifteten Land, Immobilien, Geld und Wertgegenstände, was zu Beginn des 16. Jahrhunderts den Ausbau der Kapelle zur Kirche erlaubte. Wiederholt gerieten die Schwestern in der zweiten Hälfte des 15. Jahrhunderts mit dem Leutpriester von Magden in Streit um kirchliche Abgaben und Rechte. Im sozialen Bereich waren die Terziarinnen im Spiserhof tätig: Sie nahmen sich unter anderem der Krankenpflege an. Die Schwestern in Schauenburg widmeten sich der Ausbildung junger Frauen, deren Unterricht in Lesen und Schreiben.[44]

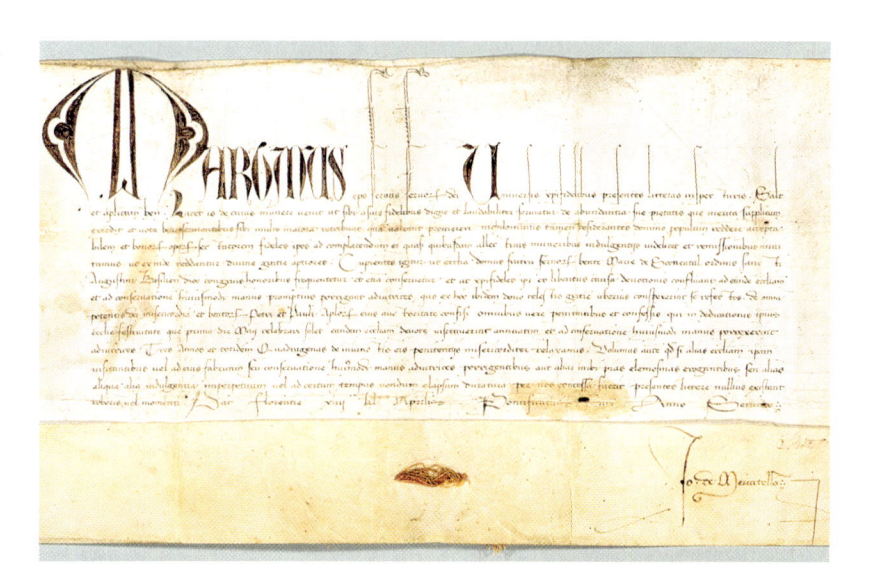

Ablässe bringen Geld

Die Ablassurkunde, welche die päpstliche Kurie am 19. März 1419 für das Kloster Schöntal ausstellte, ist nur eine von vielen Gnaden, die auf Anfrage hin Gläubigen in der ganzen Christenheit gewährt wurden. Gewöhnlich hing an den Papstbriefen ein schweres Siegel aus Blei. Auf der einen Seite waren die Köpfe der Apostel Petrus und Paulus eingeprägt, auf der anderen der Name des Papstes, hier Martin V.

Wer hat Beinwil gegründet?

Die Grabplatte des 1677 verstorbenen Abtes Fintan Kieffer, unter dem die Klostergemeinschaft von Beinwil nach Mariastein verlegt worden war, enthält in den Ecken die Wappen von vier Adelsgeschlechtern, die laut neuzeitlicher Klostertradition Beinwil gegründet haben sollen. Das Wappen mit zwei abgekehrten, sich berührenden Fischen ist Pfirt und Saugern zuzuordnen, der Adler Frohburg, der aufgerichtete Löwe Egisheim und das zweimal schräg geteilte mit Rankendamaszierung Hasenburg. Konkrete Anhaltspunkte für die Beteiligung an der Gründung bestehen allein für die Grafen von Saugern. In der Mitte der Grabplatte befindet sich das ovale, mit Blattwerk umrankte Wappen des Abtes mit einem umgekehrten Anker. Darüber sind die Insignien seines Amtes angebracht, Mitra und Krummstab. Zwei gekreuzte Knochen verweisen sowohl auf die Vergänglichkeit als auch auf das Beinwiler Wappen, das zwei schräg gestellte parallele Knochen enthält.

Weben war bei religiösen Frauengemeinschaften verbreitet. Die manuelle Arbeit der Frauen im Spiserhof wurde von der Weberzunft offenbar als Konkurrenz empfunden. 1488 beschränkte der Rat von Rheinfelden auf Ersuchen der Weber die Zahl der Schwestern auf drei bis vier und jene der Webstühle auf zwei.[45] Ohne Erlaubnis des Rates durften laut den städtischen Satzungen keine neuen Schwestern aufgenommen werden. Sie sollten weiterhin Kranke pflegen, wofür ihnen Umgeld und Wacht erlassen wurde. Auch in Basel beklagten sich die Weber über die Tätigkeit der Frauen im Roten Haus Muttenz, in Iglingen und in Engental.[46] In der neuen Basler Gewerbeordnung von 1526 wurde den frommen Frauen aber weiterhin erlaubt, wie von alters her in ihren Häusern für die Bürger der Stadt zu weben. Schwestern, die sich in der Stadt niederliessen und weben wollten, mussten aber die Zunft erwerben.

Die Schauenburger Schwestern verfügten über Einkünfte aus eigenen landwirtschaftlichen Betrieben. Im Jahre 1502 erwarben sie die Burg Neu-Schauenburg und ein Sennhaus auf Frenkendörfer Boden. Nach der Verlegung der Gemeinschaft nach Muttenz veräusserten sie diese beiden Güter mit Äckern und Wiesen und kauften am neuen Ort einen landwirtschaftlichen Betrieb und eine Sennerei. Zum Komplex gehörten Ställe, Ackerland und Wiesen sowie eine Fischereigerechtigkeit im Rhein. Mehrere Streitigkeiten um Weidgangsrechte mit benachbarten Dörfern nach 1500 belegen, dass auch dem Schwesternhaus in Iglingen ein stattlicher Landwirtschaftsbetrieb angegliedert war.

Diese Beispiele verweisen auf einen bereits länger anhaltenden allgemeinen Trend: Die Herstellung von Textilien verlagerte sich vom Land in die Stadt, und die einst typische Frauenarbeit wandelte sich zur Tätigkeit von spezialisierten männlichen Berufshandwerkern.

die Nikolauskapelle in Iglingen wurden im Laufe des 15. Jahrhunderts wegen der dort gewährten Ablässe zu stark frequentierten Wallfahrtsorten. Als 1463 in Basel die Pest das Leben der Menschen bedrohte, wurde unter der Leitung von Rat und Domstift eine kollektive Wallfahrt von angeblich über 1500 Personen nach Schöntal unternommen und Heil bei den Heiligen gesucht.[25] In einzelnen Gemeinden wird im religiösen Bereich kommunales Handeln sichtbar. Ein Beschluss der Kirchgemeinde Oltingen von 1481 sah vor, dass am 25. April die ganze Kirchgemeinde nach Säckingen zum Heiligen Fridolin pilgern sollte und jährlich eine Marienwallfahrt nach Bötzen im Dekanat Frickgau oder nach Schöntal durchzuführen sei.[26] Die Teilnahme war obligatorisch und bei Zuwiderhandlung wurde mit einer Busse von einem Pfund Wachs oder der Bestrafung durch die weltliche Gerichtsbarkeit gedroht.

Lesetipps

Über die kirchlichen Verhältnisse informieren die entsprechenden Artikel in der Helvetia Sacra: der Überblicksartikel zum Bistum Basel, die Einleitungen zu den Orden sowie die Artikel über die einzelnen Klöster und geistlichen Gemeinschaften.

Besonders hervorzuheben ist der umfangreiche Band zu den Beginen und Terziarinnen. Der Artikel über Schöntal (1986) enthält nur einen knappen Überblick, weshalb noch immer auf Wackernagel (1932) zurückgegriffen werden muss.

Neue Erkenntnisse über Schöntal werden der in nächster Zeit erscheinende Band der Kunstdenkmäler für den Bezirk Waldenburg und die geplante Publikation der Ergebnisse der archäologischen Ausgrabung Ende der 1980er Jahre bringen.

Nach wie vor massgeblich sind die sorgfältigen Arbeiten von Schenker (1973) über Beinwil, von Boner über Olsberg (1979) und Iglingen (1983/85) sowie von Häberle (1946) über St. Urban.

Allgemein recht gut erforscht ist der Zisterzienserorden. Der aktuelle Forschungsstand zu Archäologie und Kunstgeschichte der Schweizer Zisterzienserbauten liegt im ausgezeichneten Werk von Sennhauser (1990) in Text und Bild vor. Über die technischen Leistungen der Zisterzienser hat Tremp (1998) ein spannend geschriebenes illustriertes Buch verfasst.

Wer sich eingehender mit der Benediktsregel beschäftigen möchte, dem sei die Ausgabe des ehemaligen Einsiedler Abtes Georg Holzherr (1993) empfohlen, der den Text der Regel zweisprachig lateinisch und deutsch ediert und kommentiert hat.

Abbildungen

StA BS, Neg. Slg. A 784: S. 43.
C. Jäggi/H.-R. Meier, Basel: S. 44.
StA BS, Klosterarchiv Schöntal,
Urk. Nr. 49b: S. 45.
Anne Hoffmann Graphic Design:
Karte S. 47, 48 oben.
StA BS, Klosterarchiv Spitalpläne Nr. 12:
S. 48 unten.
Kantonale Denkmalpflege Basel-Landschaft, Repro 5993 (Mikrofilmstelle):
S. 49.
Zentral- und Hochschulbibliothek Luzern,
Gregorius: Moralia in Job, KB P. 8. fol.
3. Band: S. 50.
Kloster Mariastein, Foto:
P. Notker Strässle, Mariastein: S. 51.
Anne Hoffmann Graphic Design, nach:
Werner Stöckli: Das ehemalige Benediktinerkloster Beinwil, in: Archäologie der
Schweiz 4, 1981, S. 83: Grundriss S. 52.
StA SO, Urkundensammlung, Urkunde
vom 22. Juni 1252: S. 52.
Walter Gfeller, Herzogenbuchsee: S. 53.
StA BS, Klosterurkunden Rotes Haus,
Nr. 3, 1476: S. 54 oben.
StA BL, SL 5250, HSS 52/1-3, fol. 609v:
S. 54 unten.
StA LU, KU Akten Kt. BE, Gemeinden:
S. 55.
Anne Hoffmann Graphic Design, nach:
Hans Rudolf Courvoisier/Hans Rudolf
Sennhauser: Olsberg, ehemalige
Zisterzienserinnenkirche. Ergebnisse
einer archäologischen Untersuchung
1971–1976, in: Zisterzienserbauten
in der Schweiz. Neue Forschungsergebnisse zur Archäologie und Kunstgeschichte, Bd. 1: Frauenklöster, hg.
von Hans Rudolf Sennhauser, Zürich 1990,
S. 15f.: Grundrisse, S. 56.
StA SO, Urkundensammlung, Urkunde
vom 14. März 1194 (Siegel): S. 57.
StA BS, Klosterarchiv Schöntal,
Urk. Nr. 48: S. 57.
Kloster Mariastein, Foto: P. Notker
Strässle, Mariastein: S. 59.

Anmerkungen

1 HS III/1, S. 384–421.
2 HS III/1, S. 1953–1956.
3 HS III/3/1, S. 290–311.
4 Zahnd 1990.
5 HS III/3/1, S. 376–424.
6 HS III/3/2, S. 831–861.
7 HS III/3, S. 529.
8 HS III/3/2, S. 608–611.
9 Pfister 1964, S. 210; Heim 1977.
10 Vgl. Abschnitt Verschwiegene Doppelklöster (Schöntal und Beinwil)
und HS III/3/2, S. 764–767 (Kleinlützel).
11 KDM BL 1, S. 30 (Aesch fehlt in
HS IX/2); HS IX/2, S. 184–185.
12 HS IX/2, S. 123–129, 136–140,
188–192.
13 Holzherr 1993, Kapitel 16.
14 Boos, Nr. 644, S. 759–767, hier
S. 763–764.
15 Suter/Strübin 1990, Nr. 857,
S. 334–335.
16 Jäggi/Meier 1989.
17 Rippmann 1991.
18 SUB 1, Nr. 77, S. 47–49; Rück 1966,
Nr. O 6(25) S. 92.
19 SUB 1, Nr. 79–81, S. 49–51; Rück 1966,
Nr. O 4 (23) S. 90–91.
20 Meyer 1989, S. 136; Rippmann 1991,
S. 43–46; Tauber 1998b, S. 512–515.
21 SUB 1, Nr. 378, S. 215; Boos, Nr. 45,
S. 25; SUB 2, Nr. 105, S. 64–65.
22 Boos, Nr. 47, S. 26–27.
23 Hesse 1992, Nr. 455, S. 455–456.
24 Boos, Nr. 28, S. 10–12.
25 Vgl. unten, Wallfahrten zu Klöstern
und Kapellen.
26 HS III/1; HS III/3.
27 Vgl. Bd. 2, Kap. 9, Abschnitt Adelige
Frömmigkeit.
28 Boner 1979.
29 Häberle 1946, S. 36–37; Hörsch 1995;
Tremp 1998, S. 47–48.
30 Tremp 1998, S. 60–61.
31 Tremp 1998, S. 70; HS III/3, S. 383.
32 Wackernagel 1932, S. 10–11; HS III/1,
S. 1956.
33 Boos, Nr. 256, S. 198–200.
34 Boos, Nr. 256, S. 245–247.
35 HS III/3, S. 834, 847–855.
36 Aargauer Urkunden 3, Nr. 62,
S. 24–25.

37 HS IX/2, S. 188–189.
38 Häberle 1946, S. 79–80; HS III/3,
S. 376–424.
39 HS III/3, S. 408–409.
40 Aargauer Urkunden 3, Nr. 62,
S. 24–25.
41 Boner 1983/85, S. 11.
42 HS IX/2, S. 190–191.
43 Boner 1983/85, S. 12.
44 HS IX/2, S. 191.
45 RQ AG I/7, Nr. 188 S. 172.
46 Dürr/Roth 2, Nr. 258, S. 192 und 196.

1 HS III/1, S. 1953–1956.
2 Parisse, Michel: Art. Doppelkloster, in:
LexMA 3, Sp. 1257–1258; Gilomen 1990,
S. 197. Vgl. allgemein HS III/1, S. 72–82
und Elm/Parisse 1992.
3 Gilomen-Schenkel 1990, S. 202 und
209–211 (Anhang).
4 Gilomen-Schenkel 1990, S. 197.
5 SUB 1, Nr. 171, S. 89–91.
6 SUB 1, Nr. 300, S. 170–171; ebenda 2,
Nr. 72, S. 43–44 (1252); Schenker 1973,
S. 134–139.
7 Zit. nach Schenker 1973, S. 135.
8 KDM BL 3 1957, S. 171; Schenker 1973,
S. 135–139.
9 Schenker 1973, S. 138–139.
10 SUB 1, Nr. 216, S. 116.
11 Gilomen-Schenkel 1990, S. 211.
12 Wackernagel 1932, S. 10.
13 Lehmann 1950; Schenker 1973,
S. 140–150.
14 Rück 1963/64, S. 85–86.
15 Toepfer 1983; Elm/Parisse 1992.
16 SUB 1, Nr. 331, S. 183–185.
17 HS III/3, S. 381.
18 HS III/3, S. 844, Anm. 7.
19 HS III/3, S. 38; Zahnd 1990, S. 61.
20 Boos, Nr. 28, S. 10–12.
21 Boos, Nr. 28, S. 10–12.
22 Boos, Nr. 611, S. 716–717.
23 Boos, Nr. 622, S. 722; weiterer Ablass
Boos, Nr. 776, S. 932 (1454).
24 Gauss 1932, S. 295.
25 Wackernagel 1932, S. 19–20.
26 Othenin-Girard 1994, S. 40.

Kleinstädte: Lebensform mit beschränkten Sonderrechten

KLEINSTÄDTE: LEBENSFORM MIT BESCHRÄNKTEN SONDERRECHTEN

Bild zum Kapitelanfang
Grundriss der Stadt Liestal
Der Plan von Georg Friedrich Meyer zeigt Liestal im 17. Jahrhundert. Die Stadtanlage war im Mittelalter ringsum befestigt. Bereits in der Mitte des 17. Jahrhunderts waren grosse Teile der Stadtmauer nicht mehr sichtbar, sondern in den Häusern «verschwunden». Der Unterhalt der Befestigungsanlagen erforderte regelmässig namhafte Summen. Auf dem Bild deutlich zu erkennen sind die ausserhalb der Mauern liegenden wohl künstlich angelegten Weiher, in denen Speisefische gehalten wurden. Heute sind von der Befestigungsanlage noch das Obertor, der Thomasturm und an verschiedenen Stellen Mauerstücke erhalten, welche die Rückseite von Häusern bilden, beispielsweise bei der Pfarrscheune an der Büchelistrasse.

Stadtgründungen und ihre territoriale Bedeutung

Im Mittelalter lebten die meisten Menschen auf dem Land; in einer Stadt zu wohnen, stellte die grosse Ausnahme dar. Doch die Stadt als Siedlungs- und Rechtsform gewann in dieser Zeit an Bedeutung: Im Laufe des 12., vor allem aber im 13. Jahrhundert kamen zu den bestehenden städtischen Siedlungen eine ganze Reihe von neuen, meist kleinen Städten hinzu. Diese Entwicklung lässt sich in ganz Europa beobachten. Mit den städtischen Siedlungen schufen sich die adligen Gründer neben den Burgen weitere Herrschaftsstützpunkte. Die planmässigen Stadtgründungen setzten im 12. Jahrhundert ein, einen quantitativen Höhepunkt erlebten sie in der zweiten Hälfte des 13. Jahrhunderts. Nach 1400 entstanden zwar immer noch Städte, die Zahl der Gründungen nahm jedoch ab. Die spät gegründeten Städte, die sich in das bestehende, teilweise recht dichte Städtenetz einfügen mussten, hatten weniger gute Entwicklungschancen als die im 12. und 13. Jahrhundert entstandenen.[1] Vor der Stadtgründungswelle gab es im Gebiet der heutigen Schweiz nur wenige Städte: Neben den fünf alten Bischofsstädten Basel, Chur, Genf, Lausanne und Sitten waren seit dem 9. Jahrhundert einige Marktstädte, darunter Zürich, Schaffhausen und Solothurn, entstanden. Bis ins 14. Jahrhundert wuchs die Zahl städtischer Siedlungen auf rund 200.[2]

Basel stellte seit langem ein regionales Zentrum dar: Die Siedlung Münsterhügel bestand seit der Mitte des 1. Jahrhunderts vor unserer Zeitrechnung, in spätrömischer Zeit befand sich am selben Ort ein Kastell. Seit dem späten 10. und im 11. Jahrhundert wurde die Stadt, die in der Mitte des 8. Jahrhunderts zum Wohnsitz des Bischofs geworden war, weiter aufgewertet. Basel entwickelte sich im Laufe des Mittelalters zu einer mittelgrossen Stadt, die im 15. Jahrhundert etwa 8000 Einwohnerinnen und Einwohner zählte. Strassburg, das ebenfalls antike Wurzeln hat, war zur selben Zeit bereits eine Grossstadt mit 20 000 Menschen. Die erste neue Stadt in der Umgebung von Basel war das 1120 von den Zähringern gegründete Freiburg im Breisgau. Um 1130 entstand Rheinfelden, ebenfalls eine zähringische

Städtebau – Stadtbauten

Die etwa 4000 Städte des spätmittelalterlichen Reichs weisen ein breites Spektrum an vielfältigen Erscheinungsformen auf. Neben grossen Städten mit einer differenzierten Sozial- und Wirtschaftsstruktur wie Basel stehen die kleinen Städte, die ökonomisch nur lokal oder regional von Bedeutung waren und sich politisch nicht autonom entwickeln konnten. Zu diesem Typ gehören Laufen, Liestal und Waldenburg. Welche Merkmale verbinden alle diese Städte? Was unterscheidet sie von den ländlichen Siedlungen?
Neben dem Stadtrecht und ökonomischen Privilegien wie dem Markt stellt die Stadtmauer ein wichtiges Kriterium dar. Die Laufner Stadtmauer muss um 1295 bereits bestanden haben oder in den Jahren unmittelbar danach errichtet worden sein, denn 1339, rund 40 Jahre nach der rechtlichen Privilegierung, erteilte der Bischof den Bürgern von Laufen das Recht, das Umgeld, eine indirekte Steuer, zu beziehen unter der Bedingung, dass sie 16 Pfund für den Unterhalt der Mauern, Türme und Schutzwehre verwendeten.[1]
Auch Liestal war von einem Mauerring umgeben; die Forschung geht davon aus, dass er seit der Stadterhebung im 13. Jahrhundert bestand.[2] Genau datieren lässt er sich jedoch weder archäologisch noch

KLEINSTÄDTE: LEBENSFORM MIT NESCHRÄNKTEN SONDERRECHTEN 63

Stadt. Bereits deutlich später, im zweiten Viertel des 13. Jahrhunderts, gründeten die Frohburger Liestal und Waldenburg. 1295 machte der Bischof von Basel Laufen zur Stadt.

Liestal und Waldenburg

Der Besitz der Grafen von Frohburg konzentrierte sich zunächst im Buchsgau südlich des Juras. Von ihrer Feste, der Frohburg, aus, die sie abseits ihres früheren Familiengutes im Wiggertal erbaut hatten, stiessen sie im frühen 12. Jahrhundert Richtung Norden vor und errichteten – so lassen sich die Spuren auf der Gerstelfluh interpretieren – einen Stützpunkt, der einen Vorläufer der späteren Waldenburg und des gleichnamigen Städtchens bildete. Mitte des 12. Jahrhunderts stifteten sie bei Langenbruck das Kloster Schöntal. Diese Stiftung ist wie der Bau von Burgen und die Privilegierung von Städten im Zusammenhang mit dem Landesausbau zu sehen. Die Frohburger gründeten nicht nur in Liestal und Waldenburg Städte, sondern auch südlich des Juras – in Zofingen, Olten, Aarburg, Fridau und Wiedlisbach. In Zofingen errichteten sie im 12. Jahrhundert ein Chorherrenstift, wodurch die Stadt an Anziehungskraft und Entwicklungsmöglichkeiten gewann. Die frohburgischen Städte liegen verkehrstechnisch ausserordentlich günstig, an wichtigen Pässen, Strassen oder an Flussübergängen.[3] Den Stadtgründungen Liestal und Waldenburg war der Versuch vorausgegangen, Märkte, die möglicherweise bereits in frühmittelalterlicher Zeit bestanden haben, zu fördern. Der Flurname Altmarkt zwischen Liestal und Lausen, am Zusammenfluss von Frenke und Ergolz, besagt, dass dort ein Markt stattgefunden haben muss. Der Markt zwischen Langenbruck und dem Holznachterberg, der wohl an der späteren Banngrenze zwischen Langenbruck und Waldenburg abgehalten wurde, ist in einer Urkunde aus der Mitte des 12. Jahrhunderts belegt.[4] Beide Märkte liegen an wichtigen, seit antiker Zeit begangenen Strassenzügen, die über den Unteren beziehungsweise Oberen Hauensteinpass führten. Mit der Gründung der Städte verlegten die Froh-

Die Stadt verändert ihr Gesicht
Der 1897 abgebrochene Wasserturm stellte eines der wenigen in Liestal sichtbaren Zeugnisse dar, die ins 13. oder 14. Jahrhundert datiert werden können. Die Aufnahme des Fotografen Arnold Seiler entstand im Mai 1896. Der Turm diente noch in der frühen Neuzeit als Gefängnis.

Waldenburg aus der Vogelschau
Diese Stadt, sie hatte keine dörfliche Vorgängersiedlung, entstand an einem besonders günstigen Ort, der eine Befestigungsanlage teilweise überflüssig macht. Georg Friedrich Meyers Zeichnung aus dem Jahr 1681 gibt die Stadtmauer nur teilweise wieder: Im Vordergrund ist der Nordwestverlauf der Mauer durch Felsvorsprünge verdeckt. Die Darstellung zeigt die Stadt, wie sie bereits um 1300 ausgesehen haben muss. Von den beiden Toren steht heute nur noch das obere, das untere wurde 1842 abgebrochen.

burger die Märkte in die ummauerten Siedlungen. Die Märkte trugen nicht nur zum Aufblühen der Städte bei, sondern sie boten den Stadtherren auch die Möglichkeit, Zölle und Abgaben zu beziehen.[5]

Ausser Waldenburg, das keine dörfliche Vorgängersiedlung kennt, waren alle erwähnten Städte keine «Gründungen» im Sinne der planmässigen Errichtung einer Siedlung in bisher kaum bewohntem Gebiet. Vielmehr knüpften sie an bereits bestehende, offene ländliche Siedlungen an. Der Begriff Gründung ist jedoch auch für eine Stadt wie Waldenburg ungenau, denn auch sie entstand nicht auf einen Schlag: Häuser, sie bestanden hauptsächlich aus Holz, und vor allem die Stadtmauer mussten erstellt werden. Die Bewohner, unter anderem die Ministerialen, die die frohburgischen Interessen vertraten, zogen wohl in kleineren Gruppen allmählich zu.

Liestal hat spätrömische Wurzeln. Das Geviert der heutigen Kirche St. Martin geht vermutlich auf ein kleines Strassenkastell zurück. Ob die Siedlung seit dem späten 4. Jahrhundert kontinuierlich bewohnt war, ist heute noch nicht mit letzter Sicherheit zu sagen.[6] Die Martinskirche bestand sicher seit dem 7./8. Jahrhundert und wurde zu Beginn des 11. Jahrhunderts durch einen Neubau ersetzt. Seit römischer Zeit ständig besiedelt waren in der unmittelbaren Nachbarschaft Liestals Munzach und Lausen-Bettenach. Beide Siedlungen wurden um 1200 verlassen, die Kirchen der Gemeinden blieben jedoch bestehen. Die drei Kirchen waren unbestrittenes frohburgisches Eigengut; ob St. Laurentius in Munzach und die Lausener St. Nikolauskirche in St. Martin inkorporiert waren, ist nicht bekannt. Die Kirchen gehörten in der religiösen Praxis jedoch zusammen: Die im Liestaler Jahrzeitenbuch des 13. Jahrhunderts fassbaren Stiftungen berücksichtigten oft nicht nur St. Martin, sondern auch eine der anderen oder beide Kirchen in Liestals Umgebung.[7] Dass sowohl Bettenach als auch Munzach zu Beginn des 13. Jahrhunderts aufgelassen wurden, könnte mit der Erhebung Liestals zur Stadt in Zusammenhang stehen: Die Bevölkerung liess sich in Liestal nieder.[8]

Münchenstein im Jahr 1678
Das Dorf erhielt durch den Mauerring mit seinen beiden Tortürmen ein stadtähnliches Aussehen. Die Darstellung von Georg Friedrich Meyer macht deutlich, dass die Burg im 17. Jahrhundert nur noch auf einer Seite befestigt war. Auf der Westseite ist die Anlage offen, wodurch die Stadttore funktionslos wirken.

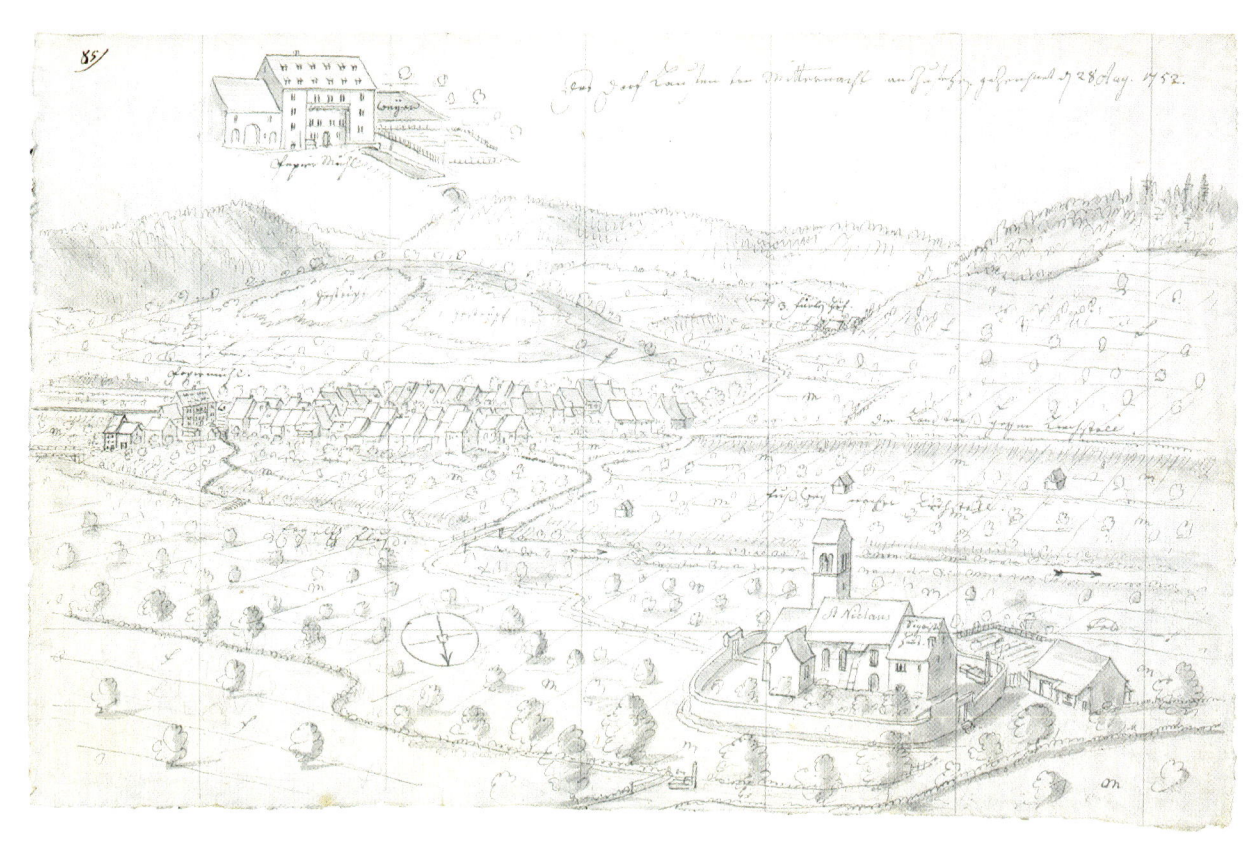

Während die Urkunde, mit der Laufen das Stadtrecht verliehen wurde, überliefert ist⁹, lässt sich Liestals und Waldenburgs Entwicklung zur Stadt nur bruchstückhaft rekonstruieren. Waldenburg wurde 1244 erstmals als civitas bezeichnet, belegt ist zur selben Zeit ein Schultheiss. In Liestal ist der Schultheiss erst ab 1277 fassbar, die Siedlung heisst 1275 municipium, 1288 civitas. 1295 wurden die Bewohner Liestals erstmals als Bürger bezeichnet. Die Forschung geht jedoch davon aus, dass beide Städte etwa gleichzeitig, im zweiten Viertel des 13. Jahrhunderts, das Stadtrecht erhielten.¹⁰ Liestal und Waldenburg verfügten als Marktplätze über zentralörtliche Bedeutung,

Die Bettenacher Kirche

Die Federzeichnung des Dorfes Lausen von Emanuel Büchel aus dem Jahr 1752 zeigt die Kirche St. Nikolaus in einiger Entfernung vom Dorf jenseits der Ergolz. Grabungen haben ergeben, dass dem nicht immer so war: Die Kirche, sie erhielt durch Umbauten im 15. und 17. Jahrhundert die abgebildete Form, stand einst mitten in einem Dorf, der späteren Wüstung mit Namen Bettenach. Bettenach war, das zeigen die dreischiffige Kirche aus dem 11. Jahrhundert und archäologisch nachgewiesene Steinbauten aus dem 9. oder 10. Jahrhundert, kein gewöhnliches Bauerndorf gewesen. Dies und Funde, die höher gestellten Personen gehört haben, legen nahe, dass Bettenach Königsgut war.

durch Bild- oder Schriftquellen. Fest steht, dass nur ein einziger Mauerring existiert hat; zu einer Erweiterung des umringten Bezirks kam es in Liestal nicht.

Waldenburg liegt eingezwängt in einer kaum 100 Meter breiten Lücke im Rehaggrat am Fuss des Oberen Hauensteinpasses. Diese Lage macht eine Ringmauer auf der Ostseite überflüssig. Der steile Felsabhang des Schlossbergs, an welchem sich die Nord- und Südmauer der Stadt als Talsperre in grosszügiger Treppung weit hinaufziehen, bot genügend Schutz. Zwei Wassertore mit hochziehbaren Gattern ermöglichten den Durchfluss des Baches. Auch in Waldenburg entstand die Mauer wohl gleichzeitig wie die Stadt. In allen drei Städten kann also davon ausgegangen werden, dass Mauerbau und Stadtwerdung parallel verliefen.³

Eine Mauer allein macht jedoch noch keine Stadt aus, gelegentlich waren auch Dörfer von Mauern umgeben. Ein Beispiel für eine ummauerte Dorfsiedlung ist Münchenstein. Das Dorf wurde 1196 erstmals als Geckingen erwähnt, spätestens seit 1279 wird es nach dem Basler Adelsgeschlecht der Münch Münchenstein genannt. Ein fester Mauerring mit zwei Tortürmen umgab das Dorf und verlieh ihm ein stadtähnliches Aussehen. Wann die Befestigung errichtet worden ist, lässt sich nicht mit

in beiden Orten sind Zollrechte belegt,[11] Liestal hatte ausserdem eine Kirche. Waldenburgs Funktion war in dieser Beziehung beschränkter: Das Städtchen hatte eine St. Georgskapelle, jedoch keine Kirche. Die Bewohnerinnen und Bewohner waren noch im 15. Jahrhundert nach Onoldswil kirchgenössig. Über welche rechtlichen Privilegien die Stadtbürger im 13. Jahrhundert schon verfügten, ist schwer zu sagen. Ob sie anfänglich das Recht hatten, den Inhaber der Gerichtsbarkeit zu wählen, ist nicht bekannt. Wenn sie es je besassen, so ging ihnen das Recht bald verloren: Zu Beginn des 14. Jahrhunderts gelangte Liestal unter die Herrschaft des Bischofs von Basel, der den Schultheissen einsetzte. Waldenburg fiel beim Aussterben der Frohburger 1366 an den Bischof; der Schultheiss musste einem bischöflichen Vogt weichen. Im Jahr 1400 verpfändete der Bischof Liestal und Waldenburg an die Stadt Basel. Die neue Herrschaft bezeichnete Liestal vorübergehend nicht mehr als Stadt, sondern als Schloss; das Schultheissenamt blieb zwar bestehen, wurde jedoch durch einen Basler besetzt. Waldenburg musste Mannschaft für die Fehden der Stadt Basel stellen. Waldenburg hatte auch unter Basel nur einen Vogt. Basel war zwar durchaus an der Funktion der Städte interessiert – so wurde nach 1400 in Liestal und in Waldenburg die Befestigung instand gestellt, damit die Städtchen als Stützpunkte dienen konnten –, eine Privilegierung der Bürgerschaft gegenüber den Dorfbewohnerinnen und -bewohnern wurde jedoch nicht verbrieft.[12] Das Stadtrecht von Liestal aus dem Jahr 1411 gewährte den Bürgern weder bürgerliche Freiheits- und Selbstverwaltungsrechte noch Markt- und Handelsprivilegien, sondern es schrieb für die «armen Leute» im ganzen Amt den Leibeigenenstatus fest.[13] Die Beschränkung der Kleinstädte zeigt sich in der rechtlichen Stellung ihrer Bürger besonders deutlich. Die Laufner Bürger waren zwar frei, städtische Autonomie konnten sie aber trotzdem nicht erlangen.

Wohnkomfort in einer Kleinstadt
Da bereits die ersten, aus der Gründungszeit der Stadt Laufen stammenden Holzhäuser Ofenkacheln enthalten, kann man annehmen, dass Kachelöfen gängiger Standard der Inneneinrichtung jener Zeit waren. Allerdings veränderte sich das Aussehen der Kacheln: Anfänglich waren sie noch unglasiert, während man sie in der zweiten Hälfte des 14. Jahrhunderts glasierte. Das abgebildete Beispiel einer reliefverzierten Blattkachel aus der zweiten Hälfte des 15. Jahrhunderts zeigt einen Engel, der das Stadtwappen trägt.

Sicherheit sagen. Um 1440 muss sie fertiggestellt gewesen sein, denn in einem schriftlichen Zeugnis wird das Dorf aufgrund seines Mauerrings als «Vorburg» bezeichnet. Wahrscheinlich liessen die Münch die Ringmauer um Münchenstein gleichzeitig mit der vorgenommenen Umwandlung ihrer Kirche in Muttenz in eine Wehrkirche um 1420/30 erbauen. Das Heranwachsen zu einer Stadt – wenn das je geplant war – gelang aus wirtschaftlichen und politischen Gründen nicht. Bis ins 17. Jahrhundert wuchs das Dorf nicht aus den Mauern hinaus.[4]

Wohnen in der Stadt
In der Stadt Laufen wurde in jüngster Zeit an verschiedenen Stellen archäologisch gegraben. Die Grabung am Rathausplatz brachte Überreste aus der Gründungszeit der Stadt zum Vorschein. Der Rathausplatz war ehemals von einer aus sechs Einheiten bestehenden hölzernen Häuserzeile überbaut. Die ersten Häuser waren auf eine einheitliche westliche Baulinie ausgerichtet, die identisch mit der heutigen Bauflucht der Hauptstrasse Ost ist. Nach einer Brandkatastrophe wurden die Gebäude auf derselben Parzellengrenze wieder aufgebaut, allerdings mit einer zum Teil erheblich modifizierten Raumaufteilung.

Laufen

Laufen war seit 1295 Stadt. Die Verleihung des Stadtrechtes stellte keinen Gründungsakt durch den Bischof dar, sie stand vielmehr am Ende einer Entwicklung, in deren Verlauf die bereits bestehende Siedlung Laufen neu organisiert und strukturiert wurde. Dabei wurde die vorher in Dörfern und Höfen zerstreut lebende Bevölkerung auf einem engen, befestigten, mit Sonderrechten ausgestatteten Platz – der Stadt – konzentriert.

Der Ort Laufen mit Dinghof und St. Martinskirche wird 1141 erstmals erwähnt. Ob das Dorf bei der Kirche lag oder auf der anderen Seite der Birs, an der Stelle, an der später die Stadt entstehen sollte, war lange umstritten. Bei Grabungen wurden unter dem heutigen Amtshaus auf der linken Birsseite Spuren einer Wasserburg aus dem 12. oder 13. Jahrhundert gefunden, die ein herrschaftliches Zentrum darstellte. Vieles spricht dafür, dass sich auch die offene Dorfsiedlung auf dieser Birsseite befunden hat. Mit der Wasserburg entstand ein neuer Herrschaftsmittelpunkt, der denjenigen seit frühmittelalterlicher Zeit bestehenden um die St. Martinskirche ablöste. Vielleicht verlagerte sich im Zuge dieser Entwicklung auch das Siedlungsgebiet. Sich am Flusslauf und in unmittelbarer Nähe des Wasserfalls niederzulassen, bot den Bewohnerinnen und Bewohnern die Möglichkeit, die Standortvorteile optimal zu nutzen.[14]

Mit dem Stadtrecht erhielten die Laufner Bürger dieselben Rechte wie jene von Basel. Was das konkret bedeutete, lässt sich nicht eindeutig sagen. Die Handfeste für die Basler Bürger aus den 1260er Jahren sicherte der Stadt die Wahrung ihrer Rechte und Gewohnheiten zu, regelte die Wahl des Rates, befreite die Stadt von der Reichssteuer und bestätigte die Zünfte.[15] Es ist fraglich, ob der Laufner Rat, der 1408 erstmals schriftlich erwähnt wird, tatsächlich seit dem späten 13. Jahrhundert bestand. Eine Zunft ist in Laufen erst zu Beginn des 17. Jahrhunderts belegt. Im Unterschied zu Basel gab es in Laufen keinen Schultheissen, sondern nur einen Meier, der in stärkerer Abhängigkeit vom Bischof stand. Die Stadt Laufen verfügte lediglich über

Auch diese Häuser fielen einem Brand zum Opfer. Danach legte man sie endgültig nieder. Die erste Bebauung lässt sich auf das letzte Drittel des 13. Jahrhunderts, also in die Zeit der Erhebung Laufens zur Stadt, datieren. Der erste Brand ereignete sich in der Mitte des 14. Jahrhunderts; der Wiederaufbau erfolgte unverzüglich. Die zweite Zerstörung durch Feuer und das Anlegen der heutigen Freifläche im Bereich des Rathausplatzes geschah in der zweiten Hälfte des 15. Jahrhunderts.[5]

Während es der Archäologie in Laufen gelang, Spuren aus der Entstehungszeit der Stadt zu Tage zu fördern, präsentiert sich die Situation in Liestal weniger günstig: Seit hier archäologisch geforscht wurde, fiel auf, dass ausser der Stadtmauer und dem 1897 abgebrochenen Wasserturm kaum Spuren auffindbar waren, die sicher ins 13. oder 14. Jahrhundert datiert werden können. Die bisher untersuchte Bebauung stammt fast ausschliesslich aus nachmittelalterlicher Zeit, auch wenn sich in manchen freigelegten Mauern Reste mehrerer Bauphasen abzeichnen, deren älteste durchaus aus der Zeit der Stadterhebung stammen oder gar noch älter sein könnten. Der Grund dafür lässt sich heute dank Grabungen besonders im Bereich des Kirchengeviertes erahnen. Vermutlich wurde im 16. oder 17. Jahrhundert der gesamte Hügel etwas

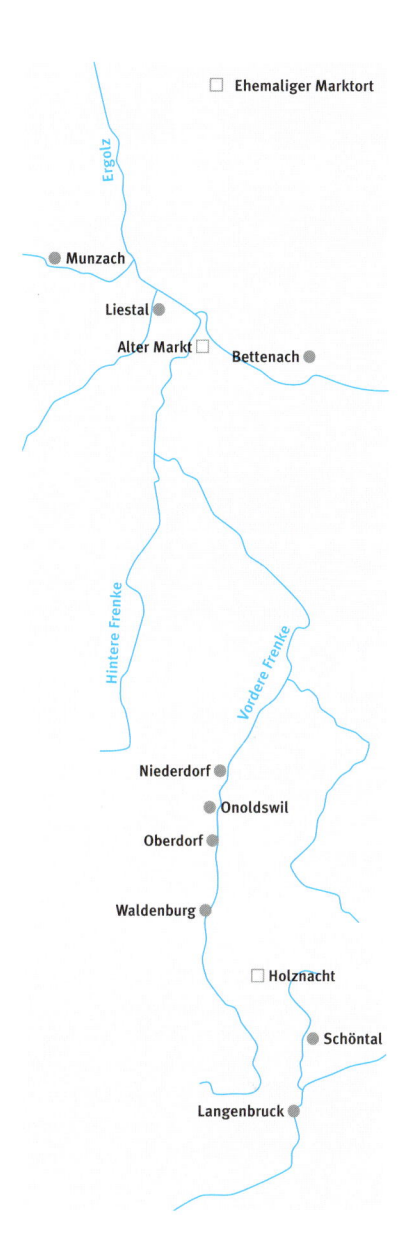

Eine Städtelandschaft entsteht

Vor der Gründung Liestals und Waldenburgs fanden Märkte am Alten Markt und beim Holznachthübel statt. Die Karte nennt die wichtigsten Orte im Umfeld von Liestal und Waldenburg und gibt einen Eindruck davon, wie Stadtgründungen den Raum verändern: Munzach und Bettenach wurden um 1200 verlassen, die Märkte innerhalb der Stadtmauern abgehalten. Ein Erdrutsch zerstörte 1295 Onoldswil.

68 KLEINSTÄDTE: LEBENSFORM MIT BESCHRÄNKTEN SONDERRECHTEN

Laufen wird 1295 zur Stadt
Die archäologischen Grabungen am Laufner Rathausplatz konnten erstmals im Gebiet der heutigen Schweiz eine vollständig aus Holz gefertigte Häuserzeile nachweisen. Die Häuser entstanden in der Zeit der Stadtgründung auf bisher unbebautem Gebiet.
Die Stadt verfügte seit der zweiten Hälfte des 13. Jahrhunderts über eine archäologisch nachgewiesene Mühle. Die Abbildung zeigt die Stadtrechtsurkunde.

das Niedergericht, während das Hochgericht beim Bischof verblieb. Das Schultheissenamt hatte, wie das Beispiel der Stadt Basel belegt, die Tendenz zur autonomen Machtentfaltung. Über das Recht, die Siedlung zu befestigen, macht die Stadtrechtsurkunde keine Aussage. Archäologische Grabungen in den letzten Jahren haben ergeben, dass das Stadtgebiet bereits um 1300 dicht besiedelt war. Die Stadtmauer muss damals bereits bestanden haben oder in den Jahren unmittelbar nach der Stadterhebung errichtet worden sein. Fragt man danach, welche Funktionen Laufen als städtisches Zentrum wahrnahm, fällt auf, dass ein Markt um 1300 noch fehlte. Das Recht, zwei Jahrmärkte abzuhalten, erhielt die Stadt erst 1565.[16] Laufen war zwar als Stadt privilegiert, sie verfügte jedoch nicht über das-

Essenszubereitung um 1400
Der in einem der sechs hölzernen Häuser am Laufner Rathausplatz ergrabene Mörser aus Stein hatte einen Durchmesser von fast 30 Zentimetern und eine Höhe von rund 17 Zentimetern. Bei der Zubereitung der Speisen spielten Mörser eine zentrale Rolle, da nicht nur Getreide, sondern auch Gemüse und Fleisch als Brei genossen wurden. Diese Art der Zubereitung erklärt das beachtliche Fassungsvermögen des Mörsers.

gekappt: Das Bauniveau wurde abgesenkt. Aus diesem Grund liegt der Kirchhof deutlich höher als die umliegenden Strassen. Vor und vor allem in der Kirche selbst sind denn auch ältere Funde zum Vorschein gekommen, ebenso wie an zwei Stellen in der Rosengasse und der Salzgasse, die sich bezeichnenderweise deutlich über dem heutigen Strassenniveau erhalten haben.[6] Liestal kam 1400 unter die Herrschaft der Stadt Basel; vielleicht beschleunigte dies die Entwicklung des Amtsstädtchens. Wenn dem so war, ist es nicht nur auf die Quellenlage zurückzuführen, dass just vom 15. Jahrhundert an archäologische Befunde in Liestal vermehrt fassbar werden. Am

Beispiel der Liegenschaft Rathausstrasse 1–3 lässt sich verfolgen, wie Liestal immer stärker städtisches Gepräge erhielt: Die Häuser wurden grösser und repräsentativer, und die lockere Bebauung der Parzellen verdichtete sich zu geschlossenen Fassadenfronten, eine Erscheinung, die sich allgemein in mittelalterlichen Städten fassen lässt.[7]

Alltag in Laufen
Über das Leben der Kleinstadtbürgerinnen und -bürger um 1300 ist nur wenig bekannt. Wichtige alltagsgeschichtliche Erkenntnisse eröffnet auch hier die Archäologie. Die Häuser waren in Fachwerkbauweise kon-

BAND ZWEI / KAPITEL 3

selbe Entwicklungspotential wie etwa Basel. Basel konnte sich schon bald zunehmend vom bischöflichen Stadtherren emanzipieren, dessen Rechte erwerben und ein eigenes Herrschaftsgebiet aufbauen. Laufen blieb stärker an den Willen des bischöflichen Landesherrn gebunden.

Die Stadt als territoriales Zentrum?
Die Stadtrechtserteilung diente dem Bischof als territorialpolitisches Mittel. Mit der Verleihung des Stadtrechts war die Umwandlung der offenen Dorfsiedlungen in eine landesherrliche Stadt rechtlich vollzogen. Ihre weitere Entwicklung hing jedoch weniger von den «burgenses» und ihrem Rat ab als vielmehr von den Entscheidungen, die der Bischof im Rahmen seiner Territorialpolitik traf. Die Erhebung zur Stadt zeugt von den territorialpolitischen Interessen des Bischofs im Laufental, Laufens zentralörtliche Bedeutung blieb jedoch beschränkt. Dies macht die Konstituierung der Herrschaft Zwingen deutlich: In der zweiten Hälfte des 15. Jahrhunderts gelang es dem Bischof, aus der Hand der Ramsteiner beziehungsweise Rotberger die Rechte über die Gemeinden Zwingen, Röschenz, Dittingen, Blauen, Wahlen, Brislach, Nenzlingen, Liesberg und Bärschwil[17] zu erwerben. Auch die verpfändete Stadt Laufen kam 1462 an den Bischof zurück. Der Erwerb des bischöflichen Territoriums im Laufental war 1462 abgeschlossen. Herrschaftszentrum wurde jedoch nicht die Stadt Laufen, sondern das Schloss Zwingen, in dem seit 1459 der Vogt residierte.[18]

Die St. Martinskirche stellte das kirchliche Zentrum für die Gemeinden Dittingen, Röschenz, Wahlen und Zwingen dar. Die Stadt hatte seit 1364 eine Kapelle, die der Heiligen Katharina geweiht war. Sie wurde erst im 17. Jahrhundert zur Pfarrkirche erhoben. Erst relativ spät belegt ist auch der Laufner Zoll, der seit dem späten 15. Jahrhundert bezogen wurde. Die wirtschaftliche Bedeutung Laufens nahm zwar im 16. Jahrhundert mit der Errichtung der Jahrmärkte zu, doch die Anziehungskraft der Stadt wuchs kaum über die unmittelbare Region hinaus.

Arbeitswelten in der Stadt
Die im Laufner Boden erhaltenen Spuren des Arbeitslebens – an Werkzeug wurden Eisenhämmer und Spinnwirtel aus Ton gefunden, ausserdem Nägel und Hufeisen sowie Geschirr aus Holz, Glas und Keramik – sind Zeugnisse der Arbeit sowohl von Männern als auch von Frauen. Spinnwirtel dienten beim Handspinnen, also ohne Spinnrad, das seit dem 13. Jahrhundert aufkam, als Schwunggewichte. Die in Laufen gefundenen Spinnwirtel stammen aus dem 13. und 14. Jahrhundert.

struiert. Vereinzelte Räume hatten bereits in der zweiten Hälfte des 13. Jahrhunderts Böden aus Keramikfliesen. Wenige Funde von Flachglas und Bleieinfassungen machen deutlich, dass einzelne Häuser in Laufen verglaste Fenster aufwiesen. Beheizt wurden die Häuser durch eine offene Feuerstelle, später auch durch Kachelöfen. Auch das Arbeitsleben hat Spuren im Boden hinterlassen: Gefunden wurde beispielsweise Werkzeug und Geschirr. Die Funde von Tierknochen, Getreide und anderen Pflanzenresten – in Laufen belegt sind Hafer, Dinkel, Einkorn, Gerste, Roggen und Hirse sowie Hülsenfrüchte wie Ackerbohnen, Erbsen, Linsen und Saatwicken – ermöglichen nicht nur einen Einblick in die Ernährung der mittelalterlichen Laufnerinnen und Laufner, sondern zeigen auch auf, dass sie Vieh gehalten und Landwirtschaft betrieben haben. Spätestens seit der Mitte des 14. Jahrhunderts lässt sich die Dreizelgenwirtschaft nachweisen.[8] Die Stadtbewohnerinnen und -bewohner lebten also nicht mehrheitlich von Handwerk und Handel, sondern auch von der Landwirtschaft. Diese Formen des Mischerwerbs prägten auch das Leben von Bürgern in grösseren Städten wie Basel. Die Übergänge zwischen städtischen und dörflichen Lebensformen waren also, besonders in Bezug auf das Erwerbsleben, fliessend.[9]

Lesetipps

Eine Einführung in die Stadtgeschichtsforschung gibt Isenmann (1988), das Werk deckt handbuchartig eine breite Palette von Themen ab.

Eine Zusammenfassung der archäologischen und geschichtswissenschaftlichen Forschungsergebnisse zu Liestal und Waldenburg liefert Tauber in «Tatort Vergangenheit» (Ewald/Tauber 1998).

Über die frühe Stadtgeschichte Laufens informieren die Artikel von Karg, Meyer und Pfrommer in «700 Jahre Stadt Laufen» (Hagmann/Hellinger 1995).

Abbildungen

StA BL, Karten und Pläne C 251: S. 61.
StA BL, Fotoarchiv Seiler KM 00.081: S. 63 oben.
StA BL, SL 5250, HSS 52/1–3, fol. 491v: S. 63.
StA BL, SL 5250, HSS 52/1–3, fol. 304: S. 64.
StA BS, Bildersammlung Falk. Fb 9,1: S. 65.
Anne Hoffmann: Karte S. 67.
Archäologischer Dienst des Kantons Bern: S. 66, 68 unten, 69.
StA BS, Städtische Urkunde Nr. 102: S. 68 oben.

Anmerkungen

1 Gerteis 1986, S. 5f.; für die Schweiz, vgl. Ammann 1928.
2 Gilomen 1998a, S. 31.
3 Ammann 1934; Tauber 1998b, S. 512ff.
4 SUB 1, Nr. 81, S. 51. Zum frühmittelalterlichen Grab, das beim Altmarkt gefunden wurde, sowie zur Strassenführung seit der Römerzeit, Marti 1988. Zur frühmittelalterlichen Geschichte Lausens und des Waldenburgertals sowie zu den Frohburgern, Rippmann 1991.
5 Merz 1914, Bd. 4, S. 3; Tauber 1998b, S. 519.
6 Degen 1980, S. 27; Marti 1988.
7 Rippmann 1991, S. 48; zur Datierung des Jahrzeitenbuches, ebd., Anm. 127.
8 Tauber 1998a.
9 Vgl. unten.
10 Merz 1910, Bd. 2, S. 196.
11 Ammann 1937.
12 Merz 1910, Bd. 2, S. 189–229; Merz 1914, Bd. 4, S. 1–20.
13 Rippmann 1998b, S. 135.
14 Hellinger 1995, S. 35f.; Pfrommer 1995, S. 68.
15 Hellinger 1995; Meyer 1995a.
16 Fridrich, Projekt Laufen.
17 Bärschwil fiel 1527 im Austausch von Eigenleuten an die Stadt Solothurn. Zur Konstituierung der Vogtei Zwingen, Fridrich, Projekt Laufen.
18 Vgl. Meyer 1995a.

1 StadtBALaufen, Urkunde Nr. 5, 14. Juli 1339.
2 Merz 1910, Bd. 2, S. 280ff.
3 Zur baulichen Erscheinung der Mauern, vgl. Stadt- und Landmauern 2, S. 27ff.
4 Stadt- und Landmauern 2, S. 33; Meyer 1995b, S. 129.
5 Pfrommer 1995, S. 67, zur Bauweise der Häuser, S. 70.
6 Tauber 1998, S. 524ff. Vgl. auch Lavička 1997: Baugeschichtliche Daten zu einigen Häusern im Stadtkern von Liestal, z. B. Haus Rathausstrasse 33: Kleinfunde des 10. bis 13. Jahrhunderts.
7 Tauber 1998b, S. 525ff.
8 Pfrommer 1995; Karg 1995.
9 Vgl. auch Bd. 3, Kap. 2.

Das tägliche Brot und der Festbraten

Bild zum Kapitelanfang
Archäologie und Ernährungsgeschichte
*Blick auf die Riedfluh (Gemeinde Eptingen), die wie ein Felsennest hoch über dem verschneiten Tal von Eptingen liegt. Die im 11. Jahrhundert erbaute Grottenburg ist die einzige Burganlage dieses Typs im Kanton; sie ist in den schriftlichen Quellen nicht bezeugt und ihr Erbauer folglich unbekannt. Er ist in den Kreisen des Hochadels oder bei den Bischöfen von Basel zu suchen. Die Herren von Eptingen werden urkundlich erst nach der Zerstörung der Burg, das heisst im beginnenden 13. Jahrhundert, fassbar; Mitglieder der Familie tauchen im Gefolge der Grafen von Pfirt auf und steigen als Dienstleute, so genannte Ministerialen, der Bischöfe von Basel bald zu einem der mächtigsten Geschlechter der Gegend auf.
Im Tal von Eptingen errichten sie eine umfangreiche Grundherrschaft.
Die Burg ging um 1200 in einer Feuersbrunst unter. Der Brand vernichtete die hölzernen Stützkonstruktionen und Decken; dank dem Umstand, dass die in der Burg aufbewahrten Nahrungsmittelvorräte unter den eingestürzten Trümmern nicht von Flammen verzehrt wurden, sondern in einem Schwelbrand unter Luftabschluss verkohlten, sind sie erhalten geblieben und konnten bei der Ausgrabung in den Jahren 1981 bis 1983 sorgfältig geborgen werden.
Die pflanzlichen Nahrungsmittelreste können zu einem der bedeutendsten botanischen Fundkomplexe einer europäischen Burg gezählt werden. Denn in den meisten aufgelassenen Burgen herrschen viel schlechtere Erhaltungsbedingungen für organische Materialien.*

Um 1185/90 wurde in der bischöflichen Kanzlei in Basel ein Statut über die vom Dompropst zu Weihnachten und zu Ostern den Domherren zu reichenden Festmahlzeiten verfasst:[1] «Zu Weihnachten sollen täglich drei gut geweidete, erwachsene Schweine geschlachtet werden. Man bereite sie auf folgende Weise zu: eines rechne man für acht Brüder, und demgemäss sollen drei Schweine unter die 24 Domherren verteilt werden. Und, wie gesagt, soll ein Schwein auf vier Platten *(scutellas)* so aufgeteilt werden: der erste Gang ist eine Sülze *(salsucium)*, zwei Vorderbeine mit den Füssen und dem Kopf sollen entzweigeteilt werden, womit das Salsucium der kleineren Schweine serviert wird. Der zweite Gang ist Gehäck *(gehechide)*,[2] das auf neun Arten zubereitet ist, und es gibt vier Arten Wurst *(quatuor genera farciminum)*, nämlich Magenwurst, Lungenwurst, Bratwurst, Schübling *(inductil)*, die kranzförmig um jede Platte garniert werden, ferner ein halbes Huhn, eine Haxe *(gamba)*, eine Zunge, ein Rückenstück *(dorsum*, vielleicht ist das Filet gemeint), das Rippenstück *(chrumpein),* mit Pfeffer gut gewürzt. Die dritte Platte besteht aus grossen Mengen geräucherten Rindfleisches mit Öl. Die vierte Platte ist *Feistfleisch,* dessen vier Stücke aus je einer Seite des Schweines geschnitten werden, ausserdem das Schüfeli, in Schweineschmalz geschmort und mit Pfeffer bestreut, womit auch das *Feistfleisch* des kleinen Schweines, wie oben erwähnt, gegeben wird. Die fünfte Platte ist *Schlauchbraten* (Lümmelbraten?) und *Schmerbraten.* Die sechste ist zubereitet aus einer Bache *(de apro domestico),* über und über mit Pfeffer gewürzt und mit Wildfleisch garniert. Die siebte Schüssel besteht aus Feistfleisch derselben Quantität wie oben, mit Senf. Die achte ist Hirsebrei, mit Schafsmilch und Blut gekocht. Die neunte sind zwei geviertelte Schüfeli, zuerst gesotten, dann geschmort, und diese Schüfeli müssen gespickt sein [...]. Jedem soll zu einem Mahl ein Stauf (das ist ein Becher) weissen Weines von Schiltberg und ein Drittel Quartale (zirka zwei Liter)[3] roten Weines, und dazu ein Klosterbrot, das sechs Mark wiegt, vorgesetzt werden. Zum Abendessen sind zwei Hühner zu servieren, von denen eines geschmort

Die kirchlichen Fastengebote
Anhand der Rechnungen der Basler Münsterbauhütte lässt sich die Beobachtung der kirchlichen Fastengebote nachvollziehen. Die Bauhütte beschäftigte ganzjährig Handlanger, Transportarbeiter und spezialisierte Bauhandwerker für den baulichen Unterhalt und Neubauten am Münster. Neben dem Barlohn stellte die Verpflegung am Ort einen Teil der Entlöhnung der Arbeitskräfte dar. Für die Zubereitung der warmen Mahlzeiten war die Dienstmagd des Meisters der Bauhütte zuständig. Zum Jahr 1437/38 liegen uns wöchentliche Aufzeichnungen vor, mit der Angabe, welche Nahrungsmittel auf dem täglichen Markt gekauft wurden. Anhand der Fischeinkäufe erhalten wir Auskunft über die Fasttage: In der sechswöchigen Fastenzeit zwischen Aschermittwoch und Karfreitag war der Genuss von Fleisch und Milchprodukten wie Butter und Käse untersagt. Die Münsterbauhütte reichte in dieser Zeit ihren Arbeitskräften täglich Fisch. Ausserdem galt während des ganzen Jahres der Freitag als Fasttag, an dem der Fleischgenuss verboten war. Weitere Abstinenztage, an denen Fisch oder Eiergerichte auf den Tisch kamen, waren der Samstag und in einigen Wochen der Mittwoch. Der nebenstehenden Tabelle sind anhand der Fischeinkäufe die Abstinenztage zu entnehmen.

Der Einkauf von Lebensmitteln durch die Bauhütte des Basler Münsters, von März bis Dezember 1437 [4]

Angabe der Woche nach den Sonntagen (mit Tagesbezeichnung)		Fisch Mittwoch	Freitag	Samstag	Fisch, Eier	Eier	Käse	Butter
Judica, Fasten	17. März	täglich						
Palmarum, Fasten	24. März	täglich				Samstag		
Ostern	31. März		•	•	Samstag			
Quasimodogeniti	7. April		•	•	Samstag		Freitag	
Misericordia	14. April		•	•				
Jubilate	21. April		•	•				•
Cantate	28. April		•	•	Samstag			
Vocem iocunditate	5. Mai	•	•	•	Samstag		•	•
Exaudi	12. Mai	•	•	•				
Pfingsten	19. Mai	•	•	•				
Trinitatis	26. Mai	•	•	•	Samstag			
	2. Juni	•	•	•			Freitag	
	9. Juni	•	•	•			Freitag	
	16. Juni		•	•				•
	23. Juni	•	•			Samstag		
Visitatio Mariae	30. Juni	•	•			Samstag		
	7. Juli		•	•			Donnerstag	
	14. Juli		•		Samstag		Freitag	
	21. Juli	•	•	•				
	28. Juli		•	•			Freitag	
	4. August		•	•				
	11. August	•	•	•				
	18. August	•	•	•				
	25. August			•	•			
	1. September		•	•			Freitag	
	8. September		?			Samstag	Donnerstag	
	16. September	•	•	•				
	22. September		•		Samstag			
	29. September		•		Samstag		Freitag	
	6. Oktober		•		Samstag		Freitag	•
	13. Oktober		•	•			Freitag	
	20. Oktober		?	•	Samstag			
	27. Oktober	Donnerstag	•		•			
	3. November		•	•	Samstag		Samstag	
	10. November		•		Samstag			Donnerstag
	17. November		•			Samstag		
	24. November		•		Samstag			
	1. Dezember		(•)		•			
	8. Dezember	•	•		Samstag		Samstag	
Fronfasten	15. Dezember	•	•		Samstag			
	22. Dezember	Montag	•	•				
	29. Dezember		•		Samstag			

Die Tabelle führt den Kauf von Fisch, Eiern und Milchprodukten in der Münsterbauhütte auf.
Jene Wochentage, an denen Fisch beziehungsweise Fisch und Eiergerichte konsumiert wurden, galten als Abstinenztage.
An den andern Wochentagen wurde in der Regel Fleisch aufgetischt.

74 DAS TÄGLICHE BROT UND DER FESTBRATEN

Ein Zeuge vornehmer Speisesitten
*Bronzenes Aquamanile in Gestalt eines Hirsches, 13. Jahrhundert. Das Prunkstück wurde in stark beschädigtem Zustand auf der Ausgrabung der Burgruine Scheidegg bei Gelterkinden gefunden; es befand sich inmitten der Trümmer eines verstürzten Kachelofens.
Das Ritual der Handwaschung gehörte zu den Tischsitten der gehobenen Kreise des Adels. Ein Diener ging von einem Tischgenossen zum andern und schüttete ihm Wasser über die Hände, das er in einem Becken auffing.*

und das andere ähnlich zubereitet wird, und dazu gibt es Äpfel und zwei Stäufe Wein, wie oben, und ein Drittel Quartale vom Claret-Wein. Zu Ostern gilt die gleiche Speisenfolge, mit der Ausnahme, dass statt des Rindfleischs ein getrocknetes Schüfeli *(spatula sicca)* mit Essig serviert wird und statt der Bache eine Osterspeise *(phatelat)*, aus Lammfleisch und Eiern im Schweineschmalz geschmort. Am Samstag gilt eine andere Speisenfolge [...].» Es werden eine ganze Reihe von Fischen, wie Felchen, Salm, Forelle, Hecht, Albelen (so werden Weissfische noch heute genannt), Hirsebrei mit Öl und Schafsmilch aufgetischt, dann zum Nachtessen ein Gericht mit Waffeln und Äpfeln.

Die neungängigen Festmenus, welche die Domherren an den höchsten kirchlichen Festtagen kredenzt zu bekommen wünschten, erinnern uns an Fressorgien pasolinischer Filme. Doch damals war die «Zurschaustellung der Quantität wichtiger als Qualität, der Luxus allenfalls Völlerei».[5] Erstes Merkmal der Festgelage sind die enormen Fleischmengen und die hohe Wertschätzung des fetten Schweinefleisches, dessen Inbegriff in der kulinarischen Vokabel des *Feistfleisches* gipfelt. Selbst wenn die damaligen Hausschweine entschieden kleiner als die heutigen Mastschweine waren und die drei Tiere für beide Festtage reichen mussten, sind die Mengen beträchtlich. Demgegenüber wurde Rindfleisch geringer geschätzt. Es war – anders als im 20. Jahrhundert – auch noch im 15. Jahrhundert billiger zu haben als Schweinefleisch.[6] Nach den sieben Fleischplatten mochte der Genuss des mit Schafsmilch und Blut gekochten Hirsebreis das Fett im Magen binden und Erleichterung schaffen, bevor man zum «Schüfeli» überging. Unschwer ist vorstellbar, dass von den Tischen dieser reichen Domherren noch gute Brocken für das Küchenpersonal abfielen, aber auch für die Speisung der Bettlerinnen und Bettler, die sich im Münster und im Kreuzgang einfanden, um die Barmherzigkeit der Kirchenmänner auf die Probe zu stellen. Man lege die Worte dieses Textes nicht auf die Goldwaage – denn er berichtet nicht von realen Mahlzeiten, sondern es geht um die

Vorratshaltung und Ernährung auf Burgen des 11. und 12. Jahrhunderts
Sehen wir uns im Spiegel von Pflanzen- und Tierknochenfunden die Vorratshaltung und den Speisezettel adeliger Burgbewohner im Hochmittelalter an: Die Riedfluh ging am Ende des 12. Jahrhunderts in einer Feuersbrunst zu Grunde. Das Unglück zwang die Bewohner, zu fliehen und ihre Habe zurückzulassen. Dank dem Umstand, dass sich im Innern der Gebäulichkeiten Temperaturen von 350 bis 800°C, stellenweise von 1200°C, entwickelten und in den unteren Räumen nach dem Einsturz von Böden und Wänden unter Luftabschluss ein Schwelbrand entstand, verkohlten Samen, Früchte und Fruchtstandteile von Getreide und anderen Nahrungspflanzen. So blieben Getreidekörner und andere Pflanzenreste erhalten.[1] Doch sind in den Proben Obst- und Beerenpflanzen, Gemüse- und Ölpflanzen untervertreten. Es handelt sich dennoch um den bisher bedeutendsten Pflanzenkomplex aus einer hochmittelalterlichen Burgruine in Mitteleuropa.[2]

Aus den botanisch untersuchten Proben werden folgende Schlüsse gezogen. Nachgewiesen sind 48 verschiedene Pflanzenfamilien, -gattungen und -arten. 21 davon sind Ackerunkräuter. Die teils grosse Zahl von Ackerunkräutern in den Proben zeigt,

BAND ZWEI / KAPITEL 4

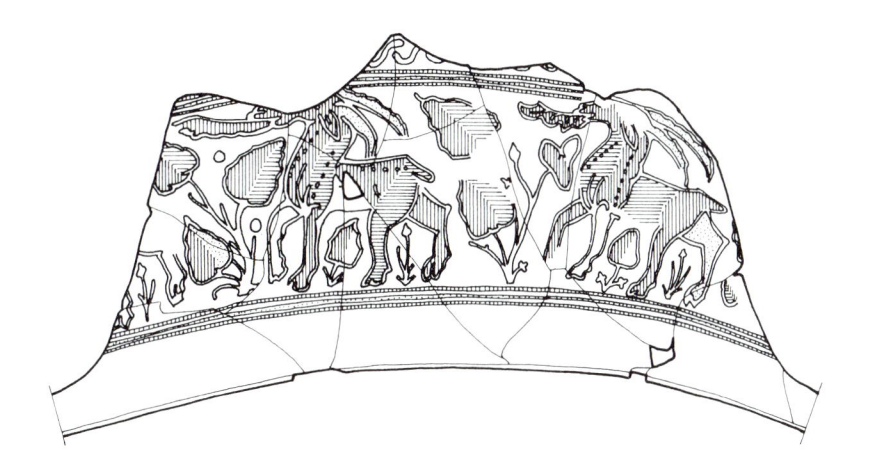

DAS TÄGLICHE BROT UND DER FESTBRATEN   75

Adelige Tischkultur
Emailbemalter Glasbecher vom Vorderen Wartenberg bei Muttenz aus der zweiten Hälfte des 13. oder dem frühen 14. Jahrhundert, mit der Darstellung zweier nach links schreitender Steinböcke, umrankt von Pflanzen mit zweifarbigen Blättern. Der Becher stammt aus einer europäischen Glasmanufaktur, eventuell aus Murano. Bis zum 13. Jahrhundert trank man den Wein nur in den höchsten gesellschaftlichen Kreisen aus Glasbechern. So gehören einige Scherben eines blauen Glases von der Ruine Altenberg (10. bis 11. Jahrhundert) zu den ältesten mittelalterlichen Glasfunden Europas. Im frühen und hohen Mittelalter dienten gewöhnlich Daubengefässe aus Holz als Trinkgefässe.

Festsetzung eines Anspruchs, einer Norm also: reichliches, fettes und mit dem kostbaren orientalischen Pfeffer gewürztes Essen galt – neben der Kleidung – als erstrangiges Standessymbol: «Der Mensch ist, was er isst.»[7] Das Statut des Domstifts vermittelt uns eine Idee von den Nahrungspräferenzen vornehmer Klosterleute und des Adels. In der mittelalterlichen Gesellschaft, die ständig von Mangel bedroht war und in der viele die Erfahrung von Hunger miteinander teilten, belebten die erwähnten Fleisch- und Fischspezialitäten in dieser Fülle allenfalls die Phantasien «gewöhnlicher» Leute.[8]

Karl Brunner schreibt: «Weit genug klafften die Welten auseinander zwischen den Hütten und den Palästen, doch nicht so weit, wie wir es aus anderen Zeiten […] kennen. Der Natur konnten die Bauern gerade so viel abringen, dass sie und ihre Herren überlebten. In einem schlechten Jahr hungerten alle, Knechte, Bauern, Krieger und Geistliche; es starben die Kinder in den Häusern und die Mäuse auf den Speichern […]. Nicht alles konnte aufgehoben werden, und alle Vorräte waren gefährdet durch Verderben und Ungeziefer. Der wichtigste Vorrat war für alle im Himmel anzulegen. Der Herr der Fliegen (Jesaja 7,18) war allgegenwärtig, der Ort, an dem

Kochtöpfe
Drei weitgehend rekonstruierte Kochtöpfe von der Ruine Riedfluh (Gemeinde Eptingen), um 1200. Bis ins spätere Mittelalter hinein wurden die Speisen in einfachen Kochtöpfen aus Keramik zubereitet. In grösseren, gehobenen Haushalten standen auch Bronzekessel zur Verfügung. Seit dem 14. Jahrhundert kamen glasierte Kochgefässe und gusseiserne Dreibeintöpfe in Gebrauch.

Schneitelwirtschaft und Winterfutter
Um einige Tiere überwintern zu können, waren die Bauern auf die Laubfütterung angewiesen. Die heute praktisch ausgestorbene Schneitelwirtschaft sicherte den Wintervorrat an getrocknetem Laub. Auf einem Feld der aus dem 12. Jahrhundert stammenden Deckenmalerei der Kirche St. Martin in Zillis GR ist Zachäus im Baum als Schneitler dargestellt (nach Markus 11, 8b und Matthäus 21,8b): Mit dem Gertel schneidet er belaubte Zweige ab.

weder Motte noch Wurm die Schätze zerstören (Matthäus 6,19), war im ständigen Angesicht des Todes Ziel einer lebendigen Sehnsucht.»[9]

Der hohe Fleischkonsum von Adel und Geistlichkeit kontrastiert mit der Alltagsnahrung der ländlichen Bevölkerung im Hochmittelalter: Hier ist in erster Linie Getreidekonsum angesagt – in Form von Brei und Brot. Demgegenüber spielte Fleisch erst im Spätmittelalter eine grössere Rolle – der Fleischkonsum in den letzten beiden Jahrhunderten des Mittelalters war so hoch wie später nur noch seit dem späteren 19. Jahrhundert. Der französische Historiker Fernand Braudel prägte darum die Formel des fleischverzehrenden spätmittelalterlichen Europa.[10] Aber auch für diese Epoche gilt nicht, dass grosse Quantitäten Fleisch in allen sozialen Schichten konsumiert wurden; denn Fleisch war auch damals nicht für alle Haushaltungen erschwinglich.

Dagegen stützte sich die landwirtschaftliche Produktion im Hochmittelalter hauptsächlich auf die so genannte Ackerfrucht, die in der Feldflur (lateinisch *ager*) ausserhalb der Siedlungen angebaut wurde. Das in Europa seit dem 10. Jahrhundert einsetzende Bevölkerungswachstum erforderte eine Ausdehnung der Ackerbauflächen (die Forschung bezeichnet den Vorgang als «Vergetreidung»), da technische Versuche, den sehr geringen Ernteertrag zu steigern, wenig fruchteten: Das Verhältnis von Saatgut und Ernteertrag wird in der Karolingerzeit auf nur eins zu zweieinhalb, im 11. Jahrhundert auf bis zu eins zu fünf geschätzt. Wegen des geringen Viehbestandes – man hielt vor allem Zugochsen, die Viehhaltung hätte mehr Wiesen auf Kosten des Ackerlandes erfordert – fehlte die notwendige Menge Dünger.[11] Wichtigste Nahrungsbasis für das Vieh waren die Wälder (lateinisch *saltus*); der Waldrand mag aus heutiger Sicht als Grenze zwischen kultivierter Zone und «Natur» und «Wildnis» erscheinen – in Wirklichkeit war der Wald im Frühmittelalter recht intensiv genutzt. Dadurch erhielt er ein eigenes Gepräge: Es entstanden lichte Wälder ohne Unterholz mit vielen Kräutern. Für die Überwinterung einer begrenzten Zahl von

dass das Erntegut wenigstens zum Teil in ungereinigtem Zustand in der Burg eingelagert worden ist. Das bestätigen auch die Dreschreste. Wenn also die Reinigung noch nicht stattgefunden hatte, so ist generell anzunehmen, dass das Getreide ungedroschen gelagert wurde, wofür es Hinweise in späteren Nachrichten über adelige Grosshaushalte gibt.[3] Als Getreidevorrat waren auf der Burg Riedfluh Hafer, er diente als Kurzfutter für die Pferde, Hirse, einige Weizenarten und Gerste vorhanden. Aus den geschroteten Körnern und dem Mehl stellten die Dienstmägde Brei, Brot und aus Gerste auch Bier her. Die Streuung der Pflanzenreste deutet auf eine Konzentration des Getreides in dem unmittelbar beim Eingang liegenden Raum II. Dieser diente also als Lagerraum für die frisch eingebrachte Ernte. Im benachbarten, nordöstlichsten Vorratsraum waren die Ackerbohnen gelagert, und zwar in gereinigtem Zustand. Die Erntezeit der reifen Samen liegt etwas später als jene des Getreides. Aus dem Nachweis von Unkrautsamen in den Getreideproben ist zu folgern, dass Dinkel, Einkorn und Gerste als Wintergetreide, Hirse und teilweise auch Hafer als Sommergetreide angepflanzt wurden. Das Spektrum der Unkräuter zeigt an, dass das vorgefundene Getreide überwiegend im submontanen Bereich, wohl in

DAS TÄGLICHE BROT UND DER FESTBRATEN 77

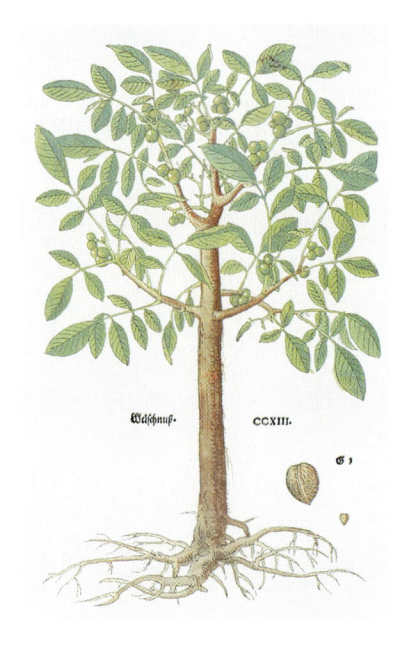

Kulturobst und Sammelfrüchte
Auf der Riedfluh wurden Obst und Nüsse gefunden: Pfirsich, Süsskirsche, Pflaume oder Zwetschge, Weinrebe, Walnuss und Haselnuss.
Beim Pfirsich handelt es sich um den frühesten Nachweis dieses vom mediterranen Raum eingeführten Obstes in der Nordwestschweiz.
Die Pflanzendarstellungen des Nussbaums und Haselstrauchs stammen aus dem «New Kreuterbuch» des Arztes Leonhard Fuchs, gedruckt in Basel 1543.

Tieren spielte die Laubfütterung eine nicht unerhebliche Rolle: In der so genannten Schneitelwirtschaft wurden noch während des Sommers Äste geschnitten und das Laub getrocknet, eine Technik, die im Wallis noch heute bekannt ist. Besonders geeignet für die Laubfütterung waren Eiche, Ulme und Esche.[12] Während, vereinfacht gesprochen, die stärke- und kohlenhydrathaltigen Nahrungsmittel von der Feldflur kamen, wuchsen im Garten (lateinisch *hortus*) als dem dritten räumlichen Wirtschaftsbereich in unmittelbarer Nähe der Behausungen Obst sowie mineral- und vitaminhaltiges Blattgemüse, Kohl, Hülsenfrüchte und Ölpflanzen wie Lein. Ölfrüchte, zum Beispiel Walnüsse, konnte man auch von Bäumen ernten, die in der Feldflur gediehen. Nicht zu vergessen ist die Sammelwirtschaft: das Sammeln von Haselnüssen, das Pflücken von Beeren – Schlehen, Vogelbeeren, Holunderbeeren, Himbeeren, Brombeeren und Walderdbeeren – und Früchten – Birnen, Äpfel, Pflaumen, Kirschen – sowie das Pilzesammeln in der Allmend an Waldrändern und im Wald. Diese Produkte ergänzten nahrungsphysiologisch in idealer Weise die getreideartige Hauptnahrung. Man kann feststellen, dass den drei wichtigsten Wirtschaftszonen einer ländlichen Siedlung, nämlich Feld, Wald und Garten, idealtypisch je eine Kategorie von Grundnahrungsmitteln zugeordnet ist. Wie umstehende Grafik zeigt, enthält jede der drei Gruppen in nahrungsphysiologischer Hinsicht eine spezifische Kombination von Nährsubstanzen (Eiweisse, Kohlenhydrate, Mineralstoffe und Vitamine).[13]

Leider fehlen uns bis in die Neuzeit Nachrichten über den Speisezettel der ländlichen Bevölkerung, inklusive des Adels. Lediglich aus Haushaltsrechnungen der fürstbischöflichen Schaffnei Birseck ist etwas über Lebensmitteleinkäufe des Landvogts im Zeitraum nach 1429 zu erfahren.[14] Für die früheren Epochen sind wir deshalb auf archäologische Funde angewiesen: Zur modernen, wissenschaftlichen Grabungsmethode gehört es, auf einer Fundstelle eine grössere Anzahl von Erdproben zu entnehmen. Diese werden anschliessend im Labor geschlämmt: In feinen Sieben bleiben allfällig

der näheren Umgebung der Burg, gewachsen ist. Anderes Getreide stammt von weiter her, aus der Rheinebene unterhalb Basels: Die Burgherren verfügten demnach über Einkünfte aus Grundzinsen oder Zehnten im Breisgau oder Elsass.

Der Fleischkonsum auf der Riedfluh
Eine grössere Anzahl der Tierknochen war aufgrund von Hack- und Schnittspuren als Speisereste zu identifizieren. Häufigste Hausgeflügel waren das Haushuhn und die Taube, ferner kamen auch Gänse und Enten auf den Tisch. Als Jagdtiere sind das Reh, der Edel- oder Rothirsch und das Wildschwein mit jeweils nur wenigen Knochen nachweisbar. Das Jagdwild besass demnach nur eine untergeordnete Bedeutung für die Ernährung. Es ist jedoch nicht auszuschliessen, dass die Tiere an einer andern Stelle ausgeweidet worden sind und nur das Fleisch auf die Burg gebracht worden ist. Die wichtigsten Fleischlieferanten waren folgende Haustiere: Schwein, Schaf oder Ziege und Rind, wobei dem Fleischertrag nach das Rind an erster, das Schwein an zweiter Stelle steht. Eine Minderheit aller bestimmbaren Knochen gaben Hinweise auf das Schlachtalter. Spanferkel und Milchlämmer waren als Leckerbissen geschätzt. Auch das Hausgeflügel und das Wildgeflügel wie Wachteln,

DAS TÄGLICHE BROT UND DER FESTBRATEN 79

vorhandene botanische Makroreste zurück. Makroreste oder Makrofossilien sind Samen, Früchte, Blätter, Stängel und Holz von einer Grösse von mindestens 0,1 Millimetern. Die Archäobotanik (auch Paläoethnobotanik genannt) als ein Spezialgebiet der Botanik nimmt sich der fossilen Pflanzenreste aus Grabungen an; sie werden botanisch bestimmt, ausgezählt und statistisch ausgewertet. Die zweite Fundgruppe, die Aufschluss über die Ernährung gibt, sind die Tierknochen. Ihrer nimmt sich die Archäo-Osteologie an.[15]

Viehhaltung und Fleischkonsum auf Riedfluh und Ödenburg

Etliche auf Burgen geborgene Tierknochen lassen osteologische Altersbestimmungen zu. So konnte der Bearbeiter Bruno Kaufmann die Schweine der Riedfluh nach Schlachtalter drei Gruppen zuordnen: den bis sechs Monate alten Tieren (Spanferkel), den einjährigen sowie zweijährigen Tieren.

Wenn wir die Hauptwurfzeit der Tiere ins Frühjahr setzen, ergibt sich daraus als Schlachtzeit jeweils der (späte) Herbst, was durchaus logisch erscheint, ist doch die Überwinterung der Schweine schwieriger als jene der Rinder und Schafe, die mit Heu oder getrocknetem Laub vorlieb nehmen. Tiere mit einem Schlachtalter über drei Jahre konnten nicht festgestellt werden. Rinder wurden kaum je im Alter unter drei Jahren geschlachtet. Die meisten Rinder dürften zwischen dem dritten und dem fünften oder sechsten Lebensjahr geschlachtet worden sein. Ein Drittel der Schafe wurde als Milchlamm konsumiert, die anderen zwischen dem zehnten und zwanzigsten Monat, am häufigsten im Alter von zwei Jahren.[16] Das Fleisch junger Tiere kann als bevorzugte Speise des Adels gelten.

Auf der Ödenburg wurden – anders als auf der Riedfluh – viele Knochen hochwertiger, auch zum Räuchern geeigneter Fleischstücke gefunden. Bei etlichen Tieren liess sich das Schlachtalter bestimmen. Unter der Annahme, dass die meisten Jungtiere von Schwein, Schaf und Ziege im Frühjahr (März) geboren werden, ergibt sich anhand der Schlachtalter der Hinweis, dass die

Die Pflanzendarstellungen des Zwetschgen- und Kirschbaums stammen aus dem «New Kreuterbuch» des Arztes Leonhard Fuchs, gedruckt in Basel 1543.

Wildenten, Rebhühner und Drosseln waren dem Tisch der Reichen vorbehalten.[4] Mit dem Tierartenspektrum, das einen hohen Qualitätsstandard zeigt, kontrastiert die Beobachtung, dass die meisten Tierknochen stark zerstückelt waren und vorwiegend von qualitativ minderwertigen Fleischstücken stammten. Mit den zerstückelten Knochen verbinden wir – vielleicht unzutreffend – die Vorstellung vom «Gehechide», wie wir es eingangs in den Statuten des Dompropsts erwähnt fanden; dort ist zu sehen, dass sich die Domherren keineswegs zu fein waren, Gehacktes, Feistfleisch und Würste zu essen. Die andernorts häufigen Hinweise auf Langzeitkonservierung durch Räuchern fehlen, nämlich die durchbohrten Schulterblattenden sowie Oberarmknochen von Vorderschinken und Oberschenkelknochen von Hinterschinken. Dieser Befund muss nicht als Hinweis auf einen nicht standesgemässen Fleischkonsum gedeutet werden. Vielmehr wird vermutet, dass die Burg in den letzten Jahrzehnten vor dem Brand nicht ganzjährig bewohnt war, die Adelsfamilie im Winter, in der Zeit des Rauchfleischkonsums also, einen anderen Wohnsitz aufzusuchen pflegte. Diese Interpretation wird durch das Fehlen eines Kachelofens gestützt.[5]

BAND ZWEI / KAPITEL 4

Die dörflichen Zonen und ihr Beitrag zur Ernährung

☐ Wohnbereich mit Hofstätten und Gärten
☐ Ackerflur mit drei Grossfeldern und Wiesenland
☐ Allmende: Weideflächen
☐ Allmende: Waldflächen

Aufgezeichnet sind die wichtigsten Nahrungsmittel und ihre Nährstoffkomponenten.
Garten/Hortus:
Hülsenfrüchte (Eiweiss mit der essentiellen Aminosäure Lysin, Eisen, wenig Vitamin A, Vitamin B_6 und C, B_1, B_2, PP), eventuell auch Hirse.
Dunkelgrünes Blattgemüse/Salate (Kalzium, einige Vitamine, viel Vitamin A und C).
Wurzelgemüse wie Wurzelpetersilie, Möhre, Pastinake, Rettich.
Gewürzkräuter.
Baumgarten/Pomerium:
Obst.
Feld/Ager:
Getreide (Kohlenhydrate, Kalzium, Eiweiss, Eisen, Vitamine B_1, B_2, B_6, PP).
Allmende/Wald/Saltus:
Fleisch (Eiweiss, Eisen, wenig Vitamine B_1, Vitamin B_2, B_6, PP).
Käse- und Milchprodukte (sehr viel Kalzium und Vitamin A).
Von nachgeordneter Bedeutung auch Sammelobst, Nüsse und Pilze.

Burg – anders als die Riedfluh – über das ganze Jahr hinweg bewohnt war. Während die älteren Schweine, Schafe und Ziegen vor allem für die Nachzucht gehalten wurden, zeigen die Abnützungsspuren an den Knochen der Rinder, dass man diese für schwere Arbeiten einsetzte und erst als Fleischtiere nutzte, nachdem sie schon ein grösseres Arbeitspensum als Zugtiere geleistet hatten. Wie auf der Riedfluh spricht die grosse Anzahl junger Tiere dafür, dass die Burgbewohner sich mit ausgesuchten Leckerbissen verpflegten.

Mangels schriftlicher Quellen ist für die hier besprochene hochmittelalterliche Epoche nicht abzuschätzen, welchen Anteil tierische Proteine an der Nahrung hatten. Aussagen hierzu sind für das 15. und 16. Jahrhundert möglich.[17]

Der Fleischkonsum auf der Ödenburg

Auf der Ödenburg sind die Knochen jener zur Langzeitkonservierung (Pökeln, Räuchern) gut geeigneten Körperteile zahlreich vertreten, welche auf der Riedfluh fehlen. Sollte man diese Grottenburg im Winter tatsächlich nicht bewohnt haben, so erklärt das, warum man dort solche typischen Wintervorräte nicht anzulegen brauchte. Bei den Tierknochenabfällen der Ödenburg lassen sich vor allem anhand der Schulterblätter und Oberarmknochen Rückschlüsse auf das damalige Metzgerhandwerk und die Konservierungsmethode ziehen. Bei den Schulterblättern können eigenartige Schlachtformen beobachtet werden. So ist beim Schwein die Absicht erkennbar, die fleischreichen Teile der Schaufel abzutrennen. Es wurden keine Hinweise auf Bohrlöcher in den Schulterblattenden gefunden; das bedeutet, dass das Fleisch nicht an einem Haken oder an einer Schnur an der Feuerstelle aufgehängt und geräuchert, sondern allenfalls gepökelt wurde. Da bei den Schulterblättern *(scapulae)* und Oberarmknochen *(humeri)* vielfach die Schultergelenke fehlen, liegt die Vermutung nahe, dass entsprechende Stücke als gepökelte oder geräucherte Vorderschinken an einem andern Ort aufbewahrt und gegessen worden sind.

Auswertung der Tierknochen von der Burgstelle Ödenburg

Das Schlachtalter bei Rindern, Schweinen, Schafen und Ziegen
(n = Anzahl Individuen)

46 Rinder		55 Schweine		13 Schafe/Ziegen	
n		n		n	
6	im 1. Lebensjahr	4	Spanferkel	5	als Milchlamm oder Gitzi
3	1,5 Jahre	12	im 1. Lebensjahr	2	im 1. Lebensjahr
5	2 Jahre	21	1,5 Jahre	1	1,5 Jahre
2	2,5 Jahre	5	2 Jahre	3	2 Jahre
6	3 Jahre	1	2,5 Jahre	1	3,5 Jahre
10	3,5 Jahre	2	3 Jahre	1	ca. 5 Jahre
1	4 Jahre	3	3,5 Jahre		
1	5 Jahre	7	älter als 4 Jahre		
12	7 Jahre und älter		(evtl. Eber)		

DAS TÄGLICHE BROT UND DER FESTBRATEN 81

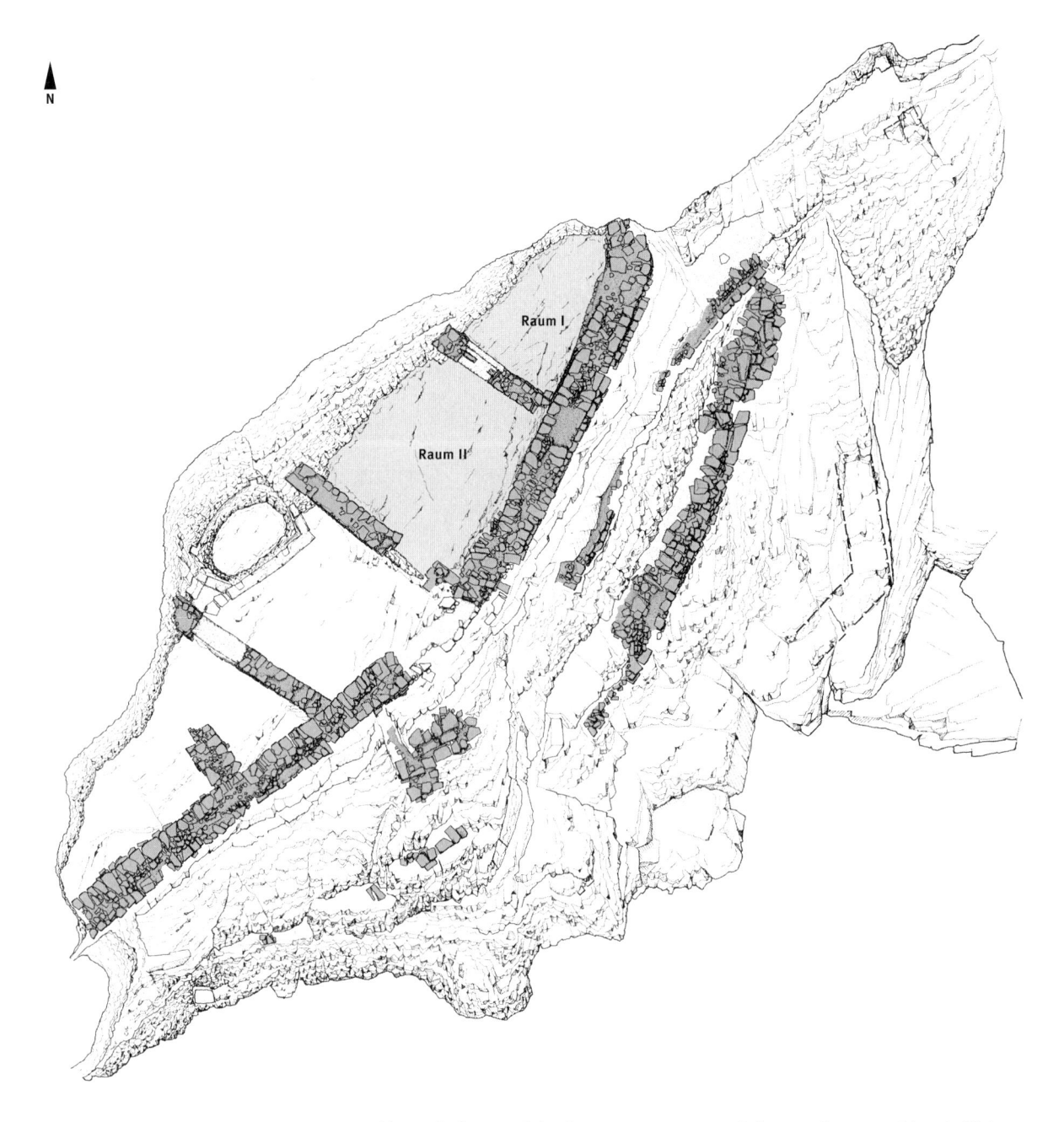

Vorratshaltung auf der Burg
*Auf dem Erdgeschoss-Niveau der
verbrannten Grottenburg
Riedfluh wurden viele verkohlte
Pflanzenreste gefunden;
die grössten Konzentrationen von
Hülsenfrüchten fanden sich im
nördlichen Raum I,
die grössten Mengen von Getreide-
körnern im Raum II, der offensichtlich
als Vorratsraum für Getreide diente.
Man kann sich vorstellen,
dass die Ackerbohnen und Erbsen
in einer Holzkiste aufbewahrt wurden.*

Nahrungspflanzen auf der Riedfluh:
Hülsenfrüchte
*Ackerbohne, Pferdebohne (Vicia faba),
nur 3 Samen von Erbsen.*
Getreide
*Dinkel, Emmer, Einkorn, Saatweizen (?),
mehrzeilige Gerste, Hafer, Rispenhirse,
Kolbenhirse.*
Obst und Nüsse
*Pfirsich, Süsskirsche, Weinrebe,
Pflaume/Zwetschge, Walnuss,
Haselnuss.*

Steingerechter Grundriss, Massstab 1:135.

Lesetipps

Einen gut lesbaren Überblick über die Ernährung im frühen und hohen Mittelalter bietet Montanari 1993; die wissenschaftlichen Grundlagen hat er in seinen älteren Büchern über Italien erarbeitet (Montanari 1979 und 1988).

Der Bildband von Tauber/Hartmann (1988) erläutert das Thema anhand schweizerischer Beispiele; die Illustrationen vermitteln eine plastische Vorstellung von der Esskultur, den Trinkgefässen aus Glas und Holz, dem Essgeschirr aus Holz und Keramik und dem Kochgeschirr.

In den Bänden über die basellandschaftlichen Burgen Ödenburg und Riedfluh (Degen u. a. 1988; Tauber 1991) und bei Karg/Jacomet (1991) sind die naturwissenschaftlichen Beiträge zur Ernährungsforschung erklärt.

Zur Ernährung im Spätmittelalter und im 16. Jahrhundert konsultiere man die Aufsätze von Rippmann (1994a, 1994b, 1996b, 1996c, 1996e und 1997); sie beschäftigen sich mit dem Ernährungsstandard breiter Schichten und der Beköstigung von Fronleuten sowie von Lohnarbeitern und -arbeiterinnen besonders im Birseck.

Abbildungen

Archäologie und Kantonsmuseum BL: S. 71, 74, 75 unten.
Kantonsmuseum Baselland, Liestal, Inv. Nr. 44.55.250, Zeichnung Erwin Baumgartner, Basel: S. 75 oben.
Kantonsarchäologie Graubünden, Foto: Christian J. Gilli, Sils i. D.: S. 77.
Universitätsbibliothek Basel, Leonhard Fuchs: New Kreuterbuch, Basel 1543: S. 78, 79.
Anne Hoffmann Graphic Design: Grafik S. 80 oben.
Tabelle S. 80 unten: nach Kaufmann 1991.
Anne Hoffmann Graphic Design, nach Archäologie und Kantonsmuseum BL: Grundriss S. 81.

Anmerkungen

1 BUB, Bd. 3, Nachträge Nr. 1, S. 327; Übersetzung aus dem Lateinischen von der Autorin; vgl. Zehnder 1976, S. 96f. Diese Art des Konflikts ist zeittypisch; vgl. Montanari 1988, S. 105–123.
2 Das Wort bezieht sich auf die Schlachttechnik. Der Metzger zerhackt die Tiere mit dem Beil und zerteilt sie anschliessend mit dem Messer.
3 1 Saum = 24 Quartale = 96 Mass von 1,42 bis 1,63 l Inhalt.
1 Quartale = 5,68 bis 6,52 l.
4 StA BS, Domstift NN.
5 Braudel 1985, Der Alltag, S. 197.
6 Abel 1980, S. 39; für Basel von Tscharner 1983, S. 198, 339f.
7 Tanner 1996.
8 Montanari 1993.
9 Brunner 1994, S. 114.
10 Braudel 1985, Der Alltag, S. 103–148; 189–235.
11 Mattmüller 1976/77; Slicher van Bath 1963; Pfister 1984 (3. Aufl. 1988).
12 Haas/Rasmussen 1993; Irniger 1991, S. 71, Abb. 10.
13 Irsigler 1985; Schlettwein-Gsell 1992.
14 Vgl. Rippmann 1994a, 1994b, 1996b, 1996c, 1996e, 1997.
15 Karg/Jacomet 1991; Schibler/Hüster-Plogmann 1996.
16 Kaufmann 1988, S. 279–316.
17 Vgl. Anm. 14 und Bd. 3, Kap. 6.

1 Eine weitere günstige Bedingung für die Erhaltung von botanischem Material ist die Einlagerung in feuchter Erde, die Feuchtbodenerhaltung, z.B. in städtischen Latrinen, sofern diese in den Grundwasserbereich hinabreichen.
2 Jacomet u. a. 1988, S. 173.
3 So wissen wir beispielsweise, dass die Herren von Eptingen um 1510 einen Tagelöhner zeitweise im Schloss Pratteln zum Dreschen anstellten; StA BL, AA, L. 72, Bd. 506, Nr. 4.
4 Nada Patrone 1981; Redon/Sabban/Serventi 1993.
5 Tauber, in: Degen 1988, S. 94, 117.

Schriftlichkeit und Macht vom Mittelalter bis um 1800

Bild zum Kapitelanfang
Tradition und Wandel der Geschichtsbilder
Im Früh- und Hochmittelalter besassen vor allem die Klöster Bibliotheken. Jedes Buch war einmalig; denn es war von Mönchen oder Nonnen in kalligraphischer Handarbeit angefertigt. Erst der Buchdruck ermöglichte seit dem späten 15. Jahrhundert die serienmässige Herstellung und weite Verbreitung von Druckschriften wie Flugblättern, Kalenderblättern oder Büchern.

«Sitting on History», die 1990/95 entstandene Bronzeskulptur des Künstlers Bill Woodrow, könnte – auf die Geschichtswissenschaft bezogen – folgende Botschaft vermitteln: Das Geschichtsbild jeder Epoche gründet auf in Büchern angesammeltem, älterem Wissen. Ein Buch enthält viele Seiten, eine Bibliothek viele Bücher. Blättert man einige Seiten um oder greift man zu einem zweiten Buch, so findet man unter Umständen eine völlig andere Version einer Geschichte und ein anderes Geschichtsbild. Eine Gesellschaft oder gesellschaftliche Gruppe ist ihrer Geschichte und Tradition verhaftet und unauflöslich – wie durch die kugelbeschwerte Kette – damit verbunden. Gleichzeitig ist diese Geschichte immer im Fluss. Das bronzene Kunstwerk lädt auf den ersten Blick vielleicht zum Sitzen und Ruhen ein – dann nimmt man Bewegung wahr und glaubt, dem raschen Durchblättern eines aufgeschlagenen Buchs beizuwohnen.

Von der Kalbshaut zur Diskette

«Schreibt mir, dass es den Mönchen und Euch selbst wohl ergehe, wenn es Euch nicht lästig ist, den Kiel einzutauchen und ihn, mit Tinte gefüllt, über ein Fell vom Kalb oder Schaf hinweggleiten zu lassen [...].»[1] Diese Zeilen richtet ein Gefolgsmann Kaiser Ludwigs des Frommen um 839 an den Abt des berühmten Klosters Reichenau; er empfiehlt sich der Gebetshilfe der Mönche, als Zeichen gegenseitiger Freundschaft, und erbittet eine Antwort – auf einer Kalbshaut, auf Pergament, dem damals gebräuchlichen Beschreibstoff. Zwischen der Karolingerzeit und dem Computerzeitalter mit globaler Vernetzung liegt ein weiter Weg. Am besten wird der Abstand zu heute am Beispiel Karls des Grossen und seiner Nachfolger verdeutlicht: Das Reichsoberhaupt verlieh Urkunden lediglich durch Vollziehen eines Strichs (des so genannten Vollziehungsstrichs) im Herrschermonogramm Rechtskraft; das Übrige besorgten schreibkundige Kanzleibeamte.[2] Wird eine Meldung heute etwa per E-Mail in Sekundenschnelle von einer Hemisphäre zur anderen gesandt, so dauerte es in den vorindustriellen Epochen etwas länger. Eine mündlich oder schriftlich übermittelte Botschaft verbreitete sich so schnell, wie ein Berittener für den Weg vom Sender bis zum Empfänger benötigte oder wie ein Botschafter auf einem Schiff zubrachte, um von A nach B zu gelangen. Von der Selbstverständlichkeit, mit der wir heute vom Bleistift Gebrauch machen, waren selbst einigermassen gelehrte Menschen im Früh- und Hochmittelalter weit entfernt. Waren sie gebildet, so bedeutete das nicht zwingend, dass sie schreiben konnten. Vielleicht hatten sie lesen gelernt oder waren gewohnt, «aus Büchern zu hören» und auswendig zu lernen. Die Aristokratie führte sich die Werke der volkssprachlichen Dichtung zu Gemüte, indem sie sie rezitieren liess und sie über das Gehör aufnahm. In diesen Kreisen waren es vor allem die Frauen, die lesekundig waren.[3]

Man spricht bezüglich des frühen Mittelalters von einer Kultur «elaborierter oder sekundärer Mündlichkeit», von einer nicht-literaten Kultur, in der man die Schrift zwar sehr wohl kannte, aber nur in wenigen Situationen

Verwaltungsschriftgut

Die Geschichtswissenschaft schöpft aus den Akten zweier Staatswesen, die in mehreren Archiven aufbewahrt werden: Die Stadt Basel produzierte Akten über die alte Landschaft Basel, der Fürstbischof und seine Verwaltung über die Vogteien Birseck und Pfeffingen sowie über das Laufental. Reich ist die Überlieferung kirchlich-klösterlichen Materials, bescheidener jene aus Adelshäusern. Zu erwähnen sind namentlich die Archivbestände der Rittergeschlechter der Münch, der Eptinger und der Grafen von Thierstein. Sie sind in Teilen überliefert, weil sie zusammen mit Gerichts- und Grundherrschaften der betreffenden Familien in städtische Hand und damit ins Basler Archiv kamen.[1] Als Basel 1461 die Farnsburg samt der gleichnamigen Herrschaft und der Landgrafschaft von Thomas von Falkenstein kaufte, erfolgte auch die Übergabe der Urkunden, Briefe und Rödel, die in die Zeit des Gründervaters der Herrschaft, Graf Sigmunds II. von Thierstein (1352–1383), zurückgingen. Das in den Jahren 1372 und 1376 entstandene Urbar verzeichnete Sigmunds Besitz an Burgen, Gütern, Rechten und Zinsen.[2] Für die Regionalgeschichte sind folgende Typen von Quellen zu unterscheiden:

überhaupt gebrauchte. Im ganzen Mittelalter blieb die mündliche Unterhaltung die hauptsächliche Form zwischenmenschlicher, sprachlicher Kommunikation, und bei den bäuerlichen Schichten dauerte dieser Zustand bis in die Neuzeit an. Da Schriftlichkeit zumindest durch mündliche Vermittlung auch in das Leben dieser Schichten hineinragte, gab es zwischen Schriftlichkeit und Mündlichkeit fliessende Übergänge. Ein grundsätzlicher Wandel setzte hier erst mit der allgemeinen Schulpflicht im 19. Jahrhundert ein.[4] Im Unterschied zu heute allerdings wurde ein Schriftunkundiger im Mittelalter und in der frühen Neuzeit nicht gesellschaftlich marginalisiert. Lesen und Schreiben waren damals auf jene sozialen Schichten beschränkt, die Zugang zu Bildung und Schulung hatten und ihre Söhne und Töchter in ein Kloster oder ihre Söhne in eine Dom- oder Stadtschule schickten.[5]

Schriftzeugnisse in einer mündlichen Kultur

In einer mündlichen Kultur wie derjenigen des europäischen Mittelalters war das Erinnerungsvermögen der Menschen in ähnlicher Weise wie heute begrenzt. Deshalb bedienten sich der Adel – besonders der Hochadel – und kirchliche Instanzen der Schriftlichkeit, um wichtige Rechtsvorgänge, Besitztitel und Privilegien festzuhalten.[6] Bei Rechtsstreitigkeiten galt im Frühmittelalter nur der Zeugenbeweis, das vor Gericht gesprochene Wort der Zeugen, nicht die Urkunde selbst, welche die Namen und den Stand (Fürsten, Grafen, Ritter, Geistliche) der bei einem Rechtsgeschäft anwesenden Zeugen festhielt. In einer weiteren Entwicklungsstufe galt die Urkunde als Beweismittel. Ihr inhaltlicher Aufbau erfolgte unter Beobachtung bestimmter Formen; sie waren in den Kanzleien von Herrschern in einer Art «Musterbüchern», den Formelsammlungen, abrufbar. Als erstes Anliegen tat ein Aussteller in den Einleitungszeilen kund, er wolle den vereinbarten Sachverhalt allen Zeitgenossen beziehungsweise den beim Rechtsakt anwesenden Augen- und Ohrenzeugen (lateinisch *omnibus praesentibus inspectoribus et auditoribus*) und den künftigen Generationen *(tam futuris)* zur

Utensil klösterlicher Schreibstuben
Das Tintenhörnchen, ein merowingischer Tintenbehälter, mutmasslich aus einer Hirschgeweihsprosse hergestellt, mit Ritzverzierungen, die ursprünglich mit blauer Fritte eingelegt waren, stammt vermutlich aus dem 7. Jahrhundert.

Quellen zum Steuerwesen
1. Personal- und Vermögenssteuern: Steuerlisten enthalten in der Regel die Namen von Haushaltvorständen, als den Repräsentanten einer Steuereinheit. Daneben gibt es Kopf- und Vermögenssteuerverzeichnisse, in denen die besteuerten Einzelpersonen mit Namen eingetragen sind. Die Stadt Basel erhob bei Bedarf in der Stadt und auf dem Land sowohl Vermögens- wie Kopfsteuern. Um solche handelt es sich ebenfalls beim berühmten Gemeinen Pfennig, einer von Kaiser Maximilian 1495 veranlassten Reichssteuer, die auch im Basler Gebiet von allen Personen über 15 Jahren erhoben wurde.[3]

Entsprechende Verzeichnisse sind für das Amt Birseck nicht erhalten, vermutlich weil das Reichsgesetz von 1495 hier nie umgesetzt worden war. Auch später, in den Jahrzehnten zwischen 1535 und 1565, war es dem Bischof nicht möglich, die von den Reichstagen bewilligten Türkensteuern zur Finanzierung der Türkenkriege einzutreiben.[4]
Von ordentlichen, jährlich fälligen Steuern, wie wir sie aus dem Birseck kennen, sind die ausserordentlichen Personal- und Vermögenssteuern zu unterscheiden. Eine der städtischen Bürgerschaft auferlegte Sondersteuer steht 1400/01 am Anfang der Geschichte der Basler Landschaft. Mit

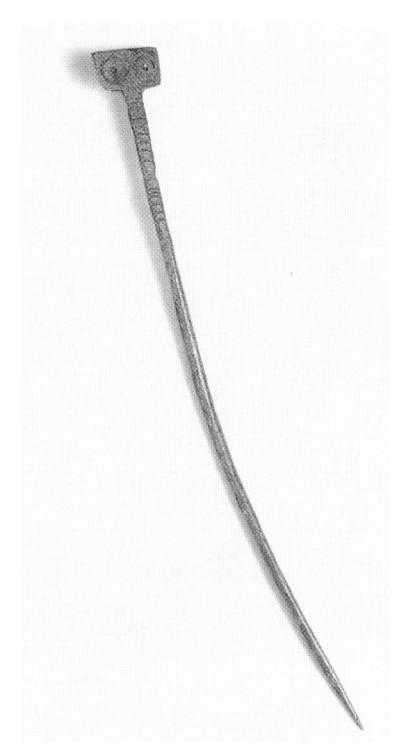

Der Griffel eines Schriftkundigen
Mit solchen Griffeln aus Bronze, sie werden Stilus genannt, trugen die Schreibkundigen Notizen auf wachsbeschichtete hölzerne Schreibtäfelchen ein, wie sie seit der Römerzeit in Gebrauch waren. Mit dem spatelförmigen Ende konnten die Schriftzüge jeweils wieder gelöscht werden. Der 12 Zentimeter lange Fund stammt aus der 1987 bis 1992 ausgegrabenen mittelalterlichen Siedlung Lausen-Bettenach, neben der heutigen Lausener Kirche.

Kenntnis bringen. Dies geschah im Bewusstsein der menschlichen Vergesslichkeit und der geringen Verlässlichkeit des Gedächtnisses.[7]

Auf ihre mit Zeugenliste und Siegeln beglaubigten Rechtstitel konnten sich die sich im Besitz einer Urkunde befindenden Nachfahren eines Herrschaftsträgers im Zweifelsfall berufen. Es war üblich, sich nach Jahrzehnten eine Urkunde bestätigen oder eine Abschrift herstellen zu lassen. Erfolgte sie im Interesse des Empfängers der Urkunde, beispielsweise eines Klosters, so nennt man sie Vidimus, geht die Initiative vom Rechtsnachfolger des Ausstellers aus, Transsumpt. Bisweilen liessen Herrscher auch handfeste Fälschungen fabrizieren, um sich Privilegien zu sichern, die in ihr politisches Konzept passten.[8]

Die Urkundenlehre unterscheidet drei Hauptgruppen: Kaiser-, Papst- und Privaturkunden. Die erste Gruppe ist für unsere Gegend bis ins 11. und 12. Jahrhundert hinein bedeutungslos, da sie bis ins frühe 11. Jahrhundert nicht zum Römischen Reich Deutscher Nation, sondern zum Königreich Hochburgund gehörte.[9] Im heutigen Kantonsgebiet fehlt zudem ein bedeutendes Kloster im Range eines Reichsklosters, das als Empfänger für kaiserliche und königliche Privilegien in Frage käme. Papsturkunden sind eine wichtige Informationsquelle für die Geschichte der Basler Klöster und Stifte, der Klöster Beinwil, Schöntal, Lützel und anderer. Am zahlreichsten sind die Privaturkunden; als ranghöchste Aussteller traten die Basler Bischöfe in Erscheinung, gefolgt vom Hochadel, den Grafen von Habsburg, Homberg, Thierstein, Frohburg, Neu-Homberg. Seit dem 13. Jahrhundert stellten zunehmend auch Personen aus dem niederen Adel und Stadtbürger, im 15. Jahrhundert dann gelegentlich auch Bauern Urkunden aus.

Schriftlichkeit war ein Instrument der Herrschenden, nicht der breiten Schicht von Bauern, Handwerkern und Gesinde. Sie diente den Fürsten und Herren in erster Linie zur Absicherung und Verteidigung unsicherer oder umstrittener Rechts- und Besitzansprüche gegenüber Standesgenossen. Vielfach kann herrschaftliche Konkurrenz als Motiv für Rechtsaufzeichnun-

dem Erwerb Kleinbasels und der Ämter Liestal, Waldenburg und Homburg hatte sich die Stadt hoch verschuldet. Doch deckten die Erträge nur einen geringen Teil der unter anderen durch den Bau der neuen Stadtmauer und den Territorialerwerb aufgelaufenen Schulden. Ausserordentliche Steuern wurden auch in den 1470er Jahren erhoben, als die Aufrüstung gegen den Burgunderherzog Karl den Kühnen hohe Kosten verursachte.[5]
Im 15. Jahrhundert beschloss der Basler Rat, wie erwähnt, nur ausnahmsweise direkte Vermögenssteuern, dies etwa im Unterschied zu Zürich, das sie beinahe regelmässig jährlich erhob. Über ein Drittel der Einnahmen kamen in Basel über Anleihen, nämlich den Verkauf so genannter Renten, herein. Mit dem Kauf einer Rente erwarb sich eine Institution oder eine Privatperson um eine Kaufsumme, das Hauptgut, das Recht zum Bezug einer periodischen Zahlung, sei es in Geld oder Naturalien. Das Rentenbezugsrecht ruhte grundsätzlich immer auf Immobilien; bei Zahlungsverzug konnte der Rentengläubiger auf die Liegenschaft greifen.[6] Den Hauptteil der städtischen Einnahmen hingegen brachten nicht die Anleihen, sondern die Zölle[7] und Verbrauchssteuern.
Im Lauf des 17. und 18. Jahrhunderts entwickelten sich die regelmässigen und die

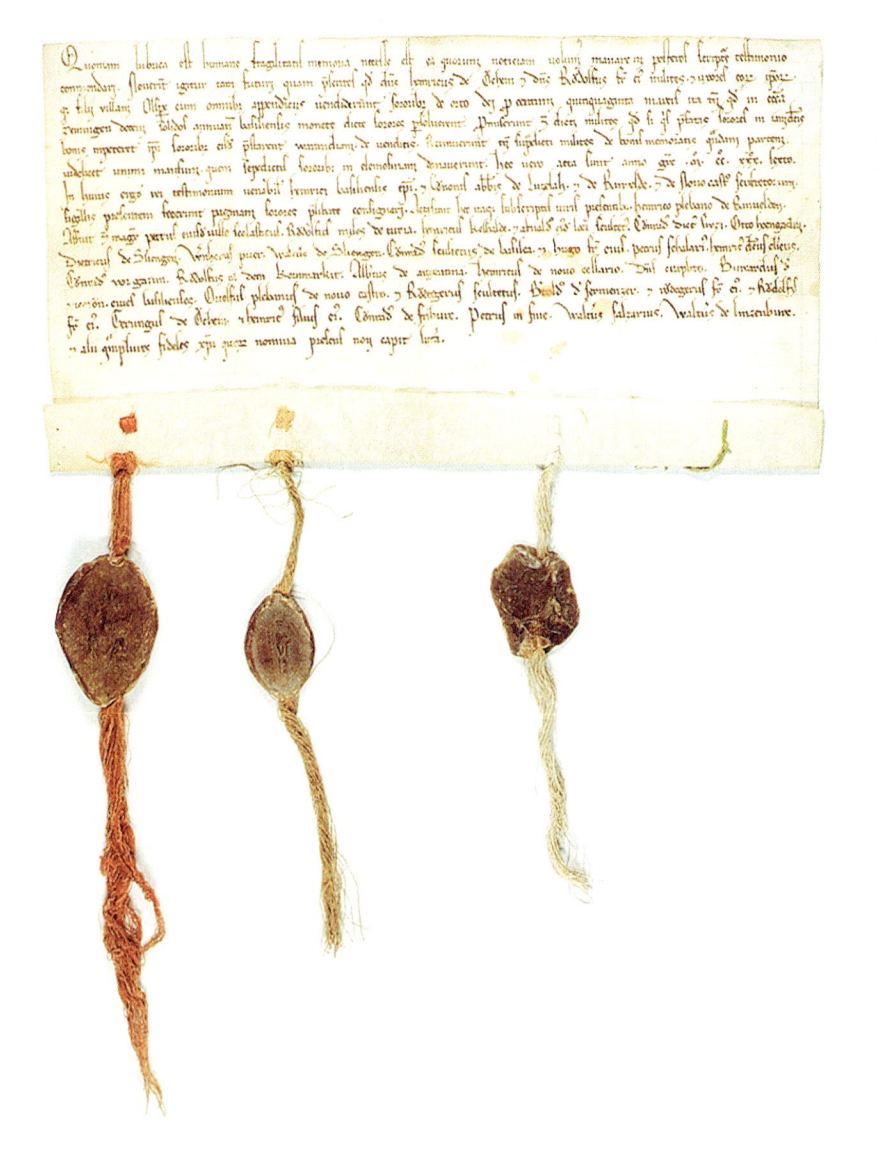

SCHRIFTLICHKEIT UND MACHT VOM MITTELALTER BIS UM 1800   87

Gesiegeltes Dokument eines Frauenklosters

Im Mittelalter sind Frauen häufig Urkundspersonen – seien es verheiratete Frauen, die gemeinsam mit ihrem Mann handeln, seien es Witwen oder Klostervorsteherinnen. Laut der abgebildeten Urkunde aus dem Jahr 1236 erwerben die Schwestern von Gottesgarten das Dorf Olsberg.

ausserordentlichen Steuern (etwa Kriegskontributionen) im Fürstbistum zu einer gewichtigen Einnahmequelle, aber auch zu einem Objekt fortgesetzter Auseinandersetzungen zwischen dem Bischof, den Landständen und den Untertanen.[8] Im reformierten Basel waren direkte Steuern kaum von Belang.

2. Indirekte Steuern, so genannte Verbrauchssteuern auf Grundnahrungsmitteln: Sie stellten in der städtischen Finanzwirtschaft bis zur frühen Neuzeit eine wichtige Einnahmequelle dar. Der Basler Rat erhob von Beginn an in seinen Ämtern das so genannte Weinumgeld, eine umsatzorientierte Verbrauchssteuer auf je-

dem Saum Wein, der im Wirtshaus ausgeschenkt wurde. Mit einer Anhebung des Weinumgelds in den Jahren 1475 bis 1481 traf der Rat eine äusserst unbeliebte Massnahme, um die Kriegskosten gegen Herzog Karl den Kühnen zu decken. Auch der Bischof erhob in seinen Ämtern ein Weinumgeld.[9] Seine Erhebung, vor allem aber die Erhöhung der Ansätze führten immer wieder zu verstecktem und offenem Widerstand. Im reformierten Basel gipfelte er im so genannten Rappenkrieg von 1591 bis 1594.[10]

Steuerlisten geben über die fiskalische Belastung der Bevölkerung Auskunft; gleichzeitig sind sie die Grundpfeiler für

BAND ZWEI / KAPITEL 5

gen gesehen werden. Erst allmählich wurde Schriftlichkeit auch als Mittel der Herrschaftspraxis, nämlich zur Ausübung von Herrschaft, eingesetzt, beispielsweise mit dem Erlass von Dorfordnungen oder Stadtrechten, so genannter normativer, also rechtsetzender Quellen. Sie regelten das Leben der Menschen im Dorf und in der Stadt untereinander, gleichzeitig auch deren Verpflichtungen wie Steuern oder Frondienste gegenüber der Herrschaft. Mehr und mehr stellten die Herren und die Klöster Schriftlichkeit in den Dienst ihrer wirtschaftlichen Organisation. Mit Hilfe von Verwaltungsschriftgut wahrten sie die Übersicht über ihren Landbesitz, über die Einkünfte aus den verliehenen Zinsgütern, über Bannbetriebe wie Mühlen, Schmieden, Tavernen, über Bergregale, Vogtsteuern und andere Gerechtigkeiten. Spätestens seit dem 15. Jahrhundert konnten auch lokale Amtsträger wie Meier und Dorfvögte lesen und schreiben. Aus dem heutigen Kantonsgebiet sind allerdings nur wenige Beispiele ihrer Schreibtätigkeit bekannt.[10] Selbst wenn sie keine aktiven Schriftkenntnisse hatte, war der ländlichen Bevölkerung die Bedeutung von Schriftdokumenten zunehmend bewusst; dies zeigen schweizerische Studien zu den wirtschaftlichen Austauschbeziehungen zwischen Bauern und Grundherren. Rechenfähigkeit war bei Bauern und Bäuerinnen sehr wohl vorhanden; so konnten sie gegebenenfalls die Abrechnungen mit dem Grundherrn an der Rechentafel mitvollziehen, und zur Kontrolle ihrer eigenen Getreidevorräte, Geldschulden und Ausgaben verwendeten sie das Kerbholz.[11] Insgesamt liegt jedoch bis heute nur wenig gesichertes Wissen über die Alphabetisierung der ländlichen Bevölkerung im Verlaufe des Spätmittelalters und der frühen Neuzeit vor.

Das Begriffspaar Schriftlichkeit und Mündlichkeit ist zu ungenau, um die soziale Praxis von sprachlichem Handeln und Informationsaustausch zu erfassen. Schriftlichkeit zieht in der Gesellschaft nicht, wie es zunächst scheinen mag, eine scharfe Trennlinie zwischen Herrschenden und Beherrschten. Denn auch die Herren, die von Schrift Gebrauch machen, sind vielfach nicht lese- und schreibgewohnt und verstehen in der Kirche von der

die Rekonstruktion der Bevölkerungsgrösse und -bewegung, in der Fachsprache Demographie genannt. Dieser Zweig der Wissenschaft ist auf die hier erwähnten Quellentypen angewiesen, um auf indirektem Weg Material über Bevölkerungszahlen zu gewinnen. Denn ein eigentliches bevölkerungsstatistisches Interesse im Hinblick auf eine Verbesserung des politischen, obrigkeitlichen Handelns entwickelten erst die ökonomisch-patriotischen Sozietäten im Zeitalter der Aufklärung.[11]

Andere Verzeichnisse

Auch Mannschaftslisten der wehrfähigen, auszugspflichtigen Männer werden für das Spätmittelalter und die frühe Neuzeit herangezogen, um unter anderen in Kombination mit Steuerverzeichnissen und Fruchtaufnahmen die Bevölkerungszahlen von Dörfern und Ämtern zu schätzen. Getreidemangel war im vorindustriellen Zeitalter eine häufige Folge von Missernten und Kriegen und Ursache für lebensbedrohliche Hungersnöte. Im Zusammenhang mit einer befürchteten oder eingetretenen Lebensmittelteuerung ordnete die Obrigkeit in den krisenhaften 1690er Jahren in den Ämtern viermal Bestandesaufnahmen

> Wer jemandt hie der gern welt lernen dutsch schriben und läsen uß dem aller kürtzisten grundt den jeman erdencken kan Do durch ein jeder der vor nit ein buchstaben kan der mag kürtzlich und bald begriffen ein grundt do durch er mag von jm selbs lernen sin schuld uff schribē und läsen und wer es nit gelernen kan so ungeschickt werr Den will ich um nüt und vergeben gelert haben und gantz nüt von jm zů lon nemen es sig wer es well burger oder hantwercks gesellen frouwen und junckfrouwen wer sin bedarff der kum har jn der wirt drüwlich gelert um ein zimlichen lon · Aber die junge knabē und meitlin noch den frouwalten wie gewonheit ist · 1 5 1 6 ·

der Getreidevorräte an; im 18. Jahrhundert erfolgten weitere. Deputierte Amtsleute gingen von Haus zu Haus, um die Anzahl der in einem Haushalt zu ernährenden Personen und die vorhandenen Vorratsmengen zu erfassen, oder sie holten die entsprechenden Erkundigungen bei den dörflichen Unterbeamten ein. Basels erste Fruchtaufnahme erfolgte wahrscheinlich anlässlich der Bedrohung durch die Armagnaken 1444 und beschränkte sich auf stadtbaslerische Quartiere.[12] Fruchtaufnahmen, mit ihren personenbezogenen Daten, stellen neben den von den Pfarrern geführten Kirchenbüchern für die Demographie erstrangige Quellen dar.

Leibeigenenverzeichnisse

Listen von Masseneiden leibeigener Frauen und Männer bezeugen im 15. und beginnenden 16. Jahrhundert die Bemühungen von Adeligen, Klöstern und Städten, die in ihrem Gebiet ansässigen Personen beiderlei Geschlechts in die Leibeigenschaft zu zwingen. Es ging ihnen darum, die Menschen persönlich zu binden, sie zu gewissen Abgaben zu verpflichten und sie daran zu hindern, in die Städte abzuwandern. Die Stadt Basel war bestrebt, ihre Untertanen gesamthaft als Leibeigene zu betrachten und in ein unauflösliches Herrschaftsverhältnis zu bringen. Da die Anwesenheit von Leibeigenen benachbarter

Das Lernen des ABC

Der Maler Ambrosius Holbein schuf 1516 das Aushängeschild eines Wanderlehrers. In der Schulstube unterrichten der Lehrer und eine Frau – vielleicht seine Ehegattin – eine kleine Schar von Kindern; mit der Rute verleiht der Lehrer seiner Stoffvermittlung Nachdruck. Der Unterricht wurde zwar als preiswert angepriesen, war aber für die Eltern nicht kostenlos.

Erinnerungsstützen im Alltag
Im mittelalterlichen Alltag war das Kerbholz ein weit verbreitetes, einfaches Hilfsmittel, um den Überblick über ausstehende Schulden oder über Getreidevorräte und ähnliche ökonomisch wichtige Daten zu bewahren. Das abgebildete Exemplar stammt aus der ersten Hälfte des 11. Jahrhunderts, es wurde in der befestigten Siedlung Charavines-Colletière (Département Isère, F) gefunden.

laut intonierten lateinischen Liturgie ebensowenig wie die Laien niederen Standes. Darum benötigen sie die Dienste von Schreibern. Das sind häufig Geistliche, die im Haushalt der Herrschaft leben, auf einer Burg oder in einem Stadthof. In hochpolitischen Angelegenheiten und bei Prozessen vor Gericht nehmen die Adeligen im Spätmittelalter vorzugsweise die Dienste des Basler Rats und der Notare des bischöflichen Offizialats in Anspruch.[12] Mangelnde Schriftkenntnis ist nur die eine Seite eines gesellschaftlichen Problems, die andere ist die Sprachbarriere zwischen den «Gebildeten» (den *litterati*) und den «Ungebildeten» ohne Kenntnis des *Lateins* (den *illitterati*), zu denen auch Adelige gehören. Latein war bis ins 14. Jahrhundert die allgemein übliche Urkunden- und Verwaltungssprache. Erst seit Bischof Heinrich III., er war zwischen 1263 und 1274 im Amt, stellte die bischöfliche Kanzlei gelegentlich Urkunden in deutscher Sprache aus. Auch andere lokale Quellen des 13. bis 15. Jahrhunderts wie klösterliche Zinsverzeichnisse und Rechnungsbücher sind in Latein, manchmal auch abwechselnd in Latein und Deutsch verfasst. Latein galt in Europa noch bis ins 18. Jahrhundert hinein als wichtigste Sprache der Diplomatie. So ist beispielsweise der Westfälische Friede von 1648, am Ende des Dreissigjährigen Krieges, lateinisch geschrieben; dieses Vertragswerk besiegelte die verfassungsrechtliche Ablösung der Eidgenossenschaft vom Heiligen Römischen Reich.[13] An der Tatsache, dass Latein die Urkundensprache war, lässt sich plausibel erklären, dass – anders als heute – Schriftlichem nichts Selbst-Verständliches anhaftete, weil es der Übersetzung und Erklärung bedurfte. Die moderne Literaturwissenschaft fasst diese Eigenheit der mittelalterlichen Kultur mit dem Konzept der Vokalität. Dieses orientiert sich nicht primär am verwendeten Medium – Stimme oder Schrift –, sondern an der Praxis von Gebrauch, Vermittlung und Rezeption von Schriftlichem durch die Empfänger einer Botschaft. Das Konzept Vokalität trägt dem Umstand Rechnung, dass ein Schriftstück diktiert und sein Inhalt durch das Medium der menschlichen Stimme im mündlichen Vortrag vermittelt wurde, gegebenenfalls bei gleich-

Herrschaften Uneinheitlichkeit schuf, versuchte sie an der Wende vom 15. zum 16. Jahrhundert, die Ansprüche fremder Leibherren auf Personen in ihrem Territorium auszuschalten. Dies war die Voraussetzung zur Schaffung eines einheitlichen Untertanenverbandes in den Ämtern. Erst 1790/91 entliess Basel alle Untertanen in der Landschaft aus der Leibeigenschaft.[13]

Verwaltungsschriftgut zu Wirtschaft und grundherrschaftlicher Organisation
Wirtschaftsquellen dienten der Güterverwaltung geistlicher, adeliger oder städtisch-bürgerlicher Grundbesitzer. Wichtigste Typen dieser Quellengattung sind bis in die Neuzeit hinein die so genannten urbariellen Quellen, nämlich Beraine – auch Urbare genannt – und Zinsbücher. Während in den Berainen die Güter der Bauern parzellenweise, mit Angabe von Lage, Umfang und teilweise auch Zinsbelastung aufgeführt sind, enthalten die Zinsbücher die laufenden Rechnungen der Grundherren über die eingegangenen Zinsen und die Restanzen, die ausstehenden Abgaben der bäuerlichen Leihenehmer. Berain und Zinsbuch dienen der Erforschung bäuerlicher Wirtschaft und der Sozialstruktur in den Dörfern. Da diese Quellen inhaltlich und formal uneinheitlich sind, erfordert ihre sozial- und wirt-

zeitigem Vorzeigen des Dokuments. Man spricht darum von einer «Diktier-Vorlese-Schriftlichkeit».[14] Vor Gericht musste ein Urkundentext oder ein Abschnitt eines Güter- und Zinsverzeichnisses durch einen Schreibkundigen mündlich vorgetragen werden – sei es vollumfänglich, auszugsweise oder zusammengefasst. Das vom Pergament oder Papier abgelesene, volkssprachlich gesprochene Wort stellte also in der Kommunikation zwischen den Parteien die Vermittlung zwischen Schriftlichkeit (der Sprache der Distanz) und Mündlichkeit (der Sprache der Nähe) her.[15]

Mit dem Aufkommen des Buchdrucks revolutionierte sich die Bedeutung des Mediums Schrift zunächst wohl in der städtischen Gesellschaft; Bücher, gedruckte Predigtsammlungen, Lieder, Kalendergedichte und Flugschriften in der Volkssprache erreichten ein grösseres Lese- und Hörpublikum und beeinflussten besonders in den Städten die öffentliche Meinung in neuartiger Weise. So spielten frühe Druckerzeugnisse aus Offizinen in Basel, Strassburg und Augsburg während der Burgunderkriege eine durchaus propagandistische Rolle.[16] Wie weit Buchwissen das Leben in der ländlichen Gesellschaft zu beeinflussen vermochte und wie verbreitet der Besitz von Druckerzeugnissen auf dem Land war, ist allerdings schwer abzuschätzen.[17]

Schriftlichkeit, Mündlichkeit und kollektive Erinnerung

Zwar sind Schrift und Macht eng verbunden; Schriftlichkeit verstärkt das Machtgefälle zwischen den Ständen, den Herren und den Untertanen. Sie kann aber durchaus auch den Untertanen helfen, sich bei Bedarf auf das «gute alte Recht» zu berufen und – indem sie sich auf kodifiziertes Recht beziehen – gegen neue, als ungerechtfertigt empfundene Forderungen der Herrschaft zu wehren. Weiter ist zu bedenken, dass Machtausübung nicht einen einseitigen Akt darstellt. Legitimation von Herrschaft muss vielmehr immer wieder neu abgesichert und ausgehandelt werden. Herrschaftliche Verwaltung und Wirtschaftstätigkeit vollzieht sich unter Mitwirkung der bäuerlichen Untertanen.[18] Um ihren Grundbesitz verwalten und ihre Rechte

Viehraub und Grenzkonflikte
Auf der hier abgebildeten Seite des so genannten Konstanzer Minnekästchens ist eine Szene mit Viehraub dargestellt; mit Schwertern bewaffnete Berittene treiben Grossvieh vor sich her. Die identifizierbaren Wappen weisen nach Konstanz; das Kästchen dürfte für eine vornehme Familie in Konstanz hergestellt worden sein. Dem Kastenkörper aus Ahornholz sind aus Apfel- oder Birnbaumholz ausgesägte Darstellungen vorgeblendet; Beschläge und Schloss bestehen aus Eisen (Höhe 14 Zentimeter, Länge 28,5 Zentimeter, Tiefe 15,5 Zentimeter). Häufig entzündeten sich Grenzstreitigkeiten und nachfolgende politische Zwiste zwischen benachbarten Dörfern und Herrschaften an der Frage der Weidegerechtigkeiten in den Hochwäldern; so gerieten seit dem 14. Jahrhundert wiederholt Viehzüchter aus Zeglingen aus dem Amt Farnsburg mit den Bauern aus Häfelfingen und Läufelfingen im bischöflichen, seit 1401 stadtbaslerischen Amt Homburg in Streit um die Waldweide auf dem Wiesenberg; als eine solche Konfliktsituation um 1453 aufflackerte, standen sich die Stadt Basel als Inhaberin der Herrschaft Homburg und die Herzöge von Österreich als damalige Inhaber des Amts Farnsburg argwöhnisch gegenüber; die Herrschaftsgrenze verlief entlang der umstrittenen Hänge des Wiesenbergs.

und Einkünfte sichern zu können, sind der Adel und die kirchlichen Grundherrschaften, später auch die Stadt als Landesherrin, auf Angaben der Untertanen angewiesen. Die ortsvertrauten Scheidleute einer Gemeinde fördern «mit Rat und Tat» die Abklärung der Besitzverhältnisse, wenn ein Güterurbar erstellt wird. Darin wird das von den Bauern mündlich weitergegebene, erinnerte und in der täglichen Praxis der Landarbeit angeeignete Wissen über das Eigentum und den Besitz der Güter schriftlich festgehalten. Auf erinnertes Wissen «ehrbarer» Männer aus dem Bauernstand berufen sich Herren bei Grenzstreitigkeiten und anderen politischen Konflikten. Sie sind bestrebt, dieses Zeugen-Wissen zu verschriftlichen. Sind an einem Ort hoheitliche Rechte umstritten, so nehmen die Parteien so genannte Kundschaften auf, in denen eine Reihe Ortskundiger nach der Rechtslage und -praxis befragt werden. Das Zeugenverhör geschieht unter Aufsicht eines Adeligen, eines Landvogts, einer städtischen Urkundsperson wie des Schultheissen von Rheinfelden oder Liestal oder eines Notars des bischöflichen Offizialats in Basel. In der Form einer Urkunde wird das Verhörprotokoll beglaubigt. Anschliessend entscheidet ein Schiedsgericht über die Rechtslage, indem es abwägt, wer «die bessere Kundschaft» habe. In solchen politischen Machtkämpfen besitzt das mündlich von Generation zu Generation weitergegebene Wissen der Bauern für die Streitparteien einen hohen Wert. Dabei ist nicht zu übersehen, dass die Herren über Druckmittel verfügen, um die Antworten der Befragten in die gewünschte Richtung zu lenken. Jedenfalls stellt das Kundschafts-Verfahren Ansprüche an ihre Kooperationsbereitschaft. Bei zentralen Problemen wie der Hochgerichtsbarkeit geht es darum zu beweisen, dass der Herr seinen Rechtsanspruch über Jahrzehnte, möglichst seit hundert Jahren, unangefochten «ersessen» hatte. Im ersten Konflikt über die Blutgerichtsbarkeit in Pratteln um 1435 erinnerten sich die Zeugen noch an den Einfall der Gugler von 1375.[19] Damals machten die Herren von Eptingen den Falkensteinern als den Landgrafen im Sisgau das Recht streitig, innerhalb Prattelns über das Blut zu richten. Um 1458 lebte

schaftsgeschichtliche Auswertung ein hohes Mass an methodischer Sorgfalt.[14]

Im Zusammenhang mit der Bodenzinsfrage und den Loskaufgesetzen entstand in der Helvetik das Projekt eines neuen urbariellen Schrifttyps. Es mündete in die beachtliche Leistung des Helvetischen Katasters. Es diente nach der Abschaffung der Feudallasten als neues Instrument zur Bemessung der Güter- und Haussteuer. Der von den helvetischen Zentralbehörden veranlasste Helvetische Kataster war Ausdruck einer neuen Zeit, am modernen Begriff des Individualeigentums orientiert. Er stellte in seiner systematischen und flächendeckenden Anlage eine neuartige Leistung dar und war mit den mittelalterlichen und frühneuzeitlichen Berainen nicht mehr zu vergleichen. Zwar wurde er noch vor seiner Vollendung seines Zwecks enthoben, doch wurde er für 61 Gemeinden des Kantons Basel im Jahr 1802 noch zu Ende geführt; erstmals liegen damit Güterbeschreibungen der gesamten urbaren Fläche vor.[15]

Rechnungsbücher

Für das Spätmittelalter und die frühe Neuzeit sind Rechnungsbücher eine wichtige Quelle, nicht nur für Fragen des städtischen oder im Falle des Fürstbistums des bischöflichen Finanzhaushalts, sondern

der Konflikt wieder auf und wurde nach dem Übergang der Landgrafschaft an Basel 1461 fortgeführt. Die von Ritter Hans Bernhard von Eptingen 1458 veranlasste Kundschaft zeugt vom Bestreben, möglichst viele lokale Amtsträger zu befragen, die mit den Rechtsverhältnissen vertraut waren und früheren Prozessen persönlich beigewohnt hatten. Auch legte er Wert darauf, Männer zu befragen, die sich möglichst weit, bis in die Generation der Grossväter, zurückzuerinnern glaubten. So war der Altersdurchschnitt der Zeugen im Vergleich zur Gesamtbevölkerung unverhältnismässig hoch. Meistens waren die Altersangaben ungenau, in der Regel nur auf Zehnerzahlen aufgerundet. Von den 56 Männern, welche der Ritter 1458 befragen liess, waren nur dreizehn 40-jährig oder jünger. Sechs waren um die 70 Jahre, die anderen 50 bis 60 Jahre alt. Ein 70-jähriger Mann wusste von seinem 100-jährigen Grossvater zu berichten; weiter berief er sich auf einen alten Mann aus Pratteln namens Zipfi, der in seiner Jugend auf Schloss Madeln gedient hatte. Dieses war 1356 durch das Erdbeben zerstört worden, mit Zipfi reichte die Erinnerung also gut 100 Jahre zurück. Andere Zeugen schöpften, wie sie sagten, aus Erzählungen ihrer Mutter, meist aber ihrer Väter, Stief- und Schwiegerväter, die 100, ja sogar 120 Jahre alt geworden sein sollen.[20] Immer kam es der Herrschaft darauf an, einen Rechtsanspruch durch das eidlich abgelegte Zeugnis erfahrener und teils alter Männer zu untermauern. In den Beständen des Baselbieter Staatsarchivs werden hunderte Kundschaften und andere Gerichtsakten aufbewahrt.

Schriftgut seit 1400

Neben die Urkunden treten seit dem 14. Jahrhundert zunehmend weitere Quellentypen. Vom Gesichtspunkt archivalischer Überlieferung her kann das Jahr 1400 für die alte Landschaft Basel als Umbruch gelten. Denn seit dem Kauf der Ämter Liestal, Homburg und Waldenburg nimmt die Zahl der historischen Zeugnisse zu, und besonders das Schriftgut städtischer Provenienz vervielfältigt sich. Im Amt Birseck fällt die entsprechende Zäsur ins Jahr 1435;

Erinnerung

Erinnerten sich alte Menschen an Erzählungen aus ihrer Jugendzeit, die von Begebenheiten in ferner Vergangenheit berichteten, konnte die Erinnerung gut und gerne 100 Jahre zurückreichen. So wussten noch 1458 in Pratteln Gewährsleute von einem Diener, der vor dem Jahr 1356 auf Schloss Madeln gelebt hatte. Olivgrün bis braun glasierte Ofenkachel aus der im Erdbeben 1356 zerstörten Burg Madeln bei Pratteln. Das Relief der Blattkachel zeigt einen Ritter zu Pferd, mit umgehängtem Schild, Schwert und Helm mit Helmzier.

auch für Themen zur bäuerlichen Wirtschaft, zum Alltag, zur geschlechtsspezifischen Arbeitsteilung in der ländlichen Gesellschaft und andere ähnliche Bereiche. Die Basler Stadtrechnungen enthalten die Kosten für Investitionen und Verwaltungsaufwand in den Ämtern sowie die Einnahmen aus dem Untertanengebiet. Für die Jahresrechnungen stützte sich die Finanzverwaltung auf die Wochenausgaben- und -einnahmenbücher, die Vierteljahresrechnungen und die von den Landvögten dezentral in den Landvogteischlössern geführten Ämterrechnungen.[16] In der Verwaltung des fürstbischöflichen Amtes Birseck setzen die so genannten Schaffnei-Rechnungen oder Comptes de Birseck 1439 ein, kurz nachdem Bischof Johannes von Fleckenstein das jahrzehntelang verpfändete Amt wieder ausgelöst hatte. Die ersten, noch flüchtig geschriebenen Rechnungen eröffnen die vielbändige Serie der birseckischen Amtsrechnungen, die sich – mit einem Unterbruch zwischen der Reformation und der Mitte des 16. Jahrhunderts – bis ins 18. Jahrhundert fortsetzt.[17] Seit dem 16. Jahrhundert liegen auch Rechnungen des neu erworbenen Amts Pfeffingen vor. Die Comptes de Birseck enthalten verschiedene Rubriken wie die Aufstellungen über die Einnahmen aus den Jahrsteuern, Zinsen, die Weinzehnten

Schloss Birseck
Der Erbauer der Burg, die 1239 in den Besitz der Bischöfe von Basel gelangte, ist unbekannt. Der Bischof war aus Geldnot nicht in der Lage, die im Erdbeben von 1356 zerstörte Anlage selbst wieder aufzubauen, weshalb er sie 1373 an die Herren von Ramstein verpfändete. Ihnen wurde die Verpflichtung auferlegt, die Burg für die Bischöfe offen zu halten und mit 500 Pfund wieder aufzubauen. Weil diese Summe für den Wiederaufbau nicht ausreichte, stellte der Bischof ein weiteres Pfand auf, das erst 1435 gelöst werden konnte. Bis 1763 bewohnte der bischöfliche Landvogt als Vertreter der Herrschaft Birseck die Burg.

damals gewann Bischof Johannes von Fleckenstein die seit 1373 an die Herren von Ramstein verpfändeten bischöflichen Besitztümer zurück, und seit 1439 sind für dieses Amt und die später hinzugewonnene Vogtei Pfeffingen eine Fülle von Wirtschaftsquellen überliefert; sie befinden sich heute teils im bischöflichen Archiv in Pruntrut, teils im Staatsarchiv in Liestal.[21]

Der folgende Überblick über die Typen historischen Schriftguts ist als Hintergrundfolie gedacht, vor der die Kapitel über das Mittelalter und die frühe Neuzeit leichter verständlich sind.[22] Er behandelt nicht die erzählenden Quellen wie chronikalische Aufzeichnungen oder mittelalterliche Herrscher- und Heiligenviten, neuzeitliche Tagebücher oder Ähnliches. Im Folgenden steht jenes Archivmaterial im Vordergrund, das als Grundlage für die Geschichte von Wirtschaft, Bevölkerung und Gesellschaft auf dem Land dient und auf dem der heutige Kenntnisstand beruht. Es sind unspektakuläre Listen, Aufzählungen und Notizen, die nicht in der Absicht entstanden sind, die Nachwelt zu belehren sowie «Geschichte» und Geschichten zu erzählen. Mit Stichworten erläutern wir den Zusammenhang ihrer Entstehung, ihre Funktion und die gesellschaftlichen Bereiche, auf die sie verweisen. Je nach der Fragestellung sind unterschiedliche Quellentypen heranzuziehen; bei der Auswertung müssen die aus dem Schriftgut gewonnenen Informationen zusammengestellt, kritisch gewertet und verglichen werden. Häufig ist dieser Arbeitsprozess mühsam und für Nichteingeweihte schwer nachvollziehbar. Wegen des teilweise beträchtlichen Interpretationsspielraums, den das Schriftgut offen lässt, kommen Forscher und Forscherinnen mitunter zu abweichenden Ergebnissen, wie dies etwa in den Kapiteln über die Bevölkerungsentwicklung zum Ausdruck kommt.[23] Angesichts des disparaten und nüchtern-spröden Charakters der Quellen beansprucht die Umsetzung in ein einigermassen anschauliches Geschichtsbild ein vielfältiges, methodisch phantasiereiches Instrumentarium und vor allem geeignete, an übergeordneten Konzepten orientierte Fragestellungen. Oft ist es ein langer Weg von der Quellenarbeit bis zur historischen «Erzählung».

und die Kosten für die Eintreibung und den Transport von Zehntwein, die Getreide- und sonstigen Naturalzinsen, die Bewirtschaftung bischöflicher Eigengüter, die Aufwendungen für die Beköstigung von Frauen und Männern, die Frondienst leisten, die Kosten für Bau und Unterhalt der Schlösser Birseck und Pfeffingen und der herrschaftlichen Kelter in Arlesheim, die Anlage von Fischteichen sowie auch Kosten für militärischen Schutz der Schlösser in Kriegszeiten.[18] Aus diesen spröden Quellen kann die Forschung vieles mehr als Finanz- und Verwaltungsgeschichte entnehmen. Die Möglichkeiten der Erkundung sind noch längst nicht erschöpft. Mit Ausnahme des Pilgerberichts des Ritters Hans Bernhard von Eptingen, der von seiner Jerusalem-Fahrt handelt,[19] fehlen auch für die frühe Neuzeit Selbstzeugnisse von Menschen auf dem Land.

Quellen zur Geschichte des Baselbiets in der frühen Neuzeit
Die Hauptquellen für die Geschichte des Baselbiets während der frühen Neuzeit gehören zum Verwaltungsschriftgut von Staat und Kirche. Sie enthalten, wenn auch lückenhaft, die Korrespondenz zwischen den Obrigkeiten, das heisst dem Rat (im Fürstbistum der fürstbischöflichen Zentrale) und den Landvögten, ferner Gerichts-

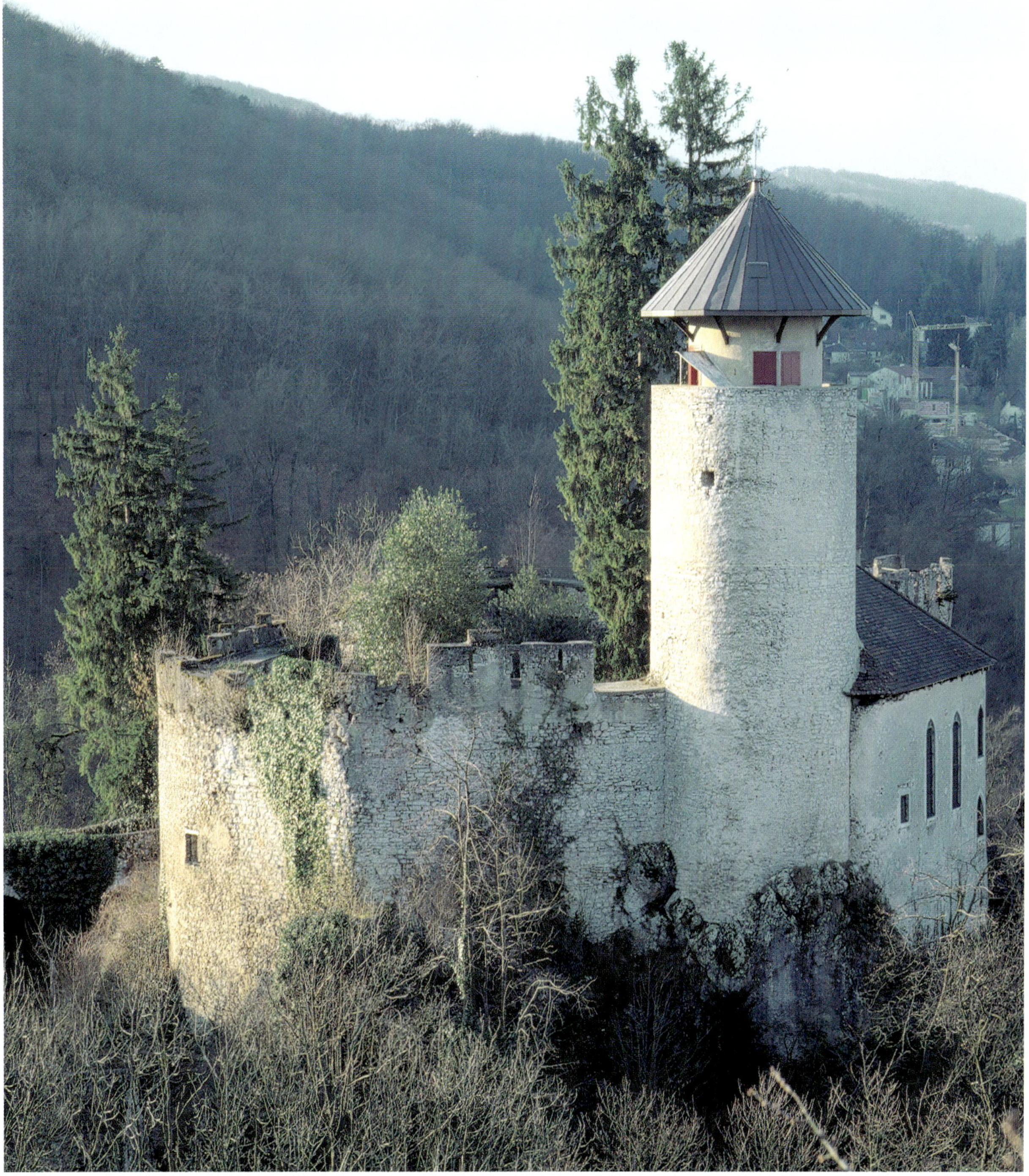

Helvetischer Kataster

Der Helvetische Kataster war der erste Versuch, die Liegenschaften im Gebiet des Kantons Basel flächendeckend und nach einem von zentraler Stelle vorgegebenen Schema zu erfassen. Der Kataster jeder Gemeinde ist durchlaufend mit Seitenzahlen versehen. Die Häuser und Güter sind nach den Besitzern aufgelistet in der Reihenfolge der Hausnummern. Am Schluss des Katasters sind die auswärtigen Güterbesitzer festgehalten. Notiert wurden ferner: die Art der Liegenschaft (Matte, Acker, Stall und so weiter), Nachbarn, Fläche, Käufe seit dem 1. Januar 1780, die Schatzungen der Eigentümer wie der beauftragten Experten und anderes mehr.

Der Helvetische Kataster bescherte den Landleuten neue Formen der Wahrnehmung von Eigentum. Die bisherigen Güterbeschreibungen wie Beraine oder Teilbücher hatten ein System verwendet, das sich an Namen von Personen und Flurteilen orientierte, statischer Natur war und auf den topographischen Vorstellungen der Leute beruhte. Der Kataster war abstrakter, baute viel stärker auf Zahlen auf und war somit von Personen und Gelände unabhängiger. Ausserdem war der Kataster von vornherein auf Veränderung angelegt, indem ein grosser Teil des Formulars für Handänderungen und Ähnliches reserviert war.

akten, Verhörprotokolle, Verträge, Rechnungen, Verzeichnisse zur Bevölkerung und zu Steuern, Inventare, Berain-, Gant- und Teilungsprotokolle. Den besten Einstieg in Fragen zur Geschichte des alten Basel bieten die Ratsprotokolle. Die Protokolle des Grossen und des Kleinen Rates sind seit dem späten 17. beziehungsweise 16. Jahrhundert durchgehend erhalten.

Für das Fürstbistum ist die Quellenlage komplizierter: Hier ist zum einen zwischen weltlichen und geistlichen Belangen, also zwischen der Verwaltung der Diözese und der Verwaltung des Territoriums zu unterscheiden, zum anderen führten Veränderungen in der Administration der Landesherrschaft und am Sitz der Herrschaftszentrale in Pruntrut zu einer weniger kontinuierlichen Aktenlage. Trotzdem finden sich im fürstbischöflichen Archiv in Pruntrut ebenfalls Protokolle der zentralen Verwaltung, die Missiva-Bücher zu deren Korrespondenz.[20]

In der alten Landschaft war jedes Landvogteischloss ein Ort, wo dezentral Verwaltungsschriftgut produziert und gesammelt wurde. Besonders ergiebig sind die so genannten Schlossprotokolle. Es sind Bittschriften, Anfragen und Gesuche von Untertanen und Gemeinden an die Landvögte erhalten, welche diese an den Rat weiterreichen, andererseits auch obrig-

Normative Texte, Landesordnungen

Normative Texte sind Rechtsaufzeichnungen, die das soziale und wirtschaftliche Zusammenleben für einen definierten Geltungsbereich verbindlich regeln. Gewohnheitsrecht wird im Beisein der Huber in einem öffentlichen Akt «geoffnet», dem gegenwärtigen Stand angepasst und vom Herrschaftsvertreter «gewiesen». Es wird in geschriebenes, kodifiziertes Recht überführt, wozu in der Regel der Herrscherwille oder Streitigkeiten zwischen Herrschaft und Untertanen Anlass geben.[24] Aus dem heutigen Kanton sind Hofrechte adeliger und geistlicher Grundherrschaften bekannt, zum Beispiel des Domstifts, des Klosters St. Alban oder des Bischofs – namentlich das Dinghofrecht für das bischöfliche Städtchen Laufen (nach 1461). Es galt – anders als die von Bischof Peter von Aspelt 1295 verliehene Stadtfreiheit – nicht nur innerhalb der Stadtmauern, sondern war für die in andern Ämtern lebenden Angehörigen des Dinghofverbands verbindlich.[25]

Früh verlieh die neue stadtbaslerische Obrigkeit die Stadtrechte von Liestal und Waldenburg, welche auch für die Landgemeinden in den gleichnamigen Ämtern Gültigkeit hatten. Sie garantierten nicht städtische Bürgerfreiheiten, sondern der Basler Rat auferlegte den Liestalern und Waldenburgern, gleich wie den umliegenden Landbewohnern, den Status von Leibeigenen, was ihre Freizügigkeit beschränkte.[26] In den Genuss von Stadtprivilegien, die teilweise den Rechten und Freiheiten der Stadt Basel entsprachen, die Bürger aus dem Status von Landbewohnern heraushoben und den Kommunen eine beschränkte Autonomie garantierten, kamen hingegen die bischöflichen Städte Laufen, Delsberg, Pruntrut, Biel und La Neuveville.[27]

Übergreifende Rechtsnormen, die sich auf die landgräflichen Hoheitsrechte im gesamten Sisgau bezogen (aber nicht die einzelnen Hofrechte auf der Ebene von Grund- und Niedergerichtsherrschaft berührten), wurden erst seit dem 14. Jahrhundert geschaffen. So liess der letzte Graf von Frohburg 1363 erstmals die Rechte der Landgrafschaft im Sisgau und die Grenzen der Landgrafschaft aufzeichnen, nachdem er vom Bischof, gemeinsam mit Graf

---

keitliche Erlasse und Schreiben des Rats, welche die Landvögte an Gemeinden und Untertanen weiterzuleiten haben.

Aufschlussreich für die Familien- und Wirtschaftsgeschichte der alten Basler Landschaft im 17. und 18. Jahrhundert sind die Teilbücher und Gantrödel.[21] Die Gantrödel, als die wichtigsten Quellen zur Erfassung des Liegenschaftsverkehrs, enthalten gemeinde- oder ämterweise Angaben über Versteigerungen liegender Güter, von Fahrnis und von Vieh. Die Teilbücher enthalten die Inventare, die bei einem Erbgang oder aus anderem Anlass aufgenommen wurden. In Kombination mit den Berainen erlauben diese beiden Quellentypen die annähernde Rekonstruktion der sozialen Schichtung in den Gemeinden. Sowohl in katholischen wie in reformierten Gebieten werden seit dem späten 16. oder frühen 17. Jahrhundert die so genannten Kirchenbücher angelegt. Die Pfarrer hatten darin Taufen, Heiraten und Todesfälle sowie die Anzahl der Kommunikanten festzuhalten. Kirchenbücher enthalten eine Unmenge von Informationen über demographische, familien- und mentalitätsgeschichtliche Zusammenhänge menschlichen Lebens: Lebenserwartung, Kinderzahl, Familien- und Haushaltsgrössen, Geburtenrate, Sterblichkeit, Patenschaftsverbindungen und anderes mehr.

Rudolf von Habsburg und Graf Sigmund von Thierstein, die Landgrafschaft als Lehen empfangen und Sigmund zu seinem Erben bestimmt hatte. Anlass war die politische Umbruchsituation, die der kinderlose Graf Johann von Frohburg mit der Regelung seiner Erbschaft einleitete. Nach seinem Tode liessen Sigmund II. von Thierstein und Rudolf von Habsburg Geltungsbereich, Inhalt und Umfang der landgräflichen Rechte weiter präzisieren; gegenüber dem Bischof kam es zu Differenzen über die Gerichtssituation in den bischöflichen Ämtern Liestal und Waldenburg, welche ebenfalls Teil des Sisgaus waren.[28]

Umfassendere normative Texte entwickelte erst der frühmoderne Staat im 16. und 17. Jahrhundert: die Landesordnungen. Ein erster Versuch Bischof Melchiors von Lichtenfels im Jahr 1566, für die Ämter Birseck und Pfeffingen eine einheitliche Landesordnung zu erlassen, scheint schon frühzeitig gescheitert zu sein. Erst 1627 erliess der Bischof «Landtssfürstlicher Oberkheit halben» eine Dorf- und Gerichtsordnung für das ganze Obere Amt Birseck.[29]

Als Landesherrin nahm die Stadt Basel entscheidenden Einfluss auf die Gestaltung des Landrechts. Das schlug sich in dessen schriftlicher Fixierung sowie in einer Tendenz zur allmählichen Vereinheitlichung nieder.[30] Erstmals wurden die Rechtsgepflogenheiten der Grafschaft Farnsburg 1566 aufgezeichnet. Nachdem die Ämter Homburg und Farnsburg 1603 ein verbessertes Erbrecht erhalten hatten, fasste man 1611 alle Rechtsordnungen der oberen Ämter Farnsburg, Waldenburg, Homburg und Ramstein in einer einheitlichen Landesordnung zusammen. Eine Zäsur bildete hier der Bauernkrieg von 1653; denn die Obrigkeit nahm die Niederlage der Untertanen zum Anlass, im Sinne einer herrschaftspolitischen Massnahme das Liestaler Stadtrecht und die Landesordnung der Ämter Farnsburg, Waldenburg, Homburg und Ramstein zu revidieren. Ergebnis war die erneuerte, stärker systematisierte Landesordnung von 1654; sie wurde erst 1757 an veränderte Verhältnisse angepasst.

Wie schon für die mittelalterliche Geschichte sind die Gerichtsquellen eine reiche Fundgrube für die Geschichte des Alltags, der Geschlechterbeziehungen, der Volkskultur, des Zusammenlebens im Haushalt, im Stadtquartier und im Dorf. Sie verdanken ihre Entstehung Konflikten, die nicht unter den Beteiligten allein, sondern unter Beizug gemeindlicher, zünftischer oder obrigkeitlicher Instanzen beigelegt wurden.

Als weiterer Schrifttyp sind die Akten über die Verwaltung von Zehnten und Bodenzinsen der alten Basler Landschaft anzuführen. Der Zehnten war ursprünglich eine kirchliche Abgabe, weshalb viele Zehnten an kirchliche und klösterliche Institutionen abzuliefern waren. Diese wurden in Basel nach der Reformation säkularisiert, das heisst, sie blieben als Institutionen eigenen Rechts bestehen. Die betreffenden Akten enthalten dichte Informationen zur Geschichte der Abgaben und der Entwicklung der Landwirtschaft, aber auch der Versorgungslage von Stadt und Landschaft Basel.

Lesetipps

Über die mittelalterliche Quellenkunde allgemein informiert das Handbuch von Quirin (1985).

Eine grundsätzliche Auseinandersetzung mit dem Problem von Mündlichkeit und Schriftlichkeit im Mittelalter bietet Hildbrand (1996).

Zu den Rechnungen und Gerichtsakten als Informationsquellen zur Alltags- und Geschlechtergeschichte und zum Thema soziale Konflikte und bäuerlicher Widerstand siehe die Aufsätze von Rippmann.

Zur Quellenlage in der frühen Neuzeit, unter anderm zu den Themen Demographie, Alltag und Geschlechterbeziehungen, Landwirtschaft, soziale Schichtung der dörflichen Bevölkerung, nehme man die Bücher von Huggel (1979), Simon (1981) und Schnyder (1992) zur Hand. Simon und Schnyder führen unter anderm vor, wie ergiebig Gerichts- und Ehegerichtsakten für die Sozial- und Mentalitätsgeschichte sind.

Berner (1989, 1994a) lotet die Möglichkeit von sozial- und herrschaftsgeschichtlichen Aussagen des Schriftguts im Basler Fürstbistum aus.

Abbildungen

Sitting on History von Bill Woodrow, Bronze 1990/95, Skulptur in Goodwood, West Sussex, PO 18 0QP England, Foto: Suzy Maeder, London: S. 83.
Basler Papiermühle: S. 85.
Archäologie und Kantonsmuseum BL: S. 86, 93.
StA AG, Urkunde Olsberg Nr. 5, F N2-1997/003: S. 87.
Ambrosius Holbein, Aushängeschild eines Schulmeisters, Öffentliche Kunstsammlung Basel, Inv. 311: S. 89.
Conservation du Patrimoine de l'Isère (F), Foto: Yves Bobin: S. 90.
Schweizerisches Landesmuseum, Zürich, Inv. Nr. IN-6957.4: S. 91.
Dominik Labhardt, Basel: S. 95.
StABL Helv. Kataster, Känerkinden, fol. 8: S. 96.

Anmerkungen

1 Borgolte 1990, S. 329.
2 Zur Quellenkunde und Urkundenlehre Quirin 1985.
3 Schreiner 1993, S. 221.
4 Locher 1985; Martin 1991; Personenlexikon 1997, S. 93.
5 Fechter 1837; Burckhardt-Biedermann 1889; Schadek 1994.
6 Guenée 1981; Esch 1994, S. 39–69; Marchal 1984; Marchal 1988; Tremp-Utz 1986; Butler 1989; Brunold-Bigler/Bausinger 1996.
7 Entsprechende Formulierungen in Urkundenarengen siehe Gössi 1974, S. 124–126. Dazu allgemein Wenzel 1995, S. 51–65.
8 Fälschungen im Mittelalter 1988; vgl. Fuhrmann 1987, S. 195–210; für Basel Rück 1966.
9 Marchal 1983, S. 129ff.
10 Aus Arisdorf liegt eine Abrechnung des Bärenfelser Dorfvogtes vor (1487–1508), StA BL, AA, Berain 127a; L 35, C1 Aus dem Birseck sind Aufzeichnungen eines Meiers von Oberwil (1431–1434) und von Reinach (1518) überliefert; StA SO, Denkwürdige Sachen 36, S. 27; AAEB, Comptes de Bâle, 1431–1434; Weissen 1994, S. 8, 112. Das Rechnungsbuch eines Schreiners in StA BL, AA, L. 114b, Bd. 648, Nr. 284 (Umbau von Schloss Pfeffingen, 1571–1574).
11 Zangger 1991, S. 88, 101–109; zum Kerbholz siehe Gilomen 1977, S. 317; Weissen 1994, S. 288, 291.
12 Wackernagel 1972, S. 241ff.; Hildbrand 1996, S. 282–285.
13 Gössi 1974, S. 156–158; Burke 1990.
14 Schäfer 1992; Vollrath 1981; vgl. auch Wenzel 1995.
15 Hildbrand 1996, besonders S. 47–63; Kommunikation und Alltag 1992; La circulation des nouvelles 1994.
16 Sieber-Lehmann 1995.
17 Vgl. Ginzburg 1983.
18 Wunder 1986; Hildbrand 1996, S. 64–88. Vgl. Bd. 3, Kap. 9.
19 StA BL, AA, L. 9, Bd. 92; Rippmann 1998b, S. 117.
20 StA BL, AA, Urk. 444; Rippmann 1998b; zu Madeln Marti/Windler 1988. Vgl. Bd. 2, Kap. 11.
21 Bruckner 1967; Bühler 1972; Jorio 1983.
22 Wir streben keine Vollständigkeit an.
23 Vgl. Bd. 2, Kap. 7 und Bd. 4, Kap. 3.
24 Rennefarth 1962/63; Rippmann 1998b.
25 Laufen 1975, S. 19–21; Bühler 1972, S. 61, 119, 120–122. Laufner Dinghofleute lebten auch ausserhalb des Amts Zwingen in den Ämtern Birseck und Pfeffingen.
26 StA BL, AA, Urk. 213a (Waldenburg); RQ BS/BL, II, S. 22f. Nr. 604 (Liestal).
27 Bühler 1972, S. 120–122; Laufen 1975, S. 21–24.
28 Othenin-Girard 1994, S. 187; Boos Nr. 387–391, 394, 397, 400, 401.
29 Berner 1994a, S. 45–53; RQ BS/BL, II, Nr. 638.
30 RQ BS/BL, II, S. 104–143 Nr. 635 und S. 308–397 Nr. 759; vgl. Landolt 1996, S. 95f., 68of,. 684ff. Vgl. auch Bd. 4, Kap. 1.

1 StA BS, Adelsarchive.
2 Roth 1907; Othenin-Girard 1994, S. 189–200, 475–479.
3 Ammann 1950; Othenin-Girard 1994, S. 55–88.
4 Berner 1994b; Weissen 1994, S. 541–546.
5 Auch zum Folgenden: Gschwind 1977; Gilomen 1994; Othenin-Girard 1994, S. 55–88, 345–351, 506, 507; Weissen 1994, S. 191–203, 541–546.
6 Gilomen, H.-J.: Art. Rente, Rentenkauf, Rentenmarkt, in: LexMA 7, Sp. 735–738; Gilomen 1994, 1998b.
7 Ammann 1937; StA BL, AA, L. 82, Bd. 534 (Zollsachen).
8 Vgl. Berner 1994a; Suter 1985 sowie Bd. 4, Kap. 1 zum Widerstand gegen Kontributionen.
9 Zum Umgeld Schönberg 1879; Othenin-Girard 1994, S. 351f.; Gilomen 1994, S. 143f.; Weissen 1994, S. 355–362; Berner 1994b.
10 Vgl. Bd. 4, Kap. 1 und Landolt 1996.
11 Simon 1984.
12 Schnyder 1992, S. 87–105; Schoch 1996; Dirlmeier 1978.
13 Vgl. Bd. 2, Kap. 11; Ulbrich 1979; Maurer 1980; Simon 1981, S. 15; Rippmann 1998b; StA BL, AA, L. 39 D, Bd. 297; vgl. Pitz 1979.
14 Zur Methode siehe Gilomen 1977; Rippmann 1990; Othenin-Girard 1994.
15 Vgl. dazu Manz 1991, S. 416ff. und Bd. 4, Kap. 2.
16 Harms 1908–1913; Ämterrechnungen vgl. StA BL, AA, L. 9, Bd. 196; L. 9, Bd. 197; L. 59, Bd. 409–410; L. 39 D, Bd. 297–304; L. 76, Bd. 529.
17 AAEB, Comptes de Birseck; AAEB, Hofrechnungen; dazu Weissen 1994; Fuhrmann/Weissen 1997; Berner 1994a; Dirlmeier/Fouquet 1992; Rippmann 1993, 1996b, 1997.
18 Rippmann 1992, 1993, 1994b, 1996a, 1996b, 1996e, 1997; Rippmann/Simon-Muscheid/Simon 1996.
19 Christ 1992.
20 Vgl. zur Geschichte und Struktur des Archivs des Fürstbistums: Jorio 1983 und Jahresbericht der Fondation des Archives de l'ancien Evêché de Bâle 1994.
21 Sie sind im Staatsarchiv in Liestal aufbewahrt. Vgl. Huggel 1979, S. 6ff.; Schnyder 1992, S. 165–230.

Wege zum städtischen Territorium

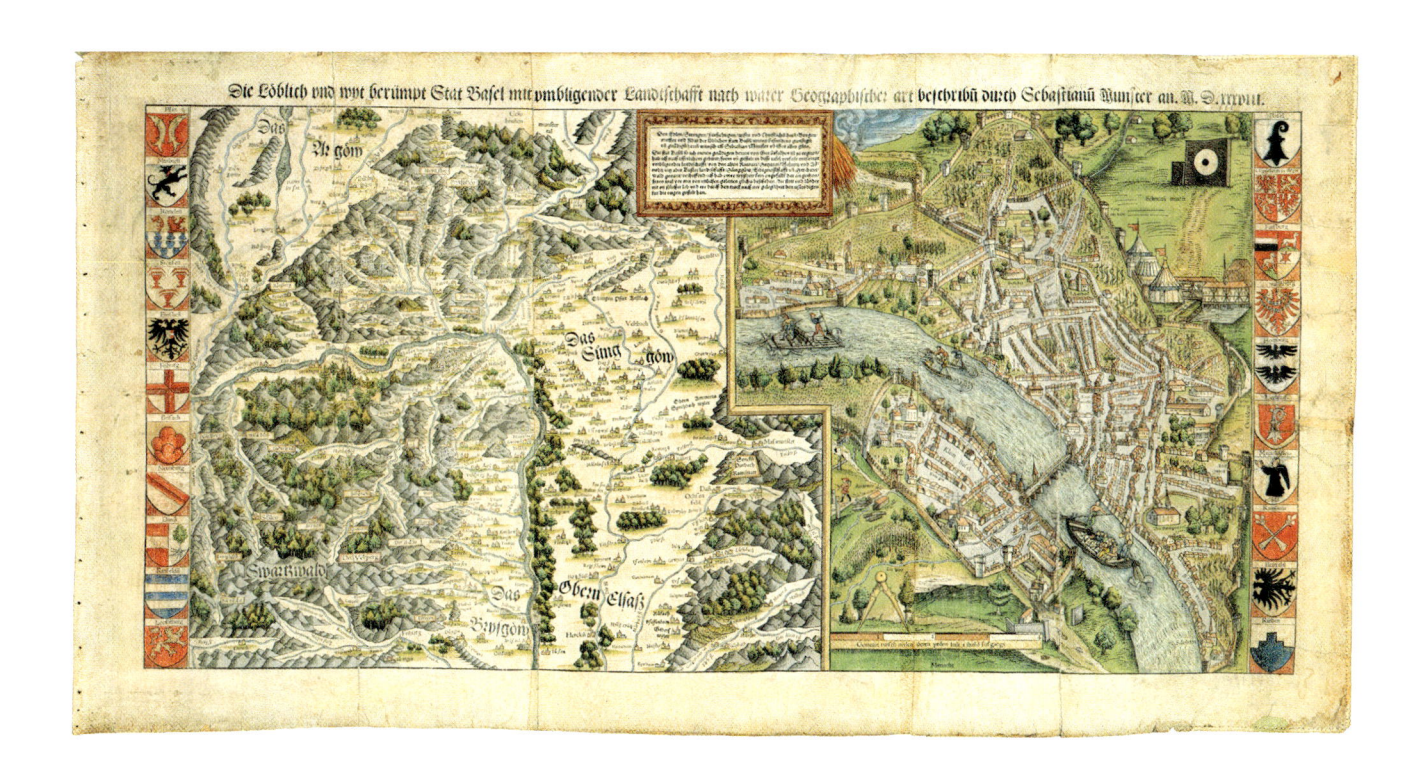

Bild zum Kapitelanfang
Basels Hinterland
Auf der Darstellung der Stadt Basel in ihrem Umland aus Sebastian Münsters Kosmographie von 1544 erscheinen der Sundgau und das Markgräflerland als für die Versorgung der Stadt lebenswichtiges Hinterland.
Der reformatorische Theologe und Universalgelehrte Sebastian Münster wurde 1488 in Ingelheim geboren und starb 1552 in Basel. Er begann seinen Lebensweg als Franziskanermönch in den Minoritenklöstern Heidelberg und Rouffach, wo er unter dem Einfluss des Reformators Pellikan stand; schliesslich trat er zum neuen, evangelischen Glauben über. Er lehrte an der Heidelberger Universität Hebräisch, Mathematik und Geografie, von 1529 an war er an der Basler Universität Professor der hebräischen Sprache, später der Theologie und des Alten Testaments.

Basels Nachbarn

Basels Territorium setzte sich aus einer Vielzahl von Gütern und Herrschaftsrechten mit je eigener Geschichte zusammen; seit 1400 hatte der Rat ein Konglomerat uneinheitlicher Rechte, eine Anzahl von Burgen, Gütern und Gerichtsherrschaften erworben. Dieses Gebiet zwischen dem Rhein, der Birs und den Jurahöhen war, verglichen mit den Territorien Zürichs und erst recht Berns, nicht gross. Es beschränkte sich einseitig auf das südliche Hinterland der Stadt, während nördlich die österreichischen Vorlande, rechtsrheinisch eine kleinere Exklave des Bischofs von Basel (das Untere Amt Birseck) und das Territorium der Markgrafen von Hachberg anschlossen. Basels mächtigste Nachbarn, die seit dem 13. Jahrhundert aufstrebenden Habsburger, setzten dem städtischen Territorialausbau enge Grenzen; die Herzöge festigten im Laufe des 14. und 15. Jahrhunderts ihre Stellung am Hochrhein und im Fricktal, wo sie mit den Waldstädten Rheinfelden, Laufenburg, Säckingen und Waldshut wichtige Stützpunkte innehatten. Diese stellten geografisch ein Verbindungsglied zwischen den habsburgischen Besitzschwerpunkten im Elsass und Breisgau und im Aargau, der 1415 an die Eidgenossen verlorenging, dar. Im Breisgau erwarben die Habsburger im 14. Jahrhundert Breisach (1331), Triberg, Kenzingen und zuletzt, 1368, von den Grafen von Freiburg die Stadt Freiburg, die bedeutendste Stadt am rechten Oberrhein zwischen Strassburg und Basel.[1] Seit dem 14. Jahrhundert gerieten die adeligen Kleinterritorien im Basler Raum zunehmend in den Sog des Hauses Habsburg, dem sie als Dienstleute und Vasallen anhingen. Viele von ihnen suchten den politischen und militärischen Rückhalt der österreichischen Herzöge, indem sie ihnen aus freien Stücken ihre Burgen und Güter übertrugen, um sie als Lehen wiederum von ihnen zu empfangen. Ein anderes Mittel zur Klientelbildung stellte ausser dem Lehenswesen das Pfandschaftswesen dar. Denn mit der Verpfändung von Gütern und Rechten an adelige Parteigänger erschlossen sich die habsburgischen Landesherren nicht nur dringend benötigte Finanzquellen, son-

Absicherung von Herrschaft:
Die Landeshoheit

Die Rechte der Stadt in den seit 1400 erworbenen Gebieten sind uneinheitlich und zersplittert. Den Leuten auf dem Land tritt die städtische Herrschaft in Gestalt des Landvogts entgegen. Er residiert in einem Landvogteischloss, ist für den Einzug von Steuern, die Verleihung und Kontrolle der ehaften Gewerbebetriebe (Mühlen, Sägereien, Schmiedewerkstätten), die Verwaltung der Geld- und Naturaleinkünfte und anderes mehr zuständig; er stellt die Verbindung zum städtischen Rat her und wird anlässlich der jährlichen Rechnungslegung von einem Ratsausschuss kontrolliert. Die wirtschaftliche Macht der Stadt zeigt sich in der Präsenz von Zollern an den Zollstellen in Diepflingen, Sissach, Onoldswil, Liestal, Augst und an der Birsbrücke bei Muttenz-St. Jakob, ferner in der Durchsetzung des Salzmonopols und von Getreideausfuhrverboten. Seit den Anfängen ihrer Herrschaft erhebt die Stadt eine indirekte Konsumsteuer auf dem in Wirtshäusern ausgeschenkten Wein, das so genannte Umgeld.
Die zersplitterten Herrschaftsrechte eigneten sich nicht zur Etablierung von Landesherrschaft. Um Kontrolle über die Menschen auf dem Land zu erhalten, setzte die Stadt auf das Instrument der Leibherr-

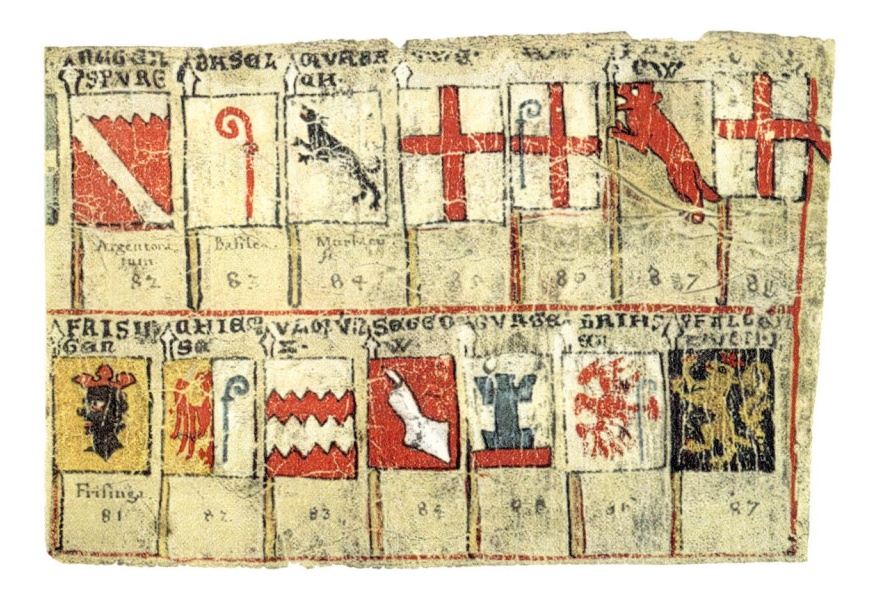

dern sie knüpften durch die finanziellen Transaktionen ein politisch steuerbares Beziehungsnetz. Einflussreiche Repräsentanten des Ritterstandes verkörperten gegenüber dem Landesherrn die doppelte Funktion als Vasallen sowie als Gläubiger.²

Gleichzeitig nahmen die sundgauischen und sisgauischen Adelsgeschlechter Anteil am städtischen Leben; denn viele von ihnen besassen innerhalb von Basels Mauern Liegenschaften und einen Wohnsitz, einen Stadthof. Auch war der ritterliche Adel durch seine in der Ratsverfassung verankerte Vertretung im Rat an der Stadtherrschaft beteiligt. Als einflussreiche Sozialgruppe spielte der Adel im politischen und sozialen Leben der Stadt mit. Ausserdem waren etliche auswärts ansässige Adelige der Stadt als so genannte Ausbürger verbunden; während politischer Krisen achtete der Rat darauf, sie an ihre Treuepflicht zu mahnen und verlangte, ihre Burgen den städtischen Söldnern offenzuhalten.³ Aus diesen Verbindungen entstand ein politisch spannungs- und kontrastreiches Verhältnis zwischen

Vom Bischofsstab zum Baslerstab
*In ihrem Wappen führen die Kantone Basel-Landschaft und Basel-Stadt den Bischofsstab mit Krümme, Knauf und drei Spitzen am unteren Ende. Das vertraute heraldische Zeichen symbolisiert die Vorgeschichte der beiden Kantone: Eine ihrer Wurzeln ist das Fürstbistum Basel. Dieses Staatswesen im Nordwesten der heutigen Schweiz gehörte bis zur Französischen Revolution zum Reich, nicht zur Eidgenossenschaft. Da im schweizerischen Geschichtsbewusstsein die Tradition der eidgenössischen Stadtrepubliken und Länderorte betont wird, ist heute die Erinnerung daran verblasst, dass Teile der modernen Schweiz aus kirchlichen Fürstentümern wie der Abtei St. Gallen und dem Bistum Basel hervorgegangen waren.
Seit 1100 diente der Stab als Hoheitszeichen des Basler Bischofs; es zierte Münzen, Siegel und Banner. 1373 verpfändete der Bischof das Münz- und Zollrecht an die Stadt. 1385 erwarb sie von ihrem Stadtherrn pfandweise das Schultheissengericht. Seither übernahmen Bürgermeister und Rat das bischöfliche Wappenzeichen. Auf der Zürcher Wappenrolle ist der Stab in roter Farbe ausgeführt, auch auf den bemalten Grabsteinen der Bischöfe des 15. Jahrhunderts, während der Stab im Stadtwappen wenigstens seit dem 15. Jahrhundert schwarz ist. Nach der Kantonstrennung 1833 behielt die Stadt den schwarzen Stab, während der Landkanton das Rot im Bischofswappen wählte. Es sei erwähnt, dass nach 1512 auf Basels Wappen für kurze Zeit ein goldener Stab «in rittermässiger Farbe» erschien, dank eines päpstlichen Privilegs; es war die Anerkennung für die Beteiligung am eidgenössischen Feldzug in die Lombardei.
Die Abbildung zeigt die um 1340 entstandene Wappenrolle von Zürich.*

schaft; mit ihr begründete sie Freizügigkeitsbeschränkungen, Steuern und andere Abgaben wie das Fasnachtshuhn und sie betrachtete sie als den «gemeinsamen Nenner» aller im Territorium ansässigen Leute. Sie wurden über den persönlichen Rechtsstatus der Unfreiheit definiert. Das förderte die Schaffung eines einheitlichen Untertanenverbands.¹ Gleich wie bei den eidgenössischen Städteorten Luzern und Zürich und wie beim Bistum Basel erfolgte die Aneignung landesherrlicher Macht wesentlich über die Hochgerichtsbarkeit über «Dieb und Frevel» und die Blutgerichtsbarkeit.² Mit der Aburteilung schwerer, todeswürdiger Verbrechen wie Diebstahl, Totschlag, Verwundungen, Landesverrat, Gewaltandrohung, später auch von «Hexerei»-Delikten und mit der grausigen Vollstreckung von Bluturteilen durch den Henker demonstrierte die Obrigkeit gegenüber ihren politischen Rivalen Solothurn, den Grafen von Thierstein, Österreich sowie den Bauern ihre Macht. Zentrales Element der Herrschaftssicherung war darum der Kauf der Landgrafschaft im Jahr 1461. Sichtbare Zeichen der Macht waren die Richtstätten: auf der Erfenmatt bei Rothenfluh, bei Rünenberg, auf dem Glunggisbühl bei Sissach, bei Maisprach, Nunningen, Augst und am Birsrain bei Muttenz. Die Bevölkerung sah sie mit Schaudern

Die Schlacht bei St. Jakob
In der Umfriedung des Siechenhauses drängen sich die belagerten Eidgenossen; sie sind mit dem Fähnlein mit weissem Kreuz gekennzeichnet. Oben die berittenen Armagnaken mit dem Lilienbanner und die deutsche Ritterschaft mit dem Reiterbanner Österreichs. Die Darstellung der Schlacht im Sommer 1444 stammt aus der amtlichen Berner Chronik Diebold Schillings.

Ein Basler Wappenträger
Dank eines päpstlichen Privilegs durfte die Stadt Basel für kurze Zeit ein goldenes Wappenzeichen führen. Ein Basler Venner mit dem goldenen Baslerstab, dem so genannten Juliusbanner. Holzschnitt von Urs Graf, 1521.

dem Adel, den Habsburgern und der Stadt. Geringfügige Störungen in den Beziehungen zwischen der Bürgerschaft und einem Adeligen konnten für Basel unliebsame Massnahmen der Habsburger heraufbeschwören. Doch spielten die Herzöge nicht grundsätzlich die Rolle der politischen Opponenten der Stadt. Im 14. Jahrhundert hatten sie angesichts ihres Finanzbedarfs Beziehungen zu einzelnen finanzkräftigen Basler Bürgern und Bürgerinnen aufgenommen, welche ihnen hohe Kredite gewährten.[4]

Seit den 1430er Jahren begann sich in den habsburgischen Vorlanden die landständische Verfassung durchzusetzen. Das bedeutete, dass die Landstände, nämlich der landsässige Adel, die hohe Geistlichkeit sowie die landesherrlichen Städte (also nicht die Reichsstadt Mülhausen), als lokale Herrschaftsträger mit dem Landesherrn, den Österreichern, zusammenwirkten. Unter dem Vorsitz des Landvogts tagte die «Landschaft» seit 1429 regelmässig in Ensisheim, dem vorderösterreichischen Verwaltungszentrum.[5] Dass die Institution der Landstände gestärkt wurde, zeigt sich in der steigenden Frequenz ihrer Landtage: Von 1430 bis 1530 kamen die Landstände 370-mal zusammen.[6] Die zwei wichtigsten Stützen der habsburgischen Politik waren seit dem 14. Jahrhundert die Ritterschaft, die sich in Gesellschaften zusammenschloss, und die Städte.[7] Höchster herrschaftlicher Repräsentant vor Ort und eine zentrale Figur im politischen Geschehen war der Landvogt.

Im 15. Jahrhundert nahm unter Herzog Friedrich von Österreich der Graf Hermann von Sulz die Funktion des Landvogts wahr, von 1437 bis 1444 der einflussreiche Markgraf Wilhelm von Hachberg; er starb nach 1473. Er kompromittierte sich 1444 im Zusammenhang mit den Armagnakenstürmen, weshalb Herzog Albrecht an seiner Stelle Hans von Thierstein (1455) als Hauptmann einsetzte. Zwischen 1453 und 1463 bekleidete Peter von Mörsberg das Amt des Landvogts, danach Thüring von Hallwil (1464 bis 1469), Wilhelm von Rappoltstein und Oswald von Thierstein (in den 1470er Jahren und 1481 bis 1488). Peter von Mörsbergs Berater, Heinrich von

und Unbehagen und empfand ihren Anblick besonders für schwangere Frauen als unzumutbar.[3] Konflikte um die baslerischen Hoheitsrechte entzündeten sich jedesmal, wenn ein Täter, dem man beispielsweise Totschlag oder Diebstahl vorwarf, im Grenzgebiet gefasst wurde und die konkurrierenden Mächte sich um den Fall stritten.[4] Dem berühmten Galgenkrieg zwischen Basel und Solothurn 1531 waren im 15. Jahrhundert ähnlich gelagerte Vorfälle vorausgegangen. Solothurn tat, wie bei solchen Gelegenheiten üblich, seinen Anspruch auf die Blutgerichtsbarkeit in Gempen kund, indem es 1531 einen Galgen aufrichten liess; Knechte eines Basler Aufgebots hieben ihn in Stücke; der Streit eskalierte. Besonders kritisch war schon zu Zeiten, als die Falkensteiner die Landgrafschaft innehatten, das Verhältnis zu den Herren von Eptingen. Diese betrachteten ihre Dörfer Sissach, Eptingen und Pratteln als exemt, das heisst vom landgräflich-sisgauischen Gerichtskreis ausgenommen, und sie richteten über das Blut. Sie konnten ihre Hoheitsansprüche schon in den 1430er Jahren, unter der schwachen landgräflichen Herrschaft der unmündigen Freiherren Hans (gestorben 1462) und Thomas (gestorben 1482) von Falkenstein durchsetzen. Und sie bestanden auch später gegenüber Basel darauf. Dass der

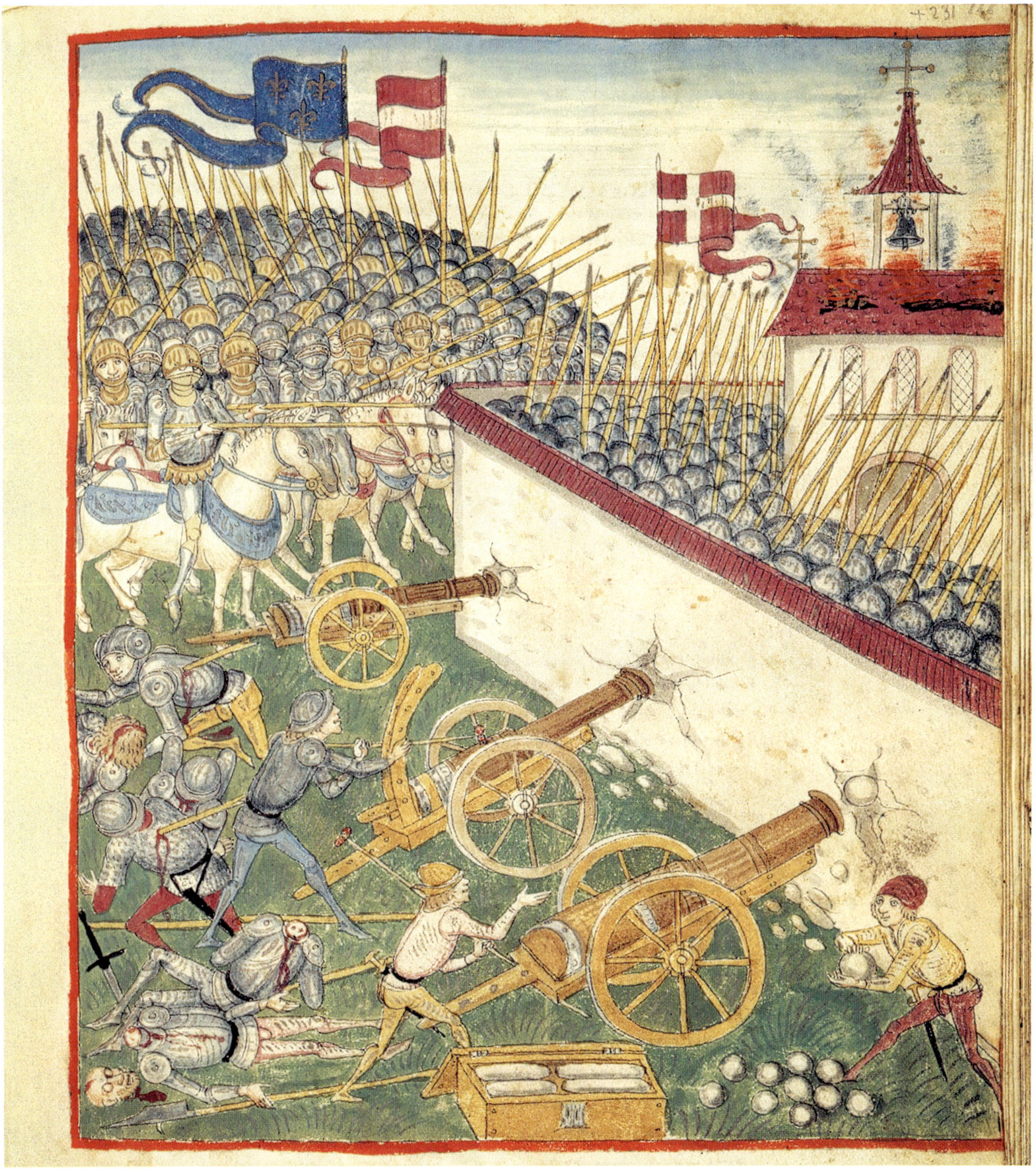

Ramstein, stammte aus einem im heutigen Kantonsgebiet einflussreichen Adelsgeschlecht und hatte dem Basler Rat angehört. Wie andere habsburgische Vasallen, die Grafen von Thierstein, die Münch und die von Eptingen, waren die Ramstein sowohl im Sundgau wie im heutigen Kantonsgebiet verankert.

Neben Habsburg stand Basel einer anderen Macht gegenüber, der Reichsstadt Solothurn, die 1481 – 20 Jahre vor Basel – Mitglied der Eidgenossenschaft wurde.[8] Von 1400 bis 1420 dauerte ein kurzfristiges Bündnis Basels mit Solothurn und Bern. Mit der Aufnahme des Klosters Beinwil und seiner Eigenleute ins solothurnische Burgrecht und weiteren Vorstössen Solothurns in die baslerische Einflusssphäre wendete sich das Blatt. So nahmen Bern und Solothurn die Freiherren von Falkenstein ins Burgrecht auf und erhielten dafür die Feste Farnsburg als militärischen Stützpunkt zugesichert. Seit 1426 hatten diese beiden Städte die Landgrafschaft im Buchsgau inne. In jenem Jahr zog der Bischof die Pfandschaft Olten an sich und übertrug sie an Solothurn. Die Konkurrenz Basels und Solothurns beim Ausbau ihrer Landeshoheit mündete in der zweiten Hälfte des 15. Jahrhunderts in wiederholte Streitigkeiten im baslerisch-solothurnisch-birseckischen Grenzgebiet; die Rivalinnen unterstrichen ihre Ansprüche mit militärischen Vorstössen. Solothurn besetzte im Laufe der Auseinandersetzungen Schlösser in Basels Nähe, so Pratteln, Diegten, Wildeptingen, Münchenstein, Thierstein, Dorneck, Pfeffingen und die Landskron bei Leymen. Zum baslerischen Besitz gehörten zeitweilig die später solothurnischen Dörfer Wisen und Horwen (das heutige Hauenstein) im Juragebirge sowie zwischen 1407 und 1426 die Brückenstadt Olten am Jurasüdfuss.

Mit Habsburg und Solothurn fand Basel im ersten Drittel des 16. Jahrhunderts einen Ausgleich – zur «Pflanzung und Erhaltung guter Nachbarschaft». Damit gelangte die Territorialbildung im Wesentlichen zum Abschluss. Mit beiden Mächten einigte sich Basel über den Tausch von Leibeigenen. Es verzichtete auf jegliche Ansprüche an die zahlreichen eige-

Basler Rat unter einem demonstrativen Aufgebot vieler bewaffneter Knechte im November 1465 im Pratteler Bann einen Galgen errichten liess, war unter anderem Anlass zu jahrelang fortdauernden Konflikten mit Ritter Hans Bernhard von Eptingen.[5]

Entscheidend für den Fortgang der Territorialbildung war der Umstand, dass der Gerichtskreis der Landgrafschaft im Sisgau mit seinen über 20 Orten auch solche umfasste, die erst nach 1461 an Basel übergehen sollten, etwa Sissach, Zunzgen, Böckten, Pratteln, Frenkendorf, Arisdorf, Augst, Rothenfluh. Ferner gehörten die später solothurnischen Gemeinden Wisen und Horwen, bis 1461 Nuglar und Seewen und bis 1482 Büren zur Landgrafschaft. Sie hatten ebenfalls Urteilsprecher an die Landtage zu senden.[6] Über den Landtag unter dem Vorsitz des Landrichters erfolgte die Einbindung von Teilen des Hinterlands in den städtischen Herrschaftszusammenhang.[7] Allerdings war sie im Wesentlichen auf die Rechtsprechung begrenzt. Im Landtag entwickelte sich dank des Informationsaustauschs der von den Dörfern gesandten bäuerlichen Urteilsprecher ein herrschaftsübergreifendes Kommunikationsnetz, welches die Gemeinden zur Stärkung ihrer Position gegenüber den Herren politisch

nen Leibeigenen, die in habsburgisches beziehungsweise solothurnisches Territorium gezogen waren. Umgekehrt galten fortan die auf Basler Gebiet ansässigen habsburgischen und solothurnischen Eigenleute als Basler Untertanen, und man befreite sie von allfälligen Steuer- und Abgabenforderungen ihrer bisherigen Leibherren. Damit hatte sich das Prinzip «des Bann, des Mann» durchgesetzt, das stillschweigend auch für die Frauen galt. Mit dem habsburgischen Landvogt, der im Namen des Königs verhandelte, einigte sich Basel im Jahr 1534 auf einen Grenzverlauf zwischen dem baslerischen Amt Farnsburg und den österreichischen Herrschaften Homberg (nach dem altehrwürdigen Burgplatz Alt-Homberg oberhalb Fricks genannt) und Rheinfelden. Standen bisher die Hoheitsrechte über die rechts der Ergolz liegenden Gemarkungen von Anwil und Rothenfluh den Habsburgern zu, so wurde nun das Hoheitsgebiet Basels auch auf dieses Gebiet ausgedehnt. Gegen den Staffeleggpass und die Schafmatt hinauf zog sich nun nicht mehr eine «weiche» Grenzzone, deren Verlauf gelegentlich umstritten gewesen war, sondern Scheidleute beider Parteien legten die Grenzlinie fest und liessen Grenzsteine setzen, «mit beyder herschafften eeren wappenn bezeichnet». Bisher hatte es nur Lohen gegeben, das sind an Bäumen im Wald eingekerbte Grenzzeichen.[9] Habsburg trat an Basel die hohe Gerichtsbarkeit in Giebenach, Anwil und Rothenfluh ab; dafür zog sich die Stadt aus dem Fricktal zurück und verzichtete auf Gerichtsrechte in Frick, Einkünfte in Wittnau und Frick und ihren Anteil an der Burgruine Alt-Homberg.[10] Das Resultat der Abkommen ist ein geschlossenes Herrschaftsgebiet, wo die Stadt nahezu überall über sämtliche hoheitlichen Rechte, das heisst hohe Gerichtsbarkeit und den Blutbann sowie vielerorts auch die niedere Gerichtsbarkeit verfügte. Der Territorialaufbau und die Ausbildung der Landeshoheit waren, wie besonders die Anfänge zeigen, nicht geradlinig verlaufen, sondern durch manche Rückschläge, Misserfolge und Zufälle gekennzeichnet.

nutzen konnten. Ihre Zugehörigkeit zum sisgauischen Gerichtsverband setzte sie in Verbindung zur städtischen Machtsphäre; die Zugehörigkeit zum ortsübergreifenden Landgerichtskreis bedeutete institutionell eine Vorstufe zur späteren Integration ins baslerische Landgebiet. Vom baslerischen Gesichtspunkt aus erleichterten ein funktionierendes Landgericht und die Kooperationsbereitschaft der darin repräsentierten ländlichen Elite die spätere friedliche Etablierung und Konsolidierung der Landesherrschaft. Die Kontinuität in der Rechtsprechung war ein Grund dafür, dass die Untertanen jener Dörfer, welche nach 1461 aus adeliger oder stadtbürgerlicher Hand an Basel kamen, das neue städtische Regiment nicht als grundsätzlichen Umbruch erfuhren. Jahrzehntelang hatten die Bauern die Stadt im Vergleich zu ihren adeligen Gerichtsherren auf der Ebene des Landtags als zuverlässigere Rechtsinstanz erlebt. Ihnen selbst brachte diese Entwicklung jedoch, wie der Ausgang der Bauernunruhen von 1525 zeigt, am Ende keinen langfristig bleibenden Erfolg. Denn die Entstehung eines flächendeckenden Territoriums und eines einheitlichen Untertanenverbandes hatte zur Folge, dass sich der Handlungsspielraum der Gemeinden verengte. Sie sahen sich nun der geschlossenen Front nur noch einer einzigen Obrig-

«Unserer Ämter Herrlichkeiten oder Gebiete»

Der Nationalökonom Karl Bücher entwickelte die Modellvorstellung einer Stadt und ihres Territoriums: Sie ist rundum, kreisförmig von ihrem Untertanengebiet umgeben. Folgen wir dem spätmittelalterlichen Sprachgebrauch, so finden wir den Vorläufer dieser Vorstellung schon in den Köpfen der damaligen führenden Basler: Seit dem frühen 15. Jahrhundert beschreiben sie den «scheibenweise» ausgedehnten städtischen Herrschafts- und Machtbereich mit den Begriffen «Gebiet» und «Zirk». «Zirk» löst den älteren Begriff des Kreises ab. So heisst es im 14. Jahrhundert «in den Kreisen der Landgrafschaft», wenn von deren geografischem Geltungsbereich die Rede ist. Die baslerischen Herren sprechen von «unserer Ämter Herrlichkeiten oder Gebiete». Diese umständliche Formulierung drängt sich wohl deshalb auf, weil das Wort «Zirk» auch auf der niederen Ebene des Dorfes zur Umschreibung der Banngrenzen dient. Ein Blick auf die Karte des baslerischen Untertanengebiets lehrt, dass es sich einseitig im Süden, zwischen Rhein und Jura beziehungsweise der Birs im Westen und dem Quellgebiet der Ergolz im Osten hinzieht – eine kreisförmige Ausdehnung ist nicht einmal zu erahnen. Im wirtschaftlich lebenswichtigen Hinterland, dem Sundgau und dem Markgräflerland, der Kornkammer und dem Weinkeller Basels, weist die Stadt – abgesehen von Riehen und Bettingen – keine Besitzungen auf; dies im Unterschied zu ihren Bürgern, den stadtsässigen Adeligen und den Klöstern.

Hochmittelalterlicher Landesausbau
Die im 10. Jahrhundert errichtete Frohburg (Gemeinde Trimbach SO) war ein Herrschaftszentrum der mächtigen, mit den Habsburgern verschwägerten und mit ihnen konkurrierenden Grafen von Frohburg. Von hier aus dehnten sie im 12. und 13. Jahrhundert ihre Herrschaft über ihr Stammgebiet in der Gegend von Knutwil, den Oberaargau und den Buchsgau hinaus nordwärts, in den Sisgau hinein aus Den entscheidenden Auftakt ihrer Kolonisationsbewegung gaben der Ausbau der Frohburg und die Gründung des Klosters Schöntal bei Langenbruck durch das Ehepaar Sophia und Adalbero von Frohburg, erst viel später erfolgte die Gründung des Städtchens Waldenburg als Abschluss der Herrschaftsbildung im Waldenburgertal. Am linken Bildrand der tiefe Halsgraben und das Vorwerk; der Nordabschluss der Hauptburg wurde durch die mächtige Schildmauer geschützt; davor lag grabenseitig die stützende Eskarpe an der Grabenflanke. Im Vordergrund zogen sich entlang der Westflanke des Felsplateaus die Gebäude der Grafenburg; ihnen gegenüber, am Ostbering der Burg, lagen in der Nordostecke der mächtige Rundturm, über anschliessendem langdreieckigem Grundriss die mutmasslichen Stallungen, ein Vierteckhaus und ein Rundhaus. Im Vordergrund rechts der hohe Felsen, dahinter die südliche Schildmauer und die daran angelehnten Ökonomiehäuser sowie der südöstliche Viereckturm.

Das Bistum und die Sisgauer Herrschaften im 14. Jahrhundert

Während Rheinfelden bis 1330 Reichsbesitz war, dann an Österreich verpfändet wurde und seit 1415 wieder reichsfrei war, befand sich das Gebiet der alten Landschaft Basel in der Hand grosser Grafengeschlechter und des ritterlichen Adels. Nur ein Jahrhundert lang stellten die Herrschaften Liestal und Homburg bischöfliches Eigentum dar. Als Erbgut waren sie über die Grafen von Neu-Homberg in die Hand Itas von Homberg, der Gemahlin Graf Friedrichs von Toggenburg, gelangt. Er verkaufte es in Itas Namen im Jahr 1305 dem Bischof.[11] Etwas länger hatte seine Oberherrschaft über Waldenburg und Olten gedauert, welche ihm Graf Ludwig von Frohburg im Jahr 1265 übertragen hatte.[12] Im letzten Viertel des Jahrhunderts setzten die Inhaber des Bischofsstuhls Olten und die Sisgauer Herrschaften als Pfandschaften ein, indem sie sich unter anderem bei Österreich und den finanzkräftigen Münch verschuldeten, um mit Krediten die katastrophale Finanzlage des Bistums aufzubessern. 1374 sah sich Bischof Johannes von Vienne genötigt, bei Graf Rudolf von Habsburg-Laufenburg 30 000 Gulden aufzunehmen; als Pfand übergab er ihm dafür für einige Jahre die Stadt Liestal sowie Burg und Stadt Waldenburg und die Burg Neu-Homberg. Dann war Liestal für kurze Zeit an die Grafen von Thierstein verpfändet. Ehe die Herrschaften an Basel kamen, wechselten sie noch mehrmals die Hand. Bischof Johannes von Vienne verpfändete 1381 Waldenburg und Homburg an den Edelknecht Burkart Munch von Landskron; sie wurden zusammen mit dem Dorf Reigoldswil 1392 mit Mitteln aus dem Verkauf Kleinbasels wieder ausgelöst. Bald nahm sie jedoch Konrad Münch erneut als Pfand, um sich für eine dem Bistum vorgestreckte Summe zu entschädigen. Als Dompropst war Konrad 1393 nach der Ernennung eines Bischofs durch den Papst vom Domkapitel zum Gegenbischof gewählt worden, legte aber 1395 angesichts der finanziellen Notlage des Bistums das Amt nieder und verkaufte seine Pfandschaft 1399 dem Markgrafen Rudolf von Hachberg.[13] Schliesslich verpfändete Bischof Humbert von Neuenburg den ehemals frohburgischen Besitz mit den Herrschaften Liestal, Homburg und Waldenburg im Jahre 1400 an die Stadt Basel. Damit tat diese den ersten, grossen Schritt zum Erwerb eines Territoriums. Sie war nun im Besitz der beiden Landstädtchen Liestal und Waldenburg und seit 1407 auch Oltens. Ihre Zahlungen erfolgten direkt an die Gläubigerinnen und Gläubiger des Bistums, unter ihnen eine Tochter aus dem Haus Eptingen, Jakob Ziboll und die Ehefrau des Patriziers Arnold Bärenfels. Bis zur Mitte des 15. Jahrhunderts erwarb Basel keine neuen Gebiete mehr, seine Territorialpolitik entwickelte sich nicht zur Erfolgsgeschichte. Im Gegenteil: Der Historiker Rudolf Wackernagel sieht sie in den Jahrzehnten nach 1400 als Politik der versäumten Gelegenheiten.[14] Am schwersten wogen in der Rückschau die gescheiterten Verhandlungen um den Erwerb Rheinfeldens, das bis zum 19. Jahrhundert zu Habsburg-Österreich gehören sollte. Um 1415, als die Eidgenossen mit vereinten Kräften dem geächteten Habsburger Herzog Friedrich den Aargau entrissen, schaffte es Basel nicht, aus der habsburgischen Notlage Gewinn zu ziehen.

Politik der versäumten Gelegenheiten

Um 1400 konnten reiche Basler Patrizierfamilien wie die Sinz, Fröweler, Sevogel, Bärenfels und Ziboll seit geraumer Zeit bedeutenden Besitz an Burgen, Gerichts- und Grundherrschaften, Brücken- und Zollrechten auf dem Land verzeichnen. Exemplarisch sei hier auf den Bankier Jakob Ziboll verwiesen, den bekannten Gründer und Wohltäter der Kartause in Kleinbasel. Als reichster Basler Bürger sass er seit 1368 im Rat; mehrmals bekleidete er das angesehene Amt des Oberstzunftmeisters. Durch Pfandkauf erwarb er im Basler Hinterland namhaften Besitz: Für ein knappes Jahr gehörte ihm die Stadt Laufen, ferner besass er Delsberg, das Schloss Birseck, die Herrschaft Wartenberg mit Muttenz, die Herrschaft Badenweiler. Von der Witwe eines Ritters von Schönau erwarb er die rechtsrheinischen Herrschaften Hauenstein und Schwarzwald, schliesslich von einem anderen österreichischen Pfandherrn die Feste Rheinfeld mit der Grafschaft im

Stadtherrschaft und Münzrecht
Bis zum Jahr 1373 besass der Bischof als Stadtherr das Münzregal; die Münzen wurden in seinem Namen geprägt. Im März 1373 verpfändete Johann III. von Vienne, Bischof von Basel 1365 bis 1382, das Münzrecht um 4000 Florentiner Goldgulden an die Stadt Basel, womit ein wichtiger Schritt in der Emanzipation der Bürgerschaft von ihrem Stadtherrn getan war. 1387 schufen Strassburg und Basel den so genannten Rappenmünzbund, dem auch der Strassburger Bischof und einige elsässische Städte beitraten, mit dem Ziel, ein einheitliches Umlaufgebiet für die gemeinsame Rappenmünze zu schaffen und die Geldpolitik zu koordinieren.
Abgebildet sind zwei Basler Silbermünzen, oben ein eckiger Rappen, geprägt in den Jahren nach 1373, mit Baselstab und Wulstrand, unten ein runder Rappen, geprägt um 1600 oder später.

keit gegenüber, ohne die Chance, bei Konflikten wie früher eine dritte, aussenstehende Macht anzurufen.[8] Mit der Grundlegung des frühmodernen Staates hatte sich die Beziehung zwischen Herrschaft und Untertanen entscheidend gewandelt.

Die Landgrafschaft

Aus der hochmittelalterlichen Landgrafschaft Graf Rudolfs von Rheinfelden, der alten Grafen von Homberg und ihrer Erben, der Grafen von Frohburg-Neu-Homberg, war im 14. Jahrhundert ihre jüngere Nachfolgerin hervorgegangen.[9] Seit den 1320er Jahren hatten die Grafen von Frohburg und die Grafen von Habsburg-Laufenburg die Landgrafschaft gemeinsam inne. Da die Habsburger von dem 1323 erloschenen frohburgischen Familienzweig der Grafen von Neu-Homberg auch den Frickgau und das fricktalische Eigengut geerbt hatten, war die Abgrenzung der beiden Landgrafschaften kaum ein strittiges Thema. Grenzen und Rechte des Sisgaus wurden in den 1360er Jahren erstmals urkundlich festgehalten, als der kinderlose Graf Johann von Frohburg am Ende seines Lebens seine Erbnachfolge vorbereitete und den zum Erben bestimmten Grafen Sigmund von Thierstein an seiner Hälfte des bischöflichen Lehens beteiligte; den anderen Teil hielt Graf Rudolf von Habsburg-Laufen-

Die Befugnisse des Landgrafen
Die Zuständigkeiten des Landgrafen sind folgende: Er hat den Blutbann und die höchste Gerichtsbarkeit inne und darf an einer der Dingstätten (Gerichtsorte) den Landtag gebieten; die landsässigen Adeligen, Bürger und Dorfleute sind folgepflichtig, sie haben am offenen Landtag zu erscheinen. Der Landgraf darf Zölle aufrichten und kommt in den Genuss der Einnahmen aus Zoll und Geleit. Ihm stehen die Rechte an allen Gewässern und das Fischereirecht zu. Er führt die Aufsicht über die Wälder, er hat das Jagdrecht in den Wildbannen. Mit dem Bergregal, dem Recht über Erzgruben und Steinbrüche, verfügt er über die Bodenschätze. Er ist für die Festlegung und Kontrolle von Massen und Gewichten zuständig. Ihm gehören die unehelich Geborenen, die zugewanderten fremden Leute und die Hinterlassenschaft von «schädlichen Leuten», die zum Tode verurteilt wurden, sowie herrenloses Gut und gefundene Schätze.

Fricktal und dem Amt Homberg (nicht das baslerische, sondern das österreichische Amt Homberg hinter Rheinfelden). Rheinfelden sollte sich für ihn und seine Familie zur entscheidenden Schicksalsfrage entwickeln, in dem Moment, als der Krieg der Stadt Basel mit Österreich und mit Katharina von Burgund ausbrach. Katharina war die Gattin Herzog Leopolds von Österreich und Regentin in einem Teil der Vorlande, nämlich im Elsass und im Sundgau. Einer der Auslöser des Konflikts war der Ärger umliegender Herren über Basel, das ihren landflüchtigen Untertanen bereitwillig Aufnahme und Schutz bot. Im Krieg geriet Ziboll in einen Loyalitätskonflikt, da er als Inhaber der Pfandschaft Rheinfelden den Herzögen zu Gehorsam verpflichtet war und ihnen vertragsgemäss die Burg offenzuhalten hatte. Der Basler Rat seinerseits verlangte von ihm als Bürger ebenfalls das Öffnungsrecht. Die Bürger Rheinfeldens hatten sich gegen die Verpfändung gewehrt. Nun ergriffen sie im Einverständnis mit Herzog Friedrich die Initiative, besetzten das Schloss Rheinfelden und nahmen einen Sohn Zibolls gefangen. Basel machte ihn für den Verlust Rheinfeldens verantwortlich, nahm ihn und zwei Söhne gefangen und auferlegte ihm eine ausserordentlich hohe Busse und den Verzicht auf Rückforderung und Rache. Damit war der ökonomische und politische Niedergang dieser Familie besiegelt. Ob der Rat damals entschiedene Pläne gehegt hatte, sein Territorium in Richtung Rheinfelden und über den Hochrhein hinaus zum Schwarzwald hin zu erweitern, ist allerdings nicht belegt. Nach der Ächtung Herzog Friedrichs von Österreich und der Eroberung des Aargaus durch die Eidgenossen im Jahr 1415 unternahm Basel einen eher zaghaften Versuch, Rheinfelden und die Waldstädte an sich zu bringen. Doch die Mission des Basler Politikers Henman Offenburg bei König Sigmund scheiterte unter anderem wegen der ratsinternen Opposition gegen das Vertragswerk.[15]

Nach den Ereignissen der Jahre 1409 bis 1412 und einem Friedensschluss und Bündnis mit Österreich verschlechterten sich die baslerisch-österreichischen Beziehungen um 1444 merklich. Dass der französische

burg inne. Die Grafen teilten sich die Einkünfte aus Zöllen und anderen Gerechtigkeiten und jeder Einzelne durfte im Namen der anderen Landtage auf eine der Gerichtsstätten einberufen. Warum dann wenige Jahre nach dem Tod Johanns von Frohburg der Graf von Thierstein als alleiniger Inhaber der Landgrafschaft erscheint, ist ungeklärt. Die Habsburger traten erst in den 1450er Jahren wieder auf den Plan, als sie die Herrschaft Farnsburg pfandweise erwarben.[10]

Am Ende der frohburgischen Zeit waren die Herrschaften Liestal und Homburg aus der Landgrafschaft ausgegliedert worden, nicht aber Waldenburg mit dem einträglichen Zoll und Geleitsrecht von Onoldswil sowie der Zoll in Liestal[11]. Damit war ihr jetziger Geltungsbereich gegenüber dem viel umfangreicheren Machtbereich der früheren Grafen von Homberg räumlich geschwunden. Dass der Bischof jemals von seinem Rückkaufsrecht Gebrauch machen würde, das im Pfandschaftsvertrag zwischen ihm und der Stadt über die drei sisgauischen Ämter festgehalten war, erwies sich wegen seiner Finanzschwäche[12] als zunehmend illusionär, der Bischof nahm wiederholt bei der Stadt Geld auf, die Pfandsumme erhöhte sich laufend und Basel konnte mit dem endgültigen Besitz der drei Ämter rechnen.

Thronfolger Ludwig damals seine Truppen, die Armagnaken, ins Elsass einmarschieren liess, war die Folge einer Übereinkunft der Habsburger mit dem französischen König. Seit 1439 zogen die beschäftigungslosen Söldnertruppen durch die Lande und schädigten Land und Leute, indem sie Vorräte raubten, Felder zerstörten und Dörfer verbrannten. Nach einem Waffenstillstand im französisch-englischen Krieg belagerten sie im Sommer 1444 Basel; der Stadt kamen die verbündeten Eidgenossen zu Hilfe, wurden jedoch bei St. Jakob an der Birs von den Armagnaken vernichtend geschlagen. Viele Dorfleute des Basler Umlands waren in die Stadt geflüchtet und suchten hier mit ihren Familien Schutz. Gegen jene Adeligen, denen er vorwarf, mit den Armagnaken gemeinsame Sache gemacht zu haben, ging der Basler Rat mit Strafaktionen vor. Er aberkannte ihnen Wohnung, Bürgerrecht und Regimentsfähigkeit. In den Jahren nach 1444 folgten verschiedene Rachefeldzüge und Kriegshandlungen, Basel nahm Pfeffingen ein, das Schloss des österreichischen Landvogts Hans von Thierstein, und zerstörte die eptingische Feste Blochmont. Rheinfelden hatte angesichts der Kriegsgefahr von 1444 die Pfandherrschaft Österreichs wieder anerkannt und suchte Basels Unterstützung gegen den Herzog und seine Parteigänger. Die Stadt schloss mit Basel ein zehnjähriges Bündnis. Mit einem grösseren Heer unternahm Basel einen Feldzug gegen das Schloss Rheinfelden, um zusammen mit Solothurner und Berner Truppen die hier versteckten Anhänger Herzog Albrechts zu bekämpfen. Nach langer Belagerung erzwangen sie die Kapitulation der Burgbesatzung, nahmen das Schloss ein und schleiften es. Gegen die Verpfändung der Stadt an Wilhelm von Grünenberg konnten sich die Rheinfelder Bürger nicht mehr wehren; in dem erneut ausgebrochenen Krieg engagierte sich die Stadt Basel nicht mehr für die verbündeten Rheinfelder, weil sie den mit Österreich geplanten bevorstehenden Friedensschluss, die so genannte Breisacher Richtung, nicht gefährden wollte.[16]

Waffenfunde von Burgen

Links: Dolchklinge, gefunden auf der Ruine Scheidegg bei Gelterkinden, rechts: Scheidenbeschläge (Ortband, Beschlag und Mundband), gefunden auf der Ruine Bischofstein bei Sissach, 13. oder frühes 14. Jahrhundert.

Anders verhielt es sich bei der Landgrafschaft im Sisgau; für Basel wirkte sich die Abhängigkeit vom Bischof als oberstem Lehensherrn negativ aus: Denn nachdem es dieses Lehen zusammen mit dem falkensteinischen Eigenbesitz, der Herrschaft Farnsburg, gekauft hatte, weigerte sich Bischof Johannes von Venningen, der Bitte Thomas von Falkensteins zu entsprechen und der Abtretung der Landgrafschaft zuzustimmen. Stattdessen setzte er den Grafen Oswald von Thierstein in das Lehen ein, der mit der Stadt in einem Verhältnis der Dauerfehde stand und auch ein Gegner Thomas von Falkensteins war. Er bestritt Basels Legitimation grundsätzlich, indem er auch lehensrechtlich argumentierte. Die Landgrafschaft sei, so behauptete er, Lehen Österreichs. Mit der Rückendeckung Österreichs und Solothurns provozierte Oswald die Stadt wiederholt, indem er sich als Landgraf gebärdete. So verbot er Basler Fischern den Fischfang in der Birs; von den Liestalern verlangte er, ihm zu huldigen. Er berief in Büren das Sisgauer Landgericht ein, um den an dem «Bastard» Hans von Ramstein, einem ausserehelichen Spross des Bürner Herrn, verübten Totschlag zu richten. Basel seinerseits zog den Blutgerichtsfall an sich und berief mehrere Gerichtstermine in Sissach ein. Nach mehreren gescheiterten

Erste Erwerbungen der Stadt Basel

Eine Dauerfeindschaft zwischen Basel und Habsburg und eine Bedrohung Basels ist im 14. Jahrhundert nicht erkennbar. In der Auseinandersetzung zwischen der Bürgerschaft und dem Stadtherrn, dem Bischof, spielte Habsburg hingegen durchaus eine Rolle. Durch Anleihen gelangte es in den Pfandschaftsbesitz bischöflicher Güter und Rechte, wodurch es seine Macht im Basler Raum laufend verstärkte. So verpfändete der in wirtschaftliche Schwierigkeiten geratene Bischof im Jahr 1375 den Herzögen die im frühen 13. Jahrhundert gegründete Stadt Kleinbasel; 1376 erhielten sie mit kaiserlichem Privileg die Vogtei in Grossbasel, die Hoch- und Blutgerichtsbarkeit. Seit der Bösen Fasnacht 1376, einem gegen Herzog Leopold gerichteten, gewaltsam endenden Tumult, herrschten im Basler Rat Parteigänger Österreichs. 1391 unterstellte der Bischof sein Fürstbistum auf sieben Jahre der Schutzherrschaft Herzog Albrechts; 1399 wurde das Bündnis erneuert.[17]

Basel seinerseits hatte sich wie viele andere Bischofsstädte seit dem 13. Jahrhundert schrittweise aus der Abhängigkeit von seinem Stadtherrn zu lösen versucht. Meilensteine in diesem Emanzipationsprozess bildeten 1373 der Erwerb des Münzrechts und der Schultheissenämter Gross- und Kleinbasels 1385. Seither hiess das Grossbasler Schultheissengericht, das seine Befugnisse auf Kosten des Vogtgerichts zunehmend ausdehnte, schlicht Stadtgericht. Für die hohe Kaufsumme von 29 800 Gulden erwarb Basel nach langeren Verhandlungen mit Bischof Imer von Ramstein von diesem im April 1392 die Stadt Kleinbasel. Mit 10 000 Gulden befriedigte es die österreichischen Rechtsansprüche auf die Kleinbasler Pfandschaft und besiegelte schliesslich die einvernehmliche Lösung mit einem zehnjährigen Bündnis mit den Herzögen.[18]

Wahrscheinlich hatte Basel schon damals die Gebietserweiterungen im Jura angestrebt. Jedenfalls schuf Bischof Humbert von Neuenburg im Sommer 1400 die Voraussetzungen für den Verkauf seiner Juraherrschaften: Er löste Burg und Stadt Waldenburg und die Burg Homberg, welche sein Vor-

Schlichtungsversuchen vermittelte Markgraf Rudolf von Hachberg unter den Streitparteien. Ein Vertrag kam nach längerer Auseinandersetzung 1482 zustande: Nachdem sie noch kurz zuvor von Bischof Kaspar zu Rhein einen Lehenbrief über die Landgrafschaft erhalten hatten, waren die Brüder Oswald und Wilhelm von Thierstein nun zum Verzicht bereit. Sie liessen sich die Abtretung der Landgrafschaft (ausgenommen die Herrschaft Büren) sowie den Verkauf der Gerichtsherrschaft und des Schlosses Diegten an Basel teuer bezahlen. Der Stadt sicherten sie zu, sich beim Bischof dafür einzusetzen, das Abkommen lehensrechtlich anzuerkennen.[13] Faktisch übte Basel seit 1462 die mit der Landgrafschaft verbundenen Rechte aus, ohne formalrechtlich Lehensträgerin zu sein. Auch unter der nächsten Generation der Thiersteiner, den Grafen Heinrich und Oswald, hielt dieser Zustand an, da der Bischof die Stadt Basel nicht als Lehensträgerin anerkannte. Diesen Schritt vollzog erst Bischof Christoph von Utenheim im Jahr 1510. Basel erhielt die Landgrafschaft nun als Pfand, mit allen ihren Rechten und Gerechtigkeiten, «so wit die zirck derselben landtgraffschafft begriffen». Zum wiederholten Mal wurde die Pfandsumme auf sämtlichen bischöflichen Pfandschaften, Liestal, Waldenburg, Homburg und Füllins-

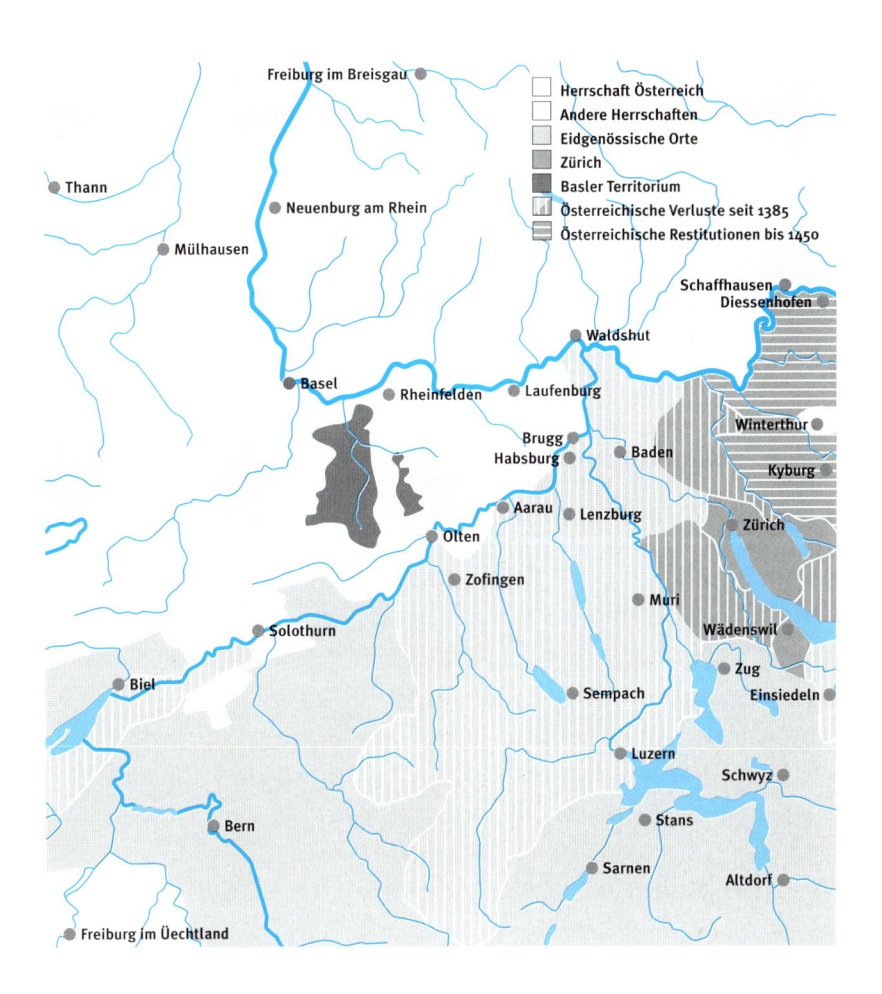

Basel und Vorderösterreich

Die Karte verdeutlicht die Herrschaftsverhältnisse um die Mitte des 15. Jahrhunderts. Sie zeigt die politische Lage der freien Reichsstadt Basel mit ihrem noch sehr kleinen Territorium und der kleineren elsässischen Nachbarstadt Mülhausen. Sie sind umgeben vom habsburgischen Herrschaftsgebiet in den so genannten österreichischen Vorlanden. Südlich der Aare hatten die Habsburger seit der Schlacht bei Sempach 1386 und zu Beginn des 15. Jahrhunderts grosse Gebiete an die Eidgenossen verloren.

gänger unlängst an Rudolf von Hachberg versetzt hatte, aus der Pfandschaft aus und unterstellte sie der Herrschaft des Basler Stifts.[19] Schliesslich legte die Stadt im Juli 1400 den Grundstein für den Aufbau ihres Territoriums: Bischof Humbert verkaufte ihr für 22 000 Gulden im Namen von Bistum und Stift die Herrschaften Waldenburg, Homburg und Liestal samt den dortigen Burgen und dem Städtchen Liestal. Um der Abwanderung seiner Untertanen

dorf, erhöht: Der Bischof behielt sich deren Einlösung um die Summe von 31 000 Gulden vor; doch sollte sie nur gesamthaft erfolgen, «eines sollte ohne das andere nicht eingelöst werden».[14]

Das bischöfliche Territorium

Die Stadt baute ihre Landeshoheit massgeblich durch den Erwerb von Pfandschaften des Bischofs aus und trat damit nach und nach in dessen Fussstapfen. Seine alten Besitzrechte im Breisgau und im Sundgau und die Rechte an dortigen Klöstern wie Masmünster und Münster im Gregoriental und am Kloster Pfäfers waren im 13. Jahrhundert schon längst ausgehöhlt.

Die starke Konkurrenz der Habsburger hinderte das Bistum daran, sich nach Norden ins Oberelsass auszudehnen, das Kerngebiet des Diözesansprengels. Hingegen gelang eine Territorialbildung im Westen, unter anderm in den Grafschaften Sornegau und Elsgau. Sie hatten wie der Sisgau und der Frickgau am Ende des ersten Jahrtausends zum Königreich Hochburgund gehört. Mit dem zielstrebigen Bischof Heinrich von Neuenburg setzte der Aufbau eines weltlichen Herrschaftsgebietes in Richtung des Juras und des Bielersees ein. Er erzwang 1270 von Graf Ulrich von Pfirt, dass dieser die Grafschaft Saugern (den Sornegau) gänzlich aufgab und die

aus den ehemals frohburgischen Herrschaften vorzubeugen, hatte der Bischof 1305 Basel dazu verpflichtet, ohne seinen Willen keine Leute von Liestal und Homburg aufzunehmen. Als neue Herrin hielt die Stadt am Aufnahmeverbot fest; Leute aus dem neu erworbenen Landgebiet durften in Basel kein Bürgerrecht erwerben. Basel beherrschte nun mit dem Waldenburgertal den wichtigen Passübergang über den Oberen Hauenstein. Erst seit 1456 konnte es allerdings über die einträglichen Zolleinnahmen verfügen, nachdem es den Zoll und das Geleit in Onoldswil erworben hatte. Das Geleit war vormals bischöfliches Lehen der Herren von Eptingen, der Grafen von Thierstein und ab 1416 der Stadt Solothurn und ihres Verbündeten Hans Friedrich von Falkenstein gewesen.[20] Über den Oberen Hauenstein als Verbindungsachse zum Mittelland transportierten Kaufleute Fernhandelsgüter wie Wein, Hering, Leder, Safran, Blei und Vieh; für den lokalen Markt war die Einfuhr von Salz, Schindeln, Hanf, Hafer, Schleifsteinen und Glasprodukten bestimmt.[21]

Unmittelbare Folgen

Für die Bevölkerung auf dem Land änderte sich in den ersten Jahrzehnten nach dem Herrschaftswechsel zunächst kaum etwas. Bis die städtische Verwaltung auf dem Landgebiet Fuss fasste, verstrich geraume Zeit. Es dauerte bis zum Jahr 1416, bis die Stadt im neu gewonnenen Gebiet die sisgauische Landgrafschaft und damit die entscheidenden Hoheitsrechte samt Blutgerichtsbarkeit erwerben konnte, und zwar als Pfand Graf Ottos von Thierstein, für das sie ihm 350 Gulden hinterlegte.[22] Dieser Akt setzte voraus, dass Graf Otto die drei städtischen Ämter aus der viel umfangreicheren Landgrafschaft im Sisgau herauslöste, wodurch die Gerichtsverhältnisse in der nachmaligen alten Landschaft grundsätzlich neu organisiert wurden. Im umfangreichen nichtbaslerischen Teil des Sisgaus, in den Dörfern am Unterlauf der Ergolz und im späteren Farnsburger Amt, hielt Graf Otto weiterhin die Landgrafschaft als Lehen vom Bischof inne.

Öffentliche Demonstrationen von Macht
Die Richtstätten mit dem Galgen waren gefürchtete und nach Möglichkeit gemiedene Orte; der Anblick Gerichteter galt nach gängigen Vorstellungen besonders für Schwangere als gefährlich, da die Empfindung des Entsetzens das Kind im Mutterleib schädigen konnte. Nach der Vollstreckung eines Todesurteils war der Galgen das grausige Symbol hochherrschaftlicher Blutgerichtsbarkeit. Im Gebiet des heutigen Baselbiets befanden sich an folgenden Orten der Landgrafschaft Sisgau Richtstätten: in Maisprach, auf dem Glunggisbühl bei Sissach, auf der Erfenmatt im Bann Rothenfluh, im Bann Pratteln, bei der Augster Mühle und auf dem Birsrain bei Muttenz. In den Ämtern Homburg, Liestal und Waldenburg, die ursprünglich auch zur Landgrafschaft Sisgau gehört hatten, existierten amtseigene Richtstätten. In der Vogtei Pfeffingen lag eine Richtstätte auf dem Linsacker bei Aesch. Holzschnitt, 15. Jahrhundert.

Mit Kundschaften, das heisst durch Befragung Dutzender ortsansässiger Männer, liess die Stadt Basel nun ihre Rechte abklären, unter anderm über die Verhältnisse in Hölstein. Denn schon bald geriet sie mit den Junkern Ulrich und Hans Günther von Eptingen in Streit um die dortige hohe Gerichtsbarkeit. Im schiedsgerichtlichen Verfahren um die ebenfalls umstrittenen, von Henman Offenburg beanspruchten niedergerichtlichen Rechte in Hölstein obsiegte Offenburg. Durch die Aufnahme von Güter- und Zinsverzeichnissen in den 1440er Jahren schuf die Stadt administrative Grundlagen, um ihre Einkünfte einzutreiben. In Waldenburg liess sie ein Salzhaus bauen und errichtete ein Salzmonopol. Mit solchen Massnahmen verstärkte der Rat zunächst in den 1440er Jahren den wirtschaftlichen Zugriff auf die Landleute. Um 1460 liess er durch die Amtsleute vor Ort im Amt Waldenburg ein Personenverzeichnis anlegen. Vermutlich sollte es als Handhabe zur Steuereintreibung dienen. Er bekundete seinen Herrschaftswillen schliesslich auch auf der sprachlichen Ebene; in den 1460er Jahren bezeichnete er die Untertanen häufig als «die Unsrigen», seit den 1480er Jahren vorzugsweise als «Leibeigene». Besonders seit den Burgunderkriegen der 1470er Jahre stützte sich die städtische Kriegsführung im Wesentlichen auf die im Landgebiet ausgehobenen Militärkontingente; davon zeugen die Mannschaftsrödel, mit Listen der auszugspflichtigen Männer.[23]

Nach dem Kauf der drei Sisgauer Herrschaften im Jahr 1400 sind keine negativen Reaktionen der Untertanen auf den Herrschaftswechsel bekannt. Hingegen rief die Finanzpolitik des Rats im Zusammenhang mit diesem Vorgang Opposition in Kreisen des Basler Zunfthandwerks hervor. Durch ausserordentliche Umstände wie die Kosten für den Mauerbau, den Erwerb Kleinbasels, die Teilnahme am Städtekrieg und den Kauf des Landgebiets war die städtische Finanzlage dermassen angespannt, dass der Rat die Zinsen für Anleihen nicht mehr bezahlen konnte. Er auferlegte den Untertanen eine ausserordentliche Steuer; mit ihrem Ertrag konnten die auf nahezu 100 000 Gulden aufgelaufenen Schulden bei weitem nicht amortisiert

Ein Basler Stadtbote
Der als Schilten-Ober dargestellte Bote trägt einen Hut, über dem Hemd ein Wams, Beinkleider und auf der Brust eine Botenbüchse mit dem Basler Wappen, in der linken Hand den Botenstab. Fragment einer kolorierten Spielkarte aus Basel um 1470.

bischöfliche Lehensoberhoheit über Pfirt anerkannte. Schon 1231 hatten die Pfirter Grafen nach einem misslungenen Überfall in einem Abkommen mit dem Bischof diesem die hälftige Beteiligung an den Gerichtsrechten zugestanden. Ulrich musste auch seine Ansprüche auf die Vogtei Elsgau an den Bischof abtreten. Das Schloss Pruntrut und einiger Besitz im Elsgau befanden sich seit den 1230er Jahren in der Hand der Grafen von Mömpelgard. Bischof Heinrich von Isny setzte 1280 durch, dass Dietrich von Mömpelgard den Bischof als Oberlehensherrn über diese Herrschaft anerkannte. Nach Dietrichs Tod konnte Bischof Heinrich mit militärischer Hilfe König Rudolfs von Habsburg die Ansprüche Graf Rainalds von Burgund, der das Schloss Pruntrut besetzt hielt, abwehren. So blieb Pruntrut seit 1289 unbestrittener Besitz des Bistums, wurde aber wie Delsberg und Laufen zeitweise verpfändet.

Beim heutigen Städtchen Laufen hatte ein Dinghof des Schwarzwaldklosters St. Blasien bestanden, den der Bischof 1141 wohl zusammen mit den Gerichtsrechten erworben hatte und wo er im 13. Jahrhundert den Ausbau zur Landstadt förderte. In gleicher Weise wie die weltlichen Herrscherhäuser der Habsburger und Frohburger festigten die Bischöfe ihre entstehende Landesherrschaft im 13. und zu Beginn

werden. Das dürfte der Grund dafür sein, dass der Territorialausbau vorerst gebremst wurde. Unter Zunfthandwerkern, besonders bei den Schmieden und Messerschmieden, regte sich im November 1402 offener Protest gegen die Ratspolitik. Die angriffslustigen Handwerker machten ihrem Unmut in Drohungen und Beschimpfungen des Rats Luft. Sie kritisierten die neue Steuer, die Einführung der neuen Münze sowie auch das als eigenmächtig empfundene Vorgehen des Rats, der seine Beschlüsse fasste, ohne die Zunftgemeinden einzubeziehen. Durch frühzeitige Verhaftung der an der Basis der Zünfte agierenden Unzufriedenen gelang es dem Rat, den Aufstandsversuch im Keim zu ersticken. 43 Aufständische wurden auf Zeit oder lebenslänglich aus der Stadt verwiesen; die Bestrafungsaktion fand hinsichtlich ihres Umfangs im spätmittelalterlichen Basel nicht mehr ihresgleichen.[24]

Ausbau seit der Zeit um 1450

Mit dem Ableben Graf Johanns von Frohburg 1366 gingen seine Güter im heutigen Oberbaselbiet und im Buchsgau zuerst an den Grafen Rudolf von Nidau über, dann über eine Erbschaft an Sigmund von Thierstein. Dieser mächtige Graf war der Begründer der nach dem neuen Herrschaftsmittelpunkt, der Farnsburg bei Buus, genannten Herrschaft Thierstein-Farnsburg. Graf Otto von Thierstein starb 1418. Da er keine männlichen Erben hatte, übertrug er die Herrschaft Hans II. von Falkenstein (1429). Die Tochter des Erblassers, Clara Anna von Thierstein, war mit dem Sohn des Freiherrn verheiratet. Weil ein bischöfliches Privileg dem Haus Thierstein ausdrücklich die weibliche Erbfolge zugesichert hatte, war dieser Erbgang möglich.[25] Der Bischof übertrug nun Hans und dessen Sohn Hans Friedrich von Falkenstein die Landgrafschaft als Lehen. Bis zur Mitte des 15. Jahrhunderts waren die Freiherren von Falkenstein-Farnsburg im heutigen Oberbaselbiet die mächtigsten Grundbesitzer. Nach dem Tode Hans Friedrichs von Falkenstein übernahm Thüring von Aarburg als Vogt der unmündigen Kinder Hans und Thomas von Falkenstein die Herrschaft. Schon Otto von Thierstein hatte

Ein aussergewöhnliches Fundstück
Der Topfhelm, ein so genannter Kübelhelm, wurde in den Trümmern der im Erdbeben 1356 zerstörten Burg Madeln bei Pratteln gefunden. Er zählt zusammen mit dem zweiten Helm von Madeln und demjenigen von der Gesslerburg bei Küssnacht am Rigi SZ zu den ältesten Zeugnissen ritterlicher Schutzbewaffnung in der Schweiz. Im Unterschied zum älteren Helm von Madeln mit flacher Scheitelplatte aus dem späteren 13. Jahrhundert weist dieses Exemplar aus dem 14. Jahrhundert eine gewölbte Scheitelplatte auf, deren Anfertigung technisch anspruchsvoller ist. Der Helm besteht aus mehreren, vernieteten Eisenplatten; im Nasen- und Mundbereich, unter dem Augenschlitz, befinden sich kreuzförmige Atemlöcher. Unter der gegen 2,5 Kilogramm schweren Schutzwaffe trug der Ritter eine Helmhaube aus Stoff, mit einem gepolsterten Wulst.

des 14. Jahrhunderts durch die Gründung von Städten und die Privilegierung ihrer Bürger: Biel, Laufen, Pruntrut, Delsberg, Saint-Ursanne und La Neuveville.[15]
Hatte das Bistum mit dem oben erwähnten Erwerb der Herrschaften Waldenburg 1265, Homburg und Liestal 1305 sowie mit dem Ausbau der Herrschaft Zwingen sein Territorium für eine begrenzte Zeit noch vergrössern können, so führte notorischer Geldbedarf dazu, dass er in den 1370er und 1380er Jahren unter anderm den Elsgau und Güter und Rechte im Kerngebiet seiner Herrschaft, zwischen Birs und Birsig, veräussern musste. Der Elsgau wurde den Grafen von Mömpelgard versetzt und erst 1462 wieder ausgelöst. 1373 verpfändete Bischof Johannes die Burg Birseck, die Dörfer Arlesheim, Reinach, Oberwil, Allschwil, Hochwald und Füllinsdorf samt gewissen Zehntrechten und anderen Einkünften an Hannemann und Ulrich von Ramstein, welche nun praktisch das ganze Birseck erhielten.[16] Offensichtlich hatten dem Bischof die Mittel gefehlt, die im Erdbeben von 1356 zerstörte Burg Birseck wiederaufzubauen. Zwei benachbarte Burgen, Oberbirseck/Reichenstein und Mittelbirseck/«Hohli Felse» und Gerichtsrechte in Arlesheim waren im 13. Jahrhundert an die in den Ministerialadel aufgestiegene Basler Bürgerfamilie der Reich ausgege-

einen Teil der Güter am Jurasüdfuss, nämlich Bipp, Wiedlisbach und Erlinsburg, an Solothurn und Bern verkauft, später folgten noch Ober- und Niederbuchsiten, Kestenholz und die Alt-Bechburg. Bald mussten die noch jungen falkensteinischen Freiherren ihren Besitz nördlich der Wasserscheide antasten. Ihrer Verschuldung begegneten sie nach und nach mit dem Verkauf von Renten und der in solchen Fällen üblichen Verpfändungspolitik. So erwarb Basel im Jahr 1447 pfandweise das Geleit zu Diepflingen, 1450 kaufte es Zoll und Geleit daselbst; auf die bereits 1416 an Basel verpfändeten landgräflichen Rechte in den Ämtern Liestal, Homburg und Waldenburg schlug Thomas von Falkenstein 1456 weitere 250 Gulden, womit der Rückkauf des Pfandes in weitere Ferne rückte. Von 1450 bis 1459 befanden sich Schloss und Herrschaft Farnsburg als Pfandschaft in den Händen Österreichs, das die Gegend ohnehin als Hinterland seiner Herrschaften Homburg und Rheinfelden betrachtete. Mit dieser Übernahme gelang Österreich eine Machtausweitung auf Kosten Basels, die zuvor mit militärischen Mitteln im Adelskrieg gegen die Stadt (1443 bis 1449) nicht gelungen war, weil die Eidgenossen die Farnsburg besetzt hielten. Allerdings war damals das ganze Gebiet verheerend geschädigt worden. Leidtragende waren die Bauern, was wiederum die herrschaftlichen Einkünfte minderte.[26]

In einem Tauschgeschäft mit seinem Bruder Thomas überliess Hans von Falkenstein diesem 1460 seine Rechte im Sisgau, an Schloss und Herrschaft Farnsburg. Er hatte die Pfandschaft von den Österreichern ausgelöst. Nun konnte Basel mit Thomas über dessen Verkaufsangebot verhandeln, den Kaufpreis von 10 000 Gulden und die Übergabe sämtlichen Verwaltungsschriftguts vereinbaren. Die Herrschaft Seewen nahm Thomas von Falkenstein von der bevorstehenden Transaktion aus. Im August 1461 schliesslich besiegelte er mit dem Rat den Verkauf seines Eigentums, von Herrschaft und Schloss Farnsburg, sowie der Landgrafschaft im Sisgau, welche Lehen des Bischofs war. Mit der Landgrafschaft besass die Stadt nun auch hoheitliche Befugnisse über etliche Dörfer, die sich nach wie vor im Besitz von Adeligen

ben worden. Auch Binningen gelangte in stadtbürgerlichen Besitz, zunächst in die Hand von Heinrich Zeise; dieser liess die Burg in den 1290er Jahren erbauen, später kam sie an den Münzmeister Erimann. Seit 1435 hatte der Bischof in Binningen die Hochgerichtsbarkeit ausgeübt und 1477 das gesamte Dorf in seiner Hand. Es gelangte allerdings 1534 durch erneute Verpfändung endgültig an die Stadt Basel.[17] Die Stadt Laufen mit ihren umgebenden Dörfern war für kurze Zeit an den reichen Basler Bürger Jakob Ziboll verpfändet gewesen, ehe sie Bischof Humbert 1407 an Ritter Kunzmann von Ramstein verkaufte.[18] Einige Jahre nach dem Verkauf der sisgauischen Ämter begann erst die Rückkaufspolitik der Bischöfe von Basel, mit der das Territorium des Fürstbistums um 1500 seine endgültigen Umrisse erhielt. Als erster einer Reihe von Bischöfen verfolgte Johann von Fleckenstein energisch das Ziel, die geringe weltliche Machtbasis des Bistums zu erweitern. Im Jahr seiner Amtseinsetzung gelang ihm 1423 der Rückkauf Laufens mitsamt den zugehörigen Dörfern Liesberg, Bärschwil, Röschenz und Wahlen. 1435 nahm er bei einigen Baslerinnen und Baslern einen Kredit auf, um die Pfandschaft Birseck von Rudolf von Ramstein auslösen zu können. Damit kam er einem Versuch der Stadt Basel zuvor,

Die habsburgischen Vorlande werden burgundisch

Die Köpfe Herzogs Karl des Kühnen von Burgund und des im Volk äusserst unbeliebten Peter von Hagenbach, der von 1469 bis 1474 im Namen Karls als Landvogt die an Burgund verpfändeten habsburgischen Vorlande regierte. Federzeichnungen aus der Reimchronik über Peter von Hagenbach.

oder Bürgern befanden und erst später in baslerische Hand gelangen sollten. Durch den Erwerb einer Reihe von Dörfern und Rechten rundete die Stadt ihr Landgebiet im heutigen oberen Kantonsteil ab.

Der zeitliche Ablauf zeigt, dass einzelne Stadtbürger wie Henman Offenburg, dessen Schwiegersohn Peterman Truchsess und Enkel Werner Truchsess schon vor 1461 Teile der falkensteinischen Herrschaft durch Kauf und Pfandschaft an sich ziehen konnten, die städtische Erwerbspolitik gleichsam als Schrittmacher[27] vorwegnahmen, sie aber auch konkurrenzierten. Sie handelten nicht im Ratsauftrag, sondern hauptsächlich im Eigeninteresse, so dass es zu Konflikten mit dem Basler Rat kam. Dies war etwa bei den Erwerbungen des Ratsherrn und Staatsmanns Henman Offenburg in Füllinsdorf und Hölstein der Fall. Schon um die Wende zum 15. Jahrhundert befanden sich die beiden Schauenburgen im Besitz vornehmer Stadtbürger. Petermann Truchsess von Rheinfelden kaufte im Jahr 1426 von Hans Fröweler die Burgen Alt- und Neu-Schauenburg als freies Eigen. Der Besitz gelangte vermutlich nach seinem Tod[28] an Henman Offenburg, der ihn 1428 samt den zugehörigen hohen und niederen Gerichten und den Wildbannen, ebenso der Gerichtsherrschaft Böckten, von Hans von Falkenstein als Lehen empfing.

Später kaufte Offenburgs Enkel, Werner Truchsess, von Friedrich zu Rhein dessen Grundherrschaft Böckten, um sie zusammen mit den hoch- und niedergerichtlichen Rechten, welche er als falkensteinisches Erblehen innegehabt hatte, 1467 der Stadt Basel zu verkaufen. Die gleiche Familie erwarb damals unter anderem auch den Freihof in Liestal und die im Erdbeben 1356 zerstörte Burgruine Bischofstein ob Sissach. Offenburgs Besitz der Gerichtsherrschaften Schauenburg und Augst nahm eine Brückenstellung zwischen der Stadt und ihrem Besitz im heutigen oberen Baselbiet ein. Da die Herrschaften Frenkendorf, Muttenz, Münchenstein, Arisdorf, Augst und Pratteln noch bis zum späten 15. und beginnenden 16. Jahrhundert in adeliger oder patrizischer Hand waren, setzten die Überlassung der Pfand-

das Birseck in ihre Hand zu bringen; sie hatte nämlich mit Rudolf über eine Verpfändung verhandelt. Der Rückkauf der birseckischen Pfandschaft vor den Toren Basels bildete die Voraussetzung für die Einrichtung von Amtsstrukturen. Als höchsten Amtmann setzte der Bischof einen Vogt ein; der erste Amtsträger, Cunzman Egerkind, blieb 25 Jahre im Amt, ehe er dann 1462 Vogt im neu erworbenen Zwingen wurde, wo ihm ein Schaffner zur Seite stand. Er stammte vermutlich aus einer ländlichen Meier- oder Bauernfamilie, während seine Nachfolger vornehmerer Abkunft waren und teilweise aus stadtbaslerischen Patrizierhäusern kamen. Der Vogt war der obersten Leitung der bischöflichen Hofverwaltung, dem Hofmeister und dem Kanzler, gegenüber rechenschaftspflichtig. Birseckisches Verwaltungszentrum war das Schloss Birseck oberhalb Arlesheims. Von hier aus wurde auch die Aufsicht über das rechtsrheinische Untere Amt Birseck ausgeübt.[19]

1462 kaufte Johannes von Venningen den äusseren Dinghof Laufen, zu dem ein Hof in Therwil und Leute «jenseits des Blauens» in Therwil, Reinach, Benken, Leymen und Oberwil gehörten. Stadt und Dinghof Laufen wurden nun vom Schloss Zwingen aus verwaltet und zum gleichnamigen Amt zusammengefasst. Linksrheinisch weitete

WEGE ZUM STÄDTISCHEN TERRITORIUM 119

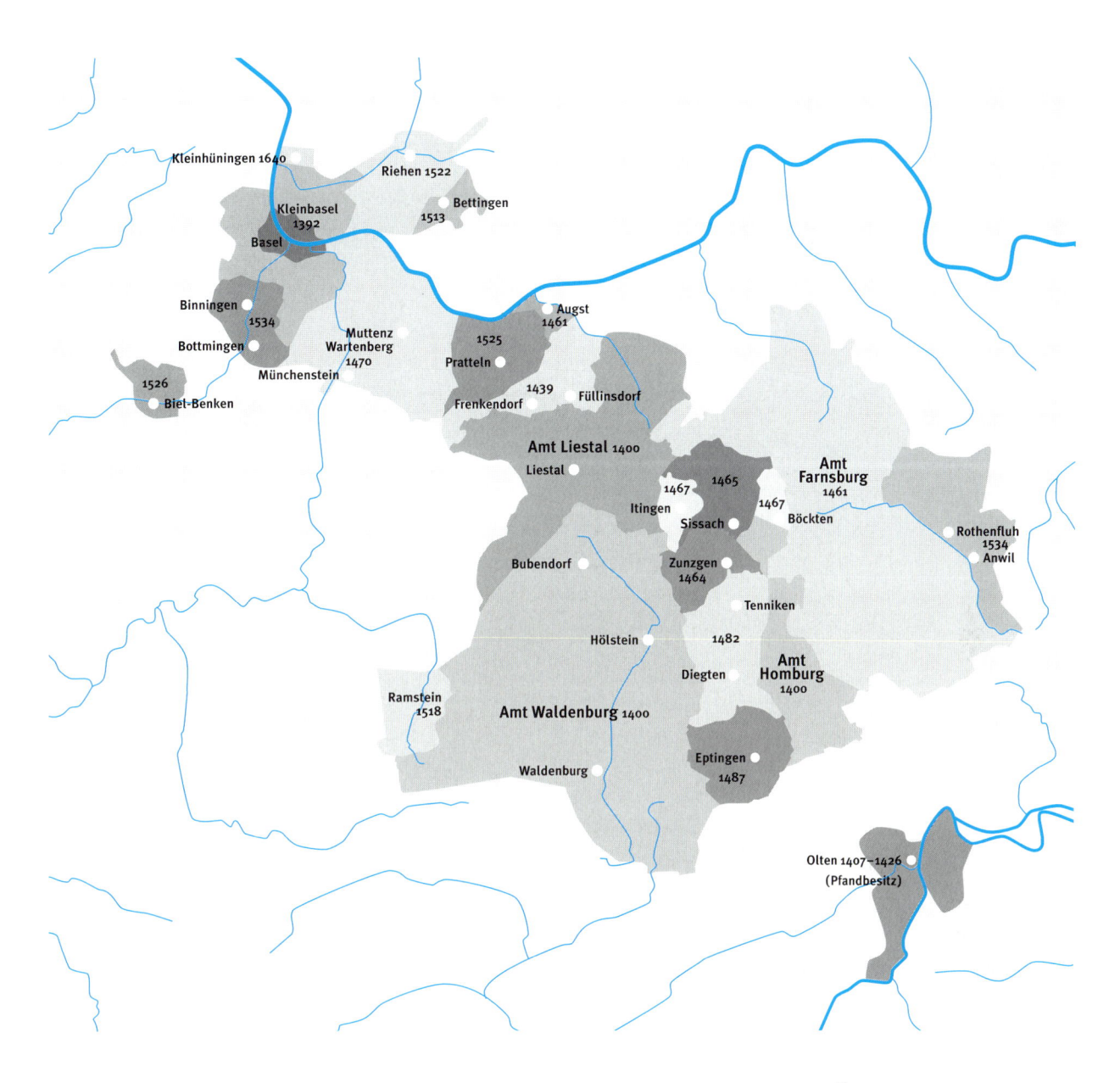

sich das Territorium des Bischofs durch das Erbe der thiersteinischen Herrschaft bedeutend aus. Nach dem Tod des letzten thiersteinischen Grafen im Jahr 1519 erbte Solothurn die Herrschaft Thierstein, während Basel Pfeffingen besetzte. Dagegen erhoben Solothurn und der Bischof Einspruch. Dank eines Schiedsspruchs Kaiser Karls V. nahm der Bischof die Herrschaft Pfeffingen mit Pfeffingen, Aesch, Duggingen und Grellingen in Besitz; Pfeffingen bildete von nun an ein eigenes Amt, während Ettingen, Therwil und weitere Güter dem Amt Birseck eingegliedert wurden.

Das Untere Amt Birseck bestand im Kern aus den Herrschaften Schliengen, Mauchen und Steinenstadt mit der Blutgerichtsbarkeit und Gütern in Istein, Haltingen, Bamlach und weiteren Ortschaften rechts des Rheins. Die Grundlagen für diese rechtsrheinische Exklave des Bistums schuf wiederum Bischof Johann von Fleckenstein, der 1434 die Pfänder Istein, Huttingen, Schliengen, Steinenstadt und Mauchen von der Familie von Laufen auslöste. Mit dem Kauf der Herrschaft Binzen 1503 und dem Verkauf Riehens und Bettingens an Basel gewann das Fürstbistum seine für die frühe Neuzeit bestimmende Gestalt.

«unserer Ämter Herrlichkeiten oder gebiete»

Den Grundstein ihrer Territorialerwerbungen legte die Stadt Basel im Jahr 1400, als ihr der Bischof die Ämter Waldenburg, Liestal und Homburg übertrug. Erst seit der Mitte des 15. Jahrhunderts konnte die Stadt ihr Herrschaftsgebiet schrittweise arrondieren.

BAND ZWEI / KAPITEL 6

schaft Füllinsdorf (1439) und die hälftige Beteiligung der Stadt am Augster Brückenzoll (1457) durch Henmann Offenburg Meilensteine auf dem Weg zum städtischen Territorium.

Schon 1411 und 1415 hatte die Stadt einige Güter und Rechte von den Eptingern erworben, so Itingen, die Burg Gutenfels und den Weihergarten in Liestal. Nach dem Adelskrieg der 1440er Jahre sahen sich die durch die Zerstörung Blochmonts und andere Kriegsfolgen geschädigten Eptinger dazu gezwungen, Teile ihrer Herrschaften zu verkaufen, namentlich die Dörfer Sissach, Zunzgen, Ifenthal, die Burgruine Alt-Homberg, Güter und Leute in Wittnau und Gipf in den 1460er Jahren.[29] Nach wie vor blieben die 1400 erworbenen Ämter ohne Verbindung zur Stadt selbst, da sich die eptingischen Herrschaften Pratteln und Frenkendorf und die Herrschaften Muttenz und Münchenstein dazwischenschoben. Im Zusammenhang mit der von Pratteln ausgehenden Aufstandsbewegung der 1460er Jahre konnte Basel 1470 von Konrad Münch von Münchenstein Muttenz und Münchenstein als Pfand erwerben. Erst 1515 sicherte sich die Stadt von Niklaus von Eptingen das Vorkaufsrecht auf das Schloss Pratteln und die Herrschaften und Gerichte in Pratteln und Frenkendorf, 1517 wurde Frenkendorf baslerisch, 1521 die Herrschaft Pratteln; sie blieb aber bis 1549 weiterhin österreichisches Obereigentum. 1517 kaufte der Rat Rechte in Ziefen und Lupsingen und erwarb Burg und Herrschaft Ramstein mit Bretzwil, welche der verschuldete Christoffel Ramstein nicht mehr halten konnte. Der Bischof als Lehensherr widersetzte sich dieser Transaktion, doch die Stadt verlieh ihr Nachdruck und besetzte die Burg. Als Schlusspunkte der Territorialbildung folgten der Erwerb Riehens und einiger Lehen der in männlicher Linie erloschenen Grafen von Thierstein. 1532 kaufte der Rat von Adalberg von Bärenfels die hohen und niederen Gerichte in Arisdorf, 1545 von Jakob Münch die Gerichts- und Grundherrschaft Rothenfluh. Damit hatte die alte Landschaft Basel ihre endgültige Gestalt gewonnen.

St. Arbogast

Die Muttenzer Dorfkirche, die einzige erhaltene Wehrkirche der Schweiz, ist von einer bis zu sieben Meter hohen Schutzmauer umgeben. Während sich der älteste Vorgängerbau der Kirche archäologisch ins 6. bis 8. Jahrhundert datieren lässt, können für das Alter der Wehrmauer «nur» historische Hinweise herangezogen werden: Einiges spricht dafür, dass die Mauer im ersten Viertel des 15. Jahrhunderts erbaut wurde. Die Wehrmauer um die Kirche sollte vermutlich als Ersatz für den im Erdbeben zerstörten, als Refugium nicht mehr nutzbaren Vorderen Wartenberg dienen.

Lesetipps

Den Gang der Ereignisse stellt Gauss in der Kantonsgeschichte von 1932 dar.

Im monumentalen Werk von Merz (1909 bis 1914) ist die Geschichte der im heutigen Kantonsgebiet – ohne das Laufental – ansässigen Adelsfamilien in allen Einzelheiten anhand ihrer Herrschaftsmittelpunkte, der Burgen, geschildert. Aus der Optik des Adels umreisst der Jurist Merz aufgrund seiner umfassenden Archivkenntnis die Besitzgeschichte und den schrittweisen Übergang der Adelsherrschaften in bürgerlich-städtische Hand.

Sozusagen von der anderen Seite her rollt Kümmell (1980) die Geschichte des Waldenburger Tales auf. Sie geht den Lebensbedingungen der Bauern und deren Verhältnis zur Obrigkeit nach.

Othenin-Girard (1994), Rippmann (1990) und Alioth/Barth/Huber (1981) bieten knappe Überblicke über die Territorialentwicklung und die Geschichte der Sisgauer Landgrafschaft an.

Über das politische Umfeld der Schlacht von St. Jakob 1444 orientiert das Buch «Ereignis, Mythos, Deutung» (1994); die Autoren und Autorinnen sowie Christ (1992, 1996 und 1998) nehmen das Verhältnis Basels zum umliegenden Adel und zu Österreich unter die Lupe.

Schliesslich bietet Sieber (1995) eine Analyse über die Beziehungen der Basler und der Eidgenossen zu Burgund; er geht anhand historischer und literarischer Zeugnisse der Entfaltung eines «vor-nationalen» Bewusstseins nach. Es entwickelte sich durch Abgrenzung gegen das «welsche» Wesen, das heisst gegen Burgund. Es verdichtete sich in den Feindbildern, die über Karl den Kühnen und die Burgunder kursierten. Über den Ausbau der bischöflichen Territorial- und Landesherrschaft im 15. Jahrhundert informieren Bühler (1972) und Weissen (1994).

Den politischen Rahmen der Territorialentwicklung Basels und des Fürstbistums im weiteren, oberrheinischen Zusammenhang behandeln Bischoff (1982) und die Geschichte der Stadt Freiburg im Breisgau (Bd. 1, 1996).

Zur Geschichte des Baslerstabs konsultiere man den reich illustrierten Artikel von Staehelin/Barth (1991).

Abbildungen

Universitätsbibliothek Basel: S. 101.
Hans Hinz, Allschwil: S. 103.
Öffentliche Kunstsammlung Basel, Kupferstichkabinett, ohne Inv.: S. 104.
Burgerbibliothek Bern, Mss. h.h.I 2, S. 231: S. 105.
Militärflugdienst/Kantonsarchäologie Solothurn: S. 108.
Historisches Museum Basel, Inv. Nr. 1903.1004, 1957.441.112.: S. 109.
Archäologie und Kantonsmuseum BL: S. 111, 116.
Anne Hoffmann: Karten S. 113, 119.
La ville au moyen âge. Gravure allemande du XVe siècle, Musée d'Arts et d'Histoire Genève, Genf 1974, S. 41: S. 114.
Öffentliche Kunstsammlung Basel, Kupferstichkabinett Inv. 1923.140: S. 115.
Georges Bischoff: Gouvernés et gouvernants en Haute-Alsace à l'époque autrichienne, Strassburg 1982, S. 68: S. 117.
Roland Grieder, Basel: S. 120.

Anmerkungen

1 Scott 1986; Treffeisen 1994; Geschichte der Stadt Freiburg im Breisgau, Bd. 1, 1996.
2 Marchal 1986; Blickle 1990a, S. 136.
3 Wackernagel 1907–1924, Bd. 1, besonders S. 368f., 387 und Bd. 2/I; ein Beispiel für einen Landadeligen im Basler Rat bei Christ 1992.
4 Köhn 1992, besonders S. 72, 78, 81 (Gläubigerinnen und Gläubiger aus Basel).
5 Bischoff 1982, S. 15–39.
6 Bischoff 1982, S. 165–181.
7 Bischoff 1982, S. 24; Speck 1989.
8 Gauss 1932, besonders S. 229–240, 448–455; Schwinges 1996.
9 Idiotikon, Bd. 3, Sp. 1001, «lâche»; «Lohnherr»: vgl. Glossar «Lohen»; Strübin 1947.
10 BUB, Bd. 10, Nr. 157, S. 180; Ulbrich 1979, S. 171. Grenzstreitigkeiten um 1500 vgl. Rippmann 1990, S. 145; BUB, Bd. 9, Nr. 316. Grenzen der Herrschaft Rheinfelden im 15. Jahrhundert siehe Boos Nr. 521, 749 und Rippmann 1996d.
11 Wackernagel 1907–1924, Bd. 1, S. 580; Boos Nr. 217, 219; Wittmer-Butsch 1998, S. 39f., 115.
12 Boos Nr. 87, 332, 383; Rippmann 1975, S. 63f.; Hoffmann 1990, S. 383–385.
13 Boos Nr. 428, 443, 446, 447, S. 1140 Nr. 483*, Nr. 517.
14 Wackernagel 1907–1924, Bd. 1, S. 318–331; zu den «versäumten» Gelegenheiten S. 406.
15 Wackernagel 1907–1924, Bd. 1, S. 365–392, 404–407.
16 Wackernagel 1907–1924, Bd. 1, S. 539–605; Gedenkbuch zur Fünfhundert-Jahrfeier der Schlacht bei St. Jakob 1944; Meyer 1994, S. 78ff.; Bischoff 1982, S. 33–42; Heckmann 1992.
17 BUB, Bd. 5, Nr. 150, Nr. 261; Wackernagel 1907–1924, Bd. 1, S. 286ff., 359; Weissen 1994, S. 54.
18 Hagemann, Bd. 1, 1981, S. 209–226; Bd. 2, 1987, S. 9–28; Meyer 1992.
19 Meyer 1992, S. 21; Boos Nr. 525, 527.
20 Zu Zoll und Geleit Onoldswil Boos Nr. 593; Wackernagel 1907–1924, Bd. 1, S. 413–415; Kümmell 1980, S. 125 (dazu auch irrtümlich Othenin-Girard 1994, S. 191).
21 Boos Nr. 526 (1400), Nr. 217–219 (1305); Kümmell 1980, besonders S. 109f., 125, 230.
22 Boos Nr. 596 (1416), vgl. auch Nr. 791, 792.
23 Kümmell 1980, besonders S. 105–116, 125–127, 148ff.; Kümmell 1988; Rippmann 1990, S. 143–154. Zu den Mannschaftslisten vgl. Bd. 2, Kap. 7.
24 Gilomen 1994; Simon-Muscheid 1988, S. 13–47. Zur Strafe der Stadtverbannung Marchal 1996b.
25 StA BL, AA, L. 11, Bd. 214, Nr. 7, S. 3: «Wie die Landgrafschaft im Sissgouw an min statt Basell komen, und was ir gerechtickeiten sye»; Boos Nr. 791, 792.
26 Auch für das Folgende Othenin-Girard 1994, S. 185–202.
27 Blickle 1990a, S. 136.
28 Peter Truchsess und seine Frau, Ursula Offenburg, waren um 1428–1431 gestorben.
29 Zu den Hintergründen vgl. Bd. 2, Kap. 11.

1 Ulbrich 1979; Landolt 1996.
2 Blickle 1990a, S. 135–148; Weissen 1994, S. 38f., 43f., 56–60, 72–83.
3 Ohne die Richtstätten in den Ämtern Waldenburg, Homburg, Liestal. Vgl. Rippmann 1998b, S. 120; Boos Nr. 390. Zum Motiv des schädlichen Anblicks für Schwangere: Rippmann 1998b, S. 120f.
4 Grenzen der Landgrafschaft: Merz 1909–1914, Bd. 4, S. 3–8 mit Karte; Othenin-Girard 1994, S. 517, Karte 10.
5 Gauss 1932, S. 235, 238, 448–455; Rippmann 1998b, besonders S. 120–122; BUB, Bd. 8, Nr. 602. Zum Langenbrucker Galgenstreit Christ 1996, S. 45. Konflikte mit den Eptingern StA BL, AA, L. 72, Bd. 506 Nr. 3; L. 9, Bd. 92 (Kundschaften um 1435); L. 72, Bd. 506 Nr. 7; L. 72, Bd. 507; Urk. 444; Urk. 537 (Kundschaften und Akten von 1458, 1466). Zum Galgenkrieg von 1531 Haefliger 1943, S. 113–120; vgl. Bd. 3, Kap. 8.
6 Amiet 1928–1929; Othenin-Girard 1994, S. 409–414; Fridrich 1994, S. 28–30.
7 Über die Besetzung des Gerichts vgl. Bd. 2, Kap. 11.
8 Rippmann 1999; Rippmann/Schnyder 2000.
9 Schaab 1984; Hoffmann 1990. Die Rechte des Landgrafen: Boos Nr. 401; StA BL, AA, L. 9, Bd. 92 Nr. 8.
10 Othenin-Girard 1994, S. 185–194; Rippmann 1975, S. 56–59.
11 Boos Nr. 397, 400; Othenin-Girard 1994, S. 187, 188.
12 Ausdrückliche Erwähnung der Armut des Bistums z. B. in der Urkunde von 1431: Boos S. 790 Nr. 664. Zur Finanzlage bis zum 16. Jahrhundert vgl. Weissen 1994, S. 478–505; Berner 1989, S. 87–97.
13 Christ 1996; StA BL, AA, L. 9, Bd. 93a; Boos Nr. 946–948.
14 StA BL, AA, L. 11, Bd. 214 Nr. 135; Boos Nr. 981; Othenin-Girard 1994, S. 200–202.
15 Mayer-Edenhauser 1939; auch zum Folgenden Bühler 1972, S. 1–12, 67–89, 164–170.
16 Rennefarth 1962/63; zum Folgenden Weissen 1994, besonders S. 22–84, 127, 198, 331–334, 473–479, 493.
17 Heyer 1994 (dendrochronologisch gesicherte Bauzeit der Burg Binningen).
18 Laufen. Geschichte einer Kleinstadt, 1975.
19 Weissen 1994, S. 259–303.

Das Dorf und seine Menschen

Bild zum Kapitelanfang
Der Markt – Ort der Kommunikation
Märkte waren Orte des Austausches: Am Markttag wechselten nicht nur Waren den Besitzer oder die Besitzerin, sondern die Bevölkerung nahm auch neue Informationen mit nach Hause. Marktbauern im Gespräch und junges Paar. Federzeichnung von Albrecht Dürer.

Die Bevölkerung im Spiegel von Steuererhebungen
Ausschnitt aus einer Steuerliste von 1462 aus den Schaffneirechnungen des bischöflichen Amts Birseck. Der Landvogt oder sein Schreiber hat der Reihe nach die steuerpflichtigen Haushaltsvorstände, darunter auch einige Ehefrauen und Witwen, mit ihrem Namen und dem bezahlten Steuerbetrag eingetragen:
«Item Dieß ist die stuwer die in das ampt gein Birßeck gehorte so hernach greschriben stett. Als sie der vogt Jorge von Riechen mit sampt dem alten vogt angeleyt und durch die meyer ingenommen hatt anno 1462
Arleßhein
Item Hans gersterß wip 3 s (schilling)
Item Erhart Spittelmuller 5 s
Item Kuoni Kuwenberg 10 s
Item Hans Ysselin 5 s
Item Hans Wurzel von Gempen 10 s
Item Hans Guotten 14 s
Item Herrman der müller 6 s
Item Heini Reger 6 s».

Ein mittelalterliches Dorf umfasste mit wenigen Ausnahmen im besten Fall drei bis vier Dutzend Haushaltungen, die Kleinstadt Liestal über 100, Waldenburg und Münchenstein nur 34 und 30 Haushalte.[1] Kleine Dörfer wiesen weniger als zehn Haushalte mit ein bis zwei Dutzend Erwachsenen auf, mittlere Dörfer 11 bis 20 Haushalte und um die 40 oder mehr Erwachsene, grosse wie Sissach oder Gelterkinden über rund 100 Einwohner. Nur in den wenigsten Orten dürften wie in Pratteln und Oberwil zwischen 200 und 300 Einwohner gelebt haben. Solche Siedlungen waren für ihre bäuerliche Bevölkerung überschaubar, weniger übersichtlich aber für die Herren, deren Güter und Rechte über mehrere, teils entfernte Orte verstreut lagen.

Jeder kannte jeden in dieser «Face-to-Face»-Gesellschaft. Obwohl die Verhältnisse für unsere Begriffe leicht zu überblicken waren, stand den mittelalterlichen Gerichts- und Grundherren kein bewährtes Verwaltungsinstrument zur Verfügung, mit dem sie ihre in mehreren Dörfern lebenden Untertanen registrieren konnten, eine Einwohnerkontrolle gab es im vorstatistischen Zeitalter nicht. Für den Adel und die Kirche war es wichtiger, die Übersicht über ihre Rechte und Einkünfte zu wahren, als die exakte Zahl von Menschen in ihrer Herrschaft zu kennen.

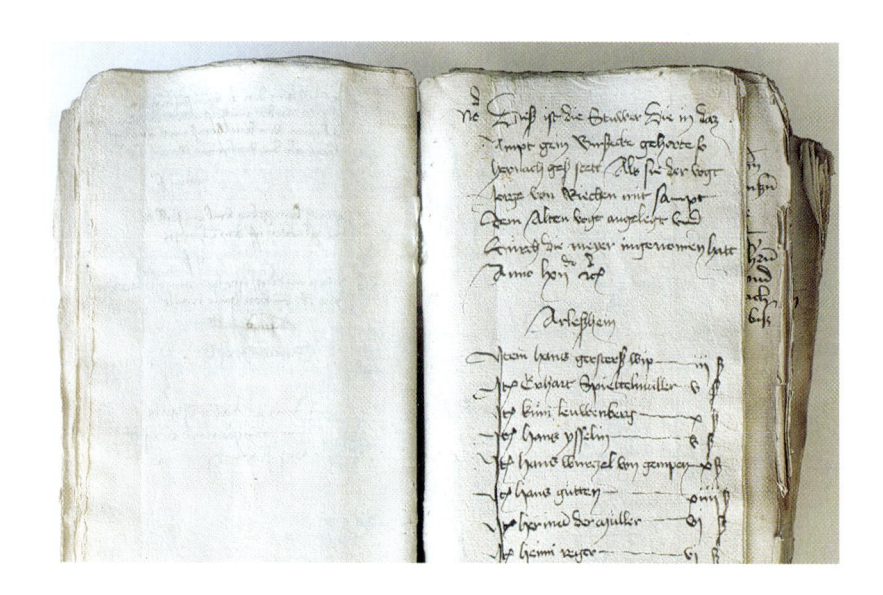

Aus Predigten war dem mittelalterlichen Kirchenvolk die Volkszählung unter Kaiser Augustus in der Weihnachtsgeschichte einigermassen geläufig (Lukas-Evangelium 2,1–21). Immerhin war die Idee der Volkszählung alttestamentlichen Ursprungs. Schon König David hatte eine Mannschaftszählung befohlen, die sich auf die «streitbaren», das heisst kriegstüchtigen Männer ganz Israels bezog (2. Samuel 24). Gott bestrafte diese Tat und liess die Pest über das Volk Israel kommen. Die alttestamentlich bezeugte Seuchenangst bekam im 14. Jahrhundert eine drohende Aktualität; denn die Furcht vor Seuchenzügen beherrschte seit dem Schwarzen Tod von 1348/50 die mittelalterliche Bevölkerung. Im Mittelalter führte man keine Volkszählungen durch, sondern legte Aufstellungen über den Grundbesitz an, geordnet nach Dörfern und einzelnen Gütern, so genannte Beraine und Zinsbücher, die man in der Fachsprache als urbarielle Quellen bezeichnet. Sie geben aber nur mittelbar über die ansässige Bevölkerung Auskunft. Sie enthalten die Namen der zum Zeitpunkt der Anlage des betreffenden Aktenstücks auf den Gütern sitzenden, abgabepflichtigen Leihenehmer, in denen Betriebsleiter zu sehen sind; die Ehefrauen sind selten genannt, die Kinder fehlen. Bis ins 18. Jahrhundert lasteten die jährlichen Steuern und Abgaben nicht auf dem einzelnen, erwachsenen Individuum, sondern auf dem Haushalt oder dem Haus, in dem es lebte und als dessen Zentrum die Feuerstätte galt: Die so genannten Feuerstättenverzeichnisse sind erstrangige demographische Quellen.[2] Daneben erhoben Fürsten und Städte seit dem 15. Jahrhundert bedarfsweise und sporadisch Kopfsteuern. Basel dekretierte solche in Zeiten kriegs- und fehdebedingten erhöhten Finanzbedarfs in den Jahren 1429, 1446, 1451, 1453, 1471 und 1475. Dabei handelte es sich um partielle Personalsteuern, kombiniert mit Vermögenssteuern, teilweise auch mit Verkehrs- und Konsumsteuern; sie wurden jeweils für die Dauer von zwei bis vier Jahren angesetzt und von allen über 15-jährigen erwachsenen Personen, einschliesslich des Gesindes, teilweise auch der Geistlichen, in der Stadt erhoben. Die so genannte Margzalsteuer von 1451 bis 1452 und die Schillingsteuer von 1470 bis 1472 und 1475 bis 1478 wurden auch den Untertanen in den Ämtern auferlegt. Der Begriff Margzalsteuer kennzeichnet die Abgabe als partielle Vermögenssteuer: Vermögende Personen hatten einen nach Vermögensklassen, nach Verhältniszahl oder «Margzal», abgestuften Betrag zu bezahlen.[3]

Die berühmteste Kopfsteuer in der Reichsgeschichte ist die so genannte Türkensteuer oder der Gemeine Pfennig, den Kaiser Maximilian 1495 per Reichsgesetz von allen über 15-jährigen Untertanen im Reich verlangte, um den Krieg gegen die Türken zu finanzieren.[4] Als reichsfreier Stadt oblag Basel der Einzug des Reichspfennigs im eigenen Territorium. Die damit im Jahr 1497 befassten Steuereinnehmer führten Listen, nach Stadtquartieren, Ämtern und Dörfern geordnet. Sie geben erstmals einen Überblick über weite Teile der nachmaligen alten Landschaft, soweit sie schon städtisches

Der Altersaufbau der mittelalterlichen Bevölkerung

*Trotz hoher Sterblichkeit von Säuglingen und Kleinkindern – sie gehören in Zeiten der Hungersnöte und Epidemien zu den am meisten gefährdeten Bevölkerungsteilen – wies die mittelalterliche Bevölkerungspyramide einen breiteren «Sockel» als die heutige auf, waren doch die Altersgruppen der Kinder und jungen Erwachsenen viel gewichtiger. Von «Baselbieter» Kindern und Jugendlichen jener Zeit ist ebensowenig eine bildliche Darstellung auf uns gekommen wie von Erwachsenen, und wir können uns anhand spätmittelalterlicher und frühneuzeitlicher Kunstwerke nur ein oberflächliches Bild von den Menschen und ihrer Kleidung machen.
Mädchen mit Haube. Federzeichnung des in Colmar und Breisach wirkenden Künstlers Martin Schongauer (zirka 1450 bis 1491).*

Eine frühe demographische Quelle
Warum wird hier eine aus einem sorgfältig in Leder gebundenen spätmittelalterlichen Aktenband (dem «eptingischen Copialbuch») entnommene Personenliste abgedruckt? Eine alphabetische Namenliste oder ein Einwohnerregister ist etwas Unspektakuläres, das normalerweise in ein Archiv oder auf eine Computer-Harddisk verbannt gehört. Doch hat sie in diesem Fall als einzigartiges Dokument für das heutige Kantonsgebiet eine erhöhte geschichtliche Bedeutung, weil sie erstmals die erwachsene Bevölkerung eines Dorfes nahezu vollständig erfasst – allerdings nicht in der von uns vorgenommenen alphabetischen Reihenfolge. Andere ähnliche Verzeichnisse, die für demographische Fragestellungen auswertbar sind, führen nur die Männer und allenfalls alleinstehende Frauen, meistens Witwen, auf. Dies trifft auch auf die Steuerlisten der Schaffnei Birseck aus den 1460er Jahren zu.[1] Aus dem Prattler Dokument lassen sich hingegen auch die genauen Zahlen der verheirateten und ledigen Frauen entnehmen. Gleiches gilt für einen vermutlich aus der gleichen Zeit stammenden Bevölkerungsrodel des Amts Waldenburg, in welchem die Frauen aber nicht namentlich eingetragen sind.[2] Aus unserer modernen Perspektive können wir es als eine im vor-

Eine Momentaufnahme: Die Bevölkerung Prattelns im Jahr 1464/1465

(Die 119 Namen wurden nach Geschlecht und alphabetisch angeordnet. EF = Ehefrau; EM = Ehemann; NN = Namen unbekannt.)

Die leibeigenen Frauen	ihre Ehegatten, Töchter, Väter
• Atzin, Elsin, Hans Kutzen Frau	
• Bertschis, Agnes, Heinrich Yfentals Frau	
• Biellesserin, Gred, Arbogast Joners Frau	
• Biellesserin, Gred, Werlin Offlaters Frau	
• Bockin, Neslin, Heini Bielissers Frau	
• Brattellerin, Gret, Clewin Rütschis Frau	Töchter: Adelheit u. Ennelin
• Claren, Gredlin, Lienhart Mathisen Frau	
• Fridlin, Ennelin, Fridlin Mathisen Frau	
• Göskers, Gredlin, Wernlin Mathis Frau	
• Göskers, Agnes, «wilent Cleuwin Mathis seligen witwen»	
• Grebers, Elsi, Hansen Moröslins Frau	Ehemann Hans = Hintersasse
• Herrin, Urselen, Hans Vreners Frau	
• Kublers, Elsi, Jecke Webers Frau	
• Lupflin, Verena, Heini Zweys Frau	
• (Mangold), Elsin, Hans Mangolds von Füllinsdorf Tochter	Mutter: Brid Uringerin
• Mathis, Elsin, Heini Schwobs Frau	
• Mathis, Ennelin, Ulin (oder Werlin) Schniders Frau	
• Mathis, Gred, Henman Göskers Frau	
• Mathis, Gredlin, Jorig Webers Frau	Ehemann = Hintersasse
• Mathis, Vren, Hans Kaufmanns Frau	
• Mathis, Vren, Mathis Brotbecks Tochter	
• Mederin, Metz, Henslin Joners Frau	
• Münchensteinin, Gred, Henman Ruckers v. Liestal Frau	Sohn: NN, Peter
• Muotlin, Katherin, Mathis Brotbecken Frau	
• NN, Adelheit, Hansen Moröslis Tochter	Vater = Hintersasse
• NN, Adelheit, Tochter von Gret Brattelerin	
• NN, Cristin, Arbogast Mecken Frau	
• NN, Ennelin, Tochter von Gret Brattelerin	
• NN, Gredlin, Heini Krepsen	
• NN, Gredlin, Ulin Mathis Tochter	
• NN, Margaret, Clewin Mathisen Tochter	
• NN, Tochter der Agnes Gösker	
• NN, Tochter des Mathis Brotbeck	
Reingers, Gredlin, Ueli Mathisen Frau	
• Schnewlins, Agnes, Hansen Decken Frau	
• Scholers, Else, Hans Louchers Frau	
• Schweblin, Gred, Werlin Mecken Frau	
• (Schwob), Gredlin, Heini Schwobs Tochter	Vater = Hintersasse
• Seilers, Else, Hans Banhalders	
• Sissacher, Ennelin, Heini Mathisen Frau	
• Tschudi, Elsi, Heini Webers Frau	
• Tschudis, Gred, Hansen Mutlins Frau	EM: Hans Mutlin
• Webers, Ennelin, Martin Kempfen des Müllers von Augst Frau	

Die leibeigenen Männer	ihre Ehegattinnen, Töchter, Väter
• Atz gen. Mütling, Hans	
• Banhalder, Hans	EF: Seilers, Else
• Bielliser, Heinrich	EF: Bockin, Neslin
• Bielliser, Lienhart	
• Brotbeck, Mathis	Tochter: Mathis, Vren
• Deck, Stefan (Sohn von Hans Deck)	
• Gösker, Henman	Tochter: Mathis, Gred
• Joner, Arbogast	EF: Biellesserin, Gred
• Joner, Henslin	EF: Mederin, Metz
• Kempf, Martin, der Müller von Augst	EF: Webers, Ennelin
• Krebs, Heinrich	EF: NN, Gredlin
• Kreps, Heinrich	
• Küffer, Bertschy	
• Loucher, Hans	EF: Scholers, Else
• Mangold, Clewin, Hans Mangolds Sohn von Füllinsdorf	
• Mangold, Hans von Füllinsdorf	Tochter: Elsi; Sohn: Clewin
• Mathis, Cleuwi	Tochter: NN, Margret
• Mathis gen. Brotbeck, Fridlin	EF: Fridlin, Ennelin
• Mathis gen. Brotbeck, Ulin (+ Tochter)	EF: Reingers, Gredlin; Tochter: Mathis, Gred
• Mathis, Hans	EF: Bebenni, Agnes = Hintersassin
• Mathis, Heini	EF: Sissacher, Ennelin
• Mathis, Lienhart	EF: Claren, Gredlin
• Mathis, Pentelin (Sohn von Ulin Mathis gen. Brotbeck)	EF: Muotlin, Katrin
• Mathis, Werlin gen. Brotbeck	EF: Göskers, Gredlin
• Meck, Arbogast	EF: NN, Christin
• Meck, Werli	EF: Schweblin, Gred
• NN, Peter, Sohn von Gred Münchensteinin	
• Rech, Clewi	
• Rickenbach, Hans	
• Rütschi, Heini (mit Söhnen)	

DAS DORF UND SEINE MENSCHEN

• Rütschis, Clewin	EF: Brattelerin, Gret + 2 Töchter	**Die Hintersassen: Frauen**	**ihre Ehegatten, Töchter, Väter**
• Rütschis, Hans		• Bebenni, Agnes, Hans Mathis Frau	EM = leibeigen
• Rutschis, Hans, Heini Rutschis Sohn		• Bonis, Adelheit, Hans Broglis Frau	
• Rütschis, Heini, Heini Rütschis Sohn		• Broglin, Margreth, Hansen Frölichers (Ehefrau?)	
• Rütschis, Lienhart		• Hechlerin, Gred, Hans Suters Frau	EM = leibeigen
• Rütschis, Peter, Sohn von Heini Rütschli		• Jeckin, Elsin, Cuonz Zunzgers Frau	NN, Elsi,
• Schnider, Heini (Sohn v. Ulin Schnider)		• Heinrich Bischofs Frau	
• Schnider, Ulin (Vater v. Heini Schnider)	EF: Mathis, Ennelin	• NN, Margret, Hans Andres des Zimmermanns Frau	
• Suter, Hans	EF: Hechlerin, Gred = Hintersassin	• Rieders, Gredlin, Jorig Scherers Frau	
• Tuckinger, Cuoni		• Schilling, Brid, Walter Stettfurts Frau	
• Wagner, Konrad		• Specklin, Elsi, Werlin Zweis Frau	EM = leibeigen
• Weber, Heini	EF: Tschudi, Elsi	• Wagners, Gred, Hansen Scherers Frau	
• Weber, Jecki	EF: Kublers, Elsi	• Webers, Gredlin, Hansen Salates Frau	
• Zehender, Lienhart		• Wickenbachin, Elsin, Hansen Valkensteins Frau	
• Zwey, Hans		• Zehenderin, Ennelin von Randeck,	
• Zwey, Heini	EF: Lupflin, Verena	• Heinrich Zehenders Frau	
• Zwey, Werli	EF: Specklin, Elsi = Hintersassin		

Die Hintersassen: Männer	**ihre Ehegattinnen, Töchter, Väter**
• Bischof gen. Deck, Heinrich	EF: NN, Elsi
• Bröglin, Hans	EF: Bonis, Adelheit
• Frölicher, Hans	EF: Broglin, Margreth
• Moröslin, Hans (oder Müstlin)	EF: Grebers, Elsi, Tochter: Adelheit = leibeigen
• Rickenbach, Heinrich	
• Salate, Hans	EF: Webers, Gredli
• Scherer, Heinrich	
• Scherer, Jorig, Sohn von Heinrich Scherer	EF: Rieders, Gredlin
• Schwob, Heini	EF + Tochter = leibeigen (Mathis, Elsi und Schwob, Gretli)
• Stettfutt, Walter	EF: Schilling, Brid
• Valkenstein, Hans	EF: Wickenbachin, Elsin
• Webers, Jorig	EF: Mathis, Gredlin = leibeigen
• Zechender, Hans	
• Zehender, Heinrich	EF: Zehenderin, Ennelin
• Zunzger, Cuonz	EF: Jeckin, Elsin

Gefürchtete Krankheiten
Ausschnitt aus einer Schauseite des berühmten Isenheimer Altars, mit der Versuchung des Heiligen Antonius. Matthias Grünewald hat den grossen Flügelaltar für das Antoniterkloster in Isenheim (Elsass) in den Jahren 1512 bis 1516 geschaffen. Der Dargestellte leidet an einer Mutterkornvergiftung. (Andere kunsthistorische Deutungen sehen ihn als Syphilitiker oder als Pestdämon.) Nicht nur Hunger und Pestepidemien bedrohten die mittelalterliche Bevölkerung, sondern auch Krankheiten wie die Mutterkornvergiftung, der so genannte Ergotismus. Sie brach vorwiegend in Notzeiten aus, nach dem Genuss ungenügend gereinigten Getreides. Der vornehmlich auf Roggenähren wachsende Mutterkornpilz (claviceps purpurea) ist der Erreger; die Krankheit äussert sich in Lähmungserscheinungen und in fortgeschrittenem Stadium führt sie zur Verstümmelung der Glieder. Auch Samen von Getreideunkräutern wie zum Beispiel der Kornrade riefen Vergiftungen hervor.

Untertanengebiet waren. Die Steuerlisten des fürstbischöflichen Amts Birseck dagegen sind nicht erhalten geblieben.

Die der Rekonstruktion der Bevölkerungszahlen und -entwicklung dienlichen Quellen sind punktuell in der Zeitachse angesiedelt, das heisst, es liegen nur periodische Erhebungen vor; sie sind durch grössere zeitliche Abstände voneinander getrennt. Bis ins 17. Jahrhundert fehlen direkt verwertbare, auf alle Gemeinden bezogene Zahlenreihen. Denn erst seit der zweiten Hälfte des 16. Jahrhunderts werden die Informationen mit den Tauf-, Sterbe- und Eheregistern in Kirchenbüchern allmählich dichter. Das bis dahin verfügbare Material ist einerseits dem fiskalischen Interesse der Herrschaft zu verdanken. Eine zweite Motivation, Bevölkerungslisten anzulegen, lieferte die Leibherrschaft, nämlich das Bestreben, den rechtlichen Status der Untertanen zu fixieren. Da mit ihr nicht nur Ehe- und Freizügigkeitsbeschränkungen, sondern auch Abgabepflichten begründet wurden, liegt allerdings auch diesem Erfassungstyp letztlich ein fiskalisches Moment zugrunde.[5] Die Leibeigenen schwören zu lassen, hiess aber zunächst einmal, sie eidlich in die Pflicht zu nehmen, sie rechtlich einzubinden und für den Fall von Ungehorsam über eine Handhabe zur Verurteilung wegen Eidbruchs zu verfügen. Als dritter Anlass von Zählungen ist – wie schon bei König David – das militärische Interesse der Obrigkeit an ihrem Landgebiet zu sehen. Der Basler Rat liess seit dem Erwerb des Amts Farnsburg 1461 periodisch Mannschaftsrodel und Auszugslisten der wehrfähigen Männer erstellen.[6] Wiederum fallen die Frauen aus diesen Zählungen heraus, und zwar noch konsequenter als bei jenen Steuerlisten, welche nur die (männlichen) Haushaltsvorstände und Witwen verzeichnen.

Im Zeichen der Pest

Das Reichssteuer-Verzeichnis von 1497 entstand, nachdem die Bevölkerung mehrmals von Pestzügen heimgesucht worden war: Ihren Ursprungsherd hatte die tödliche Krankheit in Zentralasien. 1347 hatten sich die Besatzun-

statistischen Zeitalter entstandene Vorstufe eines Zivilstandsregisters betrachten.[3] Bezeichnend für das bürgerliche Frauenbild des 19. Jahrhunderts ist es, dass Heinrich Boos in seiner Urkunden-Edition nur eine knappe Inhaltsangabe dieser Urkunde bot und nicht erwähnte, dass die Hälfte der Namen Frauennamen sind. Zu seiner Zeit befasste sich die Geschichtswissenschaft nahezu ausschliesslich mit Männern; das Handeln von Frauen wurde nicht als relevant oder geschichtswirksam betrachtet.[4]

Die notariell beglaubigte, als Abschrift überlieferte Urkunde entstand aus folgendem Anlass.[5] Im September 1464 verlangte Ritter Hans Bernhard von Eptingen von allen seinen erwachsenen Untertanen beiderlei Geschlechts in seinem Dorf Pratteln den Treueid, nachdem er kurz zuvor von seinen Vettern die gesamte Herrschaft erworben hatte. Sie mussten sich öffentlich, im Beisein eines aus Basel hergereisten Notars, als seine Leibeigenen beziehungsweise Hintersassen bekennen und die mit diesem Rechtsstatus verbundenen Freizügigkeits- und Ehebeschränkungen hinnehmen. Ritter Hans Bernhard unterschied die grössere Gruppe seiner 90 Leibeigenen und die der 29 Hintersassen, die als Leibeigene anderer Herrschaften zugezogen waren. Nur ihnen war unter gewissen Be-

DAS DORF UND SEINE MENSCHEN 129

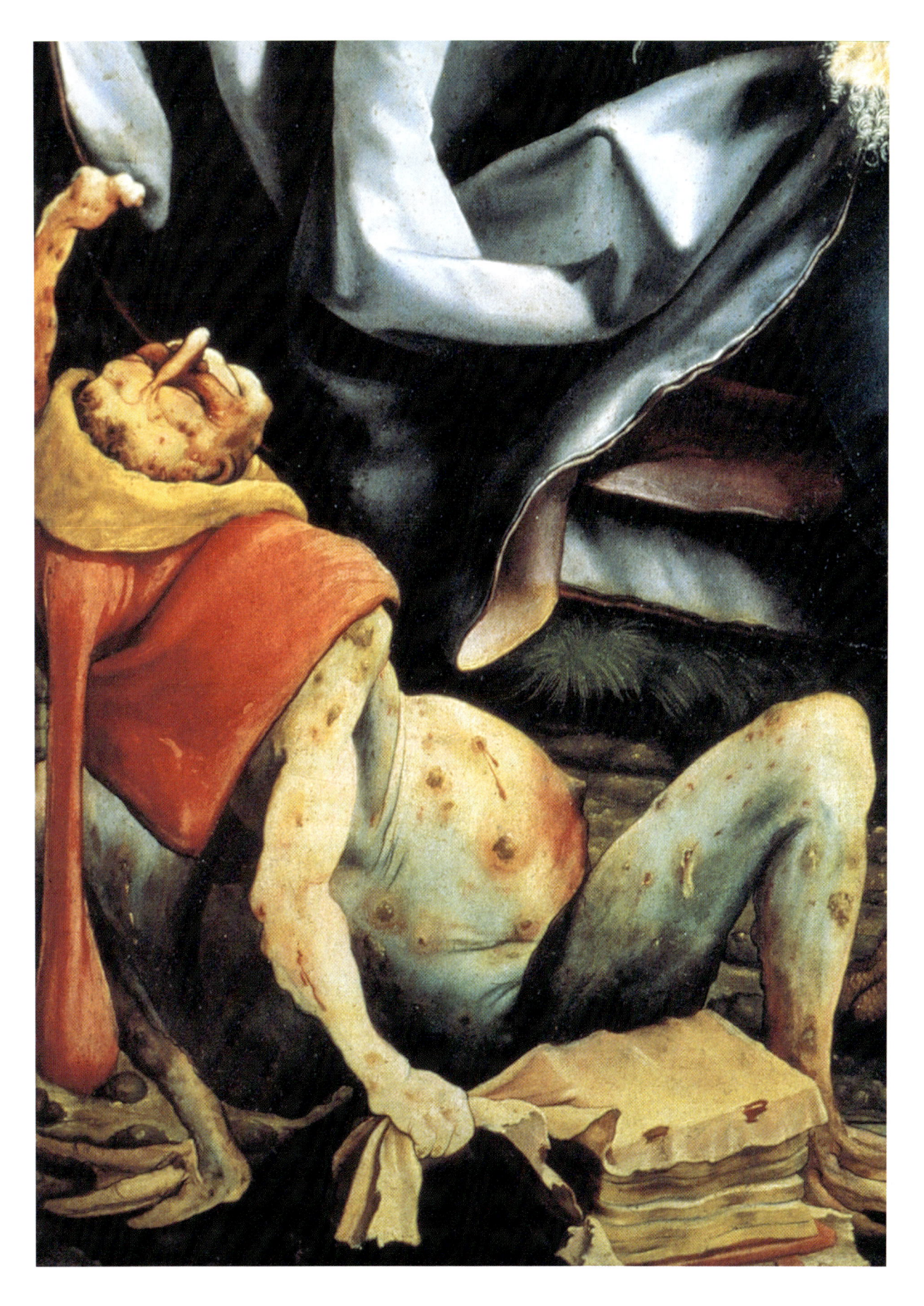

Kinderspielzeug im adeligen Haushalt
Das Püppchen, eine Spielfigur aus weissem Pfeifenton, stellt eine adelige Dame in der Tracht des 14. Jahrhunderts dar. Die Figur diente den Kindern der adeligen Burgbewohner als Spielzeug; die Bauernkinder hatten sich wohl überwiegend mit einfachstem Spielzeug wie zum Beispiel mit Tierknochen zu begnügen. Das Fundstück, entstanden um 1350, stammt aus der im Erdbeben von 1356 zerstörten Burg Alt-Schauenburg bei Frenkendorf.

gen auf den Schiffen der Genueser Flotte nach der Belagerung von Caffa am Schwarzen Meer infiziert. Sie trugen die Krankheit und das von ihr ausgelöste Grauen in Windeseile nach Konstantinopel, Sizilien und Marseille. Von dort breitete sich die extrem virulente Krankheit als so genannte Pandemie im Laufe der Jahre 1349 bis 1352 über das ganze Abendland aus. Von nun an suchten immer neue Pestzüge ganze Landstriche Europas in Abständen heim.[7] Am Oberrhein verursachten unter anderem die Epidemien von 1418/19, 1451, 1463, 1474/75, 1494 hohe Verluste, welche aber in den Quellen nach unseren heutigen Massstäben nur relativ ungenau beziffert wurden. Die Bevölkerung Basels hatte nun am Ende des 15. Jahrhunderts einen vorläufigen Tiefstand erreicht, mit schätzungsweise 9200 Personen.[8] Sie ging noch einmal 1502/03 drastisch zurück auf nur rund 4500 Personen. Für die Landschaft fehlen uns bis 1497 entsprechende, einigermassen verlässliche Zahlen. Ammann schätzt ihre Gesamtbevölkerung 1497 auf höchstens 4000, Gschwind schlägt aufgrund verfeinerter Hochrechnungsmethoden die Zahl 4530 vor. Dazu kommt die Bevölkerung des Birsecks. Weissen ermittelte die Zahl der Steuerzahler in den damals fürstbischöflichen Dörfern: Sie sank von 1445 bis 1446 von 595 auf 460, erreichte 1487 mit 701 einen vorläufigen Höhepunkt und nahm von da an bis 1516 kontinuierlich ab.[9] Allerdings spiegeln diese Zahlen nicht die reale Bevölkerungsbewegung, sondern vielmehr die Steuermoral: Sinkende Steuerzahlen könnten auch auf vermehrte Steuerverweigerung hindeuten. Gerade für die Jahre nach dem St. Jakober Krieg von 1444 und den Verwüstungen, welche die durchziehenden Armagnaken-Söldner angerichtet hatten, ist zu vermuten, dass viele Bauern weder imstande noch willens waren, ihre Abgaben- und Steuerpflicht zu erfüllen.

Was die Pest betrifft, so starben 1493 bis 1495 allein in Ziefen 61 Menschen, in Pratteln forderte 1576 die Epidemie 106 Tote; sie hatte damals ihre Virulenz noch nicht eingebüsst.[10] Die Auswirkungen der Pest lassen sich im Kleinen so ausdrücken: Vergleichen wir die Zahl der Steuerzahler in Gelter-

dingungen der Abzug aus der Herrschaft gestattet. In den beiden den Schwörformularen folgenden Namenlisten fehlen mindestens neun Leibeigene und zwei Hintersassen, welche den angesetzten Schwörtagen ferngeblieben waren; sie bildeten den Kern einer Gruppe von Männern, die 1467 in den Aufstand gingen. Anders als die Birsecker Listen, in denen Frauen nur ausnahmsweise aufgeführt sind,[6] enthält das Prattler Dokument nicht nur die Namen der Haushaltsvorstände oder «Hausväter», sondern auch alle erwachsenen Frauen – seien sie verheiratet oder ledig. Bis zum Beginn des 19. Jahrhunderts trugen die verheirateten Frauen ihren eigenen beziehungsweise den Vaternamen; die Liste des Masseneids gibt zusätzlich den Namen des Ehegatten an.[7]

Eine einfache Frau im Birseck: Die Magd Grete von Schaffhausen
Forscht man nach den Lebensumständen und der Geschichte von Frauen im Mittelalter, so beklagt man häufig den Mangel an Schriftzeugnissen. Tatsächlich enthalten viele Personenverzeichnisse wie Steuer- und Mannschaftslisten nur Namen und dürres Zahlenmaterial. Daraus sind keine Vorstellungen über die Lebensumstände, die Habe, die Kleidung und das Erscheinungsbild der Personen zu gewinnen.

kinden in einem baslerischen Steuerrodel von 1485 mit jener der Türkensteuer 1497[11] – allerdings unter dem Vorbehalt, dass beide Listen den gleichen Aufnahmeprinzipien folgten. Der ältere Rodel umfasst 50 Steuereinheiten, darunter 11 Frauen beziehungsweise Witwen, die wir als Haushaltsvorstände sehen.[12] 1497 sind nur noch 39 Haushalte, mit insgesamt 119 Personen über 15 Jahren, registriert, ein Rückgang von einem Fünftel in nur 12 Jahren. Die seuchenbedingten, teils erheblichen Schwankungen sind stets im Auge zu behalten, wenn im Folgenden von absoluten Haushaltszahlen bestimmter Dörfer die Rede ist. Während Gschwind vermutete, dass der Rekuperationsprozess «irgendwann in der zweiten Hälfte des 15. Jahrhunderts eingesetzt» hatte, das heisst der Bevölkerungsschwund durch Geburtenüberschüsse allmählich aufgehalten wurde, hielt nach Ansicht Weissens die demographische Krise noch 1488 bis 1516 an; er nimmt an, dass die Erholungsphase erst im 16. Jahrhundert begann.[13]

Für 1497 zählte der Historiker Hektor Ammann in Liestal 104 Haushalte, im viel kleineren Städtchen Waldenburg deren 34, in Sissach 36[14], im Tal der Hinteren Frenke in Bubendorf und Reigoldswil 36 und 26. Im Amt Farnsburg waren Sissach, Gelterkinden und Ormalingen die bevölkerungsstärksten Dörfer. Im heutigen Unterbaselbiet waren es Muttenz und Pratteln mit rund 80 beziehungsweise 60 Haushalten, dann Reinach und Oberwil, in ähnlicher Grössenordnung wohl auch Allschwil, für das wir aber nicht über ausreichendes Zahlenmaterial verfügen. Weissen schätzt, dass in Oberwil 1465 262 Personen (inklusive Kinder) gewohnt haben könnten.[15] Im 17. Jahrhundert jedenfalls war die Rangfolge unter den drei letztgenannten Dörfern Oberwil, Allschwil und Reinach.

In Muttenz zählte der Steuereinnehmer 1497 191 Personen im Alter von über 15 Jahren; sie verteilten sich auf höchstens 80 Haushalte; die im Elternhaus lebenden Jugendlichen unter 15 Jahren sind in der Steuerliste nicht eigens ausgewiesen.

Jahrsteuer von 1485 in Frick und in der Vogtei Farnsburg

Aus der folgenden Übersicht anhand einer im Amt Farnsburg 1485 erhobenen Steuer lässt sich eine Vorstellung von den Grössenverhältnissen der Dörfer dieses Amts gewinnen. Denn als Steuereinheiten können einzelne Haushaltungen beziehungsweise Familien gesehen werden.

Ort	Betrag	Steuereinheiten
Frick	15 lb 4 s	
Gelterkinden	21 lb 15 s	50
Ormalingen	14 lb 18 s	33
Diegtertal	10 lb	32
Diegten	5 lb 10 s	15
Wenslingen	7 lb 11 s	10
Magden	7 lb 8 s	29
Maisprach	6 lb 13 s	15
Buus	5 lb 15 s	17
Wintersingen	5 lb 13 s	11
Zeiningen	3 lb 12 s	14
Rünenberg	3 lb 12 s	11
Zeglingen	3 lb 7 s	8
Kilchberg	2 lb 5 s	8
Hemmiken	15 s	6
Summe	113 lb 18 s	259

(lb = Pfund, s = Schilling; 1 Pfund = 20 Schilling).

Anders verhält es sich im Falle von Nachlassinventaren Verstorbener und der inventarähnlichen Rechnung des Landvogts von Birseck, die er nach dem Tod seiner Magd erstellte. Der folgende Ausschnitt aus einer Jahresrechnung wirft ein bezeichnendes Licht auf die Lebensverhältnisse von Mägden im 15. Jahrhundert. Er ist den im Jahr 1429 einsetzenden Schaffnei-Rechnungen des Amtes Birseck entnommen.[8] Das auf mehreren Blättern niedergeschriebene Dokument findet in der umfangreichen Serie der Vogtsrechnungen nicht mehr seinesgleichen; Hausmägde werden sonst nur noch in Einzelpositionen erwähnt, wenn sie der Landvogt für bestimmte Arbeiten entlöhnt. Grete von Schaffhausens Name dürfte auf ihre Herkunft verweisen.[9] Sie gehörte zur Sozialgruppe der Dienstboten, die in fremden Haushalten Lohnarbeit verrichteten; sie erhielten einen geringen Barlohn sowie Kost, Unterkunft und Kleidung. Mägde und Knechte entstammten häufig niederen sozialen Schichten oder dem bäuerlichen Milieu, während ihre Herrschaften den Kreisen von Handwerkern, Kaufleuten und Adeligen angehörten. Einige von ihnen waren auch vornehmerer Abstammung; sie dienten vor ihrer Heirat oder, wenn sie ledig geblieben waren, bis zu ihrem Lebensende in Haushalten Standesgleicher.

Haushalte in Muttenz 1497

Haushalte	Personen insgesamt
8 Einpersonen-Haushalte (oder 4 Einpersonen- und 2 Zweipersonen-Haushalte)	8
47 Zweipersonen-Haushalte	94
19 Dreipersonen-Haushalte	57
8 Vierpersonen-Haushalte	32
Summe: 82 Haushalte (davon 79 oder 41,3 % Hintersassen)	191

Das Dorf und seine Menschen

Die Pratteler Untertanen in der Eidliste von 1464 bis 1465

Leibeigene (76%)
43 Frauen
Ehen zwischen Partnern ungleichen Rechtsstands:
• 2 mit einem Hintersassen verheiratet
• 2 Töchter eines Hintersassen
47 Männer
Ehen zwischen Partnern ungleichen Rechtsstands:
• 3 mit einer Hintersassin verheiratet

Hintersassen (24%)
14 Frauen
Ehen zwischen Partnern ungleichen Rechtsstands:
• 3 mit einem Leibeigenen verheiratet
15 Männer
Ehen zwischen Partnern ungleichen Rechtsstands:
• 3 mit einer Leibeigenen verheiratet
• 2 von ihnen haben eine leibeigene Tochter

*119 erwachsene Personen insgesamt
57 Frauen + 62 Männer*

Frauen und Männer – Leibeigene und Hintersassen

Für die nachmalige Landschaft Basel sind die Steuerrödel von 1497 unvollständig, da die Territorialbildung noch nicht abgeschlossen war; es fehlen die ganze baslerische Vogtei Homburg sowie Pratteln, Arisdorf, Giebenach, Frenkendorf, Oltingen, Anwil, Maisprach, Bretzwil, die alle damals noch nicht zum baslerischen Herrschaftsgebiet gehörten. Das gilt auch für Rothenfluh in der Gerichtsherrschaft der Münch und der Grafen von Thierstein. Hier sind vielleicht nur baslerische Leibeigene oder lediglich das Siedlungsgebiet in der Landgrafschaft Sisgau erfasst, während der andere, vermutlich grössere Teil habsburgisches Hoheitsgebiet war, wo Basels Steuereinnehmer nicht wirkten, ebensowenig wie in Oltingen und Anwil, welche damals noch durch die österreichisch-baslerische Grenze geteilt waren.[16] Für Pratteln wird das Fehlen des Türkensteuerrodels wettgemacht durch ein Personenverzeichnis besonderer Art: einen Masseneid, den Ritter Hans Bernhard von Eptingen von sämtlichen Untertanen schwören liess, im Beisein eines Notars, der den Vorgang urkundlich beglaubigte.[17] Das Dokument hält die Namen aller Erwachsenen Prattelns zur Zeit von 1464/65 fest, also vor dem pestbedingten Tiefstand des ausgehenden 15. Jahrhunderts. Auch hier wird – wie in Muttenz 1497 – zwischen zwei Personengruppen unterschieden, den Leibeigenen, denen Ehebeschränkungen und Abzugsverbot auferlegt wurden, und den Hintersassen, die unter bestimmten Bedingungen und nach Bezahlung einer Manumissionsgebühr aus der Herrschaft wegziehen durften. Die Kinder folgten in unserer Gegend der «schlechteren Hand», das heisst, Kinder einer Leibeigenen und eines Hintersassen waren gleich der Mutter leibeigen.[18]

Die 119 Personen erfassen die Pratteler unvollständig; denn mindestens 11 Männer verweigerten den Eid und beteiligten sich später an einem Aufstand.[19] Mit der Annahme von gegen 60 Haushalten wird man deshalb kaum zu hoch liegen.

Ihren letzten Lebensabschnitt, vielleicht auch eine längere Zeit, verbrachte Grete von Schaffhausen im Haushalt des Landvogts im Schloss Birseck. Da die Rechnungen jener Jahre keine Hinweise auf weitere fest angestellte weibliche Dienstboten enthalten, ist anzunehmen, dass Grete, solange ihre körperlichen Kräfte ausreichten, ein grosses Arbeitspensum zu leisten hatte. Als sie krank wurde, trug ihr Arbeitgeber bis zu ihrem Tode im Frühjahr 1447 die Kosten für die Arztbehandlung und die Reise ins Kurbad Baden im Aargau.[10] Grete hinterliess einen erbberechtigten Verwandten, der wohl kein direkter Nachkomme war. Akribisch rechnete der Landvogt die Unkosten, die ihm aus der Betreuung und Bestattung seiner Magd entstanden waren, gegen seine Einnahmen aus dem Verkauf ihrer Hinterlassenschaft auf.[11] Mit dem Inventar der sich in ihrem Besitz befindenden Gegenstände liegt eines der seltenen Zeugnisse der materiellen Ausstattung von Gesinde vor. Die Aufzählung der überwiegend grauen und schwarzen Kleidungsstücke vermittelt uns einen Eindruck der äusseren Erscheinung der betreffenden historischen Gestalt. Darüber hinaus gibt sie ganz allgemein über den Ausstattungsstandard weiblicher Dienstboten Auskunft.

Liebe auf dem Lande

Verliebtes Bauernpaar. Datierung und Dürers Namenszeichen von der Hand Hans von Kulmbachs, mit Wasserfarben ausgetuschte Feder.

Über die alltäglichsten Begebenheiten in der Baselbieter Gesellschaft – wie zum Beispiel über die verschiedenen wichtigen Phasen des Sichkennenlernens, der Annäherung, des Sichverliebens bis zum Eheversprechen – schweigen sich die historischen Quellen aus.

In einem Aktendossier über den Bau des Weihers in Oberwil finden sich folgende Reime:
«On dich kan ich nit frowen mich
syd du mich hast umbfangen,
swerich vest behafft on al myn krafft
hertz sin und gmüet durchgangen
in stetter lieb dar inn ich mich ub
myn vlyß zu dir zu komen
das nu (?) mag sin, den willen din
hastu dick wol vernomen das ich
wil zudir komen.

Uff diser erd kein hochers word
han ich in mynem hertzen
fermuot nit wst wer gantz umb sust
wendestu mir nit myn schmertzen
darumb zart frow, gedenck und schow
haben vlyß in unsern sachen
und schry mir zů ich han kein Růw
biß du mir feuer (?) und mut tust
machen und du mich fruntlich
an thust lachenn.

Ach edle frucht verlangen sůcht
Ich byt dich min smertzen wenden
wann dich allein sust ander kein [...]
hin und důntz behende
wann ich [...] dir gantz mit beger
alzyt dir zu gevallen
in stetter trüw [...] schrib
ich dich gantz ob allen du dust mir
wolgevallen.»

Da anscheinend keine weiteren Erben anwesend oder auffindbar waren, zog der Landvogt als Arbeitgeber die Hinterlassenschaft seiner Magd ein. Aus dem Verkaufserlös der Gegenstände nahm er fast 22 Pfund ein, das heisst das Mehrfache eines durchschnittlichen Jahreslohns einer Dienstbotin. In Basel kamen Mägde im 15. Jahrhundert auf einen Jahreslohn von drei bis viereinhalb Pfund, zuzüglich Tuch für Kleidung und Schuhe. Im Allgemeinen verdienten sie weniger als männliches Hausgesinde.[12]

Nachlass und Bestattungskosten einer Birsecker Magd

«Die folgenden Beträge habe ich für die alte Magd Grete von Schaffhausen selig ausgegeben und ihr zu ihren Lebzeiten gegeben:
1 1/2 Gulden gab sie dem Wundarzt im Haus zum Affen [wahrscheinlich in Basel], als er sie wegen ihrer Augenkrankheit behandelte.
3 1/2 Schilling gab ich Anna, die sie führte und begleitete in der Fastenzeit Anno 46.
10 Schilling dem Wundarzt am Montag nach Auffahrt 1446.
13 Schilling gab ich ihr vor dem Laurenztag 1446.

Die Bevölkerung in Birseck

1462 bis 1470 Anzahl Haushalte		Im Jahr 1586 Anzahl Pers.
Arlesheim	28–29	120
Reinach	38–44	260
Oberwil	42	330
Allschwil	–	225
Ettingen	–	174
Therwil *	–	274
Erwachsene insgesamt		1383
		(264 Herdstellen)

* Ettingen und Therwil gehörten erst seit 1525 zur Herrschaft Birseck; Schönenbuch war eine geschlossene Grundherrschaft in adeligem, später solothurnischem Besitz (seit 1644) und galt nicht als eigene Gemeinde, sondern als Hof.

Haushalt, Familie und Arbeit

Die Pratteler Eidliste dokumentiert, dass alle Ehefrauen den Vaternamen beibehielten, obwohl sie mit der Heirat in der Regel das Elternhaus verliessen und von der väterlichen in die eheherrliche «Munt», das heisst die Vormundschaft des Ehemanns, übergingen. Die gängigen Bezeichnungen für Ehefrauen waren «wip», Hausfrau und Ehefrau. Obwohl ihr rechtlicher Status im ganzen Mittelalter als untergeordnet definiert war, galt dies für ihre wirtschaftliche Position in Familie und Betrieb nicht: Ein Eheschluss setzte die Arbeitsfähigkeit beider Eheleute voraus, und Familienwirtschaft beruhte auf ihrem Zusammenwirken in komplementären Arbeitsbereichen;[20] die Sphären von Frau und Mann waren nicht strikte getrennt und konnten sich situationsbedingt und bedarfsweise beträchtlich überschneiden.[21] Auf der Ebene der Steuerlisten wird erkennbar, dass Frauen ihren abwesenden Mann vertreten konnten, wenn es um finanzielle oder fiskalische Belange ging. So waren in Arlesheim, Reinach und Oberwil und bei den Leuten des Äusseren Dinghofs Laufen (sie lebten in Reinach, Therwil und Ettingen) in den Jahren 1462 bis 1469 zwischen 7 und 25 Prozent der registrierten Steuerzahler Frauen.[22] Dass es sich nicht nur um (alleinstehende) Witwen handelte, zeigt die Abfolge der Listen; denn häufig sind Mann und Frau in diesem Zeitraum abwechselnd aufgeführt. Übrigens sind die betreffenden Steuerlisten der so genannten Michaelisteuer aus den Jahren 1462 bis 1470 die ältesten, demographisch auswertbaren Quellen im Birseck. Geht man davon aus, dass die verzeichneten Personen Haushaltungen als Steuersubjekte repräsentierten, so ist die Zahl der fiskalischen Einheiten beziehungsweise Haushaltungen die einzige einigermassen gesicherte Grösse, während über die Haushaltsform und -grösse selbst, die Zahl von Erwachsenen, Kindern und Gesinde, nichts bekannt ist. Jedenfalls zeigt die nebenstehende Aufstellung, dass im 16. Jahrhundert mit Sicherheit ein Bevölkerungswachstum stattfand. Zur Haushaltsform ist generell zu bemerken, dass sich Anzahl und Zusammensetzung der in einem Haushalt lebenden Personen im

Zwei Bauern
Die Arbeit im Archiv beschert Historikerinnen und Historikern manche Überraschung: beispielsweise, wenn eine Zeichnung eine Bestallungsurkunde ziert, wie die hier abgebildete jene des Vogts Cunzman Egerkind. Das Durchschneiden einer Zeichnung diente als Quittierungsverfahren für Verträge.

10 Schilling gab ich ihr am Freitag nach Mariae Empfängnis 1446.
1½ Gulden gab ich ihr, als sie [zur Kur] nach Baden im Aargau fuhr.
Ferner gab ich ihr 11 Schilling am Montag vor Michaelis Anno 46.
2 Gulden gab ich Hans, dem Altwarenhändler, der sie ihr geliehen hatte.
Folgende Kosten sind mir aus der Bestattung der Magd Grete entstanden:
8 Schilling um einen Baum [für den Sarg].
10 Pfennig, um den Sarg in den Hof: [den Schlosshof von Birseck, den bischöflichen Hof in Basel oder den Kirchhof?] zu tragen.
Summa: 8 lb 12 s 4 d.
6 Schilling kostete es, sie in den Kreuzgang zu tragen.
8 Schilling für den Totengräber.
1 Pfund dem Herrn Kustos, als man ihr das letzte Geleit gab.
7 Schilling dem Pleban, damit er ihr eine Jahrzeit einrichte.
Weitere Ausgaben:
3 Schilling gab ich der Unterkäuferin [Altkleiderhändlerin] am Donnerstag nach Invocavit 1447.
1 Gulden gab ich dem Heine Duete von Rülasingen, welcher ihr Erbe war, am Donnerstag nach Reminiscere Anno 1447. Auch gab ich ihm einen Umschlag, und damit habe ich ihm das ganze Erbe ausgezahlt, was eine Quittung von ihm be-

Laufe des Familienzyklus verändern, ein Personenverzeichnis also immer einen Querschnitt durch Familien unterschiedlicher Konstellationen gibt: vom Einpersonenhaushalt Lediger, über den Ehepaarhaushalt in den Stadien vor der Geburt von Kindern bis zum Rückzug in den Altenteil, nachdem die Kinder «ausgeflogen» sind, und zum Witwen-, seltener Witwerhaushalt.[23] Wenn sich in Oberwil die hypothetisch angenommenen 262 Einwohner 1462 auf 42 Haushalte verteilt hätten, so hätten damals durchschnittlich 6,3 Personen in einem Haushalt gelebt. Dieser Wert ist höher, als heute für ländliche Haushalte allgemein angenommen wird. Er ist sogar viel zu hoch im Vergleich zu den Verhältnissen im Amt Waldenburg um 1460: Damals liess die Stadt Basel über die dortige Bevölkerung einen Rodel anlegen, der die Familien einschliesslich der Kinder, nach Dörfern geordnet, aufführt. Anhand des Rodels lässt sich eine durchschnittliche Familiengrösse von 3,3 Personen berechnen. Auf eine bestehende Ehe kamen durchschnittlich 2,3 Kinder. In 23 Prozent der Haushalte lebte eine Person, in 59 Prozent mehr als zwei Personen. Es gab nur fünf Ehepaare mit sechs (noch im Hause lebenden) Kindern, zwei Ehepaare mit sieben und eines mit acht Kindern. Ein Charakteristikum dieser Gesellschaft, nämlich ihre Jugendlichkeit, offenbart das Verhältnis zwischen Erwachsenen und Kindern im Waldenburger Rodel. Die Hälfte der 604 Personen werden ausdrücklich als «kind» bezeichnet (55% sind Knaben, 45% Mädchen). Othenin-Girard nimmt wohl zu Recht an, dass die Kategorie Kind in diesem Falle auch junge, unverheiratete Erwachsene über 14 oder 15 Jahre einschloss, welche noch im elterlichen Haushalt lebten. Andernfalls wäre – aufgrund von Vergleichswerten zur Zürcher und Freiburger Landschaft – ein Kinderanteil von lediglich 34 bis 43 Prozent anzunehmen.[24]

Schon längst hat die Geschichtswissenschaft die mittelalterliche Grossfamilie, in der drei Generationen einträchtig beieinander lebten, ins Reich der Fabeln verwiesen.[25] Als die vorherrschende Familienform ist die Zweigenerationenfamilie anzusehen, also der Ehepaarhaushalt mit Kindern. Selten verweist der erwähnte Waldenburger Rodel auf kollaterale Verwandt-

legt. Ich habe dem Kürschner 7 Schilling für zwei Pelzärmel bezahlt [...].
Ich habe Herrn Peter Stolzherz wegen Meister Jakob des Scherers [Wundarzts] einen Gulden gegeben, weil er die selige Grete verarztet hatte. Ferner habe ich Meister Jakob wegen ihr 1 Pfund gegeben. Summa 5 lb 17 s.
Die folgenden Beträge habe ich wegen der verstorbenen Grete, welche Magd im bischöflichen Hof war, nach ihrem Tod ausgegeben: 24 alte Plappart [Münzen] und 3 Strassburger Pfennige wurden nach ihrem Tod bei ihr gefunden, und das war am Montag vor dem Franziskustag 1446. Am Samstag nach dem Andreastag habe ich für einen Unterpelz 1 Pfund gelöst.
Für einen alten Ziegenpelz habe ich am Samstag nach Hilarii 1447 10 Schilling 4 Pfennige gelöst. Der Herr Wunnebald [Heydelbeck, der bischöfliche Kanzler] hat mir am Mittwoch nach dem Antoniustag 1447 wegen Grete 10 Schilling gegeben, die sie ‹zum guten Jahr› [Neujahr?] bekommen hatte. Ich habe 2½ Pfund aus dem Verkauf eines schwarzen Mantels am Mittwoch nach Invocavit Anno 47 gelöst. Aus dem Verkauf des kurzen, schwarzen Mantels habe ich gleichentags 1 Pfund gelöst.
Ich habe 6½ Pfund 4 Schilling aus dem Verkauf eines schwarzen Arrasgewands

Gesinde in Gelterkinden, Sissach und Muttenz 1497

Ort	Mägde	Knechte	Haushalte mit Gesinde
Gelterkinden	9	15	10 (25,6%)
Sissach	7	1	6 (16%)
Muttenz	3	5	7 (ca. 8%)

Die Familienstruktur in Muttenz 1497

Haushaltstyp	Bürger	Hintersassen
1 Person*	4?9	4
2 Personen		
Ehepaare	29	16
Mutter + Sohn	1	
Mann + Knecht	–	1
3 Personen		
Ehepaar + Mutter	1	2
Ehepaar + Schwester	–	1
Ehepaar + Kind	6	6
Frau, Sohn + Tochter	1	–
Ehepaar + Magd	–	2
4 Personen		
Ehepaar, Mutter + Magd	1	–
Ehepaar + 2 Kinder	3	1
Ehepaar + 2 Knechte	1	–
Ehepaar, Sohn + Knecht	1	1
Summen	48	34
Personen	112	79

* Eventuell handelt es sich nicht um vier Einpersonenhaushalte, sondern um zwei Zweipersonenhaushalte.

schaftsverhältnisse, also den Einschluss eines Bruders oder einer Schwester eines der Ehepartner in die Familiengemeinschaft. Bei 13,6 Prozent der Familien mit Kindern handelte es sich nicht um einen Ehepaarhaushalt, sondern in zehn Fällen wuchsen die Kinder allein bei der Mutter auf, drei Mal beim Vater und ein Mal bei der Grossmutter. Während heute in erster Linie die Scheidungen für solche Eineltern-Familien verantwortlich sind, führten im Mittelalter vor allem Krankheit und Tod dazu, dass Kinder bei nur einem Elternteil oder als «Vogtskinder» bei Verwandten aufwuchsen, wie dies für mehrere Kinder im Waldenburger Rodel zutraf.

Waren Ehen auf dem Lande durchschnittlich etwas kinderreicher als in der Stadt, so gab es auf dem Land weniger Haushalte mit Knecht oder Magd als in einer grösseren Gewerbestadt wie Basel. In jedem vierten oder fünften Haushalt in Sissach und Gelterkinden, in Muttenz nur gerade in jedem zwölften Haushalt, lebte auch Gesinde, die Verhältnisse waren also von Dorf zu Dorf verschieden.[26] Um jenen Söhnen und vor allem Töchtern ländlicher Betriebe zu begegnen, welche die Eltern im «Teenager-Alter» als überflüssige Esser fortziehen liessen, musste man schon in die umliegenden Städte, nach Basel, Rheinfelden, Liestal, Olten, Laufen gehen.

Es erstaunt nicht, dass die mobile Schicht der Bevölkerung, die auf dem Lande kein Auskommen fand, in den Quellen kaum fassbar ist, zumal es sich um jüngere Menschen handelte, die nicht haushäblich waren. Zogen sie auf Zeit oder für immer in die Stadt, so suchten sie als Tagelöhner, Tagelöhnerinnen oder als Hausgesinde «Nahrung», bestenfalls konnten sie ein Handwerk lernen. Besonders für Mädchen bot der städtische Arbeitsmarkt bessere Überlebenschancen als das Land, wo die Betriebe mehr Knechte als Mägde benötigten. Es gab also ein geschlechtsspezifisch unterschiedliches Migrationsverhalten.[27] Darin sieht die Forschung heute einen Hauptgrund für das unausgewogene Geschlechterverhältnis auf dem Land, wie es sich etwa im Farnsburger Amt 1497 nachweisen lässt: 351 Männern standen nur 305 Frauen gegenüber.[28]

[aus Stoff in der Art des Tuches aus der nordfranzösischen Stadt Arras] am Dienstag nach Oculi Anno 1447 gelöst. Am selben Tag habe ich 10 Schilling aus dem Verkauf eines schwarzen, schlechten Mantels gelöst. Am selben Tag habe ich 4 Schilling für zwei schlechte Schürlitztücher [ein Mischgewebe aus Baumwolle und Wolle] gelöst. Am gleichen Tag habe ich 2 Pfund aus dem Verkauf eines schwarzen Rockes an die Magd von Delsberg gelöst, und ich habe ihr das Geld an ihrem Lohn abgezogen, sodass sie mir kein Bargeld zahlen musste. Am Freitag vor dem Palmsonntag 1447 habe ich 8 Schilling für einen schlechten, blauen Arrasrock gelöst. Summa 14 lb 12 s 10 d. Am selben Tag habe ich 15 Schilling aus dem Verkauf des schlechten blauen Arrasmantels gelöst und 5 Schilling für 2 Pelzärmel. Am Freitag vor Mathäus Anno 1447 habe ich aus dem Verkauf von 6 Hauben und 6 Umschlagtüchern [wahrscheinlich zur Kopfbedeckung gehörend] unterschiedlicher Qualität gelöst. Summa 7 lb 6 s 6 d. Alles in allem habe ich 21 Pfund 19 Schilling 4 Pfennige eingenommen. Im Jahr 1446, vor dem Margaretentag, hat mein Herr [der Bischof] eine Arztrechnung mit der Magd Grete von Schaffhausen vorgenommen, und er blieb ihr 24 Gulden und 3 Pfund minus 4 Schilling schuldig.»[13]

Lesetipps

Die massgebliche Publikation über die Bevölkerungsentwicklung der Landschaft Basel im Mittelalter und im Ancien Régime ist jene von Franz Gschwind (1977). Seine Ausführungen über das Mittelalter beruhen unter anderem auf dem Artikel Ammanns (1950), dessen Ergebnisse teilweise korrigiert werden.

Eine lebendige Vorstellung über die Bevölkerungsverhältnisse im Oberbaselbiet entwickelt Othenin-Girard (1994). Die Autorin verbindet mit dem demographischen Ansatz moderne, familien- und mentalitätsgeschichtliche Überlegungen zu den Haushaltsformen, zum Begriff von Familie, zu ihrem lebenszyklischen Wandel und seinem Einfluss auf die bäuerliche Wirtschaft.

Um das Thema der Pestepidemien in Basel zu vertiefen, greife man zum Buch von Hatje (1992).

Über die Geschichte der Seuchen in Europa allgemein informiert das Buch von Ruffié/Sournia (1993).

Abbildungen

Staatliche Museen zu Berlin – Preussischer Kulturbesitz, Kupferstichkabinett KdZ 4270: S. 123.
AAEB, Comptes de Birseck 1462: S. 124.
Washington, National Gallery of Arts, Inv. No. 1982.56.1: S. 125.
Tabelle S. 126–127: nach StA BL, AA, L. 72 Bd. 507, fol. 5ff.
Musée d'Unterlinden, Foto O. Zimmermann: S. 129.
Archäologie und Kantonsmuseum BL: S. 130.
Tabelle S. 131: Nach StA BL, AA, Berain 127a (1485) und StA BS, Fremde Staaten B 6, 2 (1497).
Kunsthalle Bremen, Kupferstichkabinett Inv. Kl. 47 (Kriegsverlust) S. 133.
Nach StA BL, L.114C, Bd. 670 Nr. 218, Reime: S. 133.
Tabelle S. 134: Nach den Steuerlisten von 1462 bis 1470 in: AAEB, Comptes de Birseck und Berner 1994a, S. 338f., Anhang 2, Schätzungen der Bevölkerungszahlen 1500.
AAEB, B 137/7, Nr. 1, 1437: S. 135.
Tabellen S. 136: Nach StA BS, Fremde Staaten, B 6, 2.

Anmerkungen

1 Nach den Listen des Gemeinen Pfennigs von 1497.
2 Vgl. Bd. 4, Kap. 3.
3 Schönberg 1879; Othenin-Girard 1994, S. 58, 346–350, 465, 493.
4 Es handelte sich hier um eine Kopfsteuer, darüber hinaus hatten Personen mit einem Vermögen von über 500 Gulden eine Vermögenssteuer zu entrichten.
5 Othenin-Girard 1994, S. 353f.; Rippmann 1998b.
6 Othenin-Girard 1994, S. 55–57, 498.
7 Bulst 1979; Keil 1986; Ruffié/Sournia 1993; Graus 1987. Vgl. Bd. 2, Kap. 10.
8 Weitere Pestzüge trafen die Gegend 1502, 1517/18, 1526; vgl. Gschwind 1977, S. 172f.; Hatje 1992, S. 161.
9 Weissen 1994, S. 198f.
10 Othenin-Girard 1994, S. 63 (Anm.); Gschwind 1977, S. 297–303.
11 In vier der 50 Steuereinheiten sind jeweils zwei Personen – nämlich Vater und Sohn resp. Schwiegersohn – aufgeführt, in einer fünften Einheit ein Vater mit zwei Söhnen.
12 Versuche, die Bevölkerungskurven für die zweite Hälfte des 15. Jahrhunderts im Birseck zu rekonstruieren, bei Weissen 1994, S. 191–203.
13 Nach Othenin-Girard 1994, Tab. 48, S. 349.
14 Othenin-Girard 1994, S. 464.
15 Weissen 1994, S. 197. Es handelt sich um eine Schätzung anhand des so genannten Buttergeldes, einer vom Bischof von allen Bewohnern der Diözese erhobenen Steuer.
16 Vgl. Othenin-Girard 1994, S. 61–63, 464.
17 Rippmann 1997.
18 Vgl. Stöcklin 1991.
19 Vgl. Bd. 2, Kap. 11.
20 Wunder 1991a.
21 Bennett 1987; Hanawalt 1986; Wunder 1982; Rippmann 1995a.
22 Weissen 1994, S. 200.
23 Freitag 1988.
24 StA BL, AA, Urk. Nr. 699b; Kümmell 1988; Othenin-Girard 1994, S. 66–70.
25 Haverkamp (Hg.) 1984; Mitterauer 1990; ders., Art. Familie, in: Fischer Lexikon Geschichte, 1990, S. 161–176.
26 Vgl. Othenin-Girard 1991; Buomberger 1900, S. 109–111.
27 Dazu Schuler 1987; Rippmann 1990.
28 Othenin-Girard 1994, S. 66–68; Rippmann 1995c; Dürr 1996.

1 Die Birsecker Listen sind abgedruckt bei Weissen 1994, S. 541–546; vgl. auch Kümmell 1988.
2 Vgl. oben und Kümmell 1998.
3 Simon 1984.
4 Vgl. Boos Nr. 858, Nr. 867. Zum bürgerlichen Frauenbild von Historikern des 19. und beginnenden 20. Jahrhunderts siehe Osthues 1989; Blöcker 1984; Mesmer 1988.
5 Vgl. Bd. 2, Kap. 11; ausführlich Rippmann 1998b.
6 Weissen 1994, S. 541–546.
7 StA BL, AA, L. 72, Bd. 507, fol. 8v 10r; Regest in Boos Nr. 858; Nr. 867.
8 Weissen 1994.
9 Zur Migration von Dienstbotinnen Rippmann 1990 und besonders Dürr 1995.
10 Zum Badebetrieb in Baden vgl. Irsigler/Lassotta 1984, S. 97ff.
11 Vgl. Rippmann 1995c.
12 Schulz 1985, S. 367–369; Rippmann, in: Rippmann/Simon-Muscheid/Simon 1996, S. 123–148; vgl. auch Ketsch 1983.
13 AAEB, Comptes de Birseck, 1450. In der Originalsprache abgedruckt in Rippmann/Simon-Muscheid/Simon 1996, S. 99–102.

Wirtschaft und Sozialstruktur auf dem Land im Spätmittelalter

Bild zum Kapitelanfang
Wilde Leute bei der Getreideernte
Ausschnitt aus einem 104 Zentimeter hohen und 603 Zentimeter langen Wandbehang, der um 1460 in Basel hergestellt wurde. Der laubbekränzte Schnitter und die Schnitterin in farbigen Zottelgewändern greifen mit der rechten Hand die Halme, um sie mit der linkshändig geführten Sichel, dem klassischen Erntegerät, abzuschneiden. Ein dritter wilder Mann bindet eine Garbe. Auf dem die Szene schwungvoll umrahmenden Schriftband heisst es: «zu disem summer went wir schniden das wir den winder bi einand beliben», im rechts anschliessenden Band: «Mit truwen bring ich das korn, bind es das es nuit wert v[er]lorn».
Der kostbare Wirkteppich zeigt die Abfolge der Landarbeiten, vom Pflügen über das Eggen bis zur Verpflegung der Arbeitskräfte und zum Transport des Ernteguts auf einem Erntewagen. Den unteren Teppichrand säumt ein blumenumrankter Staketenzaun. Spielerisch kreist die lebendige Darstellung um das Thema der Liebe und verwendet dafür die von Frauen und Männern gemeinsam ausgeführten Ackerarbeiten als Metapher; die so «verkleidete» Botschaft der wilden Leute war in einer Zeit, in der immer noch 80 Prozent der europäischen Bevölkerung Landwirtschaft betrieb, jedermann verständlich. Dass sie für das vornehme Publikum in einem reichen städtischen Haushalt bestimmt war, steigert die Spannung der mit Elementen der verkehrten Welt spielenden Darstellung. Auch in der für städtische Konsumenten bestimmten Literatur sind vielfach «einfache Bauern» die Helden – man denke nur an den berühmten «Ring» Heinrich Wittenwilers.

Grundherrschaft und Bauern

Grundherrschaft ist ein wissenschaftlicher Fachbegriff; er kennzeichnet das wichtigste Strukturmerkmal der mittelalterlichen ländlichen Gesellschaft.[1] Es ist die Herrschaft eines landbesitzenden Herren oder einer Herrin über Land und Leute. Dieses grundlegende, asymmetrische Abhängigkeitsverhältnis zwischen einer Herrenschicht und der Masse der hörigen Bauern dauerte bis zur Helvetik. Mit der Landleihe werden zugleich wirtschaftliche, rechtliche und soziale Bindungen begründet. Da es sich nach mittelalterlicher Auffassung um ein Verhältnis von Gegenseitigkeit handelt, stehen den Pflichten des nutzungsberechtigten Bauern nicht nur Weisungsbefugnisse des Herrn gegenüber, sondern dieser hat ihm Schutz und Schirm zu gewähren, als Gegenleistung für seine Arbeit und Treue. Ist er auch Gerichtsherr, so nimmt er die Rechtspflege und die Aufrechterhaltung der Rechtsordnung wahr. Grundsätzlich hat sich die Grundherrschaft im Laufe des 10. bis 12. Jahrhunderts von der Gerichts- und Leibherrschaft losgelöst. Ein Grundherr muss in einem Dorf nicht auch «Twing und Bann» und die niedere Gerichtsbarkeit innehaben; diese stehen unter Umständen anderen Personen zu. Wegen der Zersplitterung von Herrschaft in unterschiedliche, sich überlagernde Rechtsbefugnisse sieht sich die ländliche Bevölkerung in ein mehrschichtiges Geflecht herrschaftlichen Zugriffs und herrschaftlicher Anforderungen eingebunden.[2] Es auf der Ebene des Dorfes zu rekonstruieren, ist Historikerinnen und Historikern heute allenfalls begrenzt möglich. Selbst die Zeitgenossen dürfte es Mühe gekostet haben, den Überblick über ihre Herrschaftsbindungen und -rechte zu wahren. Bauern wussten diesen Umstand gelegentlich zu nutzen. Sie versuchten, gewisse Verpflichtungen zu vernachlässigen und in Vergessenheit geraten zu lassen. Bei unklaren Besitzverhältnissen gaben sie vor, «nichts zu wissen», wenn herrschaftliche Amtleute sie über Eigentum und Zinspflichten befragten.[3]

Ihrem Grundherrn gegenüber sind die bäuerlichen Leihenehmer (seltener Leihenehmerinnen) – die Huber – zu festgelegten Diensten und Abga-

Die ökonomische Situation der Bauern

Für den Überblick über die sozialökonomische Situation der Bauern im Spätmittelalter stellen wir wiederum das von Othenin-Girard gut erforschte Amt Farnsburg in den Vordergrund.[1] Von den ökonomischen Rahmenbedingungen, die das Leben der Bauern bestimmten, bekommt die Geschichtswissenschaft besonders drei Faktoren in den Blick: die Betriebsgrössen, die Abgaben sowie die Bewegung der Preise und Löhne. Man sieht die Zinsbelastung als einen Gradmesser für die wirtschaftliche Lage der Bauern insgesamt. In den beobachteten Zinsschwankungen spiegelt sich – wenn auch nur unvollkommen – der Wandel der Ertragslage. Wie Grundherr und Bauern auf die Wechsellagen der Agrarkonjunktur reagierten, ist aus ihren Handlungen und den zwischen ihnen getroffenen Vereinbarungen über die gegenseitigen ökonomischen Beziehungen zu erschliessen. Es wird erkennbar, wie weit die Grundherren durch Zugeständnisse und flexible Handhabung des Systems versuchten, der Abwanderung der Bauern in die Städte Einhalt zu gebieten und sich die Einkünfte zu sichern. Ausgangspunkt der Untersuchung sind die Grundrenten.
Folgende Tabelle stellt für 37 bäuerliche Betriebe den Umfang der Anbauflächen und das Abgabensoll der beiden Hauptge-

ben verpflichtet, sie verfügen also nicht vollumfänglich über die von ihnen produzierten Güter. Das bäuerliche Nutzungsrecht wird mit dem lateinischen Rechtsbegriff des *Dominium utile* bezeichnet. So ziehen die Eigentümer der kirchlichen Zehntrechte den zehnten Teil der wichtigsten Agrarprodukte ein. Das System der feudalen Abschöpfung, der Aneignung bäuerlichen Mehrertrags, nennt man Appropriation; die feudalen Lasten des Grundzinses setzen sich zusammen aus den jährlich fälligen Naturalabgaben, die man Produktenrente nennt, Frondiensten (Arbeitsrente) und der Geldrente. Dass die Bauern die ihnen als Untereigentum übertragenen Lehengüter weitgehend unbeschränkt nutzen, sie mit Renten belasten, verkaufen oder ihren Nachkommen ohne weiteres vererben können, wird erst seit dem Hochmittelalter allmählich Realität.[4]

Im System der spätmittelalterlichen so genannten jüngeren oder Rentengrundherrschaft sind die persönlichen Beziehungen zwischen Grundherrn, der zuweilen auch Gerichtsherr ist, und den Grundholden oder Bauern verblasst und die wirtschaftlichen Abhängigkeiten weitgehend verdinglicht. Denn die feudalen Lasten, nämlich Grundzins und Handänderungsabgaben, sind – unabhängig von der Person – auf das Gut fixiert und bleiben nach einem Besitzwechsel bestehen. Entscheidendes Merkmal der Entwicklung der Rentengrundherrschaft ist der Rückzug des Herrn aus der Produktionssphäre (das heisst der Rückgang der Eigenwirtschaft) und die damit verbundene Verminderung der unrentablen und nicht mehr benötigten Frondienste. Er reduziert die Eigenbewirtschaftung von Gütern oder gibt sie gänzlich auf. Auf die Bewirtschaftung seines Eigentums nimmt er im allgemeinen keinen direkten Einfluss mehr; er lebt fernab der Landgüter auf einer Burg oder in der Stadt vom Einkommen aus der Grundrente.[5]

In dem Masse, in dem die Bauern Verantwortung für die Produktion übernehmen, wächst der gemeinsame Regelungsbedarf. Feldbau und Allmendnutzung können nicht mehr im Hofverband einer einzelnen Grundherrschaft organisiert werden; vielmehr ist die genossenschaftliche Koor-

treidearten Dinkel und Hafer dar. Die Dinkelabgaben (Dinkel oder Kernen, das ist entspelzter Dinkel) beliefen sich auf etwa zwei Drittel der Getreidezinsen, das Sommergetreide Hafer auf ein Drittel. Wie oben erwähnt, herrschte ein massives Ungleichgewicht der Abgabenbelastung, indem auf kleinen Gütern häufig überproportional hohe Getreidezinsen lasteten. Nicht nur wegen der schmalen Ertragsbasis, sondern wegen der relativ höheren Zinsabgaben war der wirtschaftliche Spielraum für kleine Wirtschaftseinheiten enger als für grosse. In Krisenzeiten sahen sie ihre Existenz schnell gefährdet. Damit hängen zwei der erwähnten Tendenzen ursächlich zusammen: der Rückgang der Betriebszahl und die Besitzverschiebungen – Entwicklungen, die im Spätmittelalter die sozialen Gegensätze innerhalb des Bauernstandes verschärften. Folglich wäre es unangemessen, die bäuerliche Wirtschaftslage pauschal zu beurteilen. Im Laufe des 14. und 15. Jahrhunderts steigerten die Grundherren den Abgabendruck nicht. Denn um die Bauern zu halten, pressten sie nicht das Letzte aus ihnen heraus. Doch reichte ihr begrenztes Entgegenkommen nicht aus, um die ungünstigen demographischen und ökonomischen Gegebenheiten nur annähernd aufzufangen, und die Bauern bezahlten die Rechnung.

Güter im Farnsburger Amt um 1461
Belastung von Gütern mit Getreidezinsen (das Verhältnis von Flächen zu Getreideabgaben, ohne Berücksichtigung der Wiesen und Gärten).

	Flächen		Abgaben[1]	
	Jucharte	*	Dinkel	Hafer
Rünenberg	2,5	8	4	4
Wintersingen	3,0	1	5	5
Wenslingen	3,0	2	15	
Wenslingen	4,5	1	12	6
Zeglingen	4,0	3	14	
Ormalingen	4,5		16	6
Wintersingen	5,0	1	2	2
Wenslingen	5,0		6	
Gelterkinden	5,0		24	6
Wenslingen	6,0	3	6	6
Wintersingen	6,0		16	
Wintersingen	6,0	1	2	6
Gelterkinden	6,5		18	10
Gelterkinden	7,0		12	6
Ormalingen	7,0		15	5
Wintersingen	7,5		2	2
Wenslingen	8,0	1	6	
Wenslingen	8,5	7	24	12
Rünenberg	9,0	2	12	6
Rünenberg	9,0		18	12
Rünenberg	9,5	4	6	
Gelterkinden	10,0		20	10
Ormalingen	10,0		12	6
Zeglingen	11,0	1	12	12
Zeglingen	11,0		12	12
Gelterkinden	12,0		24	12
Rünenberg	13,0	4	27	12
Ormalingen	13,5		20	10
Wenslingen	13,5	8	17	18
Ormalingen	14,5	2	17	6
Gelterkinden	15,0		22	10
Rünenberg	15,5	9	27	12
Wenslingen	15,5	6	30	12
Zeglingen	15,5		12	6
Zeglingen	16,5		24	12
Zeglingen	18,5		18	6
Rünenberg	21,5	4	12	
Summe			**541**	**250**
			68,4%	31,6%

[1] In Viertel, 1 Viertel hält 24,91 Liter.
* Anzahl «Stück» oder «Bletz».

dination im Gesamtgefüge aller am Ort begüterten Grundherrschaften erforderlich. Wenn sich die Bauernbetriebe über den Anbauzyklus auf den Feldern, die Feldbestellung, die Erntezeiten, die Wegerechte, Weidegerechtigkeiten und andere wirtschaftliche Belange mehr absprechen, so stärken sie damit die Gemeinde als wirtschaftlichen und sozialen Verband. In der Gemeindeversammlung haben die Hausväter als Hofinhaber Einsitz und Mitsprache.[6]

Seit dem 11. und 12. Jahrhundert hat sich in Teilen Europas die freie Nutzung, Veräusserung und Erblichkeit bäuerlichen Besitzes mehr und mehr durchgesetzt, so dass – theoretisch wenigstens – ein Bauerngut von den Eltern auf die Kinder und Kindeskinder übertragen werden kann. Mit dieser Entwicklung ist eine Einschränkung möglicher Herrenwillkür und eine Verbesserung der Situation der Bauern verbunden. In unserem Gebiet sind die Fronen im Spätmittelalter geringer als in anderen süddeutschen Territorien. Da die Frondienste seit dem Hochmittelalter erheblich zurückgegangen sind, sind die Bauern vermehrt in der Lage, ihrem eigenen Betrieb Sorge zu tragen und seine Wirtschaftlichkeit zu verbessern. In diesem Punkt herrscht eine gewisse Übereinstimmung mit den Interessen des Grundherrn, der auf gute Erträge und Einnahmen angewiesen ist.

Bevor wir die Verhältnisse im Baselbiet näher betrachten, sind die Hauptformen von Grundherrschaft nach ihren Trägern zu erläutern. Es gab weltliche Grundherren hoch- oder niederadeligen Standes wie auch geistliche Grundherrschaften. Klöster und Stifte verfügten als wirtschaftliche Basis über umfangreichen Landbesitz, ebenso die seit dem 13. Jahrhundert entstandenen bürgerlichen Spitäler. In geistlichen Grundherrschaften wurde ein höherer Grad von Schriftlichkeit entwickelt als in adeligen, weshalb von ihnen in den folgenden Ausführungen besonders häufig die Rede sein wird.

Die Mühle – ein ehafter Betrieb im Dorf
Skizze des Dorfs Rothenfluh von Georg Friedrich Meyer aus dem Jahr 1680. Mühlen und Wirtshäuser gehörten in den Dörfern zu den so genannten ehaften Betrieben; sie wurden von den örtlichen geistlichen und weltlichen Grundherren, das heisst von Klöstern und Adelsfamilien, kontrolliert und mit Abgaben belastet. Die Wassermühlen traten im Hochmittelalter, im 11. und 12. Jahrhundert, ihren Siegeszug in Europa an. Mit seinen Investitionen in den kostspieligen Mühlenbau und dem Mühlenzwang, der die Untertanen verpflichtete, das Brotgetreide in der Bannmühle der Ortsherrschaft zu mahlen, schuf sich der Adel ein einträgliches herrschaftliches Monopol. Mit der Einrichtung der Mühlen ging die bis dahin von den Frauen ausgeübte Tätigkeit des Mahlens in die Hände professioneller Müller über. Die Professionalisierung des Mahlens brachte somit eine neue Arbeitsteilung mit sich.

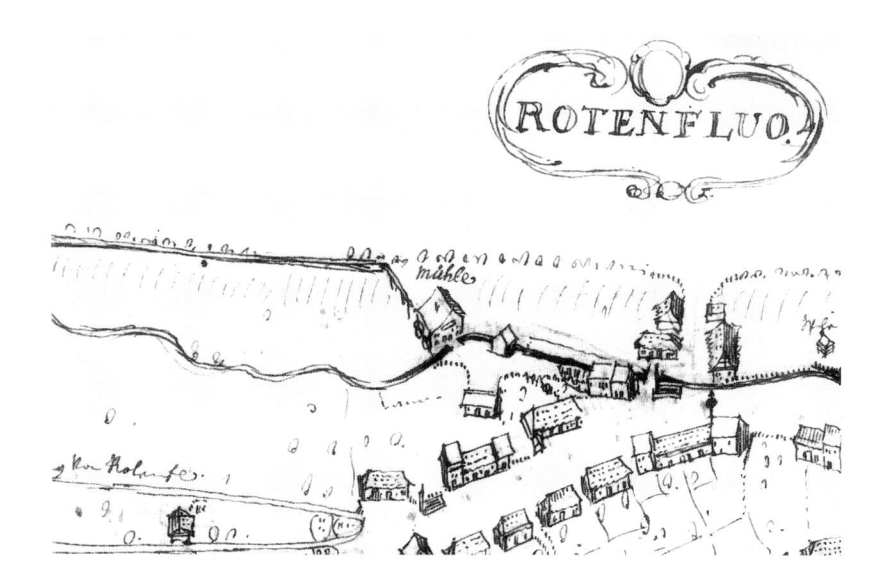

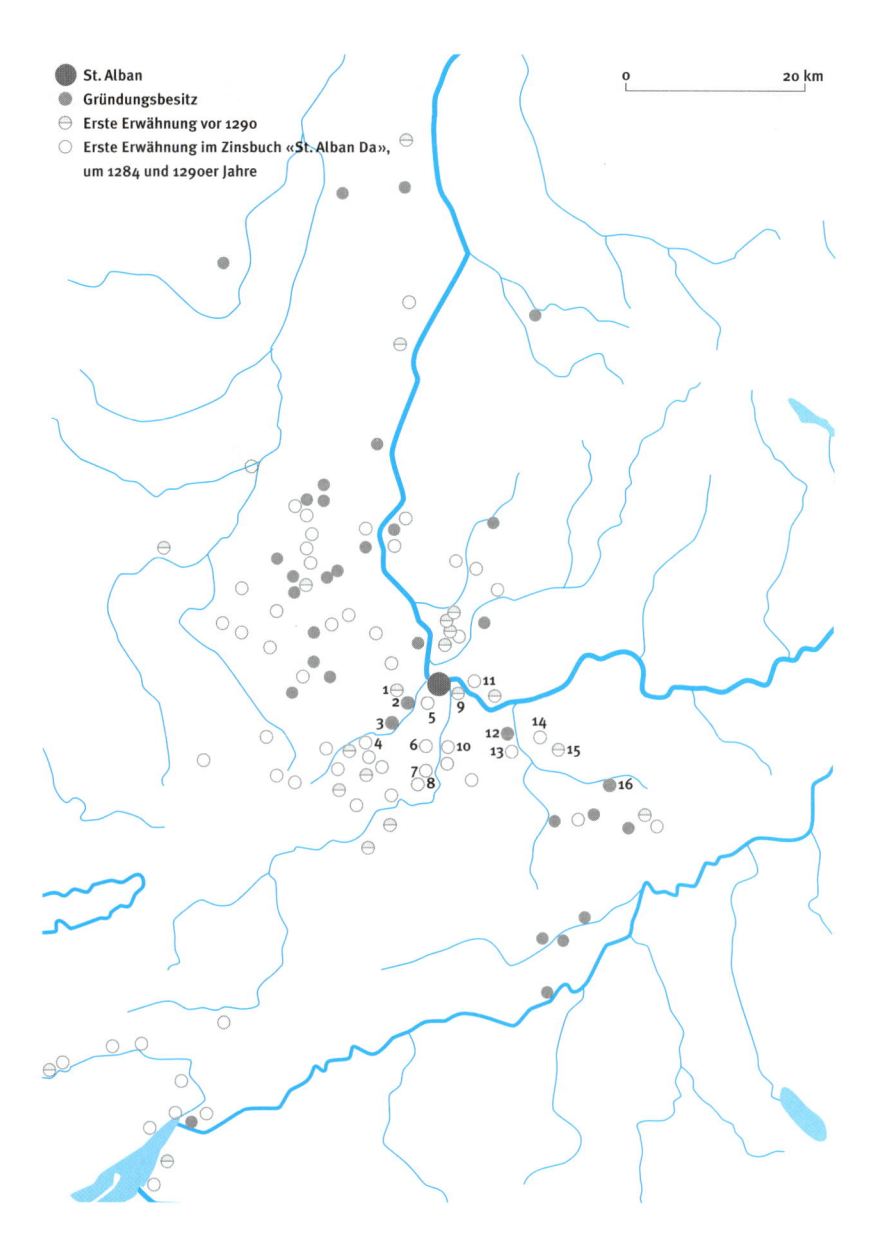

WIRTSCHAFT UND SOZIALSTRUKTUR AUF DEM LAND IM SPÄTMITTELALTER   143

● St. Alban
● Gründungsbesitz
⊖ Erste Erwähnung vor 1290
○ Erste Erwähnung im Zinsbuch «St. Alban Da», um 1284 und 1290er Jahre

Der Besitz des Cluniazenserpriorats St. Alban am Ende des 13. Jahrhunderts

Von seinem Gründer, Bischof Burkhart von Fenis, und von einigen mächtigen Familien der Gegend wurde das Kloster seit dem Beginn des 12. Jahrhunderts mit vielen einzelnen Gütern im Raum zwischen Freiburg im Breisgau und dem Bielersee ausgestattet. Die Bauern, an welche die entsprechenden Güter als Lehen ausgegeben worden waren, schuldeten dem Kloster jährlich Abgaben – seien es Naturalien wie Getreide und Wein, seien es Geldbeträge –, welche die Wirtschafts- und Ernährungsgrundlage für die Klostergemeinschaft bildeten. Die Karte zeigt das für die mittelalterlichen Grundherrschaften typische Bild des Streubesitzes; er spiegelt den Entstehungsprozess der geistlichen Grundherrschaft, welche schrittweise, durch Schenkungen einzelner frommer Stifter und Stifterinnen aufgebaut worden war und keine zusammenhängende Wirtschaftseinheit bildete. In folgenden Orten des heutigen Kantonsgebiets hat das Kloster St. Alban Besitz:

1 Allschwil
2 Binningen
3 Oberwil
4 Benken
5 Gundeldingen
6 Reinach
7 Aesch
8 Pfeffingen
9 Birsfelden
10 Arlesheim
11 Bertlikon
12 Pratteln
13 Frenkendorf
14 Arisdorf
15 Hersberg
16 Gelterkinden

Klimaveränderung und ökologische Krise

Schon vor dem «Grossen Sterben», welches die Pest seit 1349 als äusserer, exogener Faktor auslöste, geriet das System der agrarischen Produktionsweise in Europa aus dem Gleichgewicht. Es kam zur vielleicht schwersten ökologischen Krise, die Europa in diesem Jahrtausend bis zum 20. Jahrhundert erfasste. Für die ersten Krisenphänomene seit Beginn des 14. Jahrhunderts gab es verschiedene Ursachen. Sie waren unheilvolle Vorboten weit drastischerer Einbrüche nach 1350 und bedrohten die Ernährungssituation insgesamt. So hielt die Bevölkerungszunahme seit dem Hochmittelalter an, während sich das landwirtschaftliche Wachstumspotential erschöpfte – nicht zuletzt wegen der schmalen Grenzerträge der gerodeten, marginalen Böden. Weder war die Arbeitsproduktivität gestiegen noch standen Techniken zur Erhöhung der Erträge pro Flächeneinheit zur Verfügung. Andererseits war die Nachfrage nach Getreide zur Versorgung der wachsenden Bevölkerung gestiegen, so dass sich der Nahrungsspielraum gefährlich verengte. «Im 14. Jahrhundert erklärte die Natur ihren Bankrott. Die natürlichen Grundlagen gaben einfach nicht genug her, um – gemessen an der vorhandenen Technologie – das Wachstum zu stützen.»[2]

Typen von Grundherrschaften im Gebiet des heutigen Kantons

• *Die landesherrliche Grundherrschaft:* Im Birseck ist der Basler Fürstbischof zugleich Landesherr und Grundherr. Doch schon im Laufe des Hochmittelalters hat das Bistum vielerorts Gerichts- und Eigentumsrechte sowie Zehnten an Klöster, adelige Gefolgsleute und Basler Bürger veräussert. Die vom Bischof direkt nutzbaren Domänen sind durch Schenkungen, Verkäufe, Verpfändungen und Verleihungen auf einen geringen Bestand mit Schwerpunkt beim Schloss Birseck in Arlesheim zurückgegangen. Hier steht der Landvogt einer bescheidenen, auf Frondienste der Untertanen gestützten Eigenwirtschaft mit Weinbau und Fischzucht vor. Ob die Fronen aufgrund gerichts- oder grundherrschaftlicher Ansprüche gefordert sind, ist ungewiss.[7]

• *Die geistlichen Grundherrschaften:* Im heutigen Kantonsgebiet sind das Basler Domstift, das Cluniazenserpriorat St. Alban und das Stift der Augustiner-Chorherren von St. Leonhard als älteste Basler Klöster begütert. Weiteren Besitz hatten das Zisterzienserinnenkloster Gottesgarten in Olsberg und das Kloster Schöntal. Ins heutige Oberbaselbiet hinein reichte der Streubesitz benachbarter Grundherrschaften, namentlich des Chorherrenstifts Schönenwerd, des Chorherrenstifts St. Martin in Rheinfelden, der Johanniterkomturei in Rheinfelden, der Johanniterkommende Biberstein und der Deutschordenskommende in Beuggen.[8]

• *Spitäler – eine Sonderform städtisch-bürgerlicher Grundherrschaft:* Für das Basler Heilig-Geistspital, das unter der Verwaltung des Rats stand, bildeten umfangreiche Landgüter die Grundlage seiner marktorientierten Wirtschaftstätigkeit; sie befanden sich im engeren Umland der Stadt Basel, einschliesslich des Markgräflerlands. Die Eigenproduktion von Wein und Ackerfrüchten überstieg den Konsumbedarf der Pfründnerinnen und Pfründner sowie des Personals in der Spitalgemeinschaft, so dass die Überschüsse auf dem Markt abgesetzt werden konnten. Ausser dem nach verhältnismässig «modernen» Gesichtspunkten in Eigenregie bebauten Land verfügte das Spital im weiteren Basler Umland über zahlreiche Zinsgüter. Auch die

St. Leonhard

Blick auf das Augustiner-Priorat St. Leonhard, das zweitälteste Basler Kloster, das gleich wie St. Alban über Grundbesitz in der gesamten Basler Umgebung verfügte. Das Kloster wurde am damaligen Stadtrand, innerhalb der ältesten Stadtmauer aus dem späten 11. Jahrhundert errichtet.
Ausschnitt aus dem Vogelschauplan der Stadt Basel Matthäus Merians von Norden, 1615.

Blick in den romanischen Kreuzgang
Der nördliche Kreuzgangsflügel des Cluniazenserpriorats St. Alban ist das einzige erhaltene Zeugnis aus der Gründungszeit des Klosters. Er entstand bald nach 1100.

Gemeinschaft der Leprösen im Siechenhaus bei St. Jakob bestritt ihren Lebensunterhalt aus den Einnahmen ihrer Güter im Umkreis von Muttenz. Dem ländlichen Spital in Frick war eine kleinere Grundherrschaft im Fricktal angegliedert, aus deren Ertrag die Insassen und Insassinnen ernährt wurden.[9] Frick stand am Ende des Mittelalters unter stadtbaslerischer Herrschaft und war verwaltungsmässig dem Amt Farnsburg angegliedert.

• *Hochadelige Grundherrschaften:* Im oberen und im unteren Kantonsteil hatten die Grafen von Thierstein bis zum 14. Jahrhundert je einen umfangreicheren Besitzkomplex aufgebaut. Im oberen Baselbiet, zwischen Wintersingen und den heute solothurnischen Orten Wisen, Horw (Hauenstein) und Ifenthal, lag der eine, relativ geschlossene Güterkomplex Graf Sigmunds II. von Thierstein-Farnsburg, des Begründers der Herrschaft Farnsburg. Er hatte diese Grundherrschaft zusammen mit Eigentum jenseits des Juras, im Buchsgau, aus der Erbmasse der Grafen von Frohburg aufgebaut. Dazu gehörten auch einige Dorfherrschaften im heute aargauischen Fricktal, die mit dem Verkauf der Herrschaft Farnsburg 1461 zunächst ebenfalls an die Stadt

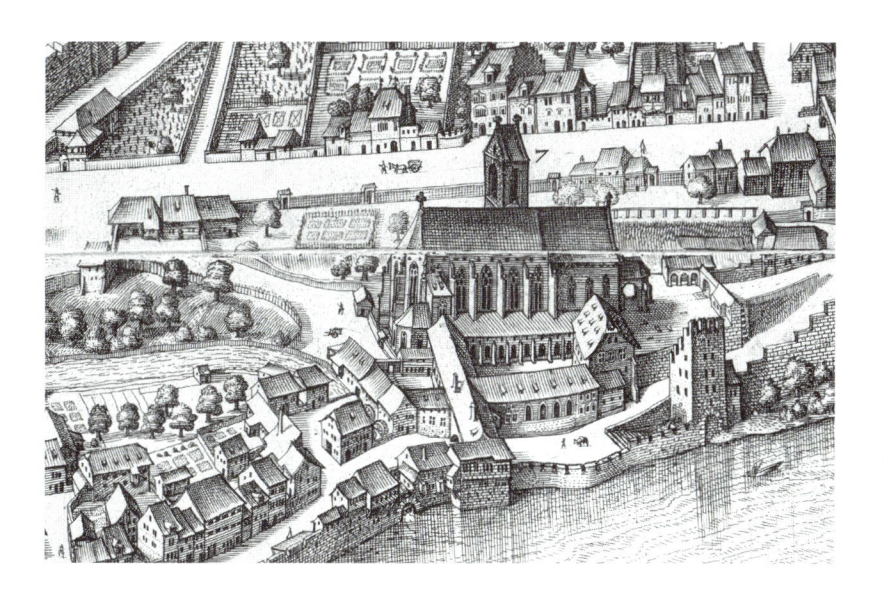

St. Alban
Das älteste Basler Kloster wurde am Ende des 11. Jahrhunderts gegründet und vom Bischof und von adeligen Familien mit umfangreichem Landbesitz ausgestattet. Die Mönche lebten vom Ertrag, den die ländlichen Pächter auf ihren Gütern erwirtschafteten. Die wichtigsten Abgaben, welche die Bauern zu liefern hatten, waren Wein und Getreide, daneben auch in wesentlich geringeren Mengen Ackerbohnen, Erbsen, Kohl, Nüsse, Honig und Wachs.
Ausschnitt aus dem Vogelschauplan der Stadt Basel Matthäus Merians von Norden, 1615.

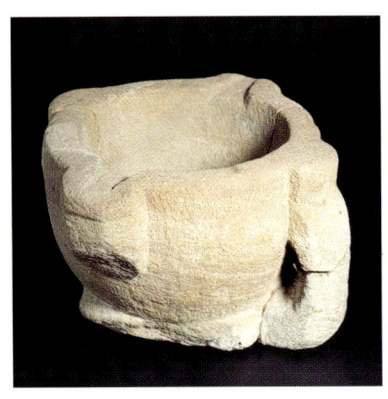

Ein unverzichtbares Küchengerät
Auf einer Grabung in der Flur Schöffletenboden in Arisdorf wurde dieser Mörser aus Sandstein entdeckt (Durchmesser 24 Zentimeter). Er datiert aus dem 14. Jahrhundert. Im Unterschied zu heute war der Mörser in jedem Haushalt ein unverzichtbares Küchenutensil mit vielseitiger Verwendung. Er diente zum Zerkleinern von Gewürzen und zur Herstellung von Pulvern jeglicher Art. Mit dem Holzstössel wurde auch das Grundprodukt für Breie und «Müeser» verarbeitet, sei es dass man Getreidekörner zu Schrot verkleinerte, sei es dass man Hülsenfrüchte wie Ackerbohnen (vicia faba) und Erbsen zerstampfte. Falls die Hausfrau oder ihre Magd eine kleinere Menge Getreide zuhause mahlte, diente ihr der Mörser für den ersten Arbeitsgang, das Entspelzen von Spelzgetreide, zum Beispiel des Dinkels.

Basel kamen und erst in den 1530er Jahren an Habsburg-Österreich gelangten. Die Herrschaft Farnsburg mit der gleichnamigen Burg bei Buus als Verwaltungsmittelpunkt war seit 1461 stadtbaslerisch. Die thiersteinischen Güter im unteren Baselbiet, in Therwil, Reinach, Dornach, Gempen, Büren, gruppierten sich um die Herrschaftsmittelpunkte Angenstein, Thierstein und Pfeffingen, welches ursprünglich bischöfliches Lehensgut war. Vor seinem Tod übergab Graf Heinrich von Thierstein (gestorben 1519), der letzte männliche Vertreter der Dynastie, Burg und Herrschaft Pfeffingen dem Bischof; dieser erwarb auch die Dörfer Therwil und Ettingen sowie Zehntrechte in Reinach. Den anderen Teil der thiersteinischen Erbmasse zog Solothurn an sich.[10]

• *Niederadelige Grundherrschaften:* Über namhaften Landbesitz verfügten jene mächtigen, aus dem Ministerialenstand in den Ritteradel aufgestiegenen Geschlechter wie die von Eptingen, Münch von Münchenstein, Münch von Landskron, Reich, Schaler und Ramstein.[11] Eine Burg als repräsentatives Zentrum, die Kirche mit dem Patronatsrecht und das Dorf mitsamt der Niedergerichtsbarkeit bildeten die klassischen Besitzschwerpunkte einer adeligen Herrschaft. Hinzu kam im näheren und weiteren Umkreis gelegener Streubesitz in anderen Dörfern. Es handelte sich teils um Eigengut, teils um Lehen des Bischofs, der Grafen von Thierstein oder anderer Mächtiger.

• *Städtisch-bürgerliche Grundherrschaften:* Seit dem 13. Jahrhundert traten finanzkräftige Bürger aus Basel und in geringerem Masse Bürger aus Rheinfelden in die Fussstapfen des Adels. Indem sie schon früh auf das Land ausgriffen, bereiteten sie den erst später einsetzenden, schrittweisen Ausbau städtischer Territorialherrschaft vor. Als Privatleute investierten sie ihr Kapital auf dem Land, indem sie Burgen und Grundbesitz pfandweise oder durch Kauf erwarben; zusätzlich strebten sie als Ergänzung ihrer Befugnisse die Übernahme von Gerichtsherrschaften an. Hier sind nur die Patrizierfamilien der von Laufen, Bärenfels, Rot, Offenburg aus Basel und die mit den Offenburg verwandten Truchsess aus Rheinfelden zu nennen, deren einflussreichste Vertreter hohe Ämter in der städtischen Verwaltung bekleideten.[12]

Hinzu kamen andere Probleme: Nach jüngsten Erkenntnissen der Klimageschichte gab es in Zentraleuropa zwischen 1303 und 1328 eine Serie von Jahren mit sehr kalten Wintern. Extreme Witterungsverhältnisse in den nachfolgenden Vegetationsphasen beeinträchtigten die Kulturen und verursachten Ernteverluste. Diese erste Kaltphase nach dem milden Hochmittelalter leitete auf lange Sicht eine klimageschichtliche Wende ein. Vergleichbar niedrige Wintertemperaturen herrschten erst wieder in der Kleinen Eiszeit, 1561 bis 1575 und Ende des 17. Jahrhunderts. Die zwei kältesten und längsten Winter von 1305/06 und 1322/23 sind nur mit den strengsten Wintern der letzten 300 Jahre, nämlich 1720, 1739/40, 1788/89, 1829/30, 1870/71, 1941/42 und 1962/63 zu vergleichen.[3] Im Winter 1325/26 war der Rhein bei Konstanz gefroren. Im wahrscheinlich kältesten Winter des Jahrtausends, 1363/64, gab es eine «Seegfrörni» auf dem Brienzersee, und auf dem Rhein lagen streckenweise dicke Eisschichten.
In die Periode von 1309 bis 1317 fiel auch hierzulande eine Serie klimatisch ungünstiger Jahre mit schlechten Ernten. Ähnliche, gravierende klimatische und ökologische Schwierigkeiten trafen die Landwirtschaft in der Zeit von 1342 bis 1347. Die Menschen litten unter Teuerun-

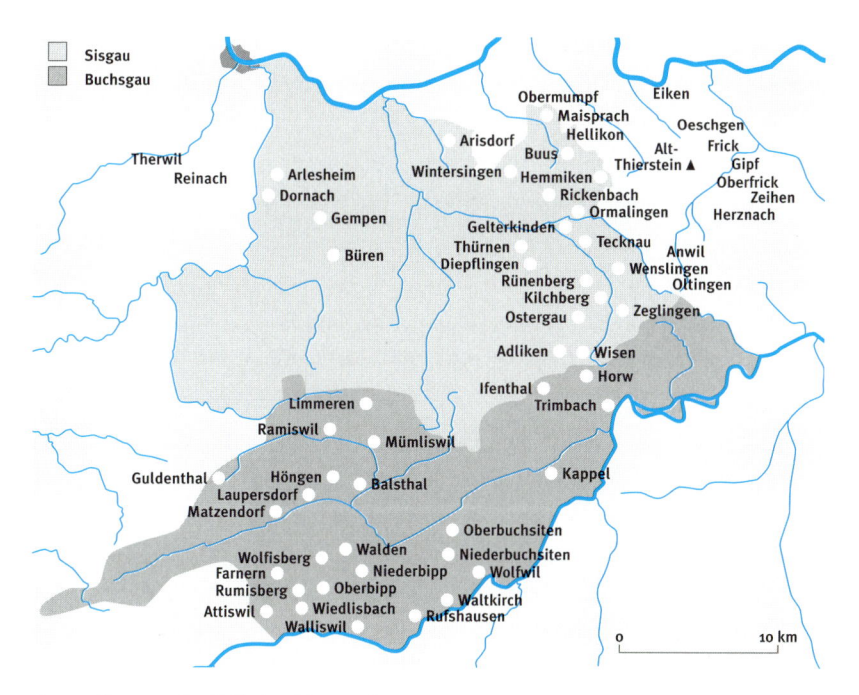

Der Besitz Graf Sigmunds von Thierstein

Aus dem Erbe der Grafen von Frohburg waren dem Begründer der nachmaligen Herrschaft Farnsburg, Sigmund von Thierstein, Güter und Rechte in den hier kartierten Orten sowohl südlich der Jura-Wasserscheide im Buchsgau als auch nördlich, im Sisgau, zugefallen. 1372 und 1376 liess er sich von einem in seinen Diensten stehenden Kaplan seinen Besitz und seine Einkünfte in einem Urbar schriftlich aufzeichnen. Es bildete die Grundlage aller späteren Güterberaine der Herrschaft Farnsburg.

Grundherrschaftliche Verwaltung

Seit den 1970er Jahren hat die Forschung zur Agrargeschichte des Oberrheinraums einen Aufschwung genommen. Die Autorinnen und Autoren gingen unter anderm folgenden Fragen nach: Wie waren die grundherrschaftlichen Verhältnisse ausgestaltet, welches waren die Leiheformen, welchen Umfang und welche Ertragsmöglichkeit wiesen die Leihegüter auf, gab es bei den bäuerlichen Leihenehmern Besitzkontinuitäten, wie hoch war die Belastung durch Abgaben und Dienste, welchen Spielraum hatten die Bauern im Lebenszusammenhang des Dorfs, wie war das Bauernland genutzt und welche acker- und gartenbaulichen Kulturen prägten die Landschaft? Eine der schwierigsten Fragen betrifft die Agrarkonjunktur im Mittelalter, die Feststellung von Ertrags- und Preisentwicklungen im Wechselspiel von Wachstum, Stagnation, Krisen, Bevölkerungsbewegung und Klima.

gen und Getreideknappheit. In Basel starben schon 1315 bis 1317 viele Menschen hungers.[4] Not und Mangelernährung minderten die Resistenz gegen Krankheitserreger und leisteten damit der Ausbreitung der Pest Vorschub.[5]

Reaktionen auf Krisen und Konjunkturen

Vermutlich gewährte das Stift Schönenwerd seinen Bauern im Oberbaselbiet schon in der erwähnten Krisenzeit zu Beginn des 14. Jahrhunderts Zinsermässigungen; denn seine Zinseinkünfte lagen in den 1330er Jahren nachweislich ein Drittel niedriger als noch um 1294. Es hielt seither bis ins 15. Jahrhundert seine Zinsansprüche auf diesem niedrigeren Niveau. Hingegen unterlagen die realen Zinseinnahmen einigen Schwankungen. Denn die Getreideeinkünfte sanken in den 1440er Jahren gegenüber dem Jahrzehnt zuvor um ein Drittel. Nach der Pest gingen zwar die Geldzinsen um 27 Prozent zurück, aber es folgten keine langfristigen Einbrüche der Getreidezinsen; diese hatten sich bis in die 1350er Jahre wieder verdoppelt; doch fielen sie nach der schnellen Erholung um 1377 geringer aus als in den 1340er Jahren. Erst jetzt wirkten sich die Folgen der Bevölkerungsverluste vollends aus. So wurden Anbauflächen wüst und die Getreideproduktion verringerte sich. In den starken

Frauenarbeit
Eine Frau besorgt den Hühnerhof, eine der klassischen Frauenarbeiten im bäuerlichen Betrieb. Mit der Geflügelaufzucht, dem Melken, Buttern und der Gartenarbeit erwirtschafteten Frauen einen Teil des Familieneinkommens. Bauersfrauen aus der Umgebung trugen – teils unterstützt von ihren Kindern – ihre Produkte nach Basel und kleineren Marktorten wie Liestal, Laufen oder Rheinfelden, um sie auf dem Markt feilzubieten.
Darstellung aus dem im frühen 14. Jahrhundert für einen englischen Adeligen entstandenen Luttrell Psalter.

Männerarbeit
Der Umgang mit den Zugochsen, die schwere Arbeit des Pflügens sowie das Dreschen des Ernteguts waren die klassischen Männerarbeiten in der Landwirtschaft.
Drescher aus dem englischen Luttrell Psalter.

Einen ähnlichen Fragekatalog – freilich aus anderer Perspektive – entwickelten auch die mittelalterlichen Grundherren selbst. Besonders geistliche Grundherrschaften erachteten es schon im 13. Jahrhundert als notwendig, die Übersicht und Kontrolle über ihre Güter, Rechte und Einkünfte aus Zinsen und Zehnten zu gewinnen. Denn wie sollte man anders über Jahrzehnte hinweg die Kenntnis vom Streubesitz und von seinen Veränderungen bewahren? Urbare und Zinsbücher galten bis ins 16. Jahrhundert als rechtssichernde Dokumente und waren vor Gericht als Beweismittel zugelassen.[13] Sie wurden von geschulten Schreibern hergestellt, die gemeinsam mit den betroffenen, schriftunkundigen Bauern und den Scheidleuten Flur für Flur, Parzelle für Parzelle abschritten und die Betriebe als Abgabeeinheiten in «Rodeln» bereinigten. In Zinsbüchern hielten die Schreiber die Höhe und Art der Grundzinsen fest – seien es Naturalabgaben oder Geldrenten; sie trugen Jahr für Jahr die empfangenen Abgaben sowie die ausstehenden Zinsschulden ein. Nach den Krisenerscheinungen des 14. Jahrhunderts, vermehrt jedoch seit den erheblichen Einnahmenverlusten in den katastrophalen, kriegerischen 1440er Jahren bemühten sich die Basler Klöster um die wirtschaftliche Reorganisation ihres Besitzes und entwickelten neue Verwaltungsinstrumente. An den Grundsätzen der Buchführung insgesamt änderte sich aber prinzipiell nichts. Denn weiterhin blieben die Aufnahmen weitgehend punktuell, auf Teile des gesamten Grundeigentums beschränkt.[14]

Nun war aber nicht jeder Grundherr in der Lage oder willens, seine Verwaltung durchgehend zu verschriftlichen, und nur ein Teil des Geschriebenen hat die Zeiten überdauert.[15] So sind vom Basler Domstift und vom Bistum bis in die frühe Neuzeit hinein mit einer Ausnahme keine birseckischen Urbare überliefert. Reicheres Schriftgut liegt für das Oberbaselbiet vor, den angrenzenden Buchsgau und den Frickgau. Im Auftrag Graf Sigmunds von Thierstein setzte ein Kaplan in den Jahren 1372 und 1376 ein Urbar von dessen gesamtem Besitz auf. Es ist nach dem bekannten Habsburger Urbar aus dem frühen 14. Jahrhundert das älteste Güter- und Zins-

Ertragsschwankungen zeigen sich die Schwierigkeiten, in welche die Agrarproduktion geraten war. Sie wurden durch die Bevölkerungsverluste der Epidemie beschleunigt, welche für unser Gebiet nicht annähernd zu beziffern sind.
Die Forschung spricht von der Krise des 14. Jahrhunderts und bezüglich des Agrarmarkts von der so genannten Agrarpreisdepression. Vereinfacht gesagt, bewirkte die Katastrophe von 1348 bis 1350 einen Rückgang der Nachfrage nach Getreide. In der Folge sanken längerfristig die Getreidepreise, während die Löhne stiegen; das bedeutete zumindest für grössere Betriebe, die Lohnarbeiter beschäftigten, dass die höheren Produktionskosten in einem Missverhältnis zu den Gewinnmöglichkeiten aus Getreideverkäufen standen. Allein schon dieser wenig stimulierende Umstand dürfte die Bauern daran gehindert haben, eine Produktionssteigerung anzustreben. Den Grundherren machte die Agrarkrise doppelt zu schaffen. Denn einerseits verringerten sich ihre Einnahmen insgesamt, weil Güter wüstlagen. Andererseits hielten die generell niederen Getreidepreise den Erlös aus dem Marktverkauf niedrig. Die Wertminderung der Naturalabgaben führte – selbst bei steigenden Getreideeinkünften – zu Verzerrungen in der Bilanz adeliger oder geistlicher Grundherren. Verschärft

WIRTSCHAFT UND SOZIALSTRUKTUR AUF DEM LAND IM SPÄTMITTELALTER 149

Heidnischwerk
Basel und Strassburg waren im 15. Jahrhundert Zentren der Produktion so genannten Heidnischwerks, wo ausser Wandbehängen auch Borten, Kissenplatten und Gutschentücher, das sind Bettüberwürfe, entstanden. Ausser privaten Haushaltungen waren die Kirchen ein wichtiger Absatzmarkt; so wurden in Beginenhäusern und in weltlichen Werkstätten Antependien hergestellt. Viele der Produzenten waren Frauen – seien es Beginen, Bürgerinnen oder deren Mägde; sie werden in zeitgenössischen schriftlichen Quellen als «Heidnischwerkerinnen» bezeichnet. Basler Wirkteppich, um 1460.

verzeichnis einer weltlichen Macht im heutigen Oberbaselbiet.[16] Von einzelnen Dörfern im Besitz der Familien von Eptingen, Münch von Münchenstein und Münch von Löwenberg liegen ebenfalls Güterverzeichnisse vor.[17] Die Stadt ihrerseits nahm den Erwerb einer Herrschaft jeweils zum Anlass, ihre Rechte an Gütern und Einkünften schriftlich festzuhalten. So ordnete etwa Peter Offenburg, der erste Vogt auf der Farnsburg, nach 1461 entsprechende Aufzeichnungen an.[18] Im Amt Waldenburg hatte die Stadt nachweislich in den 1440er Jahren die Verwaltung ihres Besitzes gestrafft und systematisch Güterberainungen durchgeführt.[19] Nachdem Basels Erwerbspolitik in jenen Jahren praktisch abgeschlossen war, stellte der Stadtschreiber Kaspar Schaller 1534 erstmals den gesamten städtischen Grundbesitz in allen Ämtern einheitlich in einem einzigen Berain zusammen. Damit schuf der frühmoderne Staat in seinen Anfängen die Grundlage für eine nach damaligen Massstäben systematische, einigermassen übersichtliche Güterverwaltung, die den wirtschaftlichen Zugriff auf die Untertanen erleichterte.[20]

Im 13. und 14. Jahrhundert überwiegen die Verzeichnisse klösterlicher und stiftischer Herkunft – sei es des Domstifts, des Cluniazenserpriorates St. Alban vor den Toren der Stadt, des baslerischen Augustiner-Chorherrenstiftes St. Leonhard. Da das Gebiet der späteren Landschaft Basel nur das kleinste, wirtschaftlich unbedeutendste Segment des Basler Hinterlandes darstellte, lagen die Schwerpunkte des Besitzes von baslerischen Klöstern, auch jene der jüngeren Bettelordensgemeinschaften, im Elsass und im Markgräflerland. Während der fruchtbare Sundgau als Basler Kornkammer bezeichnet wird, könnte man das Markgräflerland und das mittlere Elsass um Colmar den Weinkeller Basels nennen.[21] In diesem wirtschaftsgeografischen Sachverhalt ist die Ursache für die relative Quellenarmut «baselbieterischer» Dörfer zu sehen. Immerhin geben die Archive von St. Alban und St. Leonhard in Basel Auskunft über grössere Güterkomplexe in Binningen, Benken, Aesch, Muttenz, Reinach, Therwil und über den «Leonhardswald» in Hochwald (St. Leonhard), in Gundeldingen, Binningen, Oberwil, Arlesheim,

im «Birsfeld», Gelterkinden und Pratteln (St. Alban). Dem Priorat St. Alban flossen aus Oberwil, Gelterkinden und aus dem Dinghof in Pratteln die quantitativ bedeutendsten Einkünfte an Getreide zu, aus Gundeldingen andererseits beträchtliche Mengen Weins. Das älteste, heute verlorene Zinsbuch von St. Alban aus dem Jahr 1255 hatte diese Güter schon verzeichnet, wie aus jüngeren Abschriften hervorgeht. Das erste erhaltene Zinsbuch St. Albans wurde um 1294 angelegt. Wenig später wurden der älteste Zinsrodel des Chorherrenstifts Schönenwerd von 1294 und das Zinsbuch von 1308 angelegt. Der Besitz dieses Klosters am Jurasüdfuss reichte über den Jurakamm ins obere Baselbiet hinein. Kastvögte von Schönenwerd waren im 15. Jahrhundert die Herren von Falkenstein, die gleichzeitig Inhaber der Herrschaft Farnsburg waren, seit 1458 die Stadt Solothurn.

Für eine Rekonstruktion der Besitzverhältnisse in einem Dorf ist eine Reihe von Quellen möglichst aller im Ort begüterter Grundherrschaften aus dem gleichen Zeitraum beizuziehen. Die besten Resultate mit dem umfassendsten Überblick über die Gemarkung eines Dorfes sind dann zu erwarten, wenn hier annähernd einheitlicher Güterbesitz einer einzigen Grundherrschaft überwiegt. Jüngere Forschungen erlauben es, die langfristige Entwicklung von Grundherrschaft und Wirtschaft in ihren Hauptlinien zu erkennen.

Von der Zeitleihe zur Erbleihe
Jörg Locher, Konventual von St. Alban, schreibt in dem von ihm angelegten Zinsbuch über einen Hof im Elsass: Denn «der hof ist ir [der Zinser] erblehen und [sie] hant inn so in vil teil geteilt, das es dem gotzhus nit lidlich ist, darum sol man sy ouch zwingen, einen trager ze gende, der dem gotzhus umm all sachen antworte».[22] Das heisst, einer der Hofbesitzer soll dem Kloster gegenüber als Zinsträger verantwortlich sein. Im bäuerlichen Erbrecht sieht Locher den Grund für die von ihm festgestellte Güterzersplitterung, den Zerfall eines ursprünglich grösseren Hofes in immer kleinere Hofstellen. Eine der Ursachen war die in unserer Gegend allgemeine Realteilungssitte.

Weinbaugerät

Das eiserne Rebmesser von der Ödenburg aus dem 11. oder 12. Jahrhundert besass ursprünglich einen hölzernen Griff. Die Jäthaue und das Rebmesser waren die wichtigsten Geräte der Weinarbeiter; vom mehrfach wiederholten Jäthauen und vom fachmännisch ausgeführten Rebenschnitt hing der Ertrag des Weinbaus nicht unwesentlich ab. Das Einschlagen der Rebpfähle im Frühjahr nach Lichtmess, der Rebenschnitt und das Jäthauen waren die wichtigsten Männerarbeiten im Rebbau, während alle anderen Arbeiten wie das Auflesen und Bündeln des geschnittenen Holzes, das Aufbinden der Rebstöcke, das Entfernen der überschüssigen Triebe (das so genannte Rebenbrechen), das Anheften der jungen Triebe und das Auslauben am Ende der Reifezeit im Wesentlichen von Frauen ausgeführt wurden. Spätmittelalterliche Quellen belegen auch, dass Frauen die Schwerarbeit des Mist-Zettelns leisteten, nachdem Männer den Mist auf Karren und Wagen zum Rebberg geführt hatten. An der Weinernte waren beide Geschlechter – einschliesslich Kinder – beteiligt.

Realteilung meint die «gerechte» Aufteilung des Erbes unter allen Kindern; als gerecht empfand man es (bis in jüngste Zeit), dass nur die männlichen Erben an der liegenden Habe partizipierten, das weibliche Erbrecht aber nur dann angewandt wurde, wenn männliche Erbanwärter ausblieben. Unter den zinspflichtigen Leihenehmern klösterlicher Zinsgüter waren regelmässig Frauen – seien es Witwen oder Töchter von Hubern. Es ist wohl kein Zufall, dass in elsässischen Güterkomplexen St. Albans gerade zwischen 1300 und 1365, in der Zeit der Hungersnöte und Pestzüge, weibliche Zinserinnen nachgewiesen sind. Vermutlich hatten die Frauen die Stelle ihrer verstorbenen Väter, Ehemänner oder Brüder eingenommen.[23]

Schon seit der zweiten Hälfte des 13. Jahrhunderts war die Erbleihe die dominante Leiheform,[24] weiter gab es die Vitalleihe, die Leibleihe auf Lebenszeit. Eine andere Rechtsform war die Zeitleihe, die in der Regel in drei-, sechs-, neun- oder zwölfjährigem Rhythmus erfolgende Pacht, sowie die Freistift- oder Schupfleihe, die den Entzug der Güter von Jahr zu Jahr erlaubte.[25] Die gegenüber der Erbleihe weit schwächer belegten Formen der Vitalleihe oder mehrjährigen Pacht traten häufig bei Meierhöfen auf. Mit der zeitlichen Befristung des Leihevertrags strebten die Grundherren eine wirksamere Kontrolle der Meier an. Ihre Zuverlässigkeit liess nämlich mitunter zu wünschen übrig und sie versuchten, ihren Anspruch auf die Erblichkeit ihrer Ämter durchzusetzen.[26] Die Zeitleihe war besonders bei Gütern in unmittelbarer Stadtnähe verbreitet. Wie die häufigen Neuverpachtungen von Gütern St. Albans und St. Leonhards zeigen, bestand bei investitionswilligen Stadthandwerkern sowie bei kapitalkräftigen Bauern der Nachbardörfer eine anhaltende Nachfrage nach dem wirtschaftlich attraktiven Garten-, Acker- und Wiesland im städtischen Vorfeld. Im Durchschnitt wechselte hier am Ende des 15. Jahrhunderts jede Parzelle nach knapp zehn Jahren den Pächter. Die Nutzungsflächen im engsten Umland rund um die Stadtmauern dienten der Versorgung der Stadtbevölkerung mit Fleisch und leicht verderblichen, nicht transportfähigen Lebensmitteln. In Pratteln, Muttenz, Bin-

wurde die Problematik durch die stetig voranschreitende Münzentwertung; zwischen 1359 und 1500 verschlechterte sich die Silbermünze des Basler Pfennigs von 100 auf 20 Prozent.[6] Damit war eine Abwertung der herrschaftlichen Einkünfte aus Geldzinsen verbunden. Die ungünstige wirtschaftliche Situation der Grundbesitzerschicht spitzte sich zu, weil einerseits die Einnahmenseite prekär war, andererseits auf der Ausgabenseite hohe Kosten für einen immer anspruchsvolleren Lebensstil anfielen. Sowohl die Preise für gewerbliche Güter als auch die Löhne, die an Handwerker, Bauarbeiter, Tagelöhnerinnen und Taglöhner zu bezahlen waren, stiegen.[7]

Allgemein ist im Gebiet des südlichen Oberrheins gegen Ende des 14. Jahrhunderts eine schnelle Erholung der Getreideproduktion feststellbar. Dank günstiger Witterung blieben die Bauern im letzten Drittel des Jahrhunderts von Fehlernten verschont. Damals lagen beispielsweise die Einnahmen des Klosters St. Alban aus dem Getreidezehnten mit wenigen Ausnahmen bereits höher als vor der Pest. (Um das Volumen der Agrarproduktion zu erschliessen, untersucht die Forschung die Zehnten, welche als proportionale Abgaben ein verlässlicheres Bild von der Höhe der Ernte geben als die Grundzinsen.) Doch auch in den folgenden Jahr-

ningen und auf dem Wiesland westlich vor der Stadt, zwischen Spalenvorstadt, Allschwil und Hegenheim, mästeten die Basler Viehhändler und Metzger importiertes Vieh (Grossvieh und Schafe), bevor sie es auf die städtische Schol, die öffentlichen Fleischbänke, führten. In Gundeldingen, an den Hängen zum Bruderholz, befanden sich kleine, als Gärten und Rebgärten genutzte Parzellen, die von Gärtnern, Wirten und anderen Handwerkern gepachtet wurden. Jährlich die Hand wechselnde Schupflehen St. Albans sind im späten 15. Jahrhundert auf dem Bruderholz und in Gundeldingen bei Basel nachgewiesen.[27]

Wie in ganz Südwestdeutschland und der Schweiz kam nach der Krise des 14. Jahrhunderts vor allem bei der Förderung der kapital- und arbeitsintensiven Sonderkulturen, nämlich Weinbau, Anbau von Faser- und Färberpflanzen und Gartenbau, sowie der Viehzucht das System der Teilpacht vermehrt zum Tragen. Im Teilbauvertrag wurden dem Pächter definierte Leistungen (wie etwa regelmässige Düngung der Äcker) und Sorgfaltspflichten auferlegt, während dem Eigentümer ein fixer Anteil am Ertrag zustand, in der Regel die Hälfte oder ein Drittel der Ernte. Ausserdem beteiligte er sich an den Produktionskosten, indem er beispielsweise für den Dünger, die Rebstickel oder die Erntekosten aufkam. Weiter machte er – anders als bei den Zinsgütern – seinen Einfluss auf die Produktivität des Gutes auch dadurch unmittelbar geltend, dass er in den Teilbauverträgen den Produktionsvollzug genau regelte. Im Basler Hinterland verpachteten die Klöster und das Heilig-Geistspital ihre Rebgüter vorzugsweise nach diesem System.[28]

Neben dem Elsass bildete das Markgräflerland einen regionalen Schwerpunkt des Weinbaus. Er war auch im heutigen Kantonsgebiet überall verbreitet, mit Ausnahme der klimatisch weniger begünstigten Jurahöhen, wo Vieh gehalten wurde. In Stadtnähe und im Markgräflerland bewirtschafteten geistliche Institutionen wie das Basler Domstift, das Zisterzienserinnenkloster Olsberg und das Heilig-Geistspital umfangreiches Rebland auch im Eigenbau. So setzte das Domstift in seinen Rebgärten in Istein, im Gellert

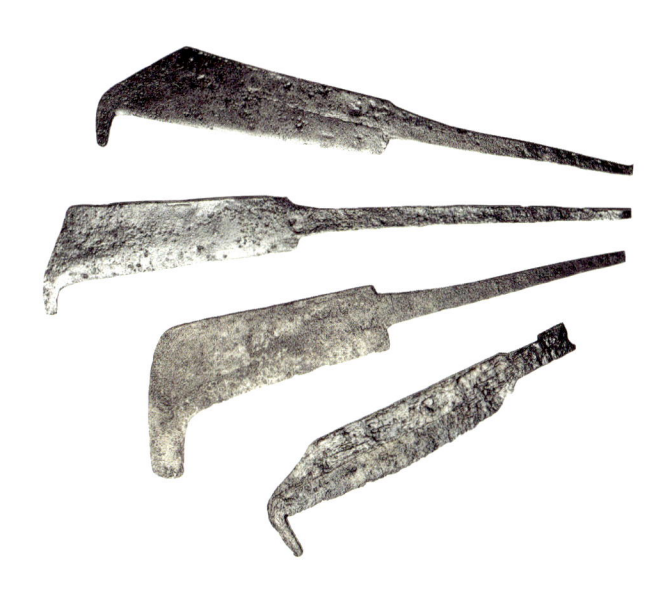

Sichel von der Ruine Bischofstein
Bis weit in die Neuzeit hinein erfolgte die Getreideernte mit Hilfe der Sichel, dem individuellen Arbeitsgerät von Fronleuten, Tagelöhnern und Tagelöhnerinnen. Im Unterschied zur Sense konnte sie auch leicht von Frauen gehandhabt werden. Während der Sensenschnitt mit einem relativ hohen Körnerverlust verbunden war, erlaubte das Ernten mit der Sichel, die Garben in leicht gebückter Stellung festzuhalten, so dass die Ähren nicht zu Boden fielen. Meist wurde das Getreide relativ hoch geschnitten und in einem zweiten Arbeitsgang konnte mit der Sense das wertvolle Stroh geschnitten werden. Vor allem Roggenstroh diente zum Dachdecken, zum Garbenbinden und neben Weidenruten auch zum Rebenbinden.

Zeugnisse land- und waldwirtschaftlicher Arbeit
Der Gertel, ein schweres Haumesser, war vielseitig verwendbar. Er diente hauptsächlich zum Abschlagen und Zerkleinern von Ästen und Zweigen. Die Funde stammen von der befestigten Anlage Liestal-Burghalden (10. Jahrhundert) und von den Burgen Vorderer Wartenberg (Muttenz), Spitzburg (Ramlinsburg) und Scheidegg (Gelterkinden). Sie datieren ins 13. und 14. Jahrhundert.

(das damals ausserhalb der Stadt Basel lag), im «Birsfeld», dem heutigen Birsfelden, und in Reinach Bannwarte für die Organisation und Beaufsichtigung der Rebarbeiter und -arbeiterinnen ein; seit dem zweiten Drittel des 15. Jahrhunderts schliesslich gab es den Eigenbau auf und ging zur Verpachtung der Parzellen im Teilbausystem über.[29] Hingegen nahm die spitaleigene Weinproduktion in der zweiten Hälfte des 15. Jahrhunderts spürbar zu.

Die Grundlasten

Die Verpflichtungen der Bauern gegenüber dem Grundherrn bestanden in den Grundlasten und gewissen, zeitlich auf wenige Tage im Jahr beschränkten Diensten. Das konnten Transport-, Heuer- oder Erntefronen sein, oder ein Haus hatte dem Herrn im Bedarfsfall Gastrecht zu gewähren. Einer in der Grundherrschaft hatte die der ganzen Gemeinde dienliche Aufgabe, die Zuchttiere zu halten, Stier, Eber und Hengst. Trotz der im Spätmittelalter fortschreitenden Monetarisierung der Wirtschaft blieben bis zum Beginn des 16. Jahrhunderts die Naturalabgaben die vorherrschende Form der Grundlast, während die Umwandlung von Abgaben in die Geldrente – mit Ausnahme des Basler Stadtgebiets – untergeordnet blieb. Einzig im Gebiet des Bischofs, im Amt Birseck, hielten sich im 15. Jahrhundert Naturaleinkünfte und Geldrenten die Waage. Die gewichtigsten Abgaben waren die vom Ackerland fälligen Getreidezinsen und die Weinzinsen von den Rebgärten. Kleinere Produkterenten – seien es Obst, Gemüse oder Nüsse, gelegentlich auch Wachszinsen – lasteten im Allgemeinen auf dem individuell genutzten Gartenland. Die regelmässig geforderten Hühner und Eier galten als Bestandteile des Hofstättenzinses, das wegen des Abgabetermins so genannte Fasnachtshuhn als leibherrschaftlicher Anerkennungszins. Es wäre irrig anzunehmen, die Abgabenhöhe hätte sich regelmässig proportional zur Grösse der Anbauflächen verhalten. Vielmehr hielten die Grundherren jeweils an einer Norm fest, einem hergebrachten, auf einem älteren Zustand eines Gutes beruhenden Soll, dessen Höhe dem aktuellen Umfang

zehnten lagen Güter wüst, und weil in den 1420er Jahren eine «Wohlfeile» herrschte und für Getreide nur noch Tiefstpreise erzielt wurden, lagen viele Äcker brach, so dass die Grundherren Zinsausfälle hinnehmen mussten. Bauern und Grundherren erfuhren die 1430er und 1440er Jahre als Krisenzeit. Auf ungünstige Jahre mit kalter, regnerischer Vegetationsperiode folgte das Teuerungsjahr 1437/38 mit einer Hungersnot; 1439/40 brach erneut eine Pestepidemie aus. In den Kriegssituationen seit den Armagnakeneinfällen von 1444 wurden die Dörfer in den verkehrsgünstigen Durchgangsgebieten wiederholt von Brandschatzungen und Plünderungen betroffen. Viele Menschen aus der falkensteinischen Herrschaft Farnsburg flohen in die umliegenden Städte Rheinfelden, Laufenburg, Säckingen und in die baslerischen Ämter Liestal, Homburg, Waldenburg. Damals erreichten die grundherrlichen Einnahmen beispielsweise des Klosters Schönenwerd einen Tiefstand, der erst um 1454 überwunden war.

Die Herren von Falkenstein gewährten in diesen Zeiten verschiedentlich Zinsermässigungen; Basel setzte diese Zinspolitik nach dem Erwerb der Herrschaft Farnsburg 1461 fort und begegnete damit den wirtschaftlichen Schwierigkeiten der Farnsburger Bauern. So vereinbarte beispielsweise

WIRTSCHAFT UND SOZIALSTRUKTUR AUF DEM LAND IM SPÄTMITTELALTER   155

Tierskulptur aus dem Basler Münster
Anlässlich der Restaurierung von Chor und Vierung in den späten 1990er Jahren wurden im Mauerwerk der Vierung vier Figuren entdeckt, welche die Evangelisten symbolisieren.
Der geflügelte Stier des Evangelisten Lukas tritt gleichsam aus einem Steinblock hervor. Die Fachleute vermuten, dass ein lombardischer Steinmetz die Skulptur im 13. Jahrhundert schuf.
In der dörflichen Wirtschaft spielten die Zuchttiere – Stier, Hengst und Eber – eine wichtige Rolle.

Bernhard Schilling, der Landvogt auf der Farnsburg, 1469 nach dem Waldshuter Krieg «mit den ehrbaren Leuten» des Amts, ihnen «kriegshalb» einen halben Jahreszins nachzulassen.[8] Den Bauern war überall an der schriftlichen Fixierung der von ihnen erbetenen Zinsermässigungen gelegen.[9] Erst seit den 1480er Jahren gewährte die Basler Obrigkeit praktisch keine Zinsnachlässe mehr, und es zeigt sich die Tendenz, die Zinsen einzufrieren. Ähnlich verhielt es sich mit den Pfennigzinsen, einer Art Immobiliensteuer, welche die Stadt erhob.

Die Beobachtungen können verallgemeinert werden. Auch andere Grundherren wie der Bischof und die Klöster St. Alban und St. Leonhard verzichteten im Spätmittelalter auf Erhöhungen der Grundrenten und gewährten fallweise Zinsermässigungen. Sie nahmen nur wenig direkten Einfluss auf die Geschehnisse auf dem Bodenmarkt; hingegen waren diese durch Entscheidungen der Bauern, durch konjunkturelle Schwankungen und andere «exogene» Faktoren wie Witterungsschäden und Kriegsverheerungen bestimmt. Wollte die Herrschaft – seien es Adelige, der Bischof oder die Stadt – neue Einkommensquellen erschliessen, so griff sie zum Mittel der Besteuerung und der Erhöhung leibherrschaftlichen Drucks.[10] Mit dem

nicht mehr entsprach. Vielfach wurden kleine Betriebe mit wenig Ackerland proportional höher belastet als grössere, ein gesamteuropäisches Merkmal der Agrarverhältnisse.[30] Das führte besonders in Zeiten von Ernteausfällen, Getreideteuerung und Hunger zur Verschuldung der Kleinbetriebe; sie waren gezwungen, bei vermögenden Bauern oder bei Kaufleuten Kredite aufzunehmen und Getreide zu kaufen. Waren sie in den Ruin getrieben, blieb ihnen nur noch die Verpfändung ihres Guts übrig, wie dies im Waldenburgertal bezeugt ist. Bedenkt man allein diesen Umstand, so ist es nicht erstaunlich, dass die teilweise sehr ungünstige Einkommenssituation in Verbindung mit Abgabendruck die Zahlungsmoral der Bauern beeinträchtigte.[31]

Im Unterschied zum kirchlichen Zehnten, den der Zehntbesitzer oder -pächter durch seine Knechte auf dem Acker oder in der Scheune einholen musste (man spricht von einer Holschuld), handelte es sich bei den Grundzinsen um eine Bringschuld. Bildhaft sagt das die Weisung eines Ritters von Eptingen aus: «Dies [folgende] ist der ganze Hofzins zu Pratteln, ohne den Teil, der dem Propst von St. Alban zusteht. Er ist jährlich am Hilariustag [dem 13. Januar] fällig, und man soll ihn unter der Linde empfangen und dort auf die Zinsleute warten, bis man die Sterne sieht», das heisst bis spät abends. Wer am Abend noch säumig ist, verfällt dem Herrn zu drei Schillingen Busse.[32] «Hebestellen» für den Einzug der Abgaben waren die Meierhöfe.

Bäuerlicher Landbesitz: Das Beispiel des Farnsburger Amts

Die in den Quellen vorkommende Schuppose, eine ursprüngliche, zinsbare Betriebseinheit, war schon um 1300 in halbe und Drittels-Schupposen zerfallen. Im Spätmittelalter war sie im Allgemeinen weder eine Besitz- noch eine Abgabeneinheit und von unterschiedlichem Umfang. Wenn er überhaupt noch gebraucht wurde, hatte sich der Begriff zu einem beliebig verwendbaren Synonym von Gut oder Hofstelle gewandelt. Allgemein lässt sich ein Trend zur Ballung von Gütern in der Hand weniger Bauern feststellen.[33] Das akzentuierte die ohnehin gegebene Ungleichheit der Besitzverteilung.

zeitweiligen Entgegenkommen der Grundherren in Krisensituationen ist es unter anderm erklärbar, dass schliesslich am Ende des Mittelalters im Bauernkrieg von 1525 nicht die Grundherrschaft als solche in Frage stand, sondern dass die bäuerlichen Klagen sich gegen leibherrschaftliche und steuerliche Belastungen richteten, ebenso gegen andere wirtschaftliche Massnahmen der Obrigkeit wie das Jagd- und Fischereiverbot und die Einschränkung der Holznutzung. Ein viel kritisierter Missstand wurde in der Überschuldung bäuerlicher Güter durch die Belastung mit städtischen Renten gesehen.[11]

Soziale Gegensätze
Die bäuerliche Wirtschaft stand unter hohem Anpassungsdruck. Als Folge der Stagnation der Getreidepreise war Getreideanbau weniger rentabel als Sonderkulturen und Viehzucht. Gleichwohl schuf das nun einsetzende, aber nicht annähernd bezifferbare Bevölkerungswachstum gegen Ende des 15. Jahrhunderts die Notwendigkeit, zu roden und neue Anbauflächen zu gewinnen. Bauern waren von den Entwicklungen insgesamt unterschiedlich betroffen, bestand doch die Dorfgesellschaft nicht aus einer sozial homogenen Gruppe von Gleichen – so wenig wie im Hochmittelalter, zu dem heute

Eine alte Haustierrasse
Wegen seines fetten Fleisches war das Schwein im Mittelalter ein äusserst beliebtes Haustier. Es handelte sich um das viele Borsten tragende wollhaarige Hausschwein.
Kupferstich des berühmten oberrheinischen Künstlers Martin Schongauer (zirka 1450–1491).

Die grössten Höfe umfassten 40 bis 80 Jucharten, das sind mindestens elf Hektaren, bebaubaren Landes. In einigen Dörfern sind im 15. Jahrhundert die landarmen Betriebe verschwunden, und in der Epoche nach dem Schwarzen Tod und den periodisch wiederkehrenden Pestepidemien waren insgesamt weniger Zinser vorhanden als noch im 14. Jahrhundert.[34]

Landwirtschaftlicher Kleinbesitz von unter drei Hektaren bestand häufig nur aus einzelnen Wiesenstücken oder einem «Rebacker». Um 1450 gab es in den drei gut untersuchten Dörfern Zeglingen, Rünenberg und Wenslingen neben 15 Prozent Kleinstbetrieben (unter drei Hektaren) und etwa gleichviel Grossbetrieben (über 15 Hektaren) 32 Prozent mittlere Güter von 6 bis 15 Hektaren Umfang und 16 Prozent kleine Höfe von über drei bis fünf Hektaren. Der Umfang der übrigen Güter ist unbekannt. Bis zum Ende des 15. Jahrhunderts hatte sich dann das Gewicht zu Gunsten der grossen Bauern verschoben; auf ein Kleinstgut kamen zwei Grossbetriebe.

allerdings wenig gesichertes Wissen vorliegt. Im Spätmittelalter schritt die soziale Differenzierung weiter; sie führte zur Zweiteilung der Besitzverhältnisse: hie reiche Bauern – dort arme, dazwischen einige mit mittlerem Wohlstand. Es bildete sich eine beschränkte Zahl von «Bauernkönigen» heraus, mit Landbesitz über 20 Hektaren, mit Grossviehbeständen, Ochsengespannen und Pferden. Wegen ihrer starken Marktanbindung profitierten sie in den (trotz allgemeiner, langfristiger Preisstagnation) periodisch wiederkehrenden Teuerungen von den Preisspitzen, weil sie ihre Ertragsüberschüsse teuer absetzen konnten. Ungleiche Besitzverteilung schuf Abhängigkeiten unter Bauern. Die unterbäuerlichen Schichten sind in den Quellen jedoch kaum je fassbar. Diese Menschen verdingten sich um Kost und Logis als einfache Knechte bei wohlhabenden Bauern und bekamen, wenn es gut ging, auch ein wenig Barlohn. Sie arbeiteten in einem Steinbruch, in der Eisenverhüttung, in einer Müllerei oder anderen Gewerbebetrieben, oder sie zogen in die nächstgelegene Stadt. Andere pachteten ein Stück Land in Unterleihe. Den Zins schuldeten sie einem vermögenderen Bauern, der seinerseits dem Grundherrn als Obereigentümer zinspflichtig war, aber dem Unterbeliehenen selbstverständlich einen

«Als Adam grub und Eva spann, wo war denn da der Edelmann?»
Der Holzschnitt mit dem beliebten biblischen Motiv von Adam und Eva bedient sich des klassischen Topos der geschlechtsspezifischen Arbeitsteilung; der Mann führt die Ackerarbeiten aus, die Frau ist im häuslichen und textilen Bereich tätig. Spindel, Spinnwirtel und Spinnrocken gehören zu den klassischen Utensilien des Textilhandwerks. Spinnwirtel aus Keramik sind häufige Funde in archäologischen Ausgrabungen von Siedlungen.

Daraus ergeben sich folgende Schlüsse: Inhaber von Kleingütern waren, um zu überleben, auf ausseragrarische Erwerbsarbeit angewiesen, zum Beispiel im Handwerk oder Bergbau. Auf andern Kleinstellen lebten Bauern der alten Generation, die ihren Betrieb den Söhnen und Schwiegersöhnen übergeben und sich aufs Altenteil, das «Stöckli», zurückgezogen hatten. So besass am Ende des 14. Jahrhunderts die Hälfte aller Zinser in Zeglingen lediglich einzelne Wiesenstücke; in Rünenberg vier von 16 ein wenig Rebland. In der Mitte des 15. Jahrhunderts waren hier die kleinen Betriebe verschwunden, während eine geringe Anzahl vermögender Bauern ihre Betriebsflächen in die Nachbargemeinden hinein ausweiteten. In Zeglingen sind um 1450 insgesamt 40 Prozent weniger Zinser nachgewiesen als am Ende des 14. Jahrhunderts, und zwischen 1479 und 1483 hatte gemäss den Rechnungsbüchern des Klosters Schönenwerd ein gewisser Johannes Schaub junior gar dessen sämtliche Schupposen inne. Diese hier vereinfacht skizzierte Entwicklung verlief nicht überall parallel; am wenigsten ausgeprägt zeigte sich die Güterballung in Wenslingen, wo jedoch bis 1461 die Zahl der Zinser ebenfalls abnahm. Jedenfalls verweist uns die Existenz landwirtschaftlicher Kleinbetriebe auf Abhängigkeiten unter den Dorfbewohnern. So pflegten zum Beispiel Bauern mit reichlichem Landbesitz Parzellen in Unterleihe an landarme Dorfgenossen auszugeben; doch sind solche Unterleiheverhältnisse in den Quellen schwer nachweisbar, da nur der Erstbeliehene in einer direkten Beziehung zum Grundherrn stand, dessen Urbar- und Zinsbücher somit nur ihn erfassten.[35]

Grossbauern oder «Dorfkönige» auf den Hochflächen des Tafeljuras und im Faltenjura betrieben Ackerbau und Viehzucht. Sie besassen für damalige Verhältnisse sehr grosse Herden von einem bis zwei Dutzend Grossvieheinheiten und nahmen Allmende und Waldweiden weit mehr in Anspruch als ärmere Dorfgenossen. Zwischen Viehzüchtern im Farnsburger Amt und im Homburgertal brachen wiederholt heftige Weidgangsstreitigkeiten aus. So gerieten die Zeglinger, Kilchberger und Rünenberger mit

höheren Zins, den «Überzins», abverlangte. Wer nun in eine solche Abhängigkeit geraten war, konnte nur mit Mühe so viel erwirtschaften, dass er seine Familie durchbrachte. Über die Lebensbedingungen der Landlosen und Tagelöhner sind wir nur unvollkommen unterrichtet. Ihre Existenz ist eng mit dem Phänomen der Auswanderung und der Landflucht verbunden; wer nicht auf dem elterlichen Hof oder in einem anderen Betrieb des Dorfes Arbeit fand, versuchte sein Glück in einer der umliegenden Städte. Da die ländlichen Haushalte, sofern sie sich Gesinde halten konnten, eher Knechte als Mägde benötigten, wanderten häufig mehr junge Frauen als Männer ab. Mit diesen Migrationsvorgängen hing es zusammen, dass Städte wie Basel zeitweilig generell einen weiblichen Bevölkerungsüberhang aufwiesen.[12]

Tendenzen der Entwicklung

Seit 1300 ist die Entwicklung der Landwirtschaft durch Wechsellagen der Agrarkonjunktur geprägt. Am Beginn des 14. Jahrhunderts dürfte die Produktion an ihre Grenze gestossen sein; die Erträge reichten kaum mehr für den Bedarf einer stark gewachsenen Bevölkerung. Nun leiteten die enormen Bevölkerungsverluste des Schwarzen Todes eine Wende ein, und es kam zur langfristigen, bis zum ersten

Konkurrenten aus Läufelfingen und Häfelfingen aneinander, als sie ihr Vieh auf den Wiesenberg trieben. Zwischen Gelterkinden und Rümlingern, zwischen Leuten aus Zunzgen und Hölstein gab es Auseinandersetzungen um die Schweinemast in den Eichen-Buchen-Wäldern. Solche Fehden wurden häufig gewaltsam, mit dem Mittel des Viehraubs ausgetragen.[36]

Stellt man eine Verbindung zwischen politischen Ereignissen und den erwähnten Besitzkonzentrationen her, so fanden letztere besonders in der Folge der Kriegssituation um 1443 bis 1449 statt, in welcher die Bauern mit grössten wirtschaftlichen Schwierigkeiten kämpften. Kriegsschäden und Fehlernten aufzufangen, gelang grösseren Betrieben besser als kleinen. Wer keine Vorräte hatte, musste in Notzeiten Getreide zu Spitzenpreisen auf dem Markt erstehen und sich verschulden. Verwüstungen und Brandschatzungen von Höfen und Gütern, die allgemeine Flucht und das Wüstwerden von Kulturland förderten eine Um- und Neuverteilung des Bodens in den 1450er Jahren.[37] Nach 1461 bis in die 1490er Jahre nahm die Zahl von Betrieben nur geringfügig zu. Dies deutet darauf hin, dass die Besitzer von Hofstellen Erbteilungen vermieden, um den Güterbestand zu wahren. Eine Trendwende setzte hingegen zu Beginn des 16. Jahrhunderts ein; nun war der Anteil grosser Gütereinheiten gesunken, sehr grosse Hofstellen wurden von mehreren Familien gemeinsam bewirtschaftet. Einige Indizien deuten auf eine Bevölkerungszunahme in jener Zeit hin. Der demographische Druck wirkte sich erstens in der Weise aus, dass es nun wiederum vermehrt zur Güterzersplitterung kam. Zweitens gab die gesteigerte Nachfrage nach landwirtschaftlich nutzbarem Land Anlass, am Rande der Siedlungskammern zu roden. Neu erschlossene «Rüttinen» wurden zum einen den bestehenden (grösseren) Höfen in den Gemeinden zugeschlagen, zum andern erlaubten sie einer Schicht bislang landloser Personen, sich an der Peripherie des Dorfs anzusiedeln und ein bescheidenes Auskommen in der Landwirtschaft zu finden; ihre wirtschaftliche Grundlage mochte sich verbessern, wenn sie zusätzlich Parzellen einer zweiten Grundherrschaft pachteten.

Besitzverteilung in der Vogtei Farnsburg

Hofgrösse	<5 ha	5–20 ha	>20 ha
1489	30%	52%	5%
1524	53%	29%	9%
grösster Hof			
1489			28,9 ha
1524			42,6 ha

Viertel des 16. Jahrhunderts anhaltenden Agrarpreisdepression und zur Senkung des Produktionsvolumens. Zu Beginn des 15. Jahrhunderts scheint es sich wieder erholt zu haben, doch anschliessend erlitt die Landwirtschaft wiederholte Rückschläge. Sie hatten unter anderm eine hohe Mobilität des Güterbesitzes in Gang gesetzt. Nicht nur Adelige und Bürger in Finanzschwierigkeiten sahen sich gezwungen, Landbesitz zu veräussern. Auch die bäuerlichen Familienbetriebe überdauerten in zahlreichen Fällen nicht mehrere Generationen. Weil in den Jahren höchster Not allenthalben Bauernstellen frei waren – wegen der Landflucht und veränderter Familienkonstellationen –, waren Bewegungen auf dem Bodenmarkt keine Seltenheit. Dadurch wurde das dörfliche Besitzgefüge im Laufe des Spätmittelalters, besonders gut nachweisbar im 15. Jahrhundert, umgeschichtet. So wechselten viele Bauerngüter die Hand, eingesessene Familien starben aus oder gingen weg, neue liessen sich nieder. Demnach ist die Unbeständigkeit bäuerlichen Familienbesitzes die eine Seite der gesellschaftlichen Entwicklung. Von einer allgemeinen Verelendung des Bauernstands, wie sie die Forschung zur Region teilweise formuliert hat, kann in diesem Zusammenhang aber nach heutigem Wissensstand nicht die

Aus der hier vereinfacht gezeichneten säkularen Entwicklung ist eines deutlich geworden: Die mittelalterliche, ländliche Gesellschaft ist keine statische, worauf unter anderem die Bodenzirkulation hinweist. Die einzelnen Bauernstellen – Schuppose, Hof oder Gut genannt – unterliegen einem steten, durch ruhigere Perioden der Stabilität unterbrochenen Wandel.[38] Selbst wenn eine um 1300 nachgewiesene Schuppose über zwei Jahrhunderte lang in den schriftlichen Dokumenten als Einheit erkennbar bleibt, hat sie unter Umständen eine bewegte Geschichte. Veränderungen in Umfang, Nutzungsweise, Anzahl Hofstätten und ansässiger Personen sind einerseits durch äussere, von den Bauern und Grundherren nicht steuerbare Umstände wie Witterungseinflüsse, Bevölkerungsverluste oder -zunahme und Kriege bedingt. Zu erwähnen sind namentlich die einschneidenden Ereignisse wie die Guglereinfälle am Ende des 14. Jahrhunderts, Armagnakenstürme 1439 bis 1444 und der St. Jakober Krieg, die österreichisch-eidgenössischen Auseinandersetzungen 1443 bis 1449, der Waldshuterkrieg 1468, der Burgunderkrieg 1474 bis 1476, der Schwabenkrieg mit der Schlacht bei Dornach 1499. Andererseits sind die Veränderungen das Ergebnis von Entscheidungen und Handlungen der bäuerlichen Familien selbst. Sie passen ihre Betriebe den Rahmenbedingungen an, die ihnen der Markt und die Absatzchancen für Agrarprodukte setzen. Ist der Haushalt gewachsen und sitzen mehr Kinder am Tisch, welche als wertvolle Arbeitskräfte von klein an mithelfen, vergrössert man die zum Hof gehörenden Anbauflächen und fügt weitere Parzellen hinzu.[39] Gegen Ende eines Lebens wird ein Ehepaar, eine Witwe oder ein Witwer die eigene Wirtschaft verkleinern, der im Alter nachlassenden Arbeitskraft anpassen und das Gut den überlebenden Nachkommen übertragen. Allein die familienzyklisch bedingten Veränderungen schaffen im Gefüge einer Grundherrschaft stets neue Besitzverhältnisse, und unter den Gemeindegenossen findet ein Wettbewerb um das beschränkte Gut von bebaubarem, ertragsfähigem Grund und Boden statt.

Rede sein.[13] Denn auf der anderen Seite fand der Aufbau grösserer Güter durch die «Dorfkönige» statt; in ihren Familien ist Erbbesitz seit den 1460er Jahren bis nach 1525 kontinuierlich weitergegeben worden, wie dies am Beispiel Zeglingens, Allschwils und von Dörfern im Sundgau einwandfrei nachweisbar ist.[14] Die Lebensweise dieser Grossbauern mit Gütern von 20 bis 50 Hektaren muss sich stark von jener der übrigen Bauern abgehoben haben. Sie wurden denn auch zur beliebten Zielscheibe städtischer Bauernschelte; Autoren wie Sebastian Brant prangerten in der Manier effektvoller Schwarzweissmalerei ihren Stolz, ihren Kleideraufwand und übrigen Luxus an.[15] Trotz der sozialen und wirtschaftlichen Unterschiede im Bauernstand waren die Dorfämter nicht den Reichen vorbehalten, und alle Vorsteher einer Hauswirtschaft nahmen an der Gemeindeversammlung teil. Gegenüber den Grund- und Gerichtsherren traten im 14. und 15. Jahrhundert die Gemeinden als einheitlicher Verband auf. Über die Art und Weise, in welcher im politischen Leben der Gemeinde Interessenkonflikte ausgefochten wurden, sind wir kaum unterrichtet; denn das vorliegende Schriftgut vermittelt nur selten Einblick in gemeindeinterne Geschehnisse. Wo es um die Verteidigung von Rechten und Ansprüchen nach aussen

Bei den Schriftzeugnissen fällt auf, dass sich der Bestand an Personennamen eines Dorfes im Laufe der Zeit verändert und weitgehend erneuert, ein äusseres Anzeichen für die Mobilität der Bevölkerung. Aus Zinsbüchern und Berainen der Herrschaft Thierstein (1372 bis zum ersten Drittel des 15. Jahrhunderts), der Stadt Basel (ab 1461), des Stiftes St. Martin in Rheinfelden wie des baslerischen Domstiftes hat Mireille Othenin-Girard für eine Reihe von Dörfern im Amt Farnsburg den Wandel des Güterbestandes zwischen 1372 und 1538 untersucht; sie hat die Handänderungen der bäuerlichen Lehen ausgezählt. Die nachstehende Tabelle zeigt die Anzahl von Erbgängen innerhalb der Familie im Vergleich zur Anzahl von Besitzerwechseln mit neuen Familien.

Gütertransaktionen in Dörfern des Amts Farnsburg

Zeitspanne	Mutationen	innerhalb der Familie	in %	andere Familie	in %	gleicher Bestünder
1372–1420er J.	63	14	22	49	78	–
1440er J.–1461	65	11	17	54	83	2
1455–1482	10	3	30	7	70	1
1461–1480er J.	42	14	33	28	67	9
1488/89–1524	45	22	49	23	51	3
1503–1525	9	4	44	5	56	1
1525–1538	10	5	50	5	50	2

Daraus ist zu entnehmen, dass seit der Mitte des 15. Jahrhunderts bei den Bauern allmählich das Interesse daran wuchs, den Landbesitz innerhalb von Familie und Verwandtschaft zu halten, und entsprechende Voraussetzungen dazu gegeben waren.[40] Es mussten arbeitsfähige Nachkommen da sein, und die Landressourcen sollten für die Ernährung ihrer Familien möglichst ausreichen. Erhöhte sich mit langsamer Bevölkerungszunahme der Druck auf die Landressourcen, so wurde es für junge Haushaltungen schwieriger, auf dem Bodenmarkt Parzellen zu erwerben. Deshalb trugen die Bauern Sorge, die Existenz ihrer Kinder zu sichern und ihren Besitz möglichst zusammen-

ging, mussten die innergemeindlichen sozialen Gegensätze überwunden und die Anliegen auf einen gemeinsamen Nenner gebracht werden. Dass in solchen Ausmarchungsprozessen nicht nach unseren Begriffen demokratische Spielregeln herrschten, sondern das Recht des Stärkeren galt, ist ein Charakteristikum vormoderner Gesellschaften.[16]

Administration und Dorfämter
Als Zentren grundherrschaftlicher Verwaltung dienten die Meierhöfe. Sie waren aus den Fronhöfen der älteren Grundherrschaft hervorgegangen. Die Meier wurden von der Herrschaft eingesetzt und wirkten als ihre örtlichen Vertreter und Verbindungsglieder zu den bäuerlichen Leihenehmern. Ihre Zwischenstellung als herrschaftlich-obrigkeitliche Amtsleute und als eingesessene Gemeindegenossen barg eine Spannung, welche durchaus in Loyalitätskonflikte münden konnte.[17] Als dörfliche Unterbeamte führten die Meier den Vorsitz im Dorfgericht, jedenfalls dann, wenn kein Untervogt zur Verfügung stand. In Rothenfluh beispielsweise waren Meier und Vogt alternierend Gerichtsvorsitzende. Für das Spätmittelalter ist eine genaue Abgrenzung ihrer Funktionen nicht möglich. Wo beide Ämter existierten, oblagen dem Meier vorwiegend wirtschaftliche Aufga-

Die Schlacht bei Dorneck 1499

Kurz nach der Schlacht entstand vermutlich in Basel dieser kolorierte Einblattdruck. In der Schlacht fügten die Eidgenossen den habsburgischen Truppen, welche die Dorneck belagerten, eine schwere Niederlage zu.
Das Ereignis führte schliesslich zur faktischen Ablösung der Eidgenossenschaft vom Reich Kaiser Maximilians. Formalrechtlich blieb die Eidgenossenschaft bis zum Abschluss des Westfälischen Friedens 1648 ein Bestandteil des Heiligen Römischen Reichs.
Unter den Kämpfenden sind die Banner der Stände Solothurn, Bern und Zürich zu erkennen. Die Kaiserlichen tragen Fahnen mit dem Andreaskreuz und Feuereisen. Im Vordergrund Ertrinkende in der Birs. Das Blatt hat übrigens wohl als älteste Darstellung von Bauernhäusern in der Nordwestschweiz zu gelten.

zuhalten, wie dies am Schluss der untersuchten Periode üblich war. Ein anderes Verhalten zum «eigenen» Grund und Boden ist hingegen in den Krisenjahren nach 1444 zu beobachten, als nur 17 Prozent der Güter in der Familie blieben. Man kann diesen Sachverhalt für eine Zeit stagnierender oder abnehmender Bevölkerung (wobei auch an Abwanderung zu denken ist) so deuten: Weil ausreichend Land und wüst liegende Güter vorhanden waren, bemühten sich die Grundherren in eigenem Interesse, den Wüstungsprozess aufzuhalten, ihre Hofstellen neu zu besetzen und Betriebsgründungen zu fördern. Damit waren für Bauern die Voraussetzungen für einen Neuanfang gegeben, und zugleich begünstigte die verhältnismässig schwache Nachfrage nach Land Transaktionen zwischen Nichtverwandten.[41]

ben wie die Organisation der Fronen, das Einsammeln der Zinsen, mitunter das Halten des Zuchtviehs, von Eber, Stier und Hengst. Mit den Scheidleuten nahm er an den sporadisch durchgeführten Güterbereinigungen teil. Der Einzug der Steuern und Bussen, die Aufsicht über die niedere Gerichtsbarkeit und die so genannte «Fertigung» von Gütertransaktionen und Rentenkäufen waren gewöhnlich Sache des Vogts. Es war der Untervogt, der nicht mit dem Landvogt an der Spitze der städtischen oder bischöflichen Ämterverwaltung zu verwechseln ist. Ein Teil der Bussen standen ihm als Lohn zu. Im Birseck gab es das Amt des Untervogts nicht. Hier waren die Meier mit umfassenden Kompetenzen ausgestattet: das Eintreiben der Grundzinsen, der landesherrlichen Steuern, des Umgelds sowie der Bussen, der Vorsitz des lokalen Gerichts, die Organisation der Frondienste. In der Vielfalt ihrer Funktionen bilden sich die diversen Herrschaftsrechte grund-, landes- und gerichtsherrlichen Ursprungs ab.[18] Die Meier führten die Aufsicht über die übrigen Dorfämter, nämlich die Geschworenen oder Vierer, die Bannwarte und Dorfhirten.

Lesetipps

Die massgebliche, neuere Literatur zur Basler Region sind die Bücher von Hans-Jörg Gilomen (1977), Rippmann (1990) und Othenin-Girard (1994).

Zum Birseck finden sich Ausführungen zum Thema bei Weissen (1994), wobei der Autor dieses umfangreichen Buchs nicht von der ländlichen Gesellschaft ausgeht, sondern die bischöfliche Landesherrschaft, Besitz- und Finanzgeschichte in den Vordergrund stellt.

Als gut lesbare Regionalstudie zu den Stadt-Land-Beziehungen sei die Arbeit von Kümmell (1980) zum Waldenburgertal empfohlen.

Eine allgemeine und leicht verständliche Einführung über das Bauerntum im Mittelalter bieten Rösener (1985) und der Aufsatz von Cherubini im Band «Der Mensch des Mittelalters» (Le Goff 1989).

Abbildungen

Österreichisches Museum für angewandte Kunst, Wien, Inv.Nr. T 4940 (Ausschnitt): S. 139.
Tabelle S. 141: Nach Othenin-Girard 1994, S. 486, Tabelle 20.
StA BL, SL 5250, HSS 52/1–3, fol. 174: S. 142.
Anne Hoffmann Graphic Design, nach Gilomen 1977: S. 143.
StA BS, Bild 1, 291: S. 144, 145 unten.
Roland Grieder, Basel: S. 145 oben.
Archäologie und Kantonsmuseum BL: S. 146, 152, 153.
Anne Hoffmann Graphic Design, nach Othenin-Girard 1994, S. 508: S. 147.
British Library, London, Add. 42130, fol. 166v (oben), 74v (unten): S. 149.
Österreichisches Museum für angewandte Kunst, Wien, Inv. Nr. T 4940: S. 150f.
Erik Schmidt, Basel: S. 155.
Staatliche Museen zu Berlin – Preussischer Kulturbesitz, Kupferstichkabinett SMPK 44–1885: S. 157.
Werner Meyer: Hirsebrei und Hellebarde, Olten 1985, S. 131: S. 158.
Öffentliche Kunstsammlung Basel, Kupferstichkabinett Inv. X. 1876 (Ausschnitt): S. 162.

Anmerkungen

1 Schreiner 1983.
2 Schulze, H. K.: Art. Grundherrschaft, in: HRG 1, Sp. 1824–1842; Rösener, W., Andreolli, B.: Art. Grundherrschaft, in: LexMA 1, Sp. 1739–1748; Blickle, P.: Art. Bauer, in: Fischer Lexikon Geschichte, 1990, S. 140–149; Rösener 1979; Rösener 1997.
3 Rippmann 1990, S. 269; Weissen 1994, S. 336f.
4 Rösener 1985, S. 195–198, 214–227; Wunder 1991a.
5 Dubled 1965, S. 449–451; Rösener 1985, S. 214ff.
6 Sablonier 1984; Blickle (Hg.) 1991; Bierbrauer 1991.
7 Weissen 1994; Berner 1994a.
8 Boner 1979; von Scarpatetti 1974; Gilomen 1977; Othenin-Girard 1994; Rösener 1983, S. 134–136; Müller 1916.
9 Von Tscharner-Aue 1983; Straub 1988; zum Spital in Frick StA BL, AA, L. 10, Bd. 213; L. 9, Bd. 197; Harms 1909/1910/1913.
10 Roth 1907; Merz 1909–1914, Bd. 3; Weissen 1994, S. 114–116, 331, 334.
11 Merz 1909–1914; Meyer 1968; Christ 1992.
12 Merz 1909–1914; Wackernagel 1907–1924; Gilomen-Schenkel 1975; Othenin-Girard 1994; Rippmann 1996d; Rippmann 1998b.
13 Gilomen 1977, S. 296.
14 Von Scarpatetti 1974, S. 141–153, 178–190, 282–287; Gilomen 1977, S. 294–318; Rippmann 1990, S. 240–245, 254f., 279; grundsätzlich auch Köppel 1986 und Zangger 1991.
15 Esch 1994, S. 39–69.
16 Roth 1907; Othenin-Girard 1994, S. 189f., 194; 475–477 mit Tab. 15; Das Habsburgische Urbar.
17 Meyer 1968; Rippmann 1996d.
18 StA BL, AA, Urk.appendix I Nr. 111 (Pratteln); StA BS, Adelsarchiv M 3, 3; Goy 1993; Rippmann 1996d, S. 35 (Rothenfluh); Othenin-Girard 1994, S. 195f.; StA BL, AA, L. 9, Bd. 127 (Kaufbrief über Schloss und Herrschaft Farnsburg, Landgrafschaft Sisgau, Zinsrodel und Beraine), Berain 551 (Farnsburger Rodel 1461).

19 StA BL, AA, Berain C 419a, Beraine C 515; Kümmell 1980, S. 123ff.; Rippmann 1991.
20 StA BS, Zinsen und Zehnten F1.
21 Sittler 1956; Barth 1958; Schulz 1985.
22 Gilomen 1977, S. 163.
23 Gilomen 1977, S. 136f.; zum Folgenden Othenin-Girard 1994, S. 224ff.
24 Gilomen 1977, S. 199–208; Feller-Vest 1982, S. 197–199; Rippmann 1990, S. 247–254, 273, 277, 278.
25 Zu den Rechtsformen der bäuerlichen Leihe in einem anderen Gebiet der Schweiz siehe Zangger 1991, S. 411–435.
26 Gilomen-Schenkel 1975, S. 113–116; Gilomen 1977, S. 166f., 170; Rösener 1979, S. 32; Rösener 1983, S. 93, 119f., 137; Rippmann 1996d, S. 40; Fuhrmann/Weissen 1997, S. 171.
27 Rippmann 1990, S. 283–310, 331–335; zu den Schupflehen vgl. StA BS, St. Alban J.
28 Gilomen 1977, S. 169, 207f.; Feller-Vest 1982, S. 198; StA BS, Spitalarchiv R 4, 3; allgemein Spiess 1988. Die ausführlichsten schweizerischen Untersuchungen zum System des Teilbaus bei Köppel 1991 und Sonderegger 1994.
29 StA BS, Domstift NN.
30 Rippmann 1990, S. 255–264.
31 Rippmann 1990, S. 324; Weissen 1994, S. 334f.; Othenin-Girard 1994, S. 266; Kümmell 1980, S. 144, 149f.
32 Übersetzt nach StA BL, AA, L. 72, Bd. 507, fol. 180. Vgl. dazu Gilomen 1977, S. 171.
33 Das entspricht einer allgemeinen Entwicklung in Südwestdeutschland; Rösener 1983, S. 157f. Zur Schuppose Gilomen 1977, S. 195–199; Othenin-Girard 1994, S. 224–226.
34 Vgl. Bd. 2, Kap. 7.
35 Gilomen 1977, S. 209–211; Rippmann 1990, S. 269–272.
36 Othenin-Girard 1994, S. 259–275; Kümmell 1980, S. 137.
37 Othenin-Girard 1994, S. 247; Kümmell 1980, S. 149–151.
38 Dazu prinzipiell Dyer 1989; Bennett 1987; Bourin/Durand 1984.
39 Zu den Kindern in der bäuerlichen Gesellschaft Hanawalt 1986.
40 Die gleiche Feststellung bei Zangger 1991, S. 540.
41 Othenin-Girard, S. 185–257; die Tabellen nach derselben, S. 249 und 255.

1 Othenin-Girard 1994, S. 305–337, 486 mit Tab. 20.
2 Bowlus 1988, S. 23 (Zitat); Graus 1987, S. 13–37; Gilomen 1991a.
3 Pfister/Schwarz-Zanetti/Wegmann 1996; Pfister/Schwarz-Zanetti/Hochstrasser/Wegmann 1998.
4 Buszello 1982.
5 Kurmann, F.: Art. Hungersnöte, in: HLS; Abel 1962; Abel 1980; Determinanten der Bevölkerungsentwicklung; Hatje 1992; Montanari 1993; Camporesi 1990.
6 Tabelle 3, Gilomen 1977, S. 121; allgemein Kriedte 1981; Gilomen 1991a.
7 Für unsere Gegend gibt es allerdings keine durchgehenden Lohnreihen; vgl. Müller 1916, Schulz 1985, Rippmann 1997; Rippmann 1992.
8 StA BL, AA, L. 9, Bd. 197 (Abrechnungen mit dem Vogt zu Frick für die Jahre 1469–1474).
9 Ein Beispiel für das Aushandeln von Zinsnachlässen mit dem Domstift bei Othenin-Girard 1994, S. 322; vgl. auch Weissen 1994, S. 329; Zangger 1991, S. 542, 544.
10 Ulbrich 1979; Gilomen 1994.
11 Bierbrauer 1980, S. 39; Gilomen 1998a, S. 26–29, 34–37.
12 Othenin-Girard 1994, S. 64–68; Bücher 1881; Rippmann/Simon-Muscheid 1991; Rippmann 1995; Wesoly 1980; Jacobsen 1988.
13 Kümmell 1980, besonders S. 151; zu den gegensätzlichen Einschätzungen der sozialökonomischen Situation der Bauern in der Forschung zur Basler Region vgl. Rösener 1997, S. 100f.
14 Othenin-Girard 1994; Rippmann 1990.
15 Rapp 1975; Graus 1981a.
16 Vgl. Bd. 2, Kap. 11.
17 Sie werden in angrenzenden Gebieten auch Schultheiss oder Keller genannt; Wunder 1986; Bierbrauer 1991.

18 Othenin-Girard 1994, S. 407–409; Weissen 1994, S. 271–274; Gilomen 1977, S. 130f., 166, 168, 171–173, 269–271; Rippmann 1990, S. 255; am ausführlichsten für das Oberrheingebiet Dubled 1965.

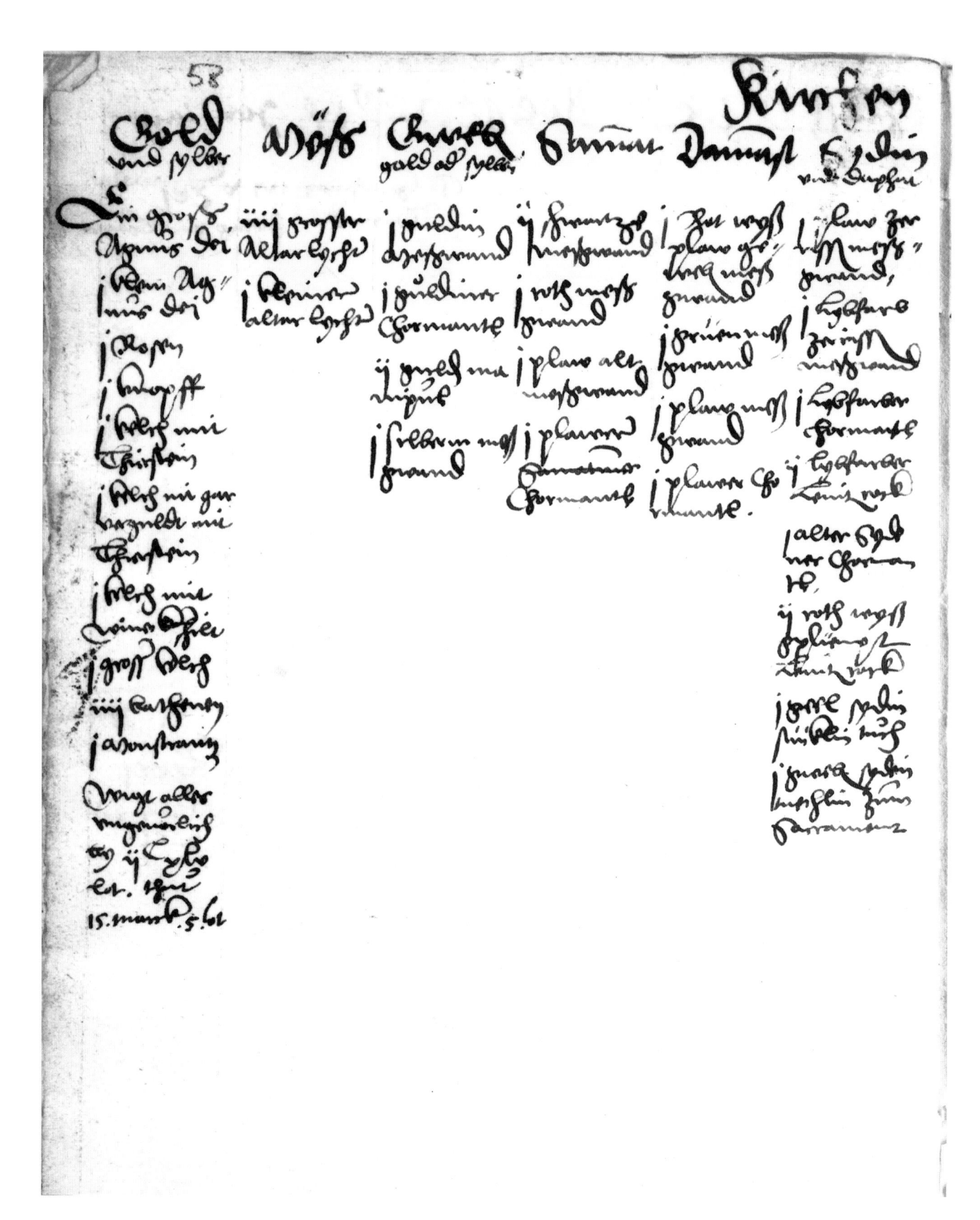

Frömmigkeit im 15. Jahrhundert: Religiöse Praxis auf der Landschaft

Bild zum Kapitelanfang
Kirchenschatz
Die Pfarrkirche St. Martin in Pfeffingen besitzt um 1500 liturgische Geräte in Gold und Silber (Agnus Dei, Kelche, Schalen, Monstranz), fünf Altarleuchter, eine Vielzahl priesterlicher Gewänder mit Gold- und Silberstickerei, aus farbigem Samt und Damast, aus Leinen- und Wollstoffen, sowie einen Truhe voller Altartücher. Die Geistlichen trugen je nach Fest oder Zeit des Kirchenjahres verschiedenfarbige liturgische Gewänder.

Gelterkinder Glocke
Für den 1497 neu errichteten Gelterkinder Frontturm finanzierte die Gemeinde auch eine neue Glocke, die sich heute in Ormalingen befindet. Das Schriftband auf der Hosiannaglocke verkündet «die meine [Gemeinde] von gelterkinden machten mich». Die Glocke war Maria, der Kopatronin der Kirche, geweiht. Die Reliefs zeigen den ersten Kirchenpatron, den Heiligen Petrus mit Schlüssel, und den Heiligen Paulus.

Die Kirche im Dorf

Im Spätmittelalter verfügte die Landschaft Basel bereits über ein relativ dichtes Netz von Pfarreien. Fast jedes bedeutende Dorf besass eine Pfarr- oder Filialkirche oder zumindest eine Kapelle. Die Kirche war neben dem Wirtshaus das einzige öffentliche Gebäude in der Gemeinde. Dabei hob sich der Steinbau markant von den aus Holz gebauten Bauernhäusern ab. Die Sakralarchitektur verkündete den Ruhm Gottes und des Kirchenpatrons, zeugte von der Macht und Präsenz der Kirche, repräsentierte aber auch den Wohlstand und die Frömmigkeit der weltlichen und dörflichen Stifter und Erbauer. Kriegsbedingte Zerstörungen, Brände, Baufälligkeit, liturgische Neuerungen und das Bedürfnis nach mehr Platz verlangten zudem nach Neu- und Umbauten. Seit der zweiten Hälfte des 15. Jahrhunderts herrschte im süddeutschen Raum und in vielen Orten der Eidgenossenschaft ein eigentlicher Kirchenbauboom.[1] Die Bautätigkeit hing dabei von den finanziellen Möglichkeiten des weltlichen oder geistlichen Kirchherrn und der Kirchgemeinde ab. Die vermehrte bauliche Neu- und Umgestaltung von Kirchen setzte eine tatkräftige und finanzielle Beteiligung der Gemeinden voraus. Die Baulasten wurden in der Regel aufgeteilt: Der Pfarrer oder Patronatsherr, oft ein Stift oder Kloster, hatte als Zehntherr die Pflicht, die Kosten der Arbeiten am Chor und einen Anteil am Dachdecken zu übernehmen. Die Kirchgemeinde hatte meistens für Bau und Unterhalt des Kirchenschiffes aufzukommen. Der Einsatz der Dorfbewohnerinnen und -bewohner für den Kirchenbau zeigte sich in verschiedensten Naturalstiftungen, Abgaben oder Kapitalstiftungen. An Neubau und Glocke der Läufelfinger Kirche stifteten 1489 die Pfarreimitglieder Cuntz Schaub und seine Gattin Agnes aus Wisen sechs Gulden. 1495 unterstützten Werlin Buser und seine Gattin Adelheid aus Buckten das neue Gotteshaus mit zwei Gulden.[2] In den überlieferten Schriftstücken nicht erwähnt werden die von der Dorfbewohnerschaft erbrachte Arbeit und die Unterstützung der spezialisierten Handwerker beim Kirchenbau.

«die arbeit grosz und der sold klein»

Der Klerus nahm als erster Stand im ganzen Mittelalter eine wichtige gesellschaftliche Stellung ein. Doch die wirtschaftliche und rechtliche Situation der Pfarrherren in der Diözese Basel, ihre seelsorgerischen Verpflichtungen, ihre Ausbildung und ihre Verbundenheit mit dem Dorf variierten ganz erheblich. Der Priester unterstand seinem weltlichen oder geistlichen Patronatsherrn, der ihn nach der bischöflichen Amtseinsetzung mit dem so genannten Benefizium, dem Pfarrgut mit den Einkünften aus den geistlichen Gebühren, ausstattete. Da das Pfarramt und das Benefizium im Verlauf des Spätmittelalters immer häufiger getrennt verliehen wurden, wirkte der Pfründeninhaber nicht mehr persönlich als Priester in der Gemeinde, sondern an seiner Stelle übte ein Vikar die Seelsorge aus. Dieser Leutpriester bezog ein je nach Gemeinde unterschiedlich hohes Gehalt. Er konnte als Ewigvikar auf Lebenszeit in einer Gemeinde wirken oder war auf Zeit angestellt und wechselte dann häufig die Pfarreien. Dank den zunehmenden Stiftungen von Ewigmessen, Frühmessen oder Altarpfründen fanden diese vagierenden Kleriker als Kapläne, Altaristen oder Helfer eines Vikars ihr Auskommen. Einige Beispiele sollen die Laufbahnen und die verschiedenen Wirkungsstätten

FRÖMMIGKEIT IM 15. JAHRHUNDERT: RELIGIÖSE PRAXIS AUF DER LANDSCHAFT   167

Im Spätmittelalter wurden die Kirchtürme und Dachreiter mit Glocken ausgestattet. Das Glockengeläute richtete sich nach den Gebetszeiten, den Horen. Diese variierten jahreszeitlich nach der wechselnden Länge des Lichttages und waren als Zeitangaben wenig bestimmt, was dazu führte, dass für jede Kirche eine eigene Zeit geschlagen wurde. Das Geläute rief zum Gebet und bestimmte auch die Arbeitszeiten, das «tagwerk». Es begann am Morgen mit dem Ave-Maria-Läuten und endete je nach Gewohnheit mehr oder weniger lang vor dem Sonnenuntergang mit dem Ave-Läuten. Der Hirtenbrief des Bischofs Kaspar zu Rhein von 1482 versprach allen, die beim Ave-Läuten drei Ave Maria sprachen, einen Ablass, ebenso jenen, die beim Mittagsläuten am Freitag drei Vaterunser beteten.[3]

Im Einsatz für ein eigenes Geläute zeigte sich das wachsende Gemeindebewusstsein. Für das 15. Jahrhundert wissen wir von mindestens 30 Glocken aus Kirchen auf der Basler Landschaft, während es für das vorangehende Jahrhundert nur ein knappes Dutzend sind. Von der kommunalen Initiative zeugen die Glocken von Pratteln (1484), Oltingen (1493) und Gelterkinden (1487). Ihre Inschriften bergen ausser dem Datum, der Anrufung Gottes oder Marias auch die Verkündung der Stifter: «her bernhart von eptingen riter und ganc gemein von bratelen machten mich», «die gemeine von oltingen macht mich».

Auch Einzelpersonen bemühten sich um das Geläute. Der Leutpriester Thomas Oltinger stiftete 1498 vier Gulden für eine Glocke in Sissach, in Kilchberg spendeten der Leutpriester, der Müller Hans Gysin aus Oltingen und der Grossbauer Hans Iten aus Wenslingen je einen Gulden für die Glocke.[4] Zeitvorstellungen und religiöse Praxis wurden auch durch die städtische Obrigkeit beeinflusst. Als Basel Mitte der 1480er Jahre seine Landvogteischlösser mit Glocken und mechanischen Turmuhren («zytglocke») ausstattete, war das ein Akt verstärkter obrigkeitlicher Verwaltung.[5] Die Uhrglocken liessen sich als militärisches Signalsystem verwenden, verkündeten aber zugleich den städtischen Zeitrhythmus.

Seelenwägung

An der Innenwand des Beinhauses in Muttenz wird der Erzengel Michael als göttlicher Richter mit Schwert und Seelenwaage gezeigt. Als Fürbitter und Beschützer der Seelen vor den Teufeln spielte er eine wichtige Rolle im Totenkult.

von Landgeistlichen illustrieren. Niklaus Gysin, Sohn des Oltinger Müllers, wurde 1475/76 als Vikar in der Pfarrkirche des Herkunftsortes der Familie in Läufelfingen investiert. Ein Jahr später war er Leutpriester im benachbarten Kilchberg, wo er zwei Jahre blieb. Da diese Kirche in das Chorherrenstift St. Martin in Rheinfelden inkorporiert war, konnte er Beziehungen zum Stift aufbauen und erlangte dort die Stelle des Kaplans am St. Peter-und-Paulsaltar. Von 1482/83 an hatte er sechs Jahre lang die Frühmesspfründe in Sissach inne, worauf er zu Beginn des 16. Jahrhunderts bis zu seinem Lebensende um 1514 erneut als Leutpriester in Kilchberg wirkte.[1]

Die wechselnden Stationen des Klerikers Ulrich Liechtensteiger in den Jahren 1448 bis 1482 mit sehr kurzer Verweildauer in einer Pfarrei lauteten: Vikar in Blotzheim, Kaplan am St. Peter-und-Paulsaltar in Rheinfelden, Leutpriester in Kilchberg, Kaplan am Dreikönigsaltar zu Rheinfelden, Leutpriester in Büren, dann Kaiseraugst, Kaplan zu St. Margarethen in Rheinfelden, Frühmessner in Pratteln, Leuptriester in Arisdorf und schliesslich wieder in Kaiseraugst.[2]

Andere prägten durch ihr jahrzehntelanges Wirken an einem Ort das Leben in der Pfarrgemeinde. Rudolf Bröttlin stammte aus einer Läufelfinger Familie und wirkte

Die Kirchen mit Bestattungsrecht besassen einen Friedhof. Für die Kirchgenossen herrschte Pfarrzwang, dazu zählte auch der Ort der Bestattung. Die Gräber erkannte man an der aufgeworfenen Erde; einfache Holzkreuze oder schmale Bretter konnten sie markieren, selten schmückte eine Steinplatte das Grab eines Vermögenden. Dieses geweihte Stück Erde musste öfter vor dem frei herumstreunenden Vieh geschützt werden. So erhielt etwa der Schäfer Claus Fach in Binningen einen Acker geliehen mit der Auflage, dafür den Friedhof mit einem Zaun oder mit einer Mauer zu umgeben, damit kein Vieh eindringe.[6] Der Eingang zum Friedhof war offen, jedoch durch ein «Gätteri», einen Gitterrost, geschützt. Mit der dichteren Belegung der Friedhöfe und der Verbreitung des Arme-Seelen-Kultes, das heisst dem Gebet und der Fürbitte für die Seelen jener Verstorbenen, die noch im Fegefeuer ausharren mussten, wurden gegen Ende des 15. Jahrhunderts vielerorts Beinhäuser errichtet. Riesige Christophorusfiguren an der Aussenwand der Kirche oder des Beinhauses, so in Muttenz, schützten den Betrachter vor dem jähen, unvorbereiteten und deshalb so gefürchteten Tod.

Friedhöfe waren nicht nur sakrale Räume, sondern erfüllten als öffentliche Plätze auch ganz profane Funktionen: Hier kamen die Dorfbewohner und -bewohnerinnen zum Spiel und Austausch von Nachrichten zusammen, hier versammelten sie sich, hielten Markt und fanden Schutz. Der Friedhof war als geweihte Stätte ein Ort des Sonderfriedens und des Asyls. Im baulichen Komplex Kirche, Friedhof mit Beinhaus und Kirchhofmauer oder -zaun zeigt sich, wie eng die Bereiche der Lebenden und der Toten verflochten waren.

Frömmigkeit der Laien

Um göttlichen Schutz zu erlangen, konnten die Gläubigen bei ihren alltäglichen Verrichtungen und in schweren Situationen mit Gebeten und Fürbitten Gott und die Heiligen anrufen. Jedes Gemeindemitglied sollte auf Deutsch das Vaterunser, das Ave-Maria, die Glaubensbekenntnisse und die Zehn Gebote kennen. Diese Texte waren der Grundstock der religiösen Unterwei-

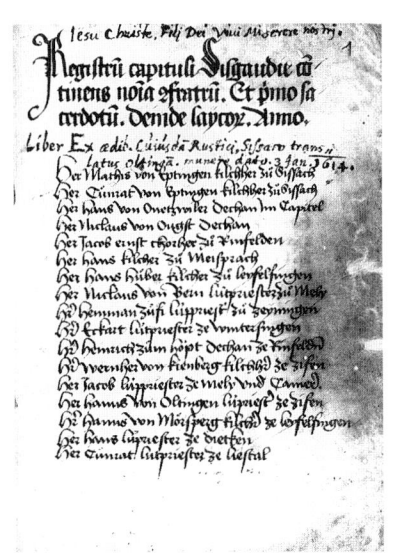

Priesterbruderschaft
Pro Dekanat waren die Geistlichen in einer Bruderschaft organisiert, der auch vermögende Laien beitreten konnten. Die Mitglieder beim Landkapitel Sisgau wurden in einer Liste festgehalten. Die Bruderschaft hielt feierliche Totenmessen für diese.

ab 1447 als äusserst aktiver Pfründeninhaber 50 Jahre lang in dieser Pfarrei. Heinrich Schauenberg war in Gelterkinden aufgewachsen, wo er später 16 Jahre lang als Leutpriester amtete und während 30 Jahren die Kaplanei auf der Farnsburg versorgte, bevor er schliesslich Chorherr zu Schönenwerd wurde.[3] Heinrich Im Hof wurde 1372 als Ewigvikar in Onoldswil eingesetzt, wo er noch 1422 im hohen Alter von 70 Jahren waltete. Sein Bruder Hermann Im Hof, ebenfalls Priester, führte zehn Jahre lang die Pfarrei in Bubendorf.[4] Der Pfründeninhaber zu Ziefen, Hans Löly, konnte 1516 sein 44-jähriges Jubiläum in der Pfarrei feiern.[5] Johannes Graner von der Kommende Beuggen war auf Lebenszeit angestellt, beklagte sich wie viele Vikare über seinen zu geringen Lohn. Er betreute nämlich nicht nur die Pfarrei Buus, sondern auch die dazugehörende Filialkirche in Ormalingen. Für seine hohe Arbeitsbelastung konnte er jedoch nur zusätzliche Einkünfte von zwei Saum Wein aushandeln; sein Gehalt musste für seinen Lebensunterhalt und den Unterhalt des Pfarrhauses genügen.[6]

sung, wurden sonntäglich verkündet und auch auf Tafeln in der Kirche angeschrieben oder waren, wie die Zehn Gebote in der Pfarrkirche St. Arbogast in Muttenz, auf Betrachterhöhe an der Kirchenwand aufgemalt.[7] Nur wer diese Gebete kannte, sollte zur Eucharistiefeier zugelassen werden. Das Beten war allgemein in Form und Inhalt vorgeschrieben, so auch in der Fürbitte, die der Priester im Anschluss an die Predigt auf Deutsch vorsprach. Solch stark ritualisierte Wiederholungsgebete waren verbreitet, wobei deutsche Texte ein andächtiges Verstehen der Gebetsinhalte ermöglichten.

Die Allgegenwart des Todes prägte die spätmittelalterliche Laienfrömmigkeit, die von der Totensorge beherrscht wurde. Gute Werke im Diesseits minderten die Ängste vor jenseitigen Strafen im Fegefeuer. Fürbitten und Messen für die Verstorbenen verkürzten deren Strafzeit im Fegefeuer. Im Bemühen um das Seelenheil der Lebenden und Verstorbenen trat die Kirchgemeinde als handelnde Korporation auf. Sie richtete zusammen mit dem Priester die kollektive Jahrzeit, eine Totenmesse, ein. Diese Totenmemoria, ein Gedenken der Verstorbenen verbunden mit Fürbitten, wurde für alle Mitglieder der Pfarrei gehalten. Individuelle Beiträge der Kirchgenossen trugen zu ihrer Finanzierung bei. Die gemeinsame Erinnerung an die Verstorbenen fand häufig am Tag nach der Kirchweih statt, so in Läufelfingen, Ziefen, Bubendorf und Muttenz. In Sissach, Liestal und Ziefen wurde dabei auch der 1444 bei St. Jakob Gefallenen gedacht – eine Erinnerung an ein Ereignis, das mit dem individuellen Schicksal der Verstorbenen verknüpft wurde. In Oltingen hatte die Dorf- und Kirchgemeinde bereits 1461 beschlossen, eine Toten- und eine Marienmesse durchzuführen. In den frühen 1490er Jahren war auch in Kilchberg eine gemeinschaftliche Jahrzeitfeier eingeführt woren. Die kollektiven Jahrzeiten untermauerten den Zusammenhalt innerhalb der Kirchgemeinde und verbanden die lebenden, die künftigen und die verstorbenen Mitglieder der Gemeinschaft. Soziale Kontraste, Besitzgefälle und unterschiedlichster Aufwand der individuellen Totenmemoria waren bei der kollektiven Jahrzeit unbedeutend, ihr Heilsgewinn kam allen gleichermassen zu.

Die Erwählten am Jüngsten Tag
Auf dem Oltinger Wandgemälde öffnet Petrus die Himmelspforte und führt als ersten Erwählten einen Bauern mit Hacke hinein. Ihm folgen ein Bischof, ein Priester, ein König, eine Frau mit Haube, Bauern mit Dreschflegel und Sense und ein Söldner mit Lanze.

Feiertagschristus

Das Wandbild in Ormalingen ruft das Arbeitsverbot an Sonntagen in Erinnerung. Geräte und Werkzeuge verschiedenster Handwerker martern Christus: Wetzstahl, Kette (Gürtler), zwei Hämmer (Schlosser; Goldschmied), Besen (Kaminfeger), Pflug und Rechen (Landwirt), Sporn (Spornmacher), Schere (Schneider), Holznagel, Ketthammer, Zimmermannsbeil, Hammer (Zimmerleute), Mühlrad (Müller), Bohrer (Drechsler), Zimmeraxt, Winkel, Pfeil, Lanze, Sense, Hammer (Sensenschmied), Nagel (Nagelschmied), Setzholz, Bäumchen (Gärtner), Glocke (Rot- und Gelbgiesser), Rad (Wagner), Broteinschiessschaufel (Bäcker), Sichel (Bauer), Schabeisen (Gerber), Kamm (Kammmacher), Sattelmesser, Schafschere, Körbe, Strumpf, Dolch im Gürtel (Gürtler), Kelle (Maurer), Hobel (Schreiner), Weberschiffchen (Weber), drei Messer (Waffenschmied), Metzgerbeil (Metzger), Rebmesser (Winzer).

Fastengebote

Religiöse Vorstellungen und kirchliche Normen wirkten in das alltägliche Leben hinein und prägten dieses massgebend. Der kirchliche Kalender schrieb für eine ganze Anzahl Tage Fastenzeiten vor, so an den 40 Tagen vor Ostern, den Fronfastentagen,[7] den Vortagen vor den Apostelfesten und weiteren hohen kirchlichen Festtagen wie Allerheiligen, Mariahimmelfahrt und Weihnachten. Das Fastengebot, das eine nur einmalige Sättigung vorschrieb, richtete sich an die 21- bis 60-Jährigen. Das Abstinenzgebot, das den Genuss von Fleisch warmblütiger Tiere und von Eiern sowie Milchprodukten verbot, galt für alle Personen über sieben Jahre. Diese Abstinenz wurde jedoch im Spätmittelalter nicht strikte eingehalten, eine Praxis, die durch die verbreiteten Fastendispense legalisiert wurde. 1463 gewährte der Papst, erstmals für eine ganze Diözese, den Untertanen der Diözese Basel die Erleichterung, in der Fastenzeit Butter oder Schmalz statt Olivenöl zum Kochen zu verwenden. Der Basler Bischof hatte sein Dispensgesuch damit begründet, dass in der hiesigen Gegend keine Olivenbäume wüchsen, das importierte Olivenöl zu teuer und das kirchlich allein erlaubte Nuss-, Lein-, Mohn- und Rübsamenöl für viele ungewohnt und un-

Die zunehmend christozentrische Heilslehre der Kirche äusserte sich in der ländlichen Pfarrei in Form der Hostienverehrung. Die Eucharistie galt als wichtigster heilerwirkender Akt. Bei der Messfeier war die Kommunion, der Empfang der Hostie, weniger zentral als die anbetende Verehrung des im Sakrament anwesenden Christus. Häufiger Vollzug des Messopfers vermehrte die himmlischen Gnaden für die Pfarrgemeinde. Die sich im 14. Jahrhundert weit verbreitende Fronleichnamsfeier wurde 1348 in Oltingen durch eine Stiftung eingerichtet. Die Initiative ging vom Dorfpriester und der Gemeinde aus. Mit Getreidestiftungen wurde die Feier finanziert. Diese sollte von sechs Priestern mit mehreren Messen, worunter sich eine Totenmesse für die Verstorbenen der Gemeinde befand, begangen werden. Die Kirchgemeinde Oltingen hatte Interesse am neu eingeführten Fest, da damit eine Art Flur- und Wetterprozession verbunden war.[8] Auch im späten 15. Jahrhundert wurde das Fronleichnamsfest noch vom Basler Bischof Kaspar zu Rhein propagiert.[9]

Dank individueller Stiftungen konnten die Messen in den Dorfkirchen feierlicher gestaltet werden. Der nach Basel gezogene und dort zum Handwerksmeister aufgestiegene Ludwig Strub schenkte zusammen mit seiner Gattin seiner einstigen Pfarrkirche in Läufelfingen das Sakramentshäuslein.[10] Kirchgenossen stifteten immer wieder die für den Kultus benötigten liturgischen Gewänder, so Heinrich Banwart von Gelterkinden ein neues Messgewand mit allem Zubehör an St. Martin in Kilchberg, Gertrut Asper ein Messgewand für den Priester in Oltingen oder Hans Greider eine rote seidene Stola. Ein feines Tuch speziell für die Kelchreinigung bei der Messe am Tag des Sissacher Kirchenpatrons St. Jakob spendete Hans Degen. Johannes Gelterchinger finanzierte mit der Stiftung eines Getreidezinses den Hostieneinkauf durch den Oltinger Kirchmeier.[11] Um ihre Hostie zur Schau zu stellen, besassen die Kirchen meist turmförmige Monstranzen. Auch der grosse Bedarf an Kerzenwachs und Öl für ewige Lichter wurde zu einem grossen Teil durch Stiftungen der Kirchgemeindemitglieder gedeckt.

Stiftungen

In Oltingen stifteten Kleingret Schnider zwei Kelchtüchlein, die Brüder Fry aus Anwil mit ihren Gattinnen ein Kelchtuch, zwei Altartücher und ein Tuch für den Taufstein. An St. Martin in Kilchberg wurden elf Altartücher vermacht, wovon eines als «gemalet» mit aufgedruckter Stoffdekoration bezeichnet wird. Clara Scupin stiftete der Pfarrkirche in Läufelfingen einen kostbaren gewirkten Altarvorhang (Antependium). Auch Stoff und weltliche Kleidungsstücke gelangten an die Kirchen zum Weiterverkauf oder wurden für den liturgischen Gebrauch umgearbeitet. Els Hefelfingerin in Oltingen und die Mutter des Kilchberger Leutpriesters stifteten ihre Leinenhauben («sturtz»), Margret Gäber in Sissach ein Überkleid sowie einen Unterrock aus Leinen zur Herstellung von zwei Messgewändern, einen Gürtel und ebenfalls die Leinenhaube, die zu einem Kelchtuch verarbeitet werden sollte.

bekömmlich sei. Obschon die päpstliche Fastenmilderung nichts gekostet hatte, erhob der Basler Bischof während drei Jahren für die Dispens von allen Gläubigen seiner Diözese eine Sondersteuer von vier Pfennigen. Trotz der geringen Höhe des Betrages verweigerten immer wieder einzelne Personen die Bezahlung des Buttergeldes. 1504 ersuchte die Stadt Basel um eine weitere Fastendispens. Gegen eine Dispenstaxe von 200 Gulden wurde allen Männern und Frauen der Stadt und Landschaft Basel der Genuss von Butter, Käse und anderen Milchprodukten ausser in der Karwoche erlaubt. 1512 wurde die Dispens auch auf die Karwoche ausgedehnt.

Unangetastet von den Fastenerleichterungen blieben jedoch das Eier- und Fleischverbot.[8]

Heiligenverehrung

Der Heiligenkult zeichnete sich im Spätmittelalter durch eine Tendenz zur Spezialisierung aus. Darstellungen von Heiligen mit ihren Attributen und Gemälde mit Szenen aus ihrem Leben dienten der Unterweisung der Gläubigen und verweisen auf die lokale Praxis der Heiligenverehrung. Einzelne Heilige wurden zu besonderen Schutzpatronen für ganz bestimmte Anliegen oder Berufsgruppen. Dieses Bestreben nach allseitiger Heilsabsicherung

Kirchenordnung

In Läufelfingen regelt eine Vereinbarung von 1478 die Wahl und die Pflichten von Kastvogt und Kirchmeier. Sie werden vom Pfarrer, dem Homburger Vogt und der ganzen Kirchgemeinde mit Mehrheitsentscheid gewählt. Der Kastvogt legt in Absprache mit der Kirchgemeinde die Geldeinkünfte an, verwaltet die Getreideabgaben im Speicher, versorgt die Kirche mit Wachs und bewahrt die Urkunden der Pfarrei auf. Der Kirchmeier zieht die Zinsen zuhanden des Kastvogts ein. Der Pfarrer schreibt ihnen die Einnahmen- und Ausgabenlisten.

Dank der mittelalterlichen Werkfrömmigkeit gelangten die Kirchen zu ihren teuren Kult- und Ausstattungsgegenständen und die Stiftenden in den Genuss von Gnadenmitteln. Viele Schenkungen erfolgten in Zusammenhang mit Seelgerätestiftungen, den Jahrzeiten. Bei der Messe am Todestag oder in der Sonntagsmesse gedachte der Priester namentlich der Stiftenden und schloss sie in die Fürbitte ein. In die Jahrzeitbücher notierte er die Namen der stiftenden Ehepaare und Witwen sowie ihre materiellen Zuwendungen.

Heilssicherung war nicht nur abhängig von religiöser Gesinnung, sondern zunächst von den wirtschaftlichen Möglichkeiten. Längst nicht alle Dorfbewohner und -bewohnerinnen konnten sich eigene Seelenmessen leisten. Das fortdauernde Totengedächtnis liess sich zwar mit niedrigen jährlichen Zinsbelastungen erwerben, doch weil die Jahrzeitzinsen als ewige dingliche Last auf Äcker, Wiesen oder Betriebe gelegt wurden, bargen sie die Gefahr einer Kumulierung der Zinsbelastung und damit der Verschuldung der Betriebe in sich. Zahlungsstarke Jahrzeitstifter belasteten deshalb nicht den eigenen Grund und Boden, sondern kauften bei einem anderen Bauern einen Zins, den dieser nun an die Kirche zu leisten hatte. Hinter solchen Jahrzeitgeschäften stehen in den Quellen kaum zu fassende zwischenbäuerliche Abhängigkeiten und Verschuldungen.

Anhand der Seelenmessstiftungen einzelner Personen können wir religiöse Verantwortlichkeiten und eine Form des familialen Zusammengehörigkeitsgefühls erkennen. Wer für sich selbst eine Totenmesse einrichtete, schloss in das Gedächtnis häufig auch seine Eltern, Vorfahren und Kinder mit ein. Namentlich genannt wurden dabei jedoch nur die Mitglieder der Kernfamilie, der Gatte oder die Gattin und die Kinder. Die stiftende Person verstand sich als Mitglied eines vertikal strukturierten Familienverbandes, in welchem die aufeinander folgenden Generationen einander in die Fürbitten einschlossen. Im Bereich der religiösen Fürsorge prägten starke Solidaritäten und Verpflichtungen die innerfamilialen Bindungen.[12]

liess die Anzahl der Heiligenpatrone einer Kirche ansteigen. Zum Hauptaltar des Kirchenpatrons kamen nun vermehrt Nebenaltäre an den Seitenwänden oder in Kapellen, die zusätzlichen Heiligen geweiht waren. Die St. Bridakirche in Liestal besass um 1500 zehn Altäre. Die Auswahl solcher Nebenpatrone widerspiegelt das Devotionsbedürfnis der Pfarreimitglieder, welche in ihren Heiligen direkte Helfer sahen. Beliebt waren jene Heiligen, von denen sich die Gläubigen Beistand in der Todesstunde versprachen. Sie hofften auf die wirkungsvolle Unterstützung der Heiligen aus der Gruppe der 14 Nothelfer,[9] denen besondere Begnadung und Fürbittkraft zugeschrieben wurden. Mit der zunehmenden Zahl der verehrten Heiligen wuchs auch das Bemühen der Pfarreien, in den Besitz von Reliquien ihrer Patrone und von weiteren heilswirksamen Reliquien zu gelangen. Die riesigen Reliquienbestände der Ziefener St. Blasiuskirche und der Kirche in Bubendorf waren jedoch Ausnahmen.

Adelige Frömmigkeit

Mit Klostergründungen, Mess- und Altarstiftungen konnten adelige Stifter ihr Seelenheil und das ihrer Vor- und Nachfahren fördern. Sie glaubten, dass häufige Messopfer und Jahrzeiten zu verschiedenen Terminen die himmlischen Gnaden für

1478

In Gottes Namen Amen Als man zalt von Crist gebürt Tusent vierhundert Siebentzig vnd acht Jar Ist ein ordnung angesehen vnd gemacht zu lob got vnd siner vnndigen muter der Jungfrowen marie / Ouch den hymelfürsten sant petro z paulo patronen In dem gotzhus zu leyfelsingen ?c. Wie die nütz desselben gotzhus zehenden zins sazu vnd andre zufell Ingezogen gehalten vnd gebucht sollen werden / da durch es möge zu nemen Jngezierde vnd Jngebuwen In liebt vnd In tach vnd gemach wol gehalten Also das es got löblich sy / vnd allen denen nützlich vnd erlich / vnd der selen heil sy Die Ir stuer vnd hilff oder gotzgaben daran geben / oder geben haben sy sigent tod oder lebendig vnd ouch m sunderheit die In kunfftigen ziten darmit vmb gon werden vn muig vnd arbeit haben werden.

Zu dem ersten Wie die kilchmeyger gesetzt sollen werden vnd rechnung geben das ist also Das ein kilchher vnd ein vogt zu homburg der ye zu ziten da ist / vnd ein gantze gemeine des kilchspels / sollen einen vnder Inen vszerwelen mit der meren stym / der gut nutzlich vnd burlich sy zu einem kastvogt des gotzhus vnd der selb sol die zins zehenden vnd allen nutz korn habern gelt vnd was dem gotzhus zufallet empfahen / Vnd In das gehalt des gotzhuses tun vnd versorgen / Also das er wisse vnd köme ein gut rechnung tun alle Jar vor den vor bestympten vff sant Martins tag / oder darumb vngevarlich / Vnd alle die wil er das trülich tut vnd getun mag / so sol man In nit endern / Der lon wirt Im von got vnd den heyligen husherren des gotzhuses.

Item man sol ouch alle Jar setzen ein kilchmeyer einen nüwen Der sol die gult vnd zins des gotzhuses alle Inzuchen vnd die dem kastvogt In sinen gewalt weren / vnd was er liess vsston das sol Im zugestuben werden vnd sol das ouch bezalen Es were dem schinbar das Im das mit werden mochte so er allen vlis dar zu geton hette.

Item der kastvogt sol ouch dz korn vnd den habern In den spichern empfachen vnd vs messen / vnd die kilchen versehen mit wachs vnd öly / Vnd wann er des kilchmeygers nottürfftig ist so sol er Im helffen In allen dingen Was zu der kilchen nottürfftig ist Des glichen sol ouch tun der kastvogt dem kilchmeyer.

Item der kastvogt vnd der kilchmeyger sollen ouch dz selb gut es sy korn oder habern oder gelt / nüt verendren oder vertun / Vnd Insunderheit nüt vs lichen weder korn habern noch gelt on wissen vnd willen ein kilchherren / eins vogts vnd der gantzen gemeine des kilchspels / Vnd ouch nüt kouffen noch verkouffen noch buwen on der selbn rat.

Item der kilchher sol Inen alle Jor Ir rödel stuben ouch Ir Innemen vnd vsgeben das sy dester vol komenlicher rechnung geben mögen.

Item der kastvogt sol ouch die brieff der kilchen / vnd in sunder ouch die brieff die einem kilchspel geben sind von vnsern gnedigen hern der Stat Basel dem gemeinen rat als obern herren vnsers gotz hus / Vnd ouch von vnserm gnedigen hern dem bischoff zu Basel zu einer bestetnis der ord nung / Vnd des seewgels / vnd der von solotorn zehenden wegen die da kouft sind worden an die pfründ wie die gebucht sollen werden Die selben er In sundern gehalt sol han / dz sy nit werden verendret vnd dz wenn es nottürfftig würde / das man sie wüste zufinden.

Item dis alles wie hye vor geschriben stat / sol der kastvogt vnd auch der kilchmeyger ye zu ziten globen vnd schweren / od Ir trü an eyd stat geben trülich zu halten / vnd also dem nach zegan / Nach Irem besten vermögen Da durch sy gots hüld erkomen mögen Vnd das fürbieten vnd verdienen der muter gots vnd aller vnsern patronen / das hien das ouch möge dienen zu einem guten end vnd zu ewigen froiden Amen.

Item ein kilchher vnd ein gemein kilchspel sollen ein trü vffsehen haben zu diser ordnung die also zehalten vnd nit zeschwechen noch zemindern / sunder zebessern vnd ze meren Vn alle Jor die rechnung von den kilchmeygern nemen vnd allen in dem kilchspel darzu gebieten by einem pfund wachs Vnd wan man die rechnung tun wil / so sol dis alles dar vor gele sen werden an dem kanzel zu merer gedechtnis.

Diss ordnung ist bestetnet vnd bestlossen durch ein gantze gemein des kilchspels die all da by gewesen sint / vnd das verwilliget hand vnd ouch bekant die ordnung nun vnd hie nach allzit zehalten vnd also zubruchen.

Vnd sint dis die personen die daby gewesen sind Nemlich her Rudolff brötlin kilchher Junckher lienhart vselli vogt zu homburg / hans gisi kastvogt hanns müller kilchmeyger, hanns stub der wirt Vlj kolbi Vlj schwitzer jerki gisi Oswald büsta Hans sherk Clewi müller Alle von leyfelsingen Vnd Cuntz schob Erhart jerk Clewi schoub Hanns jerki Werlin schilling alle von wisen.

Item es ist zewissen das alle zehenden zu leyfelsingen Inn dem bann als wie der gat oben

«um gotlichs dienst merung willen»

Im Laufe des 15. Jahrhunderts lässt sich sowohl in der Stadt als auch auf dem Land eine intensive Laienfrömmigkeit beobachten. So beteiligten sich die Kirchgemeinden aktiver als zuvor am religiösen Leben. Diese waren nicht überall identisch mit der Dorfgemeinde, dem politischen Gemeindeverband. Mancherorts umfasste der Sprengel einer Pfarrkirche mehrere Dörfer mit ihren Kapellen, so in Oberdorf, Sissach, Pfeffingen und Roggenburg. Die Laien kümmerten sich vermehrt um ihr Seelenheil und gestalteten organisiert im Kirchenverband die Geschicke der Pfarrei. Die von den Männern der Pfarrgemeinde gewählten Kirchmeier oder Kirchenpfleger verwalteten einen Teil des Kirchenvermögens und beinflussten damit den Liegenschaftsverkehr auf der Landschaft. Es handelte sich dabei um das Fabrikgut, ein Sondervermögen, das von den Einkünften aus dem Landbesitz der Kirche und den Zinsen von Stiftungen gespiesen und nur für den Unterhalt der Kirche und für den Gottesdienst verwendet wurde. Einmal jährlich mussten die Kirchmeier über ihre Verwaltung des Fabrikgutes Rechenschaft ablegen. In Pratteln geschah dies nicht nur wie sonst vor dem Kirchherrn, sondern auch vor dem Untervogt und den vier Geschworenen der Dorfgemeinde.[13] Die Laien nahmen direkt über ihre eigenen Stiftungen und indirekt über die von den Männern gewählten Kirchenpfleger Einfluss auf das Kirchenvermögen. Im eigenen Interesse überwachte die Kirchgemeinde ihre Kirchmeier, denn nur deren geregeltes Einkommen und eine gute Verwaltung des Fabrikgutes gewährleisteten einen ihren Heilsbedürfnissen entsprechenden Kultus. Bei der Verwaltung des Kirchenguts zeigten sich auf der Basler Landschaft wie auch andernorts die Bemühungen der Kirchgemeinden um einen Ausbau kommunaler Autonomie. Der Wunsch, die unter beachtlichem Aufwand zusammengetragenen Mittel im eigenen Dorf zu investieren, förderte das Streben nach gemeindlicher Selbstbestimmung.

Die Kirch- und Dorfgemeinden legten Wert auf ein intensiveres kirchliches Leben. Sie verlangten häufigere Messen im Dorf und stifteten Mess-

«Nützliche» Heilige in der Oltinger Kirche St. Niklaus
Die Vielfalt der Heiligenverehrung beruhte auf den spezialisierten Wirkungsbereichen der einzelnen Heiligen. Diese wurden kaum mehr als Mittler zu Gott, sondern als selbständige Helfer und Helferinnen aufgefasst. So wurden die Nothelferin Margaretha mit Drachen, die Heilige Dorothea mit Kind und die Heilige Verena mit Krug von Frauen im Kindbett und bei schwerer Geburt angerufen.

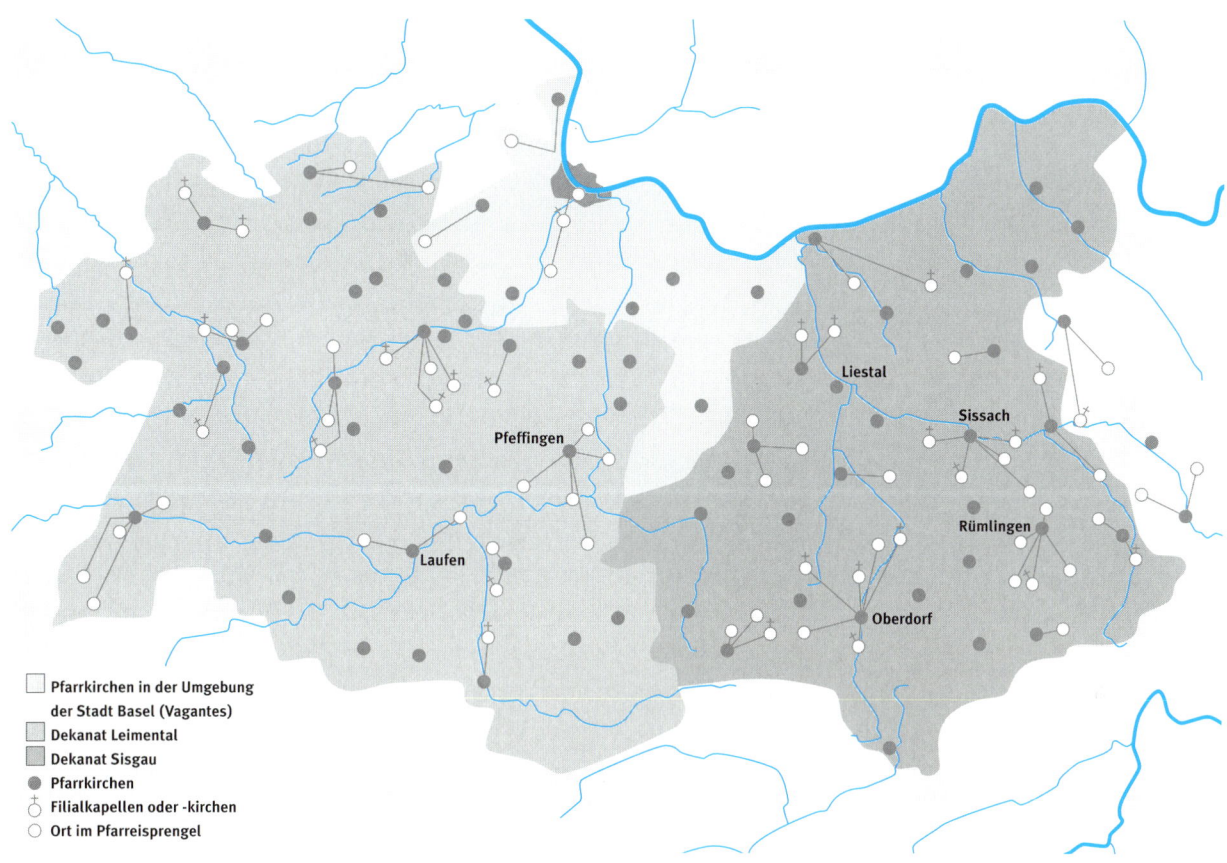

FRÖMMIGKEIT IM 15. JAHRHUNDERT: RELIGIÖSE PRAXIS AUF DER LANDSCHAFT

Pfarreinetz im Spätmittelalter

- Pfarrkirchen in der Umgebung der Stadt Basel (Vagantes)
- Dekanat Leimental
- Dekanat Sisgau
- ● Pfarrkirchen
- ✝ Filialkapellen oder -kirchen
- ○ Ort im Pfarreisprengel

pfründen, die sie mit einem entsprechenden Vermögen ausstatteten. Die Gemeinde Riehen vergabte 1488 eine Pfründe für den Gottesdienst auf dem von ihr neu gestifteten St. Christophorusaltar. Mit der Stiftung erhielt die Gemeinde das Recht, den Kaplan zu bestimmen, der im Dorf wohnen sollte.[14] Die Gemeinde des Städtchens Waldenburg stiftete 1447 eine Frühmesspfründe in ihrer St. Georgskapelle; 1475 stifteten und dotierten Rat und Bürger von Laufen eine Kaplanei.[15] Die Gemeinden suchten jeweils den Frühmessner oder Kaplan im Dorf zu verankern, indem sie ihm ein Haus zur

die Toten und Lebenden vergrösserten. Malereien, heraldische Darstellungen, Altarstiftungen, Abbildungen der betenden Stifter, Grabmäler, Totenschilder und Totenfahnen hielten die Erinnerung an die Stifterfamilie in der Kirchgemeinde wach. Repräsentativer Kirchenschmuck diente zum weltlichen Ruhm und zum religiösen Gedächtnis. Doch Frömmigkeit und Opferbereitschaft der Adeligen galten nicht nur dem ewigen Heil der eigenen Familie, Ahnen und Nachkommen, sondern zeigte auch einen Einsatz zur Verbesserung des religiösen Angebots für die ganze Kirchgemeinde. Wurde diese Pflicht vom Patronatsherrn nicht wahrgenom-

men, pochte die Pfarrgemeinde auf ihre Ansprüche.
Im August 1421 schloss der Adelige Hans Thüring Münch von Münchenstein eine Übereinkunft mit dem Prior der Paulinereremiten des Roten Hauses in Muttenz.[10] Zweck des Vertrags war, den Gottesdienst zu vermehren und das Seelenheil von Hans Thüring sowie seiner Vorfahren und Nachkommen zu fördern. Der Adelige erlaubte dem Prior die Vergrösserung der Gebäude sowie die Errichtung eines Klosters mit Kirche, Chor und Friedhof innerhalb seiner Herrschaft in Muttenz.[11] Das Kloster anerkannte Hans Thüring als Stifter und Kastvogt, als Inhaber der weltli-

Verfügung stellten. Speziell bei Gemeinden aus einem grossen Pfarrsprengel konnte die Frühmesspfründe ein erster Schritt in Richtung einer eigenen Pfarrei darstellen. Die Waldenburger Bürgerschaft, zu St. Peter in Oberdorf kirchgenössig, förderte die Pfründe mit weiteren Stiftungen und lancierte 1463 eine Sondersteuer, um den Neubau der St. Georgskapelle zu finanzieren.[16]

In Sissach beschloss 1479 die lokale Oberschicht und die ganze politische Gemeinde eine Frühmesse zu stiften. Sie regelten mit dem Rat der Stadt Basel als Dorfherrin und Lehensherrin der Pfarrkirche die jeweiligen Rechte an der Pfrundverleihung, die Pflichten des Kaplans sowie dessen Einkünfte.[17] Der Dorfvogt von Sissach und seine Gattin sowie ein weiteres vermögendes Ehepaar aus der Pfarrei hatten für die ansehnliche Summe von 306 Gulden Getreidezehnten aus den zur Pfarrei zählenden Ortschaften als Pfrundgut erworben. Die Ausstattung von Pfründen erfolgte im Spätmittelalter häufig in Ewigzinsen, Zehnten oder liegenden Gütern, da dies die sichersten Anlagen waren und so die Rechte der Stifter auch nach deren Ableben garantierten. Ein stattliches Haus mit Kornspeicher und Keller ermöglichte dem Frühmessner die Einhaltung von Residenz- und Präsenzpflicht. Damit die Dorfbewohnerschaft «ihr werck mit götlichem dienst anheben», sollte der Kaplan dreimal wöchentlich Frühmessen lesen: die Sonntagsmesse, die Totenmesse am Montag und die Marienmesse am Samstag. Weiter war der Frühmessner zur Pfarrassistenz verpflichtet: Er musste beim Singen und Lesen der sonntäglichen Messe und bei der feierlichen Gestaltung hoher Festtage helfen. Die Seelsorge, mit Abnahme der Beichte, Taufen, der Spende der Sterbesakramente und den Begräbnissen, blieb jedoch Aufgabe des Sissacher Leutpriesters; mit den Einnahmen aus diesen sakramentalen Diensten finanzierte dieser seinen Lebensunterhalt. Bei der Anstellung des Frühmessners hatten die beiden Hauptstifter das Vorschlagsrecht, nach deren Tod fiel es an den Dorfvogt und die vier Geschworenen der Gemeinde Sissach. Der Rat der Stadt Basel präsentierte darauf den Priester dem Bischof zur Investitur.

Donation

Heinrich von Arx, Landvogt zu Homburg, stiftete 1498 eine Wappenscheibe in die neu erbaute St. Peter-und-Paul-Kirche in Läufelfingen. Mit ihrem Geschenk an die Kirche in frommer Absicht erhofften sich die Donatoren eine positive Wirkung im Jenseits.

chen Schirmpflicht. Zugleich verpflichtete sich der Konvent, jährlich vor dem Fest des Heiligen Martin im November für Hans Thüring Münch, und seine Gattin Fröwelin von Eptingen, sowie für seinen Vater, den Ritter Hans Münch, und seine Mutter Nese von Brandis jährlich eine Seelenmesse zu lesen. 1444 ermöglichte Hans Thüring Frühmessen in der Dorfkirche St. Arbogast in Muttenz.[12] Er hatte der Kirche bereits einen Marienaltar gestiftet und kam nun für die Kosten für Priester und liturgische Handlungen auf. Er wandte sich wiederum an das Rote Haus und bestimmte, dass die Paulinereremiten dreimal in der Woche Frühmessen lesen sollten. Sie mussten auch an den vier höchsten kirchlichen Feiertagen (Weihnachten, Ostern, Pfingsten, Fronleichnam) einen Priester stellen, der dem Leutpriester in der Dorfkirche assistierte und half, die Messe feierlicher zu gestalten. Ausserdem sollten sie in ihrer eigenen Kirche an den vier Fastenterminen[13] des Jahres je eine Seelenmesse für den Stifter und seine Familie lesen. Ebenfalls veranlasste wohl Hans Thüring Münch die Bemalung des Chores der Pfarrkirche mit Szenen aus dem Leben des Kirchenpatrons St. Arbogast. Gleichzeitig wurde die Dorfkirche mit Ringmauer und Tortürmen zu einer Wehranlage verstärkt. An einem der Türme wurde das Allianzwap-

Rümlingen wird Pfarrkirche

Die Pergamenturkunde von 1501 enthält den Stiftungsantrag, Rümlingen zur Pfarrkirche zu erheben. Es siegeln die Stadt Basel und der Kirchherr Thomas Oltinger von Sissach. Angeheftet ist die bischöfliche Bestätigung, dass die Kirchgemeinde Rümlingen sich von Sissach trennt, es siegelt Bischof Kaspar zu Rhein.

Mit der Stiftung einer Pfründe gelang es den treibenden Kräften eines Siedlungsverbandes auf der Grundlage kirchlichen Rechtes unter Umständen eine neue Rechtsgemeinschaft zu bilden. Auf der kirchlichen Ebene konnten sich somit kommunale Ansätze entfalten. Dies war dort bedeutsam, wo weltliche Herrschaftsverhältnisse der genossenschaftlichen und gemeindlichen Organisation wenig Raum liessen, beispielsweise in Dörfern mit mehreren Grund- oder Gerichtsherren. Damit eine Kirchgemeinde als Rechtsverband anerkannt wurde, war es wichtig, dass die weltlichen Inhaber von kirchlichen Bannrechten (Zehnten, Patronat) und der Bischof diese Entwicklung nicht behinderten.

pen des Ehepaares Hans Thüring Münch und seiner Gattin Fröwelin von Eptingen angebracht. Der Einsatz für die St. Arbogastkirche stand ganz in der Familientradition. Mit der Frühmessstiftung erfüllte er den letzten Willen seines Vaters. Bereits 1435 hatte seine Mutter eine Glocke gestiftet.[14]

Das vielseitige religiöse Handeln des Ritters Hans Bernhard von Eptingen war geprägt von der Vorsorge für sein Seelenheil und dem Verlangen nach Busse und Absolution. Religiöse Bedürfnisse, Lust auf Reiseabenteuer und auf Kontakt mit fremden Menschen, Neugierde auf andere Landschaften führten Hans Bernhard von Eptingen 1460 auf eine vier Monate dauernde Fernwallfahrt nach Jerusalem, für welche er keine Mühen und Kosten scheute. Seine Kapitalinvestitionen in die Pfarrkirche St. Leodegar in Pratteln entsprangen ebenfalls der Sorge um sein Seelenheil. Als nicht unumstrittener Inhaber der Dorfherrschaft Pratteln liess er vor 1475 die Pfarrkirche vergrössern und den Chor mit Fresken schmücken. Sein und seiner Gattin Wappen zierten die Aussenwand des Chores. Vor seinem Tod 1484 beteiligte er sich an der Stiftung zweier Glocken. In der Pfarrkirche befand sich vor dem Marienaltar sein Grab, dort wurde auch seine Jahrzeit gehalten.[15] In einer

Auf Pilgerfahrt
Das Pilgerschiff trägt das Wappen des Hans Bernhard von Eptingen auf dem Zelt. Der Eptinger hielt in einem ausführlichen Bericht die Reise, die ihn von Venedig über Korfu, Kreta, Rhodos nach Jaffa und schliesslich in die Heilige Stadt führte, die Besichtigung von Jerusalem, Bethlehem und Judäa, seinen Ritterschlag in der Grabeskirche und weitere Erlebnisse als Pilger fest.

Speziell in grossen Pfarreiverbänden versuchten die Dorfgemeinden, ihre Kapellen mit der Berechtigung zum Sakramentsempfang aufzuwerten oder die Filialkirche von der Mutterkirche abzutrennen und zur eigenen Pfarrei zu erheben. 1501 beklagten sich die Kirchmeier, die vier Geschworenen und die ganze Gemeinde von Rümlingen, die zur Pfarrei Sissach zählte, über die schlechte seelsorgerische Betreuung.[18] Sie forderten einen Priester, der ständig bei ihnen wohne. Sie hätten nämlich bereits eine eigene Kirche, in welcher die Bewohnerschaft der Dörfer Rümlingen, Buckten, Häfelfingen, Känerkinden und Wittinsburg die Sakramente empfangen und ihre Toten begraben dürfte. Aus den Einkünften der Rümlinger Kirche liesse sich sehr wohl der Unterhalt eines Priesters bestreiten, zumal mit der Stiftung der Witwe Adelheit Buser aus Buckten zusätzliche sieben Gulden jährlicher Zins zur Verfügung stünden. Die Gemeinde versprach, ein neues Pfarrhaus zu bauen. Die Grösse des Sissacher Pfarrsprengels mit elf Ortschaften und die ausreichenden kirchlichen Einnahmen in Rümlingen gaben den Ausschlag dafür, dass die Stadt Basel als Patronatsherrin die Separation unterstützte; der Bischof beschloss schliesslich die Erhebung von St. Georg in Rümlingen zur Pfarrkirche.

Der grosse Pfarrsprengel von St. Martin in Pfeffingen umfasste die Ortschaften Aesch, Duggingen, Grellingen, Nenzlingen und Reinach. Nach siebenjährigem Drängen erhielt die Gemeinde Reinach 1511 die kirchliche Selbstandigkeit. Die Reinacher St. Niklauskapelle mit ihrem Friedhof wurde aus der Pfeffinger Pfarrei herausgelöst und zur Pfarrkirche erhoben.[19] Der Konflikt hatte 1504 begonnen, als sich der Dorfvogt und die Geschworenen mit ihrem Anliegen um Loslösung von Pfeffingen an den Kardinallegaten Raymundus Peraudi in Basel wandten. Dieser verwies sie mit seiner Empfehlung an den Bischof weiter. Der Kirchherr von Pfeffingen sah sich in seiner Stellung bedroht, befürchtete einen Einkommensverlust und stellte sich gegen die Trennung. In den folgenden sechs Jahren herrschte Streit und Zwietracht, was jedoch die Reinacher nicht daran hinderte, ohne pfarrherr-

Zeit heftigster Auseinandersetzungen mit seinen Untertanen übergab der Eptinger einem Benediktinermönch das Bruderhaus unterhalb der Feste Schauenburg zur Bildung einer religiösen Gemeinschaft. Die Dorfbewohner verhinderten dies jedoch und setzten durch, dass der Priester hier Wohnsitz nahm. Als weitere Eingriffe des Eptingers in die Geschicke der Pfarrei beanstandeten die Pratteler, der Adelige lasse die Frühmesse in seiner privaten Schlosskapelle lesen und nicht als öffentliche Messe zum Heil aller Pfarreimitglieder in der Pfarrkirche.[16] Kirchenbau und Klosterstiftung verfolgten eben auch die Stärkung der eigenen herrschaftlichen Position. Stiessen die Adeligen auf Widerstand und konnten sie ihre Ansprüche nicht durchsetzen, wurden die strittigen Rechtstitel und Einkünfte an die Kirche übergeben und so in der Toten Hand neutralisiert.

FRÖMMIGKEIT IM 15. JAHRHUNDERT: RELIGIÖSE PRAXIS AUF DER LANDSCHAFT 179

BAND ZWEI / KAPITEL 9

liche Zustimmung selbst einen Geistlichen in ihrem Dorf einzusetzen, zu logieren und ihn mit Reinacher Jahrzeitzinsen zu bezahlen. Der Priester spendete ihnen die Sakramente in ihrer Kapelle. Beim 1510 einberufenen Schiedsgericht brachten die Reinacher Vertreter erneut ihre Argumente vor: mangelnde seelsorgerische Betreuung, zu weite Distanz zur Mutterkirche für die Sakramentserteilung in Notfällen, ausreichende Einkünfte der Kapelle, ihre Bereitschaft zu weiteren Zustiftungen dank guter wirtschaftlicher Verhältnisse. Das Urteil fiel zu Gunsten der Reinacher aus, die Kapelle St. Niklaus wurde zur Pfarrkirche erhoben. Doch weiterhin waren Abgaben an die Pfeffinger Kirche zu leisten, so dass eine finanzielle Abhängigkeit bestehen blieb. Mit der Pfründenstiftung im Dezember 1511 bekräftigte die Dorfgemeinschaft von Reinach – der Dorfvogt, vier Geschworene und 41 namentlich genannte Männer – ihren Willen, den Ewigvikar selbst zu bestimmen. Nun besassen sie kirchenrechtlich abgesichert als Laienpatrone das Nominationsrecht, während der Pfeffinger Kirchherr nurmehr das Recht innehatte, dem Bischof den Vikar zu präsentieren. Der Vikar erhielt von den Reinachern ein Haus mit Garten und Naturalzinsen als Gehalt. Um ausreichend Kapital für weitere Verbesserungen der Pfründe zur Hand zu haben, verkauften 1514 der Dorfvogt, die Geschworenen und die Gemeinde von Reinach dem Basler Predigerkloster ein Stück Wald auf dem Bruderholz. Der Erlös von 127 Gulden wurde zu Pfrundgut und zu jährlichen Zinsen angelegt.[20] Mit diesem Stiftungsgut kontrollierte die Gemeinde nun auch einen Grossteil der Finanzen der neu geschaffenen Pfarrkirche.

Dank Ausdauer, Verhandlungsgeschick, guter Vermögenslage und Kenntnissen der komplexen kirchenrechtlichen Verhältnisse erreichten die Reinacher eine verbesserte Seelsorge im Dorf. Ihre Gemeindevertreter erhielten eine weitgehende Kontrolle über ihren Priester und ihre Kirche und so auch Einfluss auf die Einhaltung religiöser Normen.

Jahrzeitbuch

Das Jahrzeitbuch ist eine Art immerwährender Kalender, in welchen die Jahresgedächtnisse von Verstorbenen eingetragen werden. Es enthält liturgische Angaben zu kirchlichen Festtagen und Einträge über Spenden und Finanzierung der Totengedächtnisse. Im Bubendorfer Jahrzeitbuch ist oben an der Kalenderseite September der Reliquienbestand der Kirche aufgeführt. Auf der rechten Seite, oberhalb des Oktoberkalenders, wurden die Stiftungen eines goldenen und silbernen Kelches vermerkt.

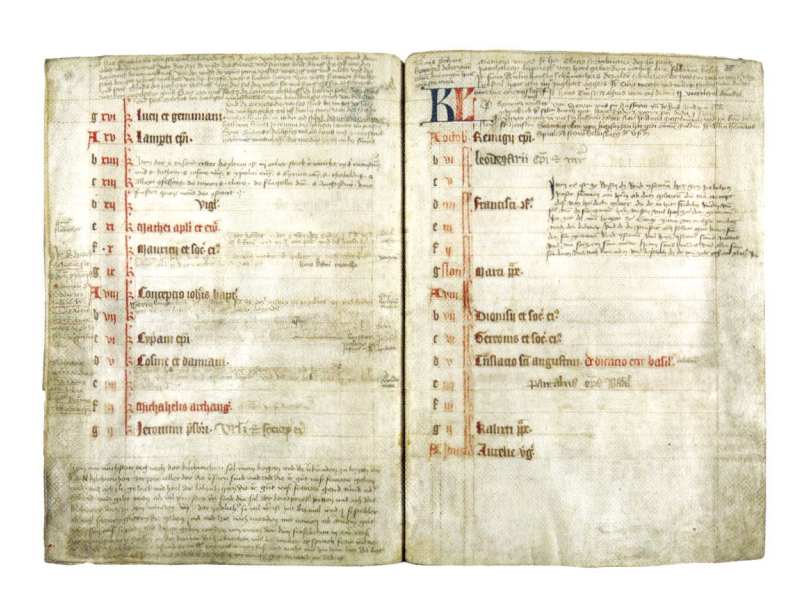

Lesetipps

Eine in die Erforschung der Landesgeschichte integrierte Darstellung der religiösen Praxis im Spätmittelalter fehlt noch.

Eine Übersicht über die Pfarreistruktur bietet eine Karte und Tabelle in Helvetia Sacra (I/1, 1972).

Zur Baugeschichte der Pfarrkirchen und zu ihrer kunstgeschichtlichen Bedeutung geben die Bände der Kunstdenkmäler des Kantons Basel-Landschaft Auskunft.

Einen gut lesbaren und reich illustrierten Überblick über die neuesten archäologischen Erkenntnisse bieten Ewald/Tauber (1998) und die Publikationen der Reihe Archäologie und Museum.

Die Bedeutung spätmittelalterlicher Jenseitsvorsorge und Totenfürsorge beleuchtet Othenin-Girard (1994, 1999).

Christ (1998) untersucht unter anderem die Vielfalt religiösen Handelns der Grafen von Thierstein.

Zu den Fastengeboten und -dispensen liefert Ettlin (1977) einen breiten Überblick.

Rippmann, in: Rippmann/Simon-Muscheid/Simon (1996) belegt materialreich, wie bestimmte religiöse Vorstellungen und Handlungen zu Hexerei-«Delikten» wurden.

Albert (1998) weist jüngst nach, dass die kirchliche Rechtsprechung mit ihrer Kompetenz, Ehe- und Schuldkonflikte zu regeln, weit in den Alltag einer jeden Pfarrei eingriff.

Einen breiten Überblick über die kirchlichen Verhältnisse bietet Jäggi (1999).

Abbildungen

StA BL, AA, Lade L. 114 B, Nr. 283d, Nr. 43,
S. 58: S. 165.
Felix Gysin, Mikrofilmstelle: S. 166.
Denkmalpflege des Kantons Basel-Landschaft: S. 167.
StA BL, AA, Jahrzeitenbuch Nr. 1: S. 168.
Felix Gysin, Mikrofilmstelle: S. 169.
Denkmalpflege des Kantons
Basel-Landschaft, Foto: Felix Gysin,
Mikrofilmstelle: S. 170, 174.
StA BL, AA, Jahrzeitenbuch Nr. 3, fol. 29v:
S. 173.
Anne Hoffmann Graphic Design:
Karte S. 175.
Historisches Museum Basel,
Inv. Nr. 1881.80/Neg. C 4325, Foto:
P. Portner: S. 176.
StA BL, Urk. Nr. 708/709: S. 177.
Päuli-Pfirter-Stiftung, Pratteln: S. 179.
StA BL, AA, Jahrzeitenbuch Nr. 2,
Bubendorf alt, S. 34f.: S. 180.

Anmerkungen

1 Jezler 1988.
2 StA BL, AA, Jahrzeitbuch 3 Läufelfingen, fol. 5v und 10. Vgl. auch Abschnitt «um gotlichs dienst».
3 Fiala 1870, S. 289; bischöflicher Hirtenbrief vom 22. Juni 1482.
4 StA BL, AA, Jahrzeitbuch Nr. 4 Sissach, fol. 22v, Jahrzeitbuch Nr. 6 Kilchberg, fol. 14v.
5 Farnsburg 1485/86 eine Glocke; 1516/17 eine Zeitglocke, 1518/19 eine Torglocke; Homburg 1486/87 eine Glocke; Münchenstein 1483/84 eine Zeitglocke, 1488/89 eine Glocke, Harms 1909/1910/1913.
6 Boos, Nr. 819, 1. Oktober 1460, S. 979.
7 Othenin-Girard 1994, S. 172–177.
8 UB BS, Jahrzeitbuch Oltingen (H I.27a), S. 36.
9 UB BS, Jahrzeitbuch Oltingen (H I.27a), S. 4f.
10 StA BL, AA, Jahrzeitbuch Nr. 3 Läufelfingen, fol. 22.
11 StA BL, AA, Jahrzeitbuch Nr. 6 Kilchberg, fol. 15; Jahrzeitbuch Nr. 4 Sissach, fol. 23v; UB BS, Jahrzeitbuch Oltingen (H I.27a), S. 19 und 33.
12 Vgl. Bd. 2, Kap. 7.
13 RQ BS/BL, II, S. 66, Nr. 618 (1503).
14 Bruckner 7, S. 752; Lutz 1, S. 329.
15 Bruckner 13, S. 1462; Trouillat 5, S. 860.
16 Gauss 1932, S. 290.
17 Vgl. auch Bd. 2, Kap. 11; Boos, Nr. 930, S. 1077ff.
18 Boos, Nr. 977, 25. Mai 1501, Stiftungsantrag, S. 1108ff.; Nr. 978, 28. Mai 1501, bischöfliche Bewilligung, S. 1111.
19 StA BL, AA, L. 114 B, Bd. 646, Nr. 4 (8. Dezember 1511); L. 114 B, Bd. 645, 1b und c (10. Dezember 1511); L. 114 B, Bd. 645, 1a (19. September 1510); Bd. 645, 1 (1504); Blunschi 1964, S. 44–48; Müller 1943, S. 195–218.
20 Blunschi 1964, S. 20f. (6. Mai 1514), StA BL, AA, L. 114C, Bd. 670.

1 Othenin-Girard 1994, S. 367–369.
2 Desarzens-Wunderlin 1989, Nr. 405, S. 354.
3 BUB 9, Nr. 316, S. 275; Schenker 1972, S. 80.
4 Boos, Nr. 431, 555, 592, 606, 628, 630–632, 635.
5 StA BL, AA, Jahrzeitbuch Nr. 2 und 5 Ziefen, fol. 6r.
6 Boos, Nr. 861, 8. Januar 1465, S. 1021f.
7 Quatemberfasten jeweils am Mittwoch, Freitag und Samstag nach Aschermittwoch, Pfingsten, Kreuzerhöhung (14. September) und Lucia (13. Dezember).
8 Weissen 1994, S. 192–195, 428f.; Ettlin 1977, S. 75–77; AAEB, Urkundenarchiv A 85, Mappe 40.
9 Als Nothelfer galten: Georgius, Blasius, Erasmus, Pantaleon, Vitus, Christophorus, Dionysius oder Sixtus, Cyriacus oder Leonhard, Achatius, Eustachius oder Nikolaus, Egidius, Margaretha, Barbara, Katharina.
10 Boos, Nr. 624, S. 723.
11 Ein Klosterbau wurde bereits 1418 von Graf Otto II. von Thierstein bewilligt, Christ 1998, S. 98.
12 Boos, Nr. 720, S. 850.
13 Vgl. oben, Anm. 7.
14 Ewald 1998, S. 267–284.
15 KDM BL, Bd. 2, S. 328f., 342–345; Christ 1992, S. 64.
16 Rippmann 1998b, v. a. S. 136f.; Boos, o. Nr., 10. Januar 1466, S. 1188; Bruckner 3, S. 241–243; Krutter 1847, Nr. 15, S. 94.

Randständige: Beargwöhnt – Abgesondert – Ausgestossen – Verfolgt

Bild zum Kapitelanfang
Ausgesondert
*In der Bildmitte stellt Jakob Meyer das Siechenhaus bei St. Jakob mit all seinen Nebengebäuden und Wirtschaftsflächen dar. Die Gemeinschaft der Leprösen muss sich als eigenständiger Wirtschaftsbetrieb von den Erträgen seiner Güter selbst versorgen.
Die Lage inmitten der Ackerflächen und der weiten, von der mäandrierenden Birs überschwemmten Niederung in der Hagnau unterstreicht den Charakter St. Jakobs als isolierte Gemeinschaft von der Welt Ausgeschlossener. Ausschnitt aus dem Birsplan von 1657.*

Dass Menschen wegen ihres «Andersseins» – sei es aufgrund ihrer Herkunft, Hautfarbe, Religion oder unangepassten Lebensweise – als Abweichler aus der Gesellschaft ausgegrenzt und nicht selten in die Rolle des Sündenbocks geschoben werden, ist uns heute bestens bekannt. Es gibt in allen Gesellschaften verschiedene Formen der sozialen, räumlichen und rechtlichen Ausgrenzung.[1] Die Gesellschaft zwingt zuweilen bestimmte Randgruppen oder religiöse Minderheiten, sich äusserlich zu kennzeichnen, damit sie sich von den anderen unterscheiden. Eine bekannte Form ist der Judenstern im Dritten Reich: Die Einführung eines die Juden stigmatisierenden, das heisst brandmarkenden Zeichens ist aber keine Erfindung der Nazis, sie geht ins Mittelalter zurück. Das IV. Laterankonzil von 1215 bestimmte, dass die Juden in allen christlichen Ländern an ihrer Kleidung als Ungläubige jederzeit kenntlich zu sein hätten. Im 15. Jahrhundert war der gelbe Ring auf Kleid oder Mantel in ganz Europa vorgeschrieben.[2] Andere Gruppen am Rande der Gesellschaft wie die Prostituierten hatten Kleider einer bestimmten Farbe zu tragen, oder sie mussten wie die Aussätzigen lange Mäntel tragen und sich mit akustischen Warnzeichen bemerkbar machen.

Den Ketzern, den Zigeunern und andern Randgruppen wie auch den Juden oder Muslims als Angehörigen anderer Religionen ist nur eines gemeinsam: die Unterstellung stereotyper, verwerflicher Verhaltensweisen und Verbrechen durch die Gesellschaft. Sie entwickelte und propagierte Feindbilder, mit den bekannten Folgen, die bis zur Vernichtung der angegriffenen Menschen gehen konnten und können. So warf man den Juden in der völlig unsinnigen Ritualmordbeschuldigung die Tötung kleiner Kinder vor. An Juden wie Aussätzige richtete man mit der «Verschwörungsthese» den Vorwurf, sich gegen ihre christlichen Mitmenschen verbündet zu haben. Den Ketzern unterstellten ihre Verfolger – seien es Weltgeistliche oder Mönche – häufig sexuell abweichendes Verhalten wie Promiskuität oder eine Verbindung mit dem Teufel. Wegen angeblicher sexueller Ausschweifungen, Teufelsbund und Schadenzauber klagte man Hexen an; sie waren aber grundsätzlich

Juden in Basel
*Eintrag im Urbar des Klosters St. Leonhard von 1290. Die Initiale ist als Kopf eines Juden gestaltet. Der lateinische Text gibt Auskunft über die Ansiedlung von Juden im Bereich des Rindermarkts; der Schreiber notiert die Art und Höhe der an die Mönche abzuliefernden Hauszinse:
«An Weihnachten.
Von der Judensynagoge im Rindermarkt und von den unten angegebenen Häusern der Juden, welche innerhalb der Grenzen unseres Kirchspiels liegen, werden am Heiligen Abend 35 Schilling als Zehnten gegeben [...].»*

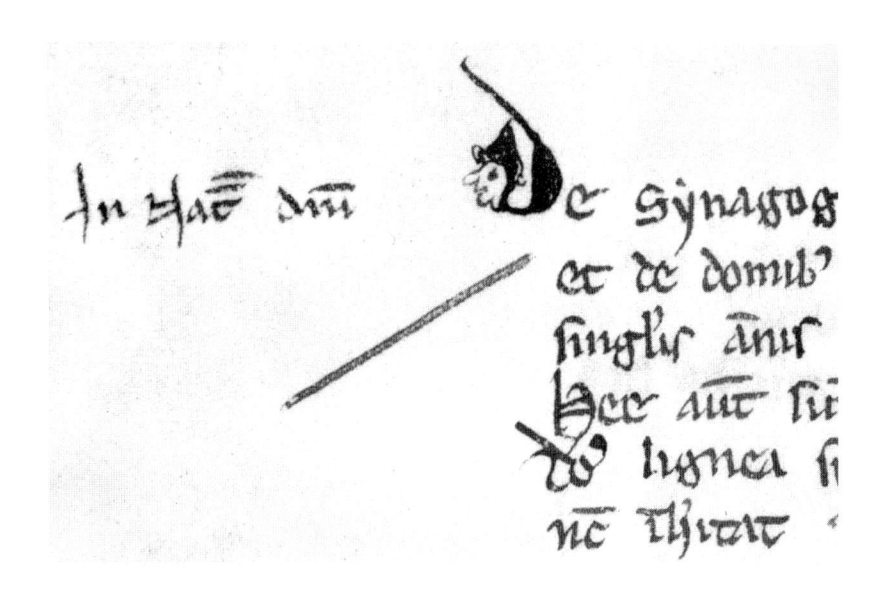

keine Randgruppe. Die Vorwürfe und Feindbilder orientierten sich gewöhnlich nicht an konkreten Erfahrungen und Beobachtungen, sondern sie bedienten sich eines Repertoires von Vorstellungen und Lehrmeinungen, die je nach Situation und Personal zu neuen imaginären Konstrukten kombiniert wurden. Imagination und «Realitäten» verwoben sich im täglichen Leben in vielfältiger Weise miteinander und bildeten die Voraussetzungen für den Umgang mit Minderheiten. Der Entstehung und dem Wandel solcher Bilder versuchen die Randgruppenforschung, die Häresie- und die Antisemitismusforschung auf die Spur zu kommen; anderseits untersuchen sie das Selbstverständnis und die Kultur der jeweiligen Gruppen und Religionsgemeinschaften.

Erste Hexenverbrennungen im Basler Raum

Ihren Ursprung hatte die Hexenverfolgung in der Dauphiné und im Einflussgebiet der Grafen von Savoyen, einschliesslich der Westschweiz. Erste Vorläufer gab es 1428 im Wallis. In der Dauphiné wurden allein zwischen 1424 und 1437 250 Menschen vor Gericht gebracht. In der Mitte des Jahrhunderts gab es erste Hexenprozesse in der Zentralschweiz und bald darauf auch in der Ostschweiz. Von 1438 bis 1442 wurde in Freiburg im Üchtland eine Gruppe von 16 oder 19 Personen beiderlei Geschlechts wegen angeblicher Zugehörigkeit zu einer «Hexensekte» auf dem Scheiterhaufen verbrannt. Wenig später sind im Basler Gebiet im Kriegs- und Krisenjahr 1444 eine ganze Reihe von Verurteilungen von angeblichen Hexen und wenigen Hexern nachweisbar, meist nur in Form von Einträgen in Rechnungen oder späterer Zeugenaussagen im Zusammenhang mit politischen Streitigkeiten. In Waldenburg, im Amt Birseck, in Gempen, Büren und Augst, wenig später wiederum in Waldenburg, Arisdorf, Büsserach wurden die ersten Opfer hingerichtet – in einer Zeit der Bedrohung, der Unsicherheit und der wirtschaftlichen Einbrüche infolge der Armagnakeneinfälle und der Schlacht bei St. Jakob. Über die Hintergründe geben die Quellen keine Auskunft.[3] Erst ein Ehrverletzungsprozess, der 1450/51 in Basel stattfand und später in Pratteln

«Zauberfrauen» und Hexenverfolgung

Die Anfänge der europäischen Hexenverfolgung liegen in den französischen Südwestalpen, in der Gegend von Briançon, im Piemont und im Aostatal; in den 1430er Jahren wurden hunderte von Menschen des Hexereiverbrechens angeklagt, bald folgten die ersten Prozesse in der Westschweiz. Damals wurde in gelehrten Kreisen ein so genannt dämonologisches Konzept vom Wirken des Teufels und vom «neuen» Verbrechen der Hexerei entwickelt. Es bediente sich einiger isolierter Elemente, die nach und nach zum so genannten kumulativen Hexenbegriff – zu einer theologischen Kunstfigur[1] – zusammengeschweisst wurden. In vollendeter Form wird das Konzept von den Dominikanern Heinrich Institoris und Jacob Sprenger (Sprenger lebt eine Zeit lang im Basler Predigerkloster) im Lehrbuch «Malleus Maleficarum», zu Deutsch Hexenhammer, abgehandelt. Dieses Werk, das seit den Erstdrucken von 1487 viele Neuauflagen erlebt, liefert den weltlichen und kirchlichen Gerichtsbehörden der frühen Neuzeit die kirchlich sanktionierte Grundlage zur systematischen Hexenvernichtung. Ihre Opfer sind – anders als zu Beginn in der Westschweiz – hauptsächlich Frauen. Der «Erfolg» dieses und anderer einschlägiger Werke darf nicht vergessen lassen, dass

eine Fortführung fand, ist gut dokumentiert. Der Rat liess die denunzierten Frauen gefangen setzen und verhören. Was die Richter zu hören bekamen, war dem Rat zu wenig brisant, um einen Prozess anzustrengen, aus dem politisch nichts zu gewinnen war, und er liess die Denunzierten frei.[4]

Was diese selbst, ihre Verwandten, Nachbarinnen und Nachbarn äusserten, hatte nichts mit den Delikten gemein, die gleichzeitig in der Diözese Lausanne als Teufelswerk verfolgt wurden: Es ging um magische Praktiken, mit denen die mittelalterlichen Menschen den Naturgewalten, den stets gegenwärtigen Bedrohungen durch Krankheit, Tod, Unfruchtbarkeit, Unwetterschäden und Viehseuchen begegneten. Im Basler Zaubereiprozess von 1407 gegen vornehme Frauen hatte es sich um Liebeszauber, die Rache an Männern wegen verschmähter Liebe und Ähnliches, gehandelt. Die Frauen verwendeten für ihre Rituale der «Zauberei», «Klütterei» und des «Gäukelwerks» «kinde wegellin, kertzen», ein Becken, in das sie ein Kreuz legten. Sie benützten Amulette, brieten bei Kerzenschein «Wachsmännlein» und sprachen «teuflische» Segen.[5] Die im Jahr 1450 befragten Frauen übten die «Kunst» des Wettermachens und schadenzauberische Praktiken gegen verhasste Nachbarn oder Verwandte. Eine sagte, «sie könnten Hagel und Reif machen, Vieh und Menschen lähmen», magische Fähigkeiten, die sie einer anderen Mitgefangenen absprach. Die wohlhabende Metzgersgattin aus dem Kirchspiel St. Leonhard, Gret Frölicherin, die im Zentrum stand, wurde beschuldigt, ihrer Schwiegertochter eine Krankheit angehängt, einem Säugling eine tödliche Schwindsucht angehext zu haben und am Siechtum des Pferds eines Konkurrenten ihres Mannes schuld zu sein. Für die geschädigten Menschen und ihre Angehörigen waren jeweils im Rückblick auf die Ereignisse die kausalen Zusammenhänge völlig einsichtig: Ein Blick, eine böse Geste, eine beiläufig dahin gesagte Verwünschung konnten nach einem Streit, in einem seit längerem aufgeheizten Klima gestörter Kommunikation als schadenzauberische Handlung ausgelegt und «stimmig» erklärt werden. Im Alltagsleben, im Umfeld von Familie und Nachbarschaft, in der

die Hexenlehren von Beginn an auch ihre Kritiker und Zweifler finden, die den Glauben an die imaginären Tatbestände von Hexensekte, Teufelsbuhlschaft und Sabbat (oder Synagoge, wie diese Veranstaltung auch hiess) nicht teilen.[2] Ihre Stimmen werden leiser, je mehr gelehrter Hexenglaube sich durch Prozesse und öffentlich inszenierte Urteilsvollstreckungen mit populärem Gedankengut verbindet. Warum schliesslich mehr Frauen als Männer der Ketzerei und des Schadenzaubers (Maleficium) bezichtigt werden, begründen die Autoren des Hexenhammers mit dem anthropologischen Argument, dass Frauen schwächer im Glauben und von unersättlichen sexuellen Gelüsten erfüllt seien. Es sei «kein Wunder, wenn von der Ketzerei der Hexer mehr Weiber als Männer besudelt gefunden werden. Daher ist es auch folgerichtig, die Ketzerei nicht zu nennen die der Hexer, sondern der Hexen, damit sie den Namen bekomme apotiori; und gepriesen sei der Höchste, der das männliche Geschlecht von solcher Schändlichkeit bis heute so wohl bewahrte: da er in demselben für uns geboren werden und leiden wollte, hat er es deshalb auch so bevorzugt.»[3] Diese in traditioneller, klerikaler Frauenfeindlichkeit verwurzelte Zuspitzung des Hexereidelikts auf die Frauen[4] findet sich bei anderen

Auseinandersetzung um konkrete Entscheidungen zur Lebensgestaltung, um den Broterwerb, Geld und Gewinn wurzelten Animositäten, die sich zu Hass und Hexereianklage steigern konnten. Gret Frölicherins Streit mit der Säckingerin hatte eine Ursache in einem Pferdehandel, in dem sich die beiden Ehemänner nicht einig wurden. Am Waschtag warf Gret der Säckingerin unstandesgemässes Verhalten vor, weil sie selber wusch, statt Wäscherinnen anzustellen. Ihrer Untermieterin Agnes Volrot erhöhte sie die Miete, worauf die junge Frau mit ihrem Kleinkind in eine billigere Wohnung zog. Am Umzugstag vertraute sie ihr Kind der Frölicherin an; nachträglich machte Agnes diese aufgrund einer unfreundlichen Geste beim Abschied für die Erkrankung und das langsame Sterben des Kindes verantwortlich. In ihrer Verzweiflung nahm Agnes wie viele Menschen in ähnlichen Situationen die Hilfe eines im Gegenzauber bewanderten fahrenden Schülers in Anspruch. Der Ehemann der Säckingerin holte einen Wahrsager und Heiler namens Fürenfeld; er sollte seiner von Lähmungen betroffenen Frau helfen. Die seherischen Fähigkeiten dieses «Meisters» erlaubten ihm, die Frölicherin als Urheberin des Schadenzaubers zu erkennen. Da ein Verzicht auf Widerspruch und Gegenwehr als Schuldeingeständnis gewertet werden konnte, liess Gret die Anschuldigung nicht auf sich sitzen und reichte gegen Fürenfeld eine Ehrverletzungsklage ein.[6] Das Stadtgericht verurteilte ihn zu ewiger Stadtverbannung.

Ein Hexenprozess im politischen Kontext

Trotz ihres Erfolgs gegen Fürenfeld scheint Frölicherin ihre Situation im vergifteten Umfeld des Stadtquartiers zu gefährlich geworden zu sein. Sie zog nach Pratteln, wo sie Land besass.[7] Doch die räumliche und soziale Distanz war zu gering, um das Einsickern alter Gerüchte und Beschuldigungen von der Stadt ins Dorf zu verhindern. Zum Zeitpunkt ihrer Ankunft brachen in Pratteln herrschaftliche und soziale Gegensätze offen auf. Zwei Familienzweige der Herren von Eptingen hatten die zwei ungleich grossen Teile der

Hexenflug

Die beiden Miniaturen finden sich in einem 1451 im Kloster Notre-Dame zu Arras entstandenen Exemplar des Werkes von Martin le Franc «Champion des dames». Es handelt sich um die älteste bildliche Darstellung fliegender Hexen. Martin le Franc, einer der bedeutendsten Dichter des 15. Jahrhunderts, schuf den «Champion» 1440 bis 1442 wohl in Basel, als er während des Konzils als Sekretär Papst Felix V. wirkte.

Autoren vor der Jahrhundertmitte, wie dem weltlichen Richter Claude Tholosan (um 1436) oder dem Dominikaner Johannes Nider noch nicht.[5] In Basler und Rheinfelder Zaubereiprozessen von 1407 und 1416 ist nur von Zauberinnen, nicht aber von «Hexen» die Rede:[6] Erst in den folgenden Jahrzehnten entwickelte sich der theologisch gefärbte Hexenbegriff, welcher Zauberern und Zauberinnen unterstellt, dem Teufel zu huldigen und von Gott und der Kirche abgefallene Diener und Dienerinnen einer satanischen Gegenkirche zu sein, die es auszurotten gelte. Hexerei ist demnach gleichbedeutend mit Ketzerei und Apostasie, letztere ist der Abfall von Gott.[7] Anders als Ketzer können jene, die Gott leugnen, keine Reue zeigen und haben keinen Anspruch auf richterliche Milde.

Erst seit neuerem beginnt die Geschichtsforschung, die vielschichtige Entwicklung des Hexenbegriffs und seine allmähliche Verbreitung in einem geografisch grösseren Raum zu rekonstruieren. Im Ergebnis ist zu sehen, dass es keinen Sinn macht, Elemente wie den Hexensabbat mit seinen Ritualen auf uralte, heidnisch gefärbte, traditionelle Kultformen zurückzuführen, wie das die «Folkloristen» unter den Forschern vorschlagen. Eine «Hexensekte», auf welche sich mitunter Teile der Neuen

Grund- und Gerichtsherrschaft inne. Es gab anscheinend Interessengegensätze, in welche Gret sogleich hineingezogen wurde. Zusammen mit dem einflussreichen Heini Bielisser wurde sie von einem Mann namens Suter in eine politische Intrige verwickelt und des Verrats an Solothurn bezichtigt, was sie mit einer gerichtlichen Klage beantwortete. Irgendwann zerbrach ihr Bündnis mit Bielisser, dessen Feindschaft ihr im Februar 1458 zum Verhängnis wurde. Dieser Mann hatte sich in jungen Jahren um 1434 einen Mord zu Schulden kommen lassen, war verurteilt worden, geflüchtet und inzwischen wieder voll integriertes Mitglied der Gemeinde. Später tat er sich als einer der Hauptanführer des Aufstandes gegen Ritter Hans Bernhard von Eptingen hervor, nachdem dieser 1464 alleiniger Dorfherr geworden war.[8] Gerüchte in einer angespannten Atmosphäre in der Gemeinde veranlassten Hans Bernhard und seinen Vetter Anton Huser, gegen zwei Frauen einen Hexenprozess unter Vorsitz des erfahrenen Landvogts von Birseck, Cunzmann Egerkinger, durchzuführen. Das Gericht verurteilte Gret Frölicherin und Verena Symlin als «Hexen» zum Scheiterhaufen. Ihnen war zum Verhängnis geworden, dass sie von ihren Familien allein gelassen wurden und zwischen die Fronten der beiden Dorfteile Hans Bernhards und Antons von Eptingen gerieten. Während der Hauptbeschuldiger Bielisser in der grösseren Grundherrschaft Antons lebte, war der als öffentlicher Kläger auftretende Heini Mathis der Meier des anderen Dorfteils.

Wie die Forschung betont, war eine «erfolgreiche» Hexenverfolgung ohne den entschiedenen Willen der Obrigkeiten nicht möglich.[9] Ein solcher neuartiger Prozess mit öffentlich inszenierter Urteilsverkündigung eignete sich für die Gerichtsherren in einem gespannten Klima dazu, nach innen das Funktionieren ihres Gerichts zu demonstrieren und ihre Herrschaftslegitimation zu festigen. Nach aussen gab es ihnen – wie schon vor über 20 Jahren der Mordfall Bielissers[10] – Gelegenheit, gegenüber den Falkensteinern als Inhabern der Landgrafschaft im Sisgau erneut die gerichtliche Exemtion Prattelns unter Beweis zu stellen: Weil die Kompetenz in diesem Blutge-

Frauenbewegung berufen, gab es nie, ebensowenig wie es das Ziel der Verfolgung war, Hebammen und «weise Frauen» zu treffen und geheimes, frauenheilkundliches und antikonzeptionelles Wissen von Frauen auszulöschen.[8] Mit der Ablehnung solcher Thesen ist aber das Phänomen des «Hexenglaubens» selber noch nicht annähernd geklärt, die Grausamkeiten der tausendfachen Scheiterhaufen werden sich letztlich immer dem Verstehen oder der Einsicht verschliessen. In den Basler Prozessen finden wir eine frühe Form des dämonologischen Hexenkonzepts, die Ausdruck populärer Vorstellungen ist.

Angeklagte im Netz gerichtlicher Kollaboration

Wie im ersten, gut dokumentierten Hexenprozess der Gegend zu sehen war, begann alles als private Streitigkeit im Alltag; bald erreichten die Gerüchte, welche die Frau in Prattlen einholten, öffentliche Dimensionen, da sie in die politischen Aktivitäten eines Teils der Gemeinde-Prominenz verwickelt war. Gegen 1458 müssen sich soziale, innergemeindliche Spannungen im Fall Frölicherin und Symlin geradezu verdichtet haben, die Frauen wurden zum Ziel der Angriffe. Die beiden eptingischen Familienzweige ihrerseits, die die Dorfherrschaft innehatten, scheinen ein Interesse

richtsfall strittig war, liessen die Streitparteien wie schon in früheren Jahrzehnten Zeugen über die Hoheitsrechte befragen.[11] Einmal mehr setzten sich die Eptinger gegenüber den Falkensteinern durch. Diese bestritten auch andernorts anlässlich der ersten Hexenbeschuldigungen die Hochgerichtsbefugnisse der lokalen Herren. So liess Thomas von Falkenstein seinen Amtmann Hans Schmid, den Vogt von Gelterkinden, in Büren intervenieren, als Hans von Ramstein eine Frau gefangen nahm und über sie richten wollte.[12] Auch hier instrumentalisierte der adlige Ortsherr einen Hexenprozess, um seine verhältnismässig junge Beteiligung an der Herrschaft über Büren zu konsolidieren.

Im Pratteler Hexenprozess ist ausser der Urteilsurkunde auch ein Protokoll der Geständnisse überliefert. Sie wurden unter der Folter erzielt. Vermutlich kam ein von einem Spezialisten aufgesetzter Fragebogen im inquisitorischen Verhör zur Anwendung; ob ein in der «Hexenfrage» bewanderter Dominikaner oder Franziskaner zugegen war, wissen wir nicht. (Im Birsecker Prozess von 1444 waren die Pröpste von St. Peter und St. Leonhard und der Offizial anwesend.) Die Geständnisse enthalten ein stereotypes Set von Missetaten, wie es Dutzenden anderen Fällen gleicht: das Bündnis mit einem schmächtigen «Gesellen» oder «Teufel» namens «Beelltzebock» und «Brötli», nächtliche Besammlungen auf einer Wiese, zu der die Frauen auf einer Katze fahren, nächtliche Fahrten in die Häuser und Viehställe der Opfer, die sie mit Wind und «Gespenst» ängstigen, mit Erbswischen, Tierknochen und Fingern verstorbener Täuflinge berühren und schädigen. Mit der einfachen Selbstdefinition der Frauen im Basler Verhör von 1450/51 hat dieses Hexenbild nichts mehr gemein. Vielmehr spiegelt es die neu entwickelten, gelehrten Vorstellungen. Jedenfalls unterscheidet sich das Pratteler Hexenbild etwas von den gleichzeitig in der Westschweiz kursierenden Schreckbildern: Im Gegensatz dazu handelt es sich nur um «Mini-Hexensabbate», die antijüdisch gefärbten Begriffe «Sabbat» und «Synagoge» fehlen, ebenso der Hinweis auf eine «Hexensekte» und Berichte über

an der Opferung der Frauen gehabt zu haben, war doch ein Prozess dazu angetan, eine geeinte, gerichtsherrschaftliche Präsenz in der geteilten Grundherrschaft zu manifestieren.[9] Zudem spielte ein finanzieller Aspekt hinein, indem nach geltendem Landrecht die Hinterlassenschaft gerichteter Verbrecher dem Gerichtsherrn zustand. Der Fall wies über den Dorfetter hinaus und stand im Kontext anderer Verfolgungen in der Region. Bei den Prozessen handelte es sich um koordinierte Aktionen; denn auswärtige Spezialisten wurden dazu beigezogen. Das mag es den angeklagten Frauen erschwert haben, den Kopf aus der Schlinge zu ziehen. Den Vorsitz im Pratteler Hochgericht von 1458 führte der Landvogt im Birseck, der 1444 seinerseits Prozesse gegen Frauen aus Schliengen (im Unteramt Birseck) veranstaltet hatte. Sowohl der Bischof wie auch die kleineren Herrschaften der Eptinger, Ramsteiner, Bärenfels waren auf Unterstützung durch den Nachrichter und Henkersknechte aus Basel oder Rheinfelden angewiesen. Eine zentrale Rolle in den Hexenprozessen im Birseck, in Arisdorf, Pratteln und Waldenburg spielte der Ratsknecht Peter zum Blech, der lange Jahre als Vorsitzender des Basler Schultheissengerichts gewirkt hatte und seit 1444 zum Experten der «Hexen-Materie» und des gerade in jener Zeit neu

Norditalienischer Jude
Die Zeichnung stammt aus einem italienischen jüdischen Gebetbuch. Das Manuskript aus dem Jahr 1269 enthält zahlreiche weitere Federzeichnungen, die die zeitgenössische Kopfbedeckung von Männern und Frauen zeigen. Es wurde von Joel ben Simeon auf Pergament abgeschrieben, vermutlich für Merwilia, die Tochter des Menahem ben Samuel.

Kindermord und Menschenfresserei.[13] Nicht erwähnt sind Geständnisse über die fleischliche Vermischung mit dem Teufel – Unterstellungen, welche allesamt zentrale Komponenten des kumulativen Hexereidelikts abgeben, aber in den Augen eines weltlichen Gerichts mit bäuerlichen Urteilssprechern vorläufig noch unerheblich waren, während kirchliche Instanzen, die sich der Verfolgung von Ketzern widmeten, auf der Beantwortung solcher Fragen insistierten.

Juden in Basel

In den grösseren Städten entlang des Rheins waren im Hochmittelalter bedeutende Judengemeinden angesiedelt. Zu Beginn des ersten Kreuzzugs 1096 kam es am Mittelrhein, unter andern in Mainz, Speyer und Worms, erstmals zu grösseren Pogromen und zur Vertreibung der überlebenden Juden.[14] Auch in Basel gab es seit dem Hochmittelalter eine jüdische Gemeinde. Zentrum ihres geistigen und gesellschaftlichen Lebens war die Synagoge, ferner die Mikwe, das rituelle Frauenbad, zunächst am Rindermarkt, der heutigen Unteren Gerbergasse, gelegen.[15] Vor den Toren der Stadt, auf dem Gelände der Universität, befand sich der jüdische Friedhof, dessen ältester bekannter Grabstein aus dem Jahr 1104 stammt. Unter den Schuldnern jüdischer Geldleiher ist im 13. Jahrhundert der Bischof Heinrich von Thun zu erwähnen. Wie in vielen anderen Städten, etwa im Elsass und im Rheinland, besiegelten die Pest und die ihr vorauseilenden Nachrichten über angebliche Brunnenvergiftungen durch die Juden das Ende der Judengemeinde.[16] Im Januar 1349, gleichzeitig wie in Freiburg im Breisgau – noch bevor die Pest Basel erreichte –, schritt der Rat auf Druck der Zünfte zum geplanten Morden der Juden; sie wurden auf einer Rheininsel verbrannt, wie der Chronist Mathias von Neuenburg berichtet. Der Rat gelobte, in den folgenden 200 Jahren keine Juden mehr in der Stadt zu dulden. Diese Zeit verkürzte sich auf 13 Jahre; schon 1362 begründeten Juden die so genannte zweite Judengemeinde in Basel. Mit dem Judenschutz erwarb die Stadt die volle

erprobten Folterverhörs vor dem Gremium der Siebner geworden war. Auch der Pfalzgraf rief nach ihm, um zu erfahren, wie man in Heidelberg mit angeblichen Hexen umzugehen hatte.[10] Anlässlich von Hexenprozessen und anderen Hochgerichtsfällen kooperierten die Stadt, der Bischof beziehungsweise sein Landvogt und adelige Herrschaften, und es entstand ein regionaler Informationsaustausch, welcher die weitere Verbreitung von Hexenbildern förderte.

Die Leprösen und das Feldsiechenhaus bei Muttenz

Unmittelbar vor der Stadt lebten die Aussätzigen, die so genannten «Siechen», im Leprosorium an der Birs. Weil sie mit der gefürchteten Krankheit behaftet waren, wurden sie von der Gesellschaft ferngehalten und von ihren sozialen Lebenszusammenhängen in Familie und Ehe abgeschnitten. Auch erkrankte Mitglieder von Ordensgemeinschaften mussten ihren Konvent verlassen. Bis zu den 1260er Jahren hatte sich das Bewusstsein für die Leprakrankheit geschärft; es entwickelten sich differenziertere Diagnosemöglichkeiten. Zu jener Zeit gab es noch das Lepro-

RANDSTÄNDIGE: BEARGWÖHNT – ABGESONDERT – AUSGESTOSSEN – VERFOLGT

Feindbild-Stereotype
Die Darstellung verhöhnt die Juden, indem sie sie an den Zitzen einer Sau trinkend zeigt und sie so in einer Art Umkehrung die jüdischen Ernährungsregeln verletzen lässt. Zwei Rabbiner halten Spruchbänder mit diffamierenden Parolen wie zum Beispiel diese: «Sug liber bruder hartz. so blos ich ir in den ars; [und:] um d[a]z wir nit essen swinin brotten. dar umb sind wir gel und stinckt untz der oten.» Um 1470 bis 1480 in Süddeutschland entstandener Einblattdruck.

Gewalt über ihre Mitglieder, die sie nun fiskalisch schröpfen konnte. Aus Angst vor weiteren Pogromen flohen 1399 die letzten Juden aus der Stadt.[17] Das 15. Jahrhundert ist jene Epoche, in der man in den Städten «ihrer nicht mehr bedurfte», unter anderm wegen blühender Finanzgeschäfte christlicher Kaufleute. Nach und nach wurden die Juden aus den Reichsstädten vertrieben, was den Beginn des Landjudentums einleitete.[18] Doch schon vor 1349 sind jüdische Tätigkeiten auf dem Lande nachgewiesen, ebenso war damals, wie elsässische Vorkommnisse zeigen, Judenhass unter den Bauern verbreitet.[19] In Rheinfelden, Pfirt und Altkirch, vielleicht auch in Liestal, bestanden Gemeinden, während in Münchenstein erst im 15. Jahrhundert Juden lebten.[20] An den Zollstellen Augst, Diepflingen, Sissach und Waldenburg hatten Juden einen Leibzoll zu entrichten. Während Liestal im Streit mit dem Siechenhaus St. Jakob an der Birs im März 1348 für seine Bürger Zollfreiheit aushandelte, wurde von den aus Liestal kommenden Juden weiterhin der Brückenzoll erhoben.[21] Auch auf dem Gebiet des Bischofs von Basel lebten Juden. Im Gegensatz zur frühen Neuzeit ist über die mittelal-

senhaus am Leonhardsberg, mitten in Grossbasel. Um die Kranken in sicherer Distanz unterzubringen, gründete der Rat nun die Nachfolgeinstitution draussen an der Birs. Die Lage am verkehrsgünstigen Birsübergang bei Muttenz erlaubte ihm die Kontrolle der abgesondert lebenden Gemeinschaft Lepröser. Für die Feststellung der Krankheit richtete der Rat, wie das andernorts üblich war, die Lepraschau ein: Hatten die Ärzte und Scherer die positive Diagnose gestellt, so veränderte dies schlagartig die soziale und rechtliche Stellung einer kranken Person. Ihre Familie musste nun mit dem Vorsteher des Siechenhauses, dem Birsmeister, in Verbindung treten und die Einkaufsgebühr für den Eintritt in die Institution aushandeln. Als Mitglied der Gemeinschaft traf die Kranken ein faktisches Berufs- und Ausgangsverbot; sie erlitten rechtliche Einschränkungen. Vor Gericht mussten sie sich durch einen Vogt vertreten lassen und ihr Erbrecht wurde de facto beschnitten; der Pfründbrief enthielt die Vereinbarung, dass das Erbe an das Siechenhaus fällt. Gesunde Ehepartner durften sich unter gewissen Bedingungen wieder verheiraten. Die vom Rat aufgesetzte Ordnung des Hauses war weitgehend der des städtischen Spitals angeglichen; die Insassen und Insassinnen versuchten, die an sie

terliche jüdische Besiedlung auf dem Land wenig bekannt.[22] Im 15. Jahrhundert ist nur eine einzige Familie in Arlesheim nachweisbar. 1462 wird in den Schaffneirechnungen ohne Angabe der Umstände der Mord an dem dortigen Juden erwähnt. Wie in solchen Fällen üblich, erhob der Bischof Anspruch auf die Judenschulden. Die Nachlässe des Mordopfers und des mit der Höchststrafe von 21 Pfund Basler Währung belegten Täters aus Arlesheim fielen hälftig an den Bischof und Heinrich Reich von Reichenstein. Dieser erhielt die Einkünfte, weil seine Familie die Hälfte der niederen und hohen Gerichtsbarkeit als Lehen besass. Der Landvogt trieb in den folgenden Jahren nach und nach bei den bäuerlichen Schuldnern des Juden die bei diesem ausstehenden Schulden ein. Einer war der Sohn Martin Musbachs aus einer begüterten Oberwiler Familie: «Item ich han ingenomen von Martins sone von Oberwilr daz er dem totten Juden schuldig gewest ist 1 guldin.»[23] In den folgenden Jahrzehnten brechen Nachrichten über Juden in Arlesheim ab.

Einwanderer aus «Klein-Ägypten»

Anders als die Juden und die Christen sind die Roma, Sinti und andere Stämme, weil sie bis in die jüngste Zeit keine schriftliche Überlieferung hatten, ein «Volk ohne Geschichte». Die Namen Zigeuner oder Tattern (von Tataren abgeleitet) sind Fremdbezeichnungen. Zu Beginn des 15. Jahrhunderts kamen die ersten von ihnen nach Mittel- und Westeuropa, und zwar aus «Klein-Ägypten», das sie als ihr Herkunftsland angaben (es könnte der Peloponnes oder Epirus sein). In Frankreich und im Reich wurden sie im Allgemeinen von Stadtregierungen freundlich empfangen und bewirtet, so auch in Basel, wo die «Heiden» um 1414, 1418 und in den 1420er Jahren auftauchten. Nach und nach wurden sie mit Diebstahl, Bettel, Wahrsagerei in Zusammenhang gebracht und als Spione der Türken verdächtigt. Der Reichstag in Freiburg im Breisgau beschloss 1498, die Zigeuner hätten das Reich auf immer zu verlassen.[24] Im Oberbaselbiet tauchten nachweislich im letzten Viertel des 15. Jahrhunderts Zigeuner auf.[25]

Vor den Toren Basels
Die Darstellung der Kapelle und des Siechenhauses von St. Jakob stammt aus der Luzerner Chronik des Diebold Schilling von 1513. Das Siechenhaus entspricht vielleicht dem nach der Schlacht von St. Jakob im Jahr 1444 entstandenen Neubau Zscheckenbürlins. Die Kirche ist stark vergrössert dargestellt. Im Hintergrund ist die schematische Silhouette Gross- und Kleinbasels erkennbar.

gerichteten Erwartungen zu erfüllen. Wer in das Haus aufgenommen war, führte ein vergleichsweise privilegiertes Leben. Wohltätige Stiftungen, die wöchentlich durch den Klingler gesammelten Almosen, die Eintrittsgelder der Aussätzigen sowie die von der Stadt im 14. Jahrhundert übertragenen Zölle über die Birsbrücke hielten den Lebensunterhalt der Gemeinschaft auf einem erträglichen Niveau.[11] Das Siechenhaus stand ausser Basler Bürgern auch Einwohnern von Muttenz offen; dafür genoss es Holznutzungs- und Weiderechte in der dörflichen Allmend.[12] Im Unterschied zu den sesshaften Leprösen waren ihre Leidensgenossen, die nicht in einem Siechenhaus unterkamen, einem härteren Schicksal ausgeliefert. In den Städten waren sie unerwünscht. Man wies sie weg, und so mussten sie auf den Landstrassen ein unstetes Dasein fristen und sich mit Betteln durchbringen. Die im Spätmittelalter zunehmende Abwehr von Bettlern traf auch sie. Ihre Vertreibung wurde am Ende des Mittelalters von den eidgenössischen Orten der Tagsatzung koordiniert.

Zigeuner im oberen Baselbiet

In einer vom Basler Rat veranlassten, gerichtlichen Kundschaft aus dem Jahr 1504 ist zu lesen, dass Jahre vorher Zigeuner im österreichisch-baslerischen Grenzgebiet aufgetaucht waren. Die dunkelhäutigen Menschen wurden von den Einheimischen als «Heiden» bezeichnet; ihr Erscheinen löste offenbar Furcht aus. Sie schlug im vorliegenden Fall in Hass und Gewalt um, wurde doch einer der Fremden von einem mit der Armbrust bewaffneten Maispracher verfolgt und tätlich angegriffen. Bemerkenswert ist die Wahl der Waffe: Hans Urban benutzte einen Vogelbolzen – einen abgestumpften Bolzen, der den Vogel nicht durchbohrt, sondern nur betäubt. Damit vermied er es, dem Zigeuner eine blutende Wunde zuzufügen; denn als Bluttat hätte der Angriff zwangsläufig eine Körperstrafe nach sich gezogen.

Der Vogt von Magden berichtet von der Begebenheit, die sich unter Landvogt Peter Offenburg, um 1470 bis 1480, zugetragen hatte: Der abgebildete Text lautet: «das es sich vor 24 joren minder oder mer ungevarlich gemacht habe, das heiden im land werend und einer gon Meysprach keme und Hansen Urban sin frowen gar fast ubel erschracke, inmassen, das er uber den heiden vast zornig würde und ein armbrost uber inn spene [er spannte die Armbrust] und den heiden vast ubel schüsse, und ritte der heid nit dester minder fur sich bis hinab gen Magten und lieffe im Hans Urban alwegen nach bis an die end, da denn unser heren gericht erwinden, namlich an walenmatt, do meinte junckher Marquart von Schowenberg, er wolte Urban umb den selben frevel straffen, do sprache junckher Peter Offemburg: ‹nit also, es ist geschehen in unser herren gerichten und herlikeiten›, und wurde Urban von junckher Petern darumb gestrafft.» Im Kompetenzstreit um den Frevel des Magdener Bauern obsiegte also der Vogt von Farnsburg, der den Täter bestrafte.

194 RANDSTÄNDIGE: BEARGWÖHNT – ABGESONDERT – AUSGESTOSSEN – VERFOLGT

Von den swartzen getouften Heiden
die miteinandern gen Bern kament

Band zwei / Kapitel 10

Durchzug durch die Schweiz
Diebold Schilling wusste aus einer anderen Chronik von einer Schar mit königlichen Geleitbriefen ausgestatteter, dunkelhäutiger Menschen, die behaupteten, getauft zu sein und aus Ägypten zu stammen. Im Reich tauchten um 1420 die ersten Zigeuner auf, die sich, von den Türken bedrängt, nach Westen wandten. Chronisten berichteten, dass die Zigeuner erklärt hätten, heimatlos durch die Welt ziehen zu müssen, als Strafe dafür, dass sie in ihrer Heimat die Heilige Familie auf ihrer Flucht nicht aufgenommen hätten, oder weil sie auf Druck der Sarazenen vom Glauben abgefallen seien.

Lesetipp
*Randgruppenforschung ist in der Geschichtswissenschaft seit den 1970er Jahren in Gang gekommen.
Als allgemeine Lektüre empfiehlt sich der grundlegende Artikel von Graus (1981b), ferner Schmitt (1994), der Band über Randgruppen der spätmittelalterlichen Gesellschaft (Hergemöller 1990) und Schubert (1995).*

Einen gut lesbaren Überblick bietet das Taschenbuch von Irsigler/Lassotta (1984).

*Die Publikationen über Hexen und Hexenverfolgung sind mittlerweile unübersehbar. Für die Schweiz ist immer noch Blauert (1989) und der von ihm herausgegebene Sammelband (1990) informativ.
Seither hat die Universität Lausanne die Anfänge der Hexenverfolgung in der Westschweiz systematisch erforscht (Ostorero 1995, Maier 1996, Strobino 1995). Als allgemeine Lektüre zur europäischen Hexenverfolgung eignet sich Levacks «Hexenjagd» (1995), für die Schweiz ist auf ein Kapitel in der Ökumenischen Kirchengeschichte der Schweiz hinzuweisen.*

Einschlägige Publikationen zu den Judengemeinden in Basel und der Ansiedlung von Juden im Fürstbistum und in Baselland sind die Arbeiten von Nordemann, Nordmann und Gilomen (1999).

Graus behandelte in seinem gross angelegten Werk «Pest – Geissler – Judenmorde» im Zusammenhang der Reichsgeschichte auch die Verfolgung der Basler Juden im 14. Jahrhundert.

*Ein Gesamtüberblick über die Geschichte des Landjudentums in der Schweiz und in Süddeutschland seit der frühen Neuzeit liegt bis heute noch nicht vor (Landjudentum im Süddeutschen- und Bodenseeraum, 1992).
Für unsere Region ist der Artikel von Fridrich (1996) wegweisend.*

Abbildungen

StA BS, Birsplan von Jakob Meyer, 1657 (Ausschnitt): S. 183.
StA BS, Klosterarchiv St. Leonhard A, Urbar von 1290, fol. XLII v: S. 184.
Bibliothèque nationale de France, Paris, Manuscript ms. fr. 12476, fol. 105 v: S. 187.
British Library, Ms. Add. 26957, fol 43 v: S. 190.
Öffentliche Kunstsammlung Basel, Kupferstichkabinett, Inv. X. 1878: S. 191.
Diebold Schilling, Chronik 1513, Zentral- und Hochschulbibliothek Luzern, Eigentum Korporation (Ausschnitt): S. 192.
StA BL, Urk. Nr. 725: S. 193.
Burgerbibliothek Bern, Mss. h. h. I 16, p. 749: S. 194.

Anmerkungen

1 Zur Randgruppenforschung allgemein Graus 1981b; Graus 1985; Hergemöller 1990; Simon-Muscheid 1992; Schmitt 1994.
2 Graus 1984, S. 41; Lotter, F., Ilian, M.: Art. Judenrecht, in: LexMA 5, Sp. 792f.; Schmitz, R.: Art. Kleidung III., in: LexMA 5, Sp. 1203f.
3 Die Quellen sind zusammengestellt in: Rippmann/Simon-Muscheid/Simon 1996, Kap. 9. Ergänzende Angaben bei Weissen 1994, S. 211f., 216 und bei Kocher 1943.
4 Zu diesem Prozess Rippmann, in: Rippmann/Simon-Muscheid/Simon 1996, Kap. 9.
5 Buxtorf-Falkeisen 1868; Hagemann 1981, S. 255–257; Blauert 1994.
6 Dass Frauen den Hexereiverdacht nicht wehrlos hinnahmen, ist vielfach zu beobachten; Ahrendt-Schulze 1994.
7 Ein Landkauf der Frölicherin siehe StA BL, AA, L. 72, Bd. 507, fol. 150.
8 In Rippmann/Simon-Muscheid/Simon 1996, S. 176f., 206 mit Anm. 256 ist Hans Bernhards Kauf der Grundherrschaft falsch datiert. Vgl. Bd. 2, Kap. 11.
9 Dienst 1987; Hexenverfolgung und Regionalgeschichte 1994; Utz Tremp 1995; Ostorero 1995, S. 70, 119–137.
10 Der Gerichtsfall hatte zu Streitigkeiten zwischen den Pratteler Dorfherren, den Eptingern, und den Falkensteinern als Inhabern der Landgrafschaft geführt; vgl. Rippmann, in: Rippmann/Simon-Muscheid/Simon 1996, S. 206.
11 StA BL, AA, Urk. 444, Urk. 537, S. 51–89, L. 72, Bd. 506 Nr. 7. Dazu Rippmann 1998b.
12 StA BL, AA, L. 11, Bd. 214 Nr. 136, ediert in: Rippmann/Simon-Muscheid/Simon 1996, S. 182–186. Zum Landrichter Hans Schmid vgl. Bd. 2, Kap. 11.
13 Ostorero 1995.
14 Germania Judaica, Bd. I, S. 176–181 und 330f.; Graus 1984, S. 32–34.
15 Gilomen 1999; Stein 1969.
16 Vgl. Bd. 2, Kap. 7.
17 Graus 1987, besonders S. 168–174; Nordemann 1955; Germania Judaica, Bd. II/1, S. 51–55; Bd. III/1, S. 81–91.
18 Wenninger 1981; Kiessling 1995.
19 Graus 1987, S. 177.
20 Nordmann 1914; Germania Judaica, Bd. II/1, S. 11; Bd. III/2, S. 907, 1241f.
21 Boos Nr. 339; Nordmann 1907, 1914; Wackernagel 1907–1924, Bd. 2/I, S. 374.
22 Zu den Juden in Fürstbistum Basel, vgl. Bd. 4, Kap. 9.
23 AAEB, Comptes de Birseck, 1463; StA BL, AA, Urk. 498; Weissen 1994, S. 148. Zur Familie Musbach vgl. Rippmann 1990, S. 200, 204–208.
24 Schmitt 1994; Djuric/Becken/Bengsch 1996; Belege bei Gilsenbach 1994, S. 46, 55, 57, 61, 65, 74, 115, 139.
25 Rippmann 1996d, S. 30f.; StA BL, AA, Urk. 725.

1 Diesen Begriff verwendet Harmening 1990, S. 75.
2 Dienst 1987; Strobino 1996, S. 41ff.
3 Sprenger/Institoris: Der Hexenhammer, 13. Aufl. 1997, 1. Teil., S. 106f.
4 Riha 1996.
5 Paravy 1990, S. 129f.; Borst 1990.
6 Buxtorf-Falkeisen 1868; Rippmann/Simon-Muscheid/Simon 1996, S. 182.
7 Vgl. Daxelmüller: Art. Hexen, Hexerei, in: LexMA 4, Sp. 2201–2204.
8 Blauert 1990, S. 11–42; Unverhau 1990.
9 Auf diesen politischen Aspekt der Ketzer- und Hexenverfolgung beim Ausbau landesherrlicher Gewalt und der Entstehung des frühmodernen Staates machten zuerst František Graus (1986), S. 13f. und Heide Wunder (1994) aufmerksam.
10 BUB, Bd. 7, Nr. 85 und passim; Hagemann 1981, S. 258; Rippmann/Simon-Muscheid/Simon 1996, S. 172, 188, 189, 192, 204.
11 Straub 1988; Althaus 1994; vgl. auch Trümpy 1973; Borradori 1992; Sutter 1996.
12 RQ BS/BL, II, S. 60 Nr. 611; Boos Nr. 185, Nr. 187, Nr. 339 und weitere; Kölner 1953, S. 248; Rippmann 1990, S. 182.

Gemeinde im Widerspruch: Soziale Unrast und Bauernunruhen

Bild zum Kapitelanfang
Unter freiem Himmel
Im Mittelalter hielten die Herren unter freiem Himmel Gericht. Oftmals markierte eine Linde den zentralen Platz im Dorf. Für den Gerichtstag wurde er jeweils mit Schranken und ausgebreitetem Stroh hergerichtet. Für den Herrn oder seinen Amtmann, der an seiner Stelle den Gerichtsvorsitz führte, wurde eigens ein würdiger Richterstuhl aufgestellt. Unter der Linde fanden auch andere sozial und rechtlich relevante Ereignisse statt. So liessen die Herren nach einem Herrschaftswechsel oder aus anderem Anlass ihre erwachsenen männlichen Untertanen aufbieten, um sie den Huldigungseid schwören zu lassen. Die drei Linden hat Albrecht Dürer mit Wasser- und Deckfarben auf dünnem, zart grundiertem Papier gemalt.

Konfliktregelung
Die Abbildung zeigt den Anfang einer Urkunde, die aus drei Pergamentrollen besteht. Anlass für die 1465 verfertigte Urkunde war ein Streit zwischen Hans Bernhard von Eptingen, der das Dorf Pratteln erst kürzlich ganz an sich gebracht hatte, und seinen Eigenleuten und Hintersassen in diesem Dorf um die rechtlichen Verhältnisse.
Der Konflikt zwischen ihnen sollte durch ein Schiedsgericht – bestehend aus je zwei Schiedsleuten aus Rheinfelden, Liestal, Muttenz, Augst und Arisdorf – geschlichtet werden. Mit Einwilligung des Eptingers beschlossen seine Untertanen, die Ordnung und das Stadtrecht von Liestal zu übernehmen, wobei ein Teil der Bestimmungen vom Liestaler Recht abwich. Im Rodel wurde eine breite Palette von Fragen, die vom Schutz der Äcker über die Bevogtung unmündiger Waisen bis zu Bussen für Mord und Ketzerei reichten, geregelt.

«Ir sind herren, wir puren sind aber meister»

Im Jahr 1513 hielt der Hauptmann der «aufmüpfigen» Solothurner Bauern, Ulrich Scherer von Olten, im Beisein der Boten benachbarter Städte im Garten des Franziskanerklosters in Solothurn eine öffentliche Rede. Er schmückte sie mit dem Ausspruch «Ir sind herren, wir puren sind aber meister».[1] Unter den Aufständischen waren auch die Leute der Herrschaften Bechburg, Gösgen, Olten und Dorneck in der Nachbarschaft der Landschaft Basel und des fürstbischöflichen Birsecks. In der Baselbieter Kantonsgeschichte von 1932 ist von aufständischen Bauern im Spätmittelalter nichts zu hören – verhielt es sich hier anders als im solothurnischen Territorium? Weit gefehlt – auch im Gebiet der nachmaligen Landschaft Basel hatten die Herren im 15. Jahrhundert ihre liebe Mühe, ihrer Untertanen Herr und Meister zu bleiben; ebenso sah sich der Bischof mit Widerstand im Birseck und in Laufen konfrontiert. Soviel bis heute bekannt ist, gewannen die Untertanen aber nur in Ausnahmefällen und für kurze Dauer die Oberhand.

Im 15. Jahrhundert traten in unserem Gebiet die bäuerlichen Gemeinden deutlich als politische Handlungsträger in Erscheinung. Ihre Entwicklung als soziale, rechtliche und politische Körperschaft war weit fortgeschritten. Gerichtsakten in den Archiven geben uns Einblick in innergemeindliches Leben und dörfliche Organisationsstrukturen, von denen nun mehr zu erfahren ist als in früheren Zeiten.[2] Die im Folgenden geschilderten Konflikte sind keine isolierten Ereignisse in der allgemeinen Geschichte, sondern sie reihen sich in das Gesamtbild ein, welches die Revoltenforschung seit den 1970er und 1980er Jahren entwickelt hat. In der Schweiz und im ganzen Südwesten des Reichs regte sich in der ländlichen Gesellschaft des 15. Jahrhunderts Widerstand gegen die Herren, und seit 1450 häuften sich allenthalben die Aufstände. Es waren die Vorboten des grossen Bauernkriegs von 1525. Der Widerstand gegen adelige oder klösterliche Herrschaftsträger traf Gesellschaftsschichten, die mit manchen Schwierigkeiten zu kämpfen hatten. So hatte die langfristige Agrarpreisdepression die

Einkommen der Grundherren entscheidend geschwächt. Ihre prekäre Finanzlage spitzte sich in dem Masse zu, als ihre Grundherrschaften von der Landflucht der Bauern betroffen waren. Das minderte ihre Steuereinnahmen und die Einkünfte aus der Grundrente. In den dank Handel, Gewerbe und Exportwirtschaft prosperierenden Städten war dem Adel eine mächtige Konkurrenz erwachsen.[3] Der Adelsherrschaft fehlte zunehmend die Kontinuität, weil Adelige ihren Grundbesitz und ihre Gerichtsrechte gewissermassen wie Tauschobjekte behandelten. Sie verpfändeten und verkauften sie an Standesgenossen oder Stadtbürger; mit dem häufigen Wechsel wurde Herrschaft in den Augen der Untertanen beliebig, relativ unpersönlich und unverbindlich.

Mittlerweile hatten die Gemeinden so viel an Selbstbewusstsein und politischer Handlungskompetenz gewonnen, dass sie ihre Interessen in ihrem unmittelbaren Lebensbereich verteidigen konnten. Ihr Handeln soll in diesem Kapitel im Vordergrund stehen. Es orientierte sich nicht einzig und allein am berühmten Kirchturmshorizont, sondern die politische Führungsschicht der Bauern pflegte Beziehungen zu den Städten, und sie waren in der Lage, deren Politik in ihr rational kalkuliertes Handeln[4] einzubeziehen. Herrschaftskonflikte sind im Dreieck der sozialen Kräfte von Adel, Stadt und Bauern angesiedelt. Die Erfahrungen, welche alle involvierten Parteien im Laufe der Zeit gewannen, bildeten den Hintergrund für ihre Haltung, ihr Handeln und Verhalten während der Bauernerhebung von 1525, die in unserer Region nicht als Krieg ausgefochten wurde, sondern in welcher beide Seiten – die Herrschaft wie die Bauern – weitgehend ohne Gewalt auskamen.

Widerstand gegen die Herren von Eptingen

In den Akten über die notorischen Auseinandersetzungen zwischen den Herren von Eptingen und der Stadt Basel finden sich die von der Forschung bisher vernachlässigten Hinweise auf soziale Unruhen und Herrschaftskonflikte auch in der späteren alten Landschaft Basel. Sie trugen erheblich zur

Widerstand im Fürstbistum

Dass 1525 keine Waffengewalt angewandt wurde, unterscheidet die damaligen Ereignisse im heutigen Kanton vom blutigen Ausgang in den Nachbarherrschaften, im Elsass und in den habsburgischen Vorlanden. Noch 1443 hatte der Bischof den Schliengemer Bundschuh, eine Erhebung der Bauern in seinem rechtsrheinischen Territorium, militärisch niedergeschlagen. Später reichten seine Machtmittel für solche Interventionen nicht mehr aus, und die Konflikte mussten auf dem Verhandlungsweg beigelegt werden. Nach dem Bundschuh, dem Attribut des «Armen Mannes», benannte man am Mittel- und Oberrhein seit dieser Zeit Erhebungen, in denen Stangen mit aufgestecktem Bauernschuh oder entsprechend verzierte Banner als Identifikationszeichen dienten.[1] Auf Forderungen und Zumutungen des Landesherrn reagierten die Untertanen im Fürstbistum gelegentlich mit Ablehnung. Eine wiederkehrende Widerstandsform ist in der ständischen Gesellschaft des Reichs die Huldigungsverweigerung nach Amtsantritt des Herrschers.[2] So weigerten sich die Bauern im Elsgau 1462, Bischof Johannes von Vienne zu huldigen.[3] Seine Legitimation war ungefestigt, nachdem die Herrschaft 75 Jahre lang an die Grafen von Mömpelgart und deren Rechtsnachfolger,

Destabilisierung der Adelsherrschaften bei und bereiteten damit auch den Boden für deren Übergang an Basel. Die Abhängigkeitsbeziehung zwischen Herren und Untertanen war in Bewegung gekommen und teilweise in Unordnung geraten. Als Grund für bäuerlichen Widerstand sieht die Forschung ganz allgemein ein Ungleichgewicht im System der auf dem Prinzip von Reziprozität beruhenden Schutz- und Treueverpflichtung. Es war zwar eine asymmetrische Beziehung zwischen Ungleichen, aber die Balance sollte durch einen allseitig akzeptierten Tausch von «Schutz und Schirm» der Herren gegen «Rat und Tat» der Bauern (das heisst Gehorsam und ihre Mitwirkung am lokalen Gericht) gehalten werden. Mittlerweile litten die Herren unter einem Legitimationsdefizit, weil sie die Friedenswahrung nicht mehr zu gewährleisten vermochten, gleichzeitig jedoch in ihrer ökonomisch schwierigen Situation den Druck auf die Untertanen erhöhten.[5] Dass sich in der zweiten Hälfte des 15. Jahrhunderts der Zugriff auf die Menschen verstärkte, ist eine allgemeine Entwicklung im Reich.[6] In kleineren Adelsherrschaften wurde dies besonders mit dem Mittel der Leibherrschaft versucht. Im Birseck war sie allerdings bis 1525 kein laut umstrittenes Thema: Den überlieferten Akten entnimmt man hier überhaupt wenige Hinweise auf landesherrliche Forderungen, die mit Leibherrschaft begründet wurden. Nur selten zog der birseckische Landvogt beim Tod eines Untertanen oder einer Untertanin den so genannten Todfall ein, und selten bestrafte er die ungenossame Ehe mit einer Busse.

Im Folgenden gilt es, die Entwicklung der Herrschaftsbeziehungen anhand der Verhältnisse in Pratteln konkret zu erläutern, einem der bevölkerungsstärksten Dörfer der Region.[7] 1427 hatte es Hans Bernhards Grossvater Heinzman und dessen Vetter Thenige Huser von Eptingen noch genügt, die Untertanen als «arme» Leute zu bezeichnen, ein damals gängiger Begriff für Untertanen.[8] Jahrzehnte später nahm nun Ritter Hans Bernhard eine Einteilung in Leibeigene und Hintersassen vor, wie es auch in benachbarten Herrschaften geschah; als nächstes Beispiel ist Muttenz-Münchenstein zu

die Grafen von Württemberg verpfändet gewesen war. Nicht anders erging es seinem Nachfolger Kaspar zu Rhein 1479 in Laufen und in Riehen. Die Laufner warfen ihm vor, er habe sie herausgefordert und sei im Stadtgebiet durch umzäunte, frisch gesäte Güter geritten. Christoph von Utenheim huldigten die Laufner 1503 erst nach seiner Zusicherung, beim Kaiser, den man in Ensisheim erwartete, eine Entschädigung für die Kriegsverwüstungen von 1499 zu erwirken.[4] Bäuerlicher Ungehorsam war vielfach die Antwort auf ökonomischen Druck: 1443 war eine neu auferlegte Sondersteuer Stein des Anstosses in den breisgauischen Dörfern des Bistums; 1473 sah sich der Bischof gedrängt, die geplante Erhöhung des Weinumgelds im Birseck und in Riehen zu reduzieren. Erneute Anhebungen des Umgelds in Riehen bis 1479 gaben schliesslich Anlass für die erwähnte Huldigungsverweigerung. Grösste Zumutungen und beträchtliche Schädigungen ihrer wirtschaftlichen Grundlage hatten die Bauern durch fremde Kriegstruppen und Kriegsverwüstungen zu erleiden – Ereignisse, welche die Steuermoral nicht gerade förderten. So weigerten sich die Bauern nach 1444 15 Jahre lang, die vom Landvogt geforderte, so genannte Michaelisteuer zu bezahlen, nachdem sie im Zuge des St. Jakoberkriegs und des

nennen.⁹ Im Huldigungseid, den der Ritter im September 1464 den Untertanen in Pratteln zu schwören befahl, bezeichnete er die Mehrheit der Leute als «eigen»: Sie schwören «dem edeln, strengen und festen Herrn Ritter Hans Bernhard von Eptingen, der anwesend ist, und seinen Nachkommen als ihrem natürlichen Herrn leiblich zu Gott und den Heiligen mit erhobenen Händen und gelehrten Worten, frei und ledig aller Bande und ungenötigt folgendes: Nämlich, ihnen treu und gewogen zu sein, ihren Nutz und Frommen zu fördern und Schaden abzuwenden und vor Schaden zu warnen, auch, dass sie ihnen Steuern zahlen und ihre hohe und niedere Gerichts-

Dörfliche Idylle?

Prattelns Dorfbild wird sich im Spätmittelalter nicht grundsätzlich von jenem im 18. Jahrhundert unterschieden haben, wenngleich die Siedlung weniger Hofstellen und Häuser umfasste. Nach den Kriegszügen, Plünderungen und Bränden im 15. Jahrhundert boten das Dorf und die wüstliegenden Felder in der Flur sicherlich einen traurigen Anblick.
Federzeichnung Emanuel Büchels aus dem 18. Jahrhundert.

Armagnakeneinfalls verheerende Verwüstungen und Ernteausfälle erlitten hatten.⁵ Auch stiess der militärische Wachdienst, der in jenen Kriegswochen des Sommers 1444, dann 1468 während des Waldshuterkrieges und wenig später während des Burgunderkriegs von den Bauern gefordert wurde, nicht auf Gegenliebe. Im Krieg gegen den Burgunderherzog Karl den Kühnen stellten die Birsecker ein Truppenaufgebot von 100 Mann, diesen wurde ein Steuererlass gewährt. Es dürfte den Landvogt nicht überrascht haben, dass die Untertanen sich im Schwabenkrieg 1499 gegen den Wachdienst in Fronarbeit wehrten und es ablehnten, mehr als die vorgeschriebenen Wachen auf Schloss Birseck zu halten.⁶ Tatsächlich wurden 1499 und 1500 an besoldete Wächter Wochenlöhne bezahlt.⁷ Aus der bescheidenen Anzahl von Informationen über Widerstand im Birseck ist immerhin zu ersehen, dass die Herrschaft wiederholt auf die Beschwerden einging und sich auf Kompromisse einliess, mitunter auch – wie im Jahrzehnt nach dem St. Jakoberkrieg – erhebliche Steuerverluste hinzunehmen hatte, da der herrschaftliche Apparat zur Durchsetzung der Forderungen zu schwach war. Diese letzte Feststellung ist übrigens zu verallgemeinern, da sie auch auf adelige Kleinterritorien zutrifft.

Schloss Pratteln
Das Schloss der Dorfherren derer von Eptingen wurde im Juli des Jahres 1468 von den Eidgenossen geplündert und in Brand gesteckt und später mit Hilfe der Stadt Basel wieder aufgebaut.

barkeit anerkennen, ihren Amtsleuten in allen Dingen [...] Gehorsam sind, besonders aber, dass sie [...] keinerlei Schirm oder Beistand gegen sie [die Herrschaft] [...] zu suchen und auch sonst alles das zu tun gedenken, was Eigenleute ihrem natürlichen Herren nach dieser Landessitte und Gewohnheit zu tun verpflichtet sind [...].»[10]

Auf den im Mittelalter allgemein üblichen Begriff arme Leute wurde nun zu Gunsten des Begriffs Eigene verzichtet, was nicht ein sprachliches Detail ist, sondern rechtlich relevant. Denn wer leibeigen war, war steuer- und dienstpflichtig, durfte nicht aus der Herrschaft abziehen und war auch in der Wahl seines Ehepartners nicht frei. Begab er sich in den Schutz einer anderen Herrschaft, so kam das angesichts des Treueides einem Meineid gleich, einem Kapitalverbrechen, auf das eine Leibesstrafe stand.[11] Eine Minderheit der Untertanen in Pratteln waren Leibeigene anderer Herrschaf-

Erfahrungen leibeigener Bauern
Wenn wir aus der Perspektive der Untertanen den Einzelschicksalen zweier Familien in Pratteln nachgehen, so erkennen wir deutlicher, welche gelebten Wirklichkeiten sich hinter dem abstrakten Rechtsbegriff «Leibeigene» verbergen. Die beiden Geschichten stehen zunächst einmal für sich selbst. Sie handeln von unwiederholbaren, individuellen Erfahrungen. Dennoch sind die Gestalten eines Clewin Rütschin und eines Jörg Spörli nicht zufällige historische Erscheinungen, sondern sie lassen uns grundsätzliche Dimensionen der uns heute fremden spätmittelalterlichen Gesellschaft ausloten. Denn sie offenbaren die Spannbreite sozialer Wirklichkeiten und die Vielfalt von Lebensumständen. Leibeigene sind nicht generell arm und gehören nicht zwingend den bäuerlichen Unterschichten an wie Jörg Spörli. Bei den wohlhabenden, sozial gehobenen Leibeigenen erweist sich der Widerspruch zwischen ihrer ökonomischen Lage und dem rechtlichen Status der persönlichen Unfreiheit als eklatant. Sie wurde nicht nur wegen der wirtschaftlichen Belastungen als stossend empfunden, sondern auch als ehrmindernd wahrgenommen. Im Folgenden ist nur am Rande von kollektivem Widerstand die Rede, sondern davon, wie sich Einzelne in

ten wie etwa Basels. Sie huldigten Hans Bernhard gemäss einer separaten, für sie aufgesetzten Eidformel als Hintersassen. Zwar mussten sie Ritter Hans Bernhard «dienen wie die Eigenleute»; sie waren steuer- und dienstpflichtig, genossen theoretisch aber eine grössere Bewegungsfreiheit als die Eigenleute, da sie nach Bezahlung ausstehender Zinsen und Schulden und einer Abzugsgebühr (der Manumissionsgebühr) die Herrschaft verlassen durften. Die einleitenden Sätze in der notariell beglaubigten Urkunde über den Huldigungsakt von 1464/65 lassen erkennen, dass Hans Bernhard im Interesse der Herrschaftsintensivierung leibeigen als Oberbegriff sah; er behandelte die Hintersassen als eine Unterkategorie von Leibeigenen.

Ab September 1464 liess Hans Bernhard, wie gesagt, 62 Männer und 57 Frauen schwören. Die Mehrheit von ihnen huldigten als Leibeigene (90), die Minderheit (29) als Hintersassen.[12] Zunächst aber hatten die Pratteler und Prattelerinnen die Huldigung verweigert. Erst nach und nach, im Laufe von 14 Monaten, liessen sie sich herbei, unter der Linde zu schwören. Neun Leibeigene und zwei Hintersassen blieben den Schwörtagen überhaupt fern; es waren jene Männer, die später in den Aufstand gingen. Schon jetzt wurde Hans Bernhards Stellung als Dorfherr angefochten und die Dorfordnung stand vor einer Zerreissprobe. Das hatte mehrere Gründe. Eben erst hatte sich die Herrschaftssituation verändert. Bisher war Pratteln im Kondominium zweier Zweige der Adelsfamilie regiert worden. Hans Bernhard besass ein Viertel, seine Vettern, Anton und Wilhelm von Eptingen, drei Viertel des Dorfes. Für 1075 Gulden traten die Vettern ihm im Sommer 1464 sämtlichen Grundbesitz und alle Gerichtsrechte ab. Damit war er nun einziger Dorfherr.[13] Allein schon dieser Umstand kam einer Intensivierung von Herrschaft gleich; alle Rechte über Land und Leute waren nun in einer Hand vereinigt. Das betraf die gemeindlichen Organe, weil die Ämter zusammengelegt wurden. Gab es bisher zwei Meier, die im Namen je eines Dorfteils amteten,[14] so musste nun einer auf sein Amt verzichten. Unter jenen

der Gemeinde ihrem Herrn widersetzen und warum dieser sie als «Abtrünnige» (so ein zeitgenössisches Wort) bestraft. Individueller Ungehorsam hat je nach dem politischen Kontext und der Stellung einer leibeigenen Person[8] in der Gemeinde unterschiedliche politische Konsequenzen. Im ersten Fall geht er einher mit allgemeiner Unzufriedenheit und bildet einen Identifikationspunkt, der die politisch brisante Solidarisierung einer ganzen Gemeinde einleitet. Im zweiten Fall bleibt dieser Gruppeneffekt aus, die betreffende Familie fristet ihr Dasein am Rand der dörflichen Gesellschaft. Dennoch hat die Episode politische Folgen, da sie als Vorgeschichte des Verkaufs der Herrschaft Pratteln an Basel zu sehen ist.

Clewin Rütschin und seine Familie
Ritter Hans Bernhard von Eptingen war von seiner Pilgerfahrt nach Jerusalem zurückgekehrt und hatte die gesamte Dorfherrschaft Pratteln gekauft.[9] Bald darauf brachen Auseinandersetzungen auf, deren Kernpunkt die Leibherrschaft bildete. An Clewin Rütschin statuierte Hans Bernhard offensichtlich ein Exempel. Der Basler Rat setzte sich für die Rechte des eptingischen Leibeigenen Clewin Rütschin ein und betrachtete ihn als «einen der unseren», weil er sich im Waldenburger Amt niedergelas-

Männern, die Hans Bernhard nach seinem Herrschaftsantritt über die vereinten Dorfteile die Huldigung verweigerten, waren nachweislich Bauern aus der Grundherrschaft seiner Vettern, die ihn als ihren neuen Herrn nicht anerkannten. Wahrscheinlich hing die Huldigungsverweigerung mit inneren, sozialen Spannungen in Pratteln zusammen. Der neu von Hans Bernhard erworbene, grössere Dorfteil befürchtete womöglich, seine bisherige Eigenständigkeit zu verlieren.[15] Persönliche Bindungen zum Ritter waren hier lose, und die Menschen fühlten sich noch weniger als ihre Gemeindegenossen und -genossinnen im alten Dorfteil diesem Leibherrn, der sich in ihren Augen seine Stellung angemasst hatte, zu Gehorsam verpflichtet.

Ein weiterer Grund für die Verschlechterung der Beziehungen zu Hans Bernhard ist in dem von diesem allen Dorfleuten befohlenen Untertaneneid zu sehen. Es muss nämlich das patriarchalische Selbstverständnis der Hausväter im Dorf verletzt haben, dass der Ritter 1464 den Huldigungseid mit dem Leibeigenschaftseid, einem so genannten Masseneid, verknüpfte, den auch die Frauen zu leisten hatten. Denn der Huldigungseid als solcher stellte einen politischen Akt dar, an dem gewöhnlich nur die über 14- oder 15-jährigen Männer teilnahmen. Einen anderen Charakter hatte dagegen der Eid Leibeigener; er legte den minderen Rechtsstatus der vereidigten Individuen – seien es Frauen oder Männer – fest. Der politische Gehalt der Huldigung wurde dadurch gesteigert, dass das Treue- und Gehorsamsgebot einen Zusatz enthielt. Er verbot den Untertanen explizit, ausserhalb der Herrschaft Schutz zu suchen oder Bündnisse einzugehen. Indem auch die Frauen auf diese Formel zu schwören hatten, wurden sie in den Kontext des gemeindlichen Konflikts mit der Herrschaft gerückt; damit wurden sie zumindest mittelbar als Mitverantwortliche in der Gemeindepolitik gesehen. Dies musste dem männlich definierten Gemeindeverständnis zuwiderlaufen, das Gemeinde «als rechtliche und politische Körperschaft sah, in der sämtliche männlichen Dorfgenossen als Handlungsträger ebenso gleichförmig eingeschlossen wie die Frauen ausgeschlossen scheinen».[16]

sen hatte. Es entwickelte sich eine umfangreiche Korrespondenz des Rats mit Hans Bernhard:[10] Wahrscheinlich setzten sich auch andere Leibeigene gegen die ihnen auferlegten Beschränkungen unerschrocken zur Wehr. Rütschin konnte das Kräftemessen mit dem Leibherrn nur wagen, weil er sich auf seine teilweise familiären Beziehungen zu Stadtbürgern stützte und sogar beim Rat Fürsprecher fand. Wahrscheinlich war er mit der Metzgerdynastie der Rütschin verwandt, die möglicherweise ihre Wurzeln in Pratteln hatte. Als begüterter Bauer, Besitzer von Vieh und Pferden, hatte er sich spätestens 1458 neben seinem Pratteler Gut im baslerischen Waldenburgertal eine zweite Existenz aufgebaut und weigerte sich, in Pratteln weiterhin die Steuern zu bezahlen. Doch hatten der damals 42-Jährige,[11] seine Frau Gret Brattelerin und die Töchter Ennelin und Adelheid im Herbst 1464 nachweislich den befohlenen Huldigungseid als Leibeigene abgelegt.[12] Auf Rütschins Verhalten nach seinem Weggang ins baslerische Territorium reagierte Hans Bernhard mit verschiedenen Pressionen; am spektakulärsten war zuletzt die Gefangennahme der Ehefrau und des heiratswilligen Sohnes der Eheleute. In einem Vertrag vom Juli 1465 hatte Clewin sich bereit erklären müssen, gemäss einem eptingisch-baslerischen Abkommen

Unruhe, Aufstand und Krieg

Kernpunkt der Auseinandersetzungen in Pratteln war die Leibherrschaft. Die unten geschilderten harten Massnahmen Hans Bernhards gegen die begüterte Familie Rütschin bewegten die Gemüter im Dorf. Gleichzeitig boten die Dorfordnung und Missstände im Gerichtswesen Anlass zu Beschwerden. Dem Herrn warf die Gemeinde vor, den Weiher des Schlosses aus einem der Dorfbrunnen zu speisen, und sie nahm Anstoss daran, dass er den Frühmesser in der Schlosskapelle statt in der Dorfkirche die Messe lesen liess. Uneinigkeit herrschte über die administrative Vereinheitlichung, die Wahl von Bannwarten, Geschworenen und Scheidleuten, das Tavernenrecht, die Haltung des männlichen Zuchtviehs und anderes. Beide Streitparteien versprachen sich aus der Übertragung des Liestaler Stadtrechts auf die Gemeinde Pratteln einen Ausweg; bezeichnenderweise vermied Hans Bernhard den Begriff «Stadtrecht» und sprach nur vom «Liestaler Recht». Dieses hatte man als Ordnung gewählt, weil die Pratteler die Liestaler Masse verwendeten und ihre Getreide- und Weinmasse dort eichen liessen. Unter den Dorfoberen mag die Meinung geherrscht haben, man könne mit diesem Schritt die Gemeinde gegenüber den «Umsässen», den benachbarten Orten also, aufwerten. Daran war dem Ritter nichts gelegen; die neue Ordnung stellte in keiner Weise den Leibeigenenstatus der Untertanen in Frage, achteten doch auch die Basler streng darauf, die Einwohner von Stadt und Amt Liestal als Leibeigene zu definieren.[17] Mit dem für ihn risikolosen Zugeständnis der neuen Ordnung erreichte es Hans Bernhard 1465, die Pratteler Frauen und Männer zum Gehorsam zu zwingen und sie huldigen zu lassen, doch indem er ihre Beschwerden insgesamt unberücksichtigt liess, nahm er ein erneutes Aufbrechen des Konflikts in Kauf.

Eine Gruppe aufstandsbereiter Männer suchte zuerst in Basel Hilfe und Aufnahme in das Bürgerrecht, wurde aber abgewiesen. Darauf fand sie in Solothurn Gehör: Im Dezember 1467 erhielten 38 Männer – darunter Vater und Sohn Heini und Lienhard Bielisser, Vater und Sohn Hans und Stefan

über die Behandlung von Eigenleuten in fremdem Territorium weiterhin in Pratteln zu steuern und zu dienen. Solange er im Basler Gebiet lebte, durfte er die Allmende nicht nutzen, jedoch seine Güter bebauen; er hatte umgehend dafür zu sorgen, dass seine von Pratteln entflohene, ältere Tochter zurückkehre. Da Rütschin sich nicht beugte, seine Schulden von 30 Pfund nicht bezahlte und Dienste verweigerte, verbot ihm der Dorfherr, vom Ertrag seines Prattelier Betriebs zu leben, bannte seine Güter und verwies ihn des Dorfes, wo er fortan «kein eigen für [Feuer] noch hushabung» haben durfte. Bürgermeister Hans von Bärenfels setzte sich für ihn ein und verlangte die Freilassung von Frau und Sohn; es sei vertragswidrig, dass Hans Bernhard die Mutter, Gret Brattelerin, als Geisel nehme und sie für den Wegzug der Tochter, die zu Clewins Schwester (nach Basel?) gezogen war, bestrafe. Der Rat weigerte sich, mit Hans Bernhard in der Angelegenheit zu prozessieren, solange er nicht endlich Rütschins Ehefrau Gret aus dem Gefängnis entlasse. Hans Bernhard war nicht bereit einzulenken und schlug vor, Rütschin solle gegen ihn beim Basler Offizialat, dem geistlichen Gericht des Bischofs, klagen.
Über das weitere Schicksal der Familie Rütschin sind wir nicht unterrichtet, da mit dem Aufstand der Gemeinde 1467 bis

Leibeigenschaft
In seinem Sachsenspiegel äussert sich Eike von Repgow (13. Jahrhundert) unter anderem auch über die Leibeigenschaft. Die Buchillumination zeigt einen Mann im gelb und grün gestreiften Rock; er begibt sich freiwillig in die Leibeigenschaft, indem er sich die Hände als Zeichen der Ergebenheit auf die Brust legt und sich vor dem Herrn verbeugt, der ihn vorn am Kragen seines Rockes erfasst und ihn damit symbolisch als Eigenmann annimmt.

Das Dorf als Friedensbezirk
Im ersten Drittel des 13. Jahrhunderts schrieb der edelfreie Ritter Eike von Repgow das zu seiner Zeit gültige sächsische Stammesrecht nieder, den so genannten Sachsenspiegel. Die Herren sind dazu verpflichtet, den Untertanen Schutz und Schirm zu gewähren. Gemäss Eike haben Kirchen, Pflüge, Mühlen und Kirchhöfe dauernden Frieden.

Deck, Hans Kutz, Werli Meck, Hans Bröglin und der Untervogt Heinzman Schwab – das Solothurner Bürgerrecht; damit wurden sie meineidig, verrieten ihren Leibherrn und zwangen ihn zur Auseinandersetzung mit Solothurn, das jede Gelegenheit benutzte, in der Nähe Basels territorial Fuss zu fassen.[18] Es gibt Anhaltspunkte dafür, dass die Revolte vom grösseren Dorfteil ausging, den bis 1464 Anton und Wilhelm von Eptingen besessen hatten. Im Laufe von 1468 erhielten die ganze Gemeinde Pratteln sowie die Leute von Wildeptingen, Muttenz und Münchenstein das Solothurner Burgrecht. In einer Art Schneeballeffekt weitete sich der lokale zu einem regionalen Aufstand aus. Er sorgte durch den Einbezug Basels und Solothurns auf höchster politischer Ebene für Erschütterungen und ergriff auch die Herrschaft Konrad Münchs von Münchenstein. Für Basel war die Lage äusserst gefährlich, zumal Solothurner Truppen Seewen und Diegten zerstört hatten und umliegende Schlösser wie Ramstein, Büren, Eptingen und Münchenstein besetzt hielten. Der eptingische Ritter erhielt das Basler Bürgerrecht und wurde bald darauf in den Rat aufgenommen. Gleichzeitig fand er auch bei Habsburg-Österreich Rückendeckung und hielt sich, wenn er sich in Basel durch Aufständische bedroht fühlte, zeitweise in Rheinfelden auf. Später zerbrach sein Bündnis mit Basel, und nach der Verpfändung der Herrschaften Laufenburg, Rheinfelden und des Breisgaus an Burgund im Vertrag von St-Omer schloss er sich dem Gefolge des burgundischen Herzogs Karl des Kühnen an. Basel versuchte während der ganzen Dauer der Fehde zu vermitteln.[19] Solothurn warf dem Ritter 1468 vor, er habe «die Unseren von dem Ihren» vertrieben, die Prattler von ihren Gütern verjagt und einige gefangen genommen. Er habe die Gemeinde mit Neuerungen beschwert, sie wolle aber bei ihrem «alten Herkommen» bleiben und stelle seine Herrschaftsrechte nicht grundsätzlich in Frage. Doch bestritten die Aufständischen die Legitimation des Dorfgerichts, das sie der Parteilichkeit bezichtigten, und erklärten sich nur bereit, den Streit mit dem Ritter vor dem sisgauischen Landgericht auszutragen.

1469, dem Überfall der eidgenössischen Truppen nach dem Mülhauser Feldzug auf Schloss und Dorf Pratteln 1468 und den erneuten Erhebungen 1470 bis 1471 andere Kämpfe in den Vordergrund rückten. Jedenfalls gehörte Rütschin der wohlhabenden bäuerlichen Schicht an, besass Güter in Pratteln und im Waldenburger Amt und pflegte Beziehungen zur Stadt Basel, die ihn schützte. Offensichtlich hatte seine Familie in der Gemeinde einen guten Rückhalt, was in der gegebenen Situation lebenswichtig war. Die Gefangennahme von Gret Brattelerin und ihrem Sohn scheint neben anderen Missständen die Aufstandsbereitschaft im Dorf gefördert zu haben.

Rütschins sozialökonomische Lage, seine Mobilität und die guten Beziehungen zu Basel mögen veranschaulichen, warum die Bauern einen unvereinbaren Widerspruch zwischen ihrem minderen Rechtsstatus und ihren Lebensumständen wahrnahmen.

Jörg Spörli
Am anderen Ende der sozialen Skala des Dorfes befand sich zwei Generationen später Jörg Spörli, ein Rebmann, dessen Schicksal die ältere Historiographie nicht interessiert hatte. Den Rückhalt bei Junker Niklaus von Eptingen, dem er einst den Hintersasseneid geschworen hatte, verliert er, als er sich zuletzt in solothurnische

GEMEINDE IM WIDERSPRUCH: SOZIALE UNRAST UND BAUERNUNRUHEN

Im Sommer 1468 eskalierte die Fehde, die Aufständischen zettelten einen Kleinkrieg gegen ihren Herrn an. Im Juli kehrten eidgenössische Truppen vom Sundgauer Feldzug zurück, den sie gemeinsam mit der seit 1466 verbündeten Stadt Mülhausen gegen Österreich unternommen hatten; sie steckten auf Anstiftung der Bauern, wie Hans Bernhard meinte, das Schloss Pratteln in Brand und plünderten es, wofür er später Basel zur Rechenschaft zog. Am 9. Juli 1468 ermordete er in Basel Hans Deck und vertrieb flüchtige Prattler und Muttenzer aus der Stadt. Solothurn hatte gehört, er habe einen Mann zur Liquidierung der Rädelsführer Hans Bröglin und Hans Kutz gedungen. Im Februar 1469 wurde der Hintersasse Bröglin, der nach Basel geflüchtet war, Hans Bernhards Opfer, und Aufständische wurden misshandelt. Schliesslich rief er Markgraf Karl von Baden um Hilfe an, der im Mai 1469 einen Waffenstillstand herbeiführte: Er regelte den Austausch von Gefangenen und die Übergabe der eroberten Dörfer und Leute an den Basler Bischof, der bis zu einem Rechtsspruch über die Schadenersatzforderungen des Eptingers interimistisch regieren sollte. Solothurn musste die Aufständischen des Eids entbinden, was erst im Herbst geschah.[20]

Im Mai 1470 verkündete der Bischof von Basel den Frieden zwischen Solothurn und dem Ritter. Er war durch Vermittlung Basels, der eidgenössischen Orte Zürich, Bern, Luzern, Schwyz sowie Schaffhausens (das erst seit 1501 zur Eidgenossenschaft gehört), des Markgrafen Rudolf von Hachberg, burgundischer Räte und des burgundischen Landvogts Peter von Hagenbach zustande gekommen. Solothurn sollte dem Ritter die Schlösser und Herrschaften Pratteln und Wildeptingen zurückgeben, die Aufständischen aus dem Bürgereid entlassen (was erst im Sommer geschah), die geraubten Kirchenzierden der Schlosskapelle zurückgeben und anderes mehr.[21] Formal kam damit der Krieg zum Abschluss, doch der Herrschaftskonflikt blieb latent bestehen: Erst im Juni vereidigte Hans Bernhard die Ungehorsamen erneut; doch nur 23 der 38 Aufständischen der ersten Stunde leisteten den Gehorsamseid.

Leibeigenschaft begibt. Wegen etlicher Missgeschicke und Delikte im Dorf eckt er an und büsst seinen guten Ruf ein. Er gilt als merkwürdiger Vogel, weil er ein Einzelgänger ist und anscheinend für homosexuell gilt; das geht aus der Aussage eines Liestalers vor Gericht hervor, der sagt, er habe Jörg für eine Frau gehalten.[13] Der Gerichtsherr, Junker Niklaus, übt zunächst Nachsicht, er vermeidet ein Gerichtsverfahren, wohl darum, weil er die damit verbundenen Kosten scheut. Spörli ist ihm seit Jahren die Zinsen für sein Lehen, ein kleines Rebgut, schuldig geblieben, hat unbefugterweise ein Stück Wald gerodet und dazu noch anderes auf dem Kerbholz, wie den Diebstahl eines Brotlaibes im Schloss, wo er eines Tages zum Dreschen angestellt ist. Allein schon auf Diebstahl stand im Mittelalter eine Leibesstrafe. Doch die Schlossherrin, Elisabeth zu Rhein[14], lässt in Abwesenheit ihres Gatten Milde walten und ahndet das Vergehen nicht. Niklaus zieht ihn erst vor Gericht, «als des geschrays zu vil werden wolt», als die Gemeinde sein Nichteingreifen nicht mehr verstehen und als Schwäche auslegen würde: Erst «als sich die stuck alle versamlet, hab er[Niklaus] erenhalber wyter nit konnen stillstan»; er geht nicht mit Gewalt gegen ihn vor, sondern wählt den Rechtsweg. So kommt 1511 der

Hans Bernhard führte weiterhin einen Zweifrontenkrieg: gegen die ungehorsamen Bauern, denen er die Rückgabe der im Aufstand konfiszierten Güter verweigerte, und gegen die Stadt Basel, mit der er eine Rechnung offen hatte. Er warf ihr etwa vor, die Bauern gegen ihn unterstützt zu haben, an der Zerstörung seines Schlosses mitverantwortlich zu sein (deshalb verlangte er eine Wiederaufbauhilfe, die man ihm auch gewährte), den «Abtrünnigen» im Stadtgebiet ein ideales Operationsfeld zu bieten. Zuletzt rächte Stefan Deck mit der Ermordung eines eptingischen Knechts den Tod seines Vaters, Anlass für Hans Bernhard, ihn, Heini und Lienhard Bielisser, Cuoni Tuckinger und Werli Meck 1471 mit der Klage wegen Raubmordes vor Gericht zu ziehen. Er berief einen hochkarätig besetzten Pratteler Landtag ein, doch kam das Verfahren nicht zum von ihm gewünschten Ende. Die Bauern unterliefen es konsequent. Sie blieben den anberaumten Landtagen fern und benützten das in ihren Kreisen bis in die frühe Neuzeit beliebte Mittel des Ladungsungehorsams. Sie stellten mehrere Anträge auf Vertagen und bemühten sich, die nächsthöhere Instanz, nämlich den sisgauischen Landtag, anzurufen. Die starke Stellung der Gemeinde und ihre gute Vernetzung im überlokalen Gerichtsverband der Landgrafschaft im Sisgau kam darin zum Ausdruck, dass ihre Fürsprecher den im Namen des Dorfherrn tagenden Pratteler Landtag für befangen erklärten und die Richter zwar die fünf Haupttäter als Leibeigene dem Ritter zusprachen, im Übrigen aber keinen rechtsgültigen Urteilsspruch fällten.

Dass in der Angelegenheit im Jahr 1473 schliesslich vor dem sisgauischen Landgericht prozessiert wurde, kam einer Niederlage Hans Bernhards gegenüber Basel als Inhaberin der landgräflichen Rechte gleich. Denn bisher hatte er getreu der Haltung seiner Vorfahren konsequent das Prinzip verfochten, wonach die Blutgerichtsbarkeit in Pratteln den Herren von Eptingen selbst zustehe und Pratteln von der Landgrafschaft im Sisgau exemt sei.[22] Zwar verurteilte der Landtag die Täter *in contumaciam*, also im Abwesenheitsverfahren, und erklärte sie als verrufene Mörder, die, so weit wie Sonne

Wohnen – zweierlei Standards

Die glasierte Ofenkachel von der im Erdbeben 1356 zerstörten Burg Bischofstein bei Sissach ist mit dem Adler verziert, den neben anderen Geschlechtern auch die Familie derer von Eptingen im Wappen führte. Während Burgbesitzer aus dem Adel und dem Bürgerstand ihren Reichtum unter anderem in der Stube ihrer Wohnsitze zur Schau stellten, die sie mit Wandbehängen und repräsentativen Kachelöfen ausstatteten, war der einfachen Landbevölkerung dieser Luxus weitgehend unbekannt. Immerhin war im 15. Jahrhundert für wenige Bauern ein Kachelofen erschwinglich, wovon jüngste Bodenfunde von Reinach zeugen. Bis in die frühe Neuzeit hinein war jedoch im Allgemeinen die Küche mit dem offenen Herdfeuer der einzige warme Raum der in Holzbauweise errichteten Wohnhäuser.

Gerichtsprozess in Pratteln in Gang. Das Urteil vom 11. August 1512 erklärt Spörli in verschiedenen Punkten für schuldig und als meineidig; die Richter verhängen eine Leibesstrafe über ihn, die Schwurfinger – zwei Finger der rechten Hand – sollen ihm abgehauen werden.[15]

Aus den Aussagen der 36 Zeugen, worunter nur drei Frauen, entsteht ein Bild von der Lebensweise dieses Dörflers, den seine Armut periodisch zu Ortswechseln veranlasst. Zum Leben der bäuerlichen Unterschicht gehört die Arbeitsmigration:[16] Als Tagelöhner geht Spörli mit anderen Männern und Frauen in der näheren und weiteren Umgebung auf Wanderschaft, so verdingt er sich in der Erntezeit 1511 in der Waldshuter Gegend. Nach Prozessbeginn weicht er vor den Forderungen Niklaus von Eptingens und anderer Gläubiger nach Basel aus. Alle Delikte, zu denen die Zeugen befragt werden, stehen mit seiner Armut in Zusammenhang. Er selbst sieht in den ihm zur Last gelegten Handlungen niemals Verbrechen, sondern für ihn handelt es sich jeweils um ein Versehen, ein Missgeschick oder ganz einfach um eine überlebenswichtige Notwehrhandlung, und er weiss sich listen- und wortreich zu verteidigen. Man könnte seine Verhaltensweisen als «Listen der Ohnmacht» bezeichnen.[17]

und Mond scheinen, friedlos sein sollten. Doch das verschaffte dem Ritter nicht die gewünschte Genugtuung, da das Gericht betonte, es gedenke die Urteilsvollstreckung nicht allzuweit auszudehnen und werde keine überregionale Verfolgung der Mörder in Gang setzen. Hans Bernhard wandte sich daraufhin an Kaiser Friedrich III., der 1474 die Reichsacht über die Täter verhängte und bekräftigte, sie seien seine Leibeigenen.

Die kaiserliche Intervention mag er als Genugtuung empfunden haben, sie blieb aber toter Buchstabe auf dem Papier. Sein Kampf mit den ungehorsamen Bauern hatte zehn Jahre gedauert und nicht nur seine Herrschaft im Innern erschüttert. Vielmehr hatten die Erhebungen seine Position grundlegend geschwächt, während die hoheitliche Position der Stadt Basel als Inhaberin der landgräflichen Rechte dank des Verhaltens der Bauern gestärkt wurde. Damit schuf die Stadt weitere Voraussetzungen für die spätere Erweiterung ihres Territoriums. Muttenz und Münchenstein waren ihr nach dem Abzug der solothurnischen Besatzung schon im Jahr 1470 von Hans Konrad Münch verpfändet worden. Ihr Interesse, die Macht- und Gerichtsbefugnisse des Adeligen in ihrem Umland zurückzubinden, spiegelt sich in den bis zum Lebensende Hans Bernhards 1484 andauernden Auseinandersetzungen um strittige Punkte.[23] Erst 1515 erwarb Basel von seinem Sohn Niklaus von Eptingen das Vorkaufsrecht für die Herrschaft Pratteln und Frenkendorf, vom zweiten Sohn Hans Friedrich 1517 dessen grösseren Anteil an Pratteln und das halbe Schloss Madeln.[24] Schon 1487 hatten Hans Bernhards Brüder Ludwig und Jakob die in der Aufstandsphase ebenfalls umstrittenen Schlösser und Gemeinden Wildeptingen und Diegten an Basel verkauft.[25] Dass Kaiser Friedrich dem Ritter 1476 neben dem Fährrecht über den Rhein das Privileg verlieh, im «Flecken» Pratteln einen dreitägigen Jahrmarkt zu installieren,[26] war als Spitze gegen Basel gedacht, dürfte den Rat aber kaum erschüttert haben; denn im Schatten der 1470 gegründeten Basler Messe, der Pfingst- und der Herbstmesse, war Pratteins Entwicklungsmöglichkeit als Handelsort illusorisch.

Eine andere Weihnachtsgeschichte ...

So steht zum Beispiel seine Version der «Pratteler Weihnachtsgeschichte» im Gegensatz zu den Aussagen der Familienangehörigen, Dienstboten und Bekannten des Wirts Werlin Fust. In der Nacht von Heiligabend sucht Spörli die geheizte Stube im Gasthaus auf und bleibt dort bis zum Morgen, während die Familie des Wirts nach und nach zum Schlafen hinaufgeht. Jörg Küfer, der Schwiegersohn des Wirts, ist vielleicht etwas benommen nach reichlichem Weingenuss, jedenfalls legt er seine Kleider in der Stube ab und lässt sie dort samt seinem Geldsäckel auf dem Tisch liegen. Am Christmorgen, nach der Christmette und der Frühmesse, will der Wirt Fust zur dritten Messe gehen. Doch sorgt Küfers Feststellung, sein Geldsäckel sei ihm gestohlen worden, für Aufregung und Trübung der weihnächtlichen Stimmung. Bald konzentriert sich der Verdacht auf Spörli, der inzwischen das Haus verlassen hatte. Vom Wirt nach der Rückkehr zum Geständnis aufgefordert, streitet er den Diebstahl ab und geht zur Kirche. Fust lässt ihn durch einen jungen Dienstboten suchen. Als er beim Wirtshaus ankommt, empfängt ihn Küfer gleich draussen auf der Laube, vor der Tür und stellt ihn unter vier Augen zur Rede. Aus Angst vor einer Anklage rückt Spörli den Säckel endlich

GEMEINDE IM WIDERSPRUCH: SOZIALE UNRAST UND BAUERNUNRUHEN 211

Mobilität

Martin Schongauers Kupferstich «Der Auszug zum Markt» liegt das biblische Motiv der Flucht der Heiligen Familie aus Ägypten zugrunde. Die hier in der Tendenz zum malerischen Realismus wiedergegebene Szene thematisiert jedoch die Mobilität der Bauernfamilien im Mittelalter.

Bäuerlicher Widerstand eskalierte in Pratteln seit 1464/65 in der Form der Fehde und ergriff weitere Gemeinden. Die Auseinandersetzungen zwischen Herrschaft und Bauern wurden zunächst auf beiden Seiten mit den Mitteln physischer Gewalt ausgetragen. Damit unterscheiden sie sich von ähnlich gelagerten Konflikten in der frühen Neuzeit. Dank der Vermittlung einiger nicht direkt betroffener Mächte gelangte der Streit schliesslich vor das überlokale Gremium des Landtags. Dass soziale Konflikte vor diesem Gericht der Landgrafschaft Sisgau und damit unter Beteiligung bäuerlicher Richter verhandelt wurden, ist ein weiteres Merkmal der spätmittelalterlichen

heraus und versichert, er habe ihn, als er sich am Morgen vom Tisch erhoben habe, um zum Fenster hinauszusehen, auf dem Boden zufällig «mit den Füssen gefunden». Das Geld habe er nicht stehlen, sondern zurückgeben wollen. Im Gericht meint Niklaus von Eptingen dazu, es sei nicht glaubhaft, dass er den Säckel mit den Füssen gefunden habe, da er doch auf dem Tisch gelegen habe. Ein Zeuge berichtet, Spörli habe ihn vor der letzten Messe am Weihnachtstag aufgesucht und von ihm eine Münze für das Opfer in der Kirche geliehen. Diese Aussage dient dem Angeklagten als Beweis, dass er keinen Diebstahl begehen wollte; denn er habe ja anderswo den für das Messopfer benötigten Vierer ausgeliehen.

Eine zweite Klage lautet auf Diebstahl zweier Ärmel, die er nach eigenem Bekunden unabsichtlich angelegt hat, dem Besitzer aber wieder zurückgeben will, wozu es aber nie kommen wird. Was war geschehen? Der Kläger, seine Frau und Spörli sind zur Erntezeit auf Arbeitssuche in die Waldshuter Gegend aufgebrochen. Unterwegs kehren sie in ein Wirtshaus ein und werden von zwei Bauern aus Degerfelden zum Kornschneiden gedingt. Nach der Übernachtung in der Herberge geniesst das Paar den Morgen im Bett, während es Spörli, der seinen Arbeitge-

212 GEMEINDE IM WIDERSPRUCH: SOZIALE UNRAST UND BAUERNUNRUHEN

Blick von der Sissacher Fluh
Hoch überragt die Sissacher Fluh das Ergolztal und das ganze Gebiet der Herrschaften Farnsburg und Homburg. Das Dorf Sissach, am Fuss der Fluh, ist von alters her ein Ort mit semizentraler Bedeutung – man denke nur an die Kirche mit den reichen merowingerzeitlichen «Stiftergräbern». Pilger auf dem Weg nach Santiago de Compostela in Nordspanien, welche die Route über das Ergolztal nahmen, strebten die Jakobskirche als Etappenziel an; sie wurde am Ende des 15. Jahrhunderts erweitert und von der lokalen Oberschicht durch Stiftungen bereichert. Sissach war ein regionaler Getreideumschlagsplatz und Gerichtsort, in welchem viele Landtage abgehalten wurden.

Geschichte des Baselbiets. Seit dem 16. Jahrhundert wurden die Landtage von der Aburteilung von Eigentumsdelikten und Verbrechen gegen Leib und Leben ausgeschaltet; sie wurde alleiniges Monopol des Ratsgerichts.[27]

Der Sissacher Immlistreit

Ein halbes Jahrhundert dauerte die letzte, turbulente Phase eptingischer Herrschaft in Pratteln bis zum Übergang an Basel. Lange haben die Inhaber der Herrschaft Pratteln und Frenkendorf dem Widerstand ihrer Bauern standgehalten. Sie haben ihr adeliges Selbstbewusstsein gepflegt und ihrer Autorität als «natürlicher Obrigkeit»[28] Nachachtung zu verschaffen gesucht – in einer Zeit, als andere ihres Standes schon längst begonnen hatten, ihre Grundherrschaften und Gerichtsbefugnisse an Stadtbürger zu veräussern. Soziale Spannungen machten sich ausser in Pratteln in anderen teils eptingischen, teils Münch'schen Herrschaften bemerkbar, so in Diegten, Wildeptingen und Muttenz-Münchenstein, die sich dem Prattler Aufstand anschlossen. Gleichzeitig herrschte auch in Sissach Unruhe. Ein langwieriger Prozess wegen eines Getreidemasses, einem Immli, ging dem Ende der eptingischen Herrschaft im Dorf voraus. Die aufbrechenden Konflikte und die rege Beanspruchung der Gerichte dürften aller Wahrscheinlichkeit nach dem Dorfherrn Götz Heinrich von Eptingen, einem Vasallen Österreichs, geschadet und ihm die Trennung von «seinen» Bauern erleichtert, wenn nicht gar befördert haben. Er entschloss sich mit dem Einverständnis seiner Vettern Herman, Thüring, Hans Bernhard, Ludwig und Peter von Eptingen zum Verkauf seiner Herrschaft. Für 2200 rheinische Gulden trat er im Januar 1465 mit Billigung seines Lehensherrn Herzog Sigmund von Österreich das Dorf Sissach mitsamt dem Kirchensatz an die Stadt Basel ab.[29] Ludwig von Eptingen hatte ihr im Vorjahr die Dörfer Zunzgen und Ifenthal, fricktalische Güter und Zinsen in Gipf und Wittnau samt seinem Anteil an der verfallenen Feste Alt-Homberg für 2600 Gulden verkauft.[30] Gleichzeitig erwarben zwei Stadtbürger, Werner Truchsess von Rheinfelden, der Inhaber des dortigen Schult-

Basler Immli aus dem 17. Jahrhundert
Getreide wurde in Hohlmassen gemessen. Ein Immli enthält etwas mehr als einen Liter. Getreideabgaben wurden meist in Vierzeln berechnet: 1 Vierzel von 273,28 Litern Inhalt entspricht im Basler Mass 256 Immli.

bern folgen will, noch vor der Morgendämmerung zum Aufbruch drängt. In der Dunkelheit, «als sin gesell mit der dirnen ligend plyben und nit ufgestanden», sei er fortgegangen; unabsichtlich habe er die Ärmel seines Gesellen erwischt und mitgenommen. Er bleibt ihm auch den Batzen schuldig, den er ihm zu Beginn der Fahrt geliehen hat.
Klägerin ist ferner Verena, Michel Beringers Ehefrau, in Basel, bei der Spörli einige Zeit zur Miete wohnt und wo er häufig isst. Zuletzt bleibt er ihr sieben Schilling schuldig. Sie will ihn nur nach Hinterlassung von Pfändern – es sind die Arbeitsgeräte eines Rebmanns, die Tragbütte, die Haue

und ein Karst – ziehen lassen. Er stimmt sie aber um, weil er das Gerät benötigt, um «seine Nahrung» bei der Rebarbeit zu verdienen. Denn es sei nun im Spätherbst Zeit, mit dem Reben Decken etwas Geld zu verdienen.
Die Klage des Junkers betrifft nicht in erster Linie die ausstehenden Grundzinsen, sondern den Kardinalpunkt von Spörlis Flucht aus der Herrschaft und sein Hilfeersuchen an Solothurn. Nachdem ihn das Prattler Gericht am 4. Dezember 1511 Urfehde schwören lässt, weil er sich weigert, eine Kaution zu hinterlegen, wendet sich Spörli umgehend an den Rat dieser Stadt und schwört gemeinsam mit seiner Frau

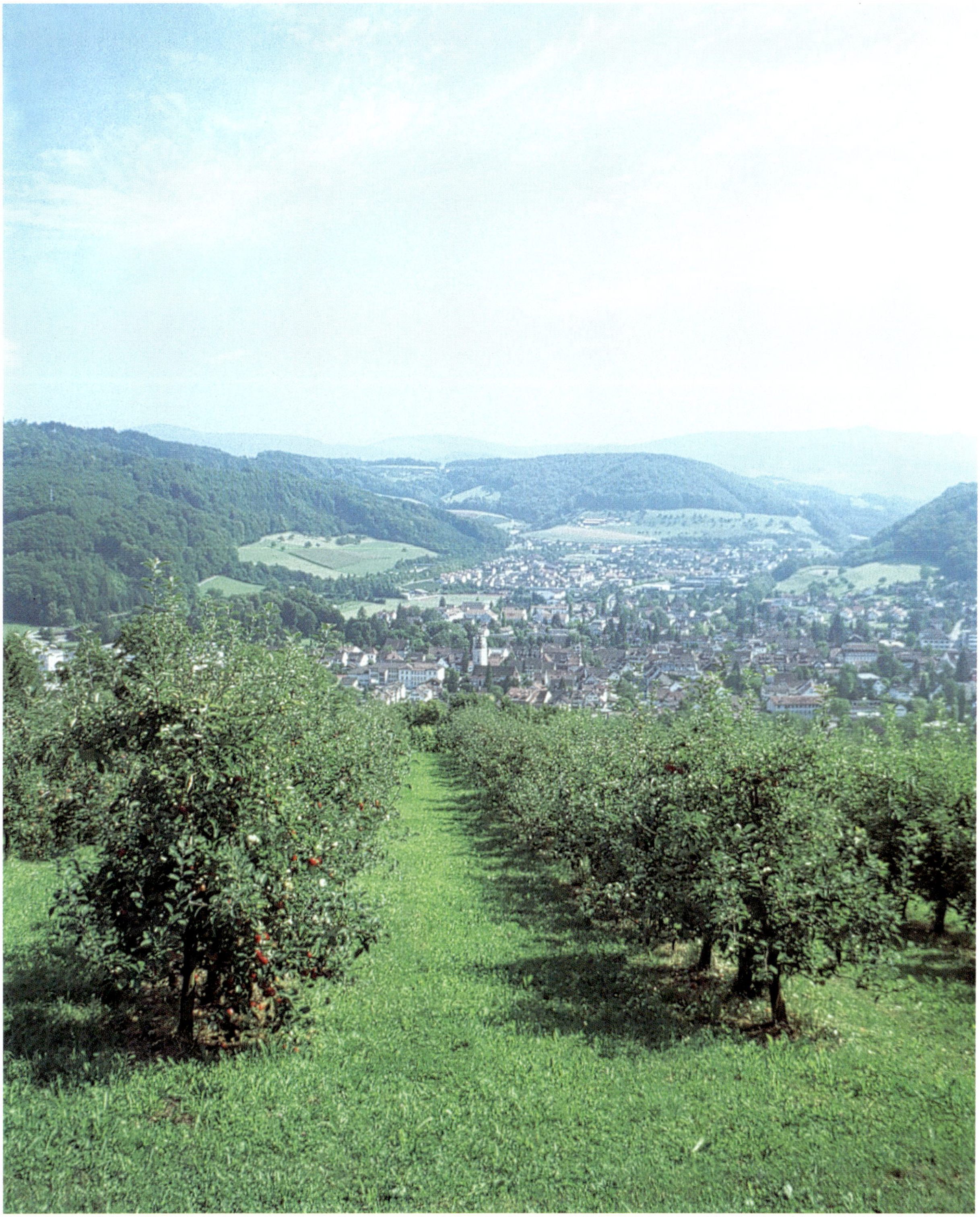

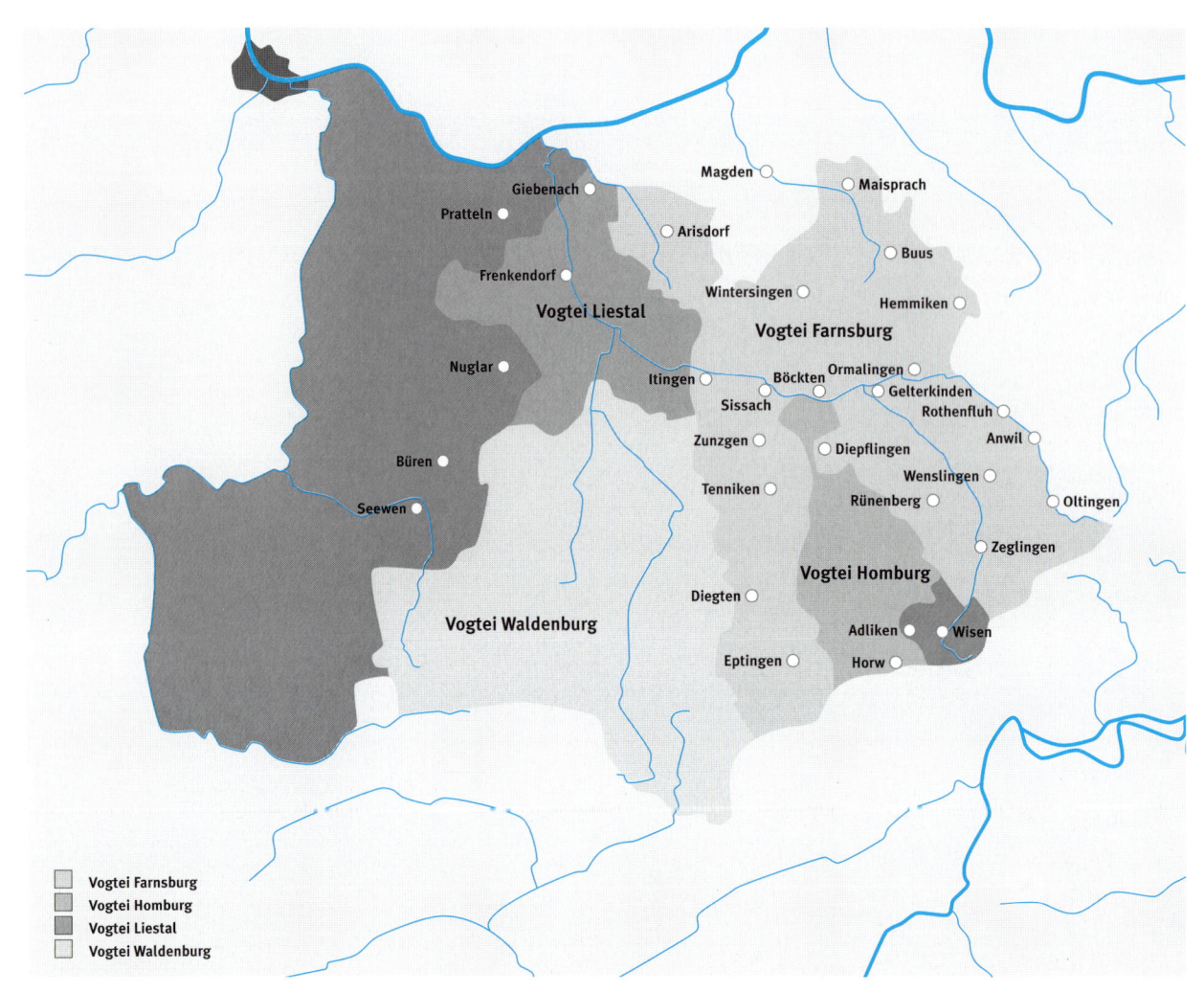

Die Landgrafschaft Sisgau im 15. Jahrhundert

Der Inhaber der Landgrafschaft war befugt, Landtage anzuberaumen. Durch Boten liess er in den Gemeinden jeweils Ort und Zeitpunkt der Landtage verkünden. Die Inhaber der landgräflichen Hoheitsrechte waren zunächst die Grafen von Thierstein, dann die Herren von Falkenstein und in den 1450er Jahren für kurze Zeit die Herzöge von Österreich. Im Jahr 1461 schliesslich kaufte die Stadt Basel von den Falkensteinern die Herrschaft Farnsburg und die Landgrafschaft. Für die zum Gerichtskreis der Landgrafschaft gehörenden Dörfer bestand Folgepflicht, das heisst, säumigen Richtern wurden Bussen auferlegt. Kartiert sind jene Dörfer, welche im Laufe des Immlistreits von 1459 bis 1463 nachweislich Urteilssprecher an die Landtage sandten.

heissenamtes, und sein Onkel und Ziehvater Peter Offenburg von Basel, den Freihof in Liestal (an der Stelle des heutigen Regierungsgebäudes) und den Burgstall Bischofstein mit den zugehörigen Rechten, Zwing und Bann von Friedrich zu Rhein von Häsingen. Der Besitz war vormals ebenfalls in als solothurnischer Leibeigener (nicht als Bürger!). Mit dem Meineid wiederholt sich auf individueller Ebene ein Handlungsmuster, das dem Dorfherrn vom seinerzeitigen Aufstand gegen seinen Vater Hans Bernhard noch immer in den Knochen sitzt, zumal er selbst sich unlängst, 1503, mit einer Erhebung konfrontiert sah; seine Bauern nahmen nämlich die Huldigung zum Anlass für Beschwerden.[18] Spörli und sein Fürsprecher – ein vom Gericht vereidigter Vorsprecher oder Vorredner des Angeklagten –, der reputierte Basler Gerichtsamtmann Rudolf Huseneck,[19] stellen im Prozess das Hilfesuchen bei Solothurn als einen Akt der legitimen Notwehr gegen Schikanen und Zwangsmassnahmen des Herrn dar und erheben ihrerseits Gegenklage gegen den Eptinger. Mit dem Solothurner Eid des Ehepaars Spörli erlangt die Affäre eine politische Bedeutung weit über die Gemeinde hinaus. Denn sie erneuert den alten Konflikt, den Hans Bernhard in den 1460er Jahren mit Solothurn ausgefochten hatte, und bedroht die Herrschaft, da sie Solothurn die Gelegenheit der Intervention gibt. Niklaus wirft dann auch der Stadt vor, den Friedensvertrag von 1470 verletzt zu haben.[20] Dramatische politische Folgen und ein Aufstand bleiben aber diesmal aus, da Spörli in eine gesellschaftliche Aussenseiterrolle geraten ist und in

eptingischer Hand gewesen.[31] 1467 kaufte Werner Truchsess von Hans von Falkenstein die Herrschaft Böckten. Auch diese sozusagen privaten Erwerbungen passten ins Konzept der baslerischen Territorialpolitik. Zwar lag der Bischofstein seit dem Erdbeben von 1356 in Trümmern; sein realisierbarer Marktwert war gering. Doch befand sich der Burgbann im Herzen des Amtes Farnsburg, und einst war die Burg rechtlicher Mittelpunkt und Symbol der Herrschaft über Sissach gewesen.[32] Die Käufer waren der Sohn und der Enkel des Staatsmannes Henman Offenburg. Peter Offenburg selbst, er starb 1474, war als Landvogt der erste Repräsentant der städtischen Herrschaft im 1461 erworbenen Amt Farnsburg.[33]

Die Akten über den von 1459 bis 1463 dauernden Prozess Hans Müllers gegen den Dorfvogt Hans Lang gestatten einen Einblick in innergemeindliches Leben. Der «Immlistreit» hat seinen Ursprung in einer persönlichen, von Lang ausgelösten Fehde.[34] Die während des Gerichtsverfahrens protokollierten Zeugenaussagen geben Auskunft über dörfliche Machtstrukturen, über die Position der Träger von Gemeindeämtern und nicht zuletzt über die Machtstellung Ritter Götz Heinrichs selbst. Weil das Dorfgericht den Streit zwischen Lang und dem Müller nicht lösen kann, ist zu vermuten, dass dem Dorfherrn die Vermittlung divergierender Interessen nicht mehr gelingt. Er muss einen gewissen Autoritätsverlust hinnehmen, sobald der Fall im sisgauischen Landgericht verhandelt wird. Denn grundsätzlich hat sich dieses nicht in Sissacher Angelegenheiten zu mischen: Spätestens seit den 1430er Jahren hatten sich Götz Heinrichs Vorfahren die Exemtion Sissachs, Eptingens, Diegtens, Hölsteins und Pratteln von der Landgrafschaft erkämpft; das bedeutete die Befreiung vom Gerichtszwang des sisgauischen Landtags. Damit hatten sie die landgräflichen Befugnisse einschliesslich der hohen Gerichtsbarkeit und von «Stock und Galgen», also des Blutbanns, in ihren Grundherrschaften für sich beansprucht.[35] Anlass für eine der ältesten Kundschaften über die Exemtion eptingischer Herrschaften war eine vom Prattler Untertan Heini Bielisser um 1434/35 begangene Bluttat gewe-

der Gemeinde niemanden findet, der ihn vor Gericht entlasten oder sich mit ihm solidarisieren würde. Es gelingt ihm nicht zu beweisen, dass er nicht meineidig sei, dass ihn Niklaus von Eptingen in einer öffentlichen Gemeindeversammlung von seinem Hintersasseneid entbunden und ihm den Abzug bewilligt habe. Im Gegenteil, wichtige Zeugen wie der Prattler Vogt Claus Mathis erinnern sich, dass die im Formular des Huldigungseids schriftlich kodifizierten Abzugsbedingungen[21] nicht erfüllt seien und Spörli sich trotz seiner Urfehde dem angesagten Gerichtsverfahren durch Flucht und mehrmaligen Ladungsungehorsam entzogen habe. Der Angeklagte stützt sich wie die Aufständischen der Generation seines Vaters oder Grossvaters auf die Hilfe der Städte: Er begibt sich unter den Schirm Solothurns, flieht nach Basel und lässt seinen Standpunkt vor dem Prattler Dorfgericht von Huseneck, einem Mitglied des Basler Stadtgerichts, vortragen. Der Einzelfall von Spörlis aufwändigem Prozess ist für sich genommen nicht spektakulär, doch trägt er letztlich zur Destabilisierung und finanziellen Krise der Herrschaft bei und bildet den Hintergrund für die von Niklaus von Eptingen wenig später eingeleiteten Verkaufsverhandlungen mit Basel. Dass sein eigensinniges Verhalten auch in die-

Der unredliche Müller
Ein Basler Heidnischwerker oder eine Heidnischwerkerin schuf diesen Wandbehang um 1470/80. Die Darstellung bedient sich weitherum verbreiteter Stereotype über die Müller. Die klein dargestellte Hauptperson im Zentrum des Bildes trägt einen blauen Tappert, eine blaue Mütze und rote Stiefel; am Gürtel hat der Mann ein Schwert umgehängt. Er erklimmt die Stufen der Mühle und schüttet Getreide in den Trichter. Statt des Mehls kollern aus dem Mahlkasten Distelknospen über eine Holzrinne in den Trog. Distelranken mit Knospen beleben übrigens auch den Hintergrund des Bildes. Zwei Ehepaare beobachten als Kunden die Szene, während die Hühner im Vordergrund zwischen Erdbeeren, Massliebchen und anderen Pflanzen Körner picken, sie symbolisieren hier als diebisches Federvieh die betrügerischen Praktiken der Müller: «In ander Leute Gut, wie ist uns da wohlgemut / Laß hingahen, dies mag nicht lange währen», heisst es auf den unteren Spruchbändern. Während links ein vornehmes Paar auftritt, handelt es sich rechts um ein bäuerliches Ehepaar. Die Frau trägt eine weisse Haube, ein rotes hochgeschürztes Kleid und einen blauen Unterrock mit Pelzsaum, am Gürtel hängt ihre rote Börse. Der Mann trägt eine grob strukturierte Mütze, einen geknöpften kurzen Tuchrock, blaue Beinlinge und braune Lederschuhe. Am Gürtel sind ein brauner Ledersack und vorne ein grosser roter Sack befestigt.

sen.[36] Mit dem Prozess Müllers gegen Lang ist nun aber die umfassende Gerichtsbefugnis des Herrn von Eptingen gemindert worden; Götz Heinrich ist zwar der Meinung, dass «der Fall [der Immlistreit] denen unterbreitet worden sei, denen dies nicht gebühre und zustünde, das bedeute die Beeinträchtigung seiner eigenen Gerichtshoheit. Denn solche Angelegenheiten stünden alleine ihm zu und sie gehörten vor seine Gerichte, nicht vor die hohen Gerichte» des Landgrafen.[37] Doch er verliert den Kompetenzstreit mit Thomas von Falkenstein vor einem Schiedsgericht des österreichischen Hofgerichts in Ensisheim. Peter von Mörsberg, Landvogt Herzog Albrechts von Österreich, beurkundet den Schiedsspruch, wonach die hohe Gerichtsbarkeit mit Bussen über 27 Pfund «oder derglichen falsche mesz» dem Landgrafen zustehe und die Masse nach «altem Herkommen» in Rheinfelden zu eichen seien. Nachweislich war dieses «Herkommen» schon im 14. Jahrhundert in den ältesten Regelungen über die Landgrafschaft schriftlich verankert worden.[38] Der Prozess um das Getreidemass findet vor dem grösseren Gremium des sisgauischen Landgerichts statt, gemäss geltendem Recht und dem Hoheitsanspruch der Herrschaft Farnsburg. Das Gericht tagt zuerst im Namen des Grafen Thomas von Falkenstein, später im Namen der Stadt Basel, welche die Herrschaft zu jenem Zeitpunkt übernommen hatte.

Intrige und Gerücht im Dorf

Ausgangspunkt des Immlistreits ist nach Dorfvogt Langs Aussage eine «Weiberrede», ein unter den Frauen im Dorf kursierendes Gerücht, Hans Müller verwende ein falsches Getreidemass, sein neues Immli habe ein zu grosses Fassungsvermögen. Bei einer späteren Prüfung stellt man fest, dass ein Viertel nur den sechsfachen Inhalt von Hans Müllers Immli fasst, während ein Viertel gewöhnlich sieben Immli halte. (Man verwendet zum Vergleich der hölzernen Getreidemasse die feinkörnige Hirse). In einem kleinregionalen Getreideumschlagplatz wie Sissach wiegt eine solche Anschuldigung gegen einen Müller allerdings schwer.[39] Lang nimmt das Gerede in seiner

ser Hinsicht Wirkung zeigen würde, ist dem «armen Mann» Spörli selbst wohl kaum bewusst.

Betrug in der Mühle
Laut Johann Heinrich Zedler sollen die Müller der geltenden Mühlordnung nachleben. «Desgleichen sollen sie sich auch für nachfolgenden, bey vielen Müllern üblichen Betrügereyen hüten, als da sind [...]»: Unter den 34 aufgeführten Betrugsformen ist auch jene, auf welche die Beschuldigung gegen den Sissacher Müller zielt: «Wenn sie [die Müller] unvermerckt zweyerley Gemaes führen, ein grosses zum Einnehmen, und ein kleines zum Aus-

geben.»[22] In diesem Fall nimmt der Müller das unentspelzte und ungemahlene Getreide vom Kunden in einem übergrossen Mass entgegen, um damit einen ungerechtfertigt hohen Anteil als Mahllohn einzubehalten, während dem Kunden im zweiten, kleineren, der Norm entsprechenden Hohlmass zu wenig Mehl abgemessen wird.

Die Bauernrichter im Landgericht
Obwohl der Konflikt um das Immli im Dorf selbst seinen Ausgang nimmt, verbreiten sich die Informationen im ganzen Sisgau, in jenen rund 30 dingpflichtigen Dörfern, die Urteilsprecher in den Landtag sen-

Eigenschaft als herrschaftlicher Vogt zum Anlass, in kleinstem Kreis eine Nacht-und-Nebel-Aktion auszuhecken, in die Mühle einzudringen und das inkriminierte Hohlmass zu beschlagnahmen.[40] Da sich der Müller mit dem

den.[23] Das Gericht tagt anfangs im Namen des Herrn Thomas von Falkenstein; nach 1461 dann im Namen der Stadt Basel, welche die Landgrafschaft mit der Herrschaft Farnsburg gekauft hat. Den Vorsitz als Landrichter hat sowohl vor wie auch nach dem Herrschaftswechsel der einflussreiche Gelterkinder Dorfvogt Hans Schmid. Er ist schon um 1435 als Gelterkinder Amtmann der Herren von Farnsburg bezeugt.[24] In anderen, nicht direkt Sissach betreffenden Fällen übt der Sissacher Werlin Schmid, von 1463 bis um 1480 Sissacher Dorfvogt, dieses Amt aus.[25] Der Mehrteil der Richter (20 von 33) hatte schon vor 1461 im Landtag gesessen, einige waren inzwischen verstorben. Die Kontinuität der Gerichtsbesetzung verweist auf die starke Stellung der Landleute gegenüber der Stadt. Indem sie die hergebrachten personellen Strukturen bestehen liess, vermied sie es, erfahrene Richter und Dorfaristokraten zu entmachten und gegen sich aufzubringen. Anders als noch im 14. Jahrhundert, als Adelige und Bürger der Städtchen Liestal, Olten und Waldenburg die Mehrheit der Urteilssprecher gestellt hatten, handelte es sich nun um ein «Bauerngericht», in welchem Bauern mit mittlerem und grossem Landbesitz besonders gut vertreten waren.

Einflussreiche Sissacher und Zunzger

Fälschungsvorwurf an seinem «guten lümbden [Leumund], ere, lib und guot», an «glympff, ere und recht»[41] geschädigt sieht, reicht er eine Ehrverletzungsklage ein. Sie ist vorläufiger Endpunkt einer in einer mündlichen Kultur typischen Steigerung: Die «Weiberrede» kolportiert ein Gerücht, es verdichtet sich und verbreitet sich als «Gemurmel» in der ganzen Gemeinde. Schliesslich wächst es sich zur politisch brisanten Sache, zum gerichtsnotorischen «verleumdeten Landgeschrei»[42] aus, zur verleumderischen und für den Verdächtigten gefährlichen öffentlichen Meinung. Sollte in der Mühle «falsch und beschiss»[43] im Spiel und der Mahllohn ungerecht sein, so berührt dies die Interessen aller Haushalte im Dorf und beunruhigt besonders die Frauen, weil sie für die Nahrungsmittelversorgung und -zubereitung verantwortlich sind. Doch nicht von ihnen, nicht aus bäuerlichen Kreisen sind die Verdächtigungen wegen des Immlis erhoben worden, sondern von auswärtigen Kornkäufern, Hodlern, die sich an Lang wenden und mit ihm die folgenschwere Intrige gegen den angesehenen Müller anzetteln.

Der Prozess

Im Laufe des Prozesses hält sich Götz Heinrich von Eptingen zurück, nachdem er sich anfänglich hinter seinen Vogt Lang gestellt hat. Als sich Lang zunächst wegen wiederholten Ladungsungehorsams – er hat formal korrekten Vorladungen nicht Folge geleistet und den Prozessbeginn lange hinausgezogert – zu verantworten hat, beruft er sich auf den entschuldigenden Hinderungsgrund durch «libs und herren not».[44] Götz Heinrich behauptet dagegen, ihm das Erscheinen vor Gericht verboten zu haben. Doch dieses erachtet seine isolierte Zeugenaussage, noch dazu weil er Leibherr des Angeklagten sei, als ungenügend und verpflichtet Langs Bürgen zur Zahlung einer Busse von 100 Pfund wegen Prozesssäumigkeit. Langs Taktik besteht nun darin, formale Verfahrensfragen in den Vordergrund zu rücken, um von der eigentlichen Sachfrage abzulenken. In einem späteren Landtag erreicht Lang die Aufhebung des Urteils, und beide Parteien müssen erneut Bürgen

Bauern, die im Landtag als Urteilssprecher wirken, pflegen nachweislich schon Jahre vor dem Kauf der Herrschaft Farnsburg durch Basel rege Beziehungen zur Stadt, beispielsweise hat Clewin Schuh in Waldenburg das «badhus under dem stettlin» als Lehen inne, zudem steht er als Schaffner im Dienste des Zisterzienserinnenklosters Olsberg. Henslin Schäublin von Zeglingen scheint ein begüterter Bauer mit Grossviehbesitz zu sein; er tritt im Immlistreit als Zeuge und Fürsprech für den Kläger Müller ein. Werlin Müller, der Müller und Vogt von Zunzgen, tritt im Prozess von 1460 als Zeuge Hans Langs auf. Um 1447 leistet er für den Pächter der Mühle in Ober-Onoldswil gegenüber dem Basler Rat Bürgschaft. Der Sissacher Dorfvogt und angesehene Urteilssprecher im Landtag Werlin Schmid ist im Immliprozess 1460 Zeuge für Müller und im Landtag vom Juni 1463 Fürsprech Hans Langs. Er dotiert später das Basler Domstift mit einem Legat.[26] Zusammen mit Wernlin Müller von Zunzgen, der inzwischen nach Liestal gezogen war, richtet er 1479 in Sissach eine Pfründe für einen Frühmesser am Marienaltar in der Leutkirche St. Jakob ein; die beiden Männer und ihre Ehefrauen dotieren sie mit einträglichen Zinsen und Zehnten in Böckten, Thürnen und Zunzgen.[27] Die Stiftung ist von langer Hand gemein-

Zeugen und Fürsprecher im Prozess Müller contra Lang 1460
(* Beteiligt an der Sissacher Kirchenstiftung von 1479)

Urteilssprecher im Landgericht, unter dem Landrichter Hans Schmid, dem Vogt von Gelterkinden

Henslin Schoublin von Zeglingen: Fürsprech des Klägers Hans Müller, Zeuge für Hans Müller; Hans Schmid, Vogt von Gelterkinden: Zeuge für Hans Müller; Werlin Schmid* von Sissach, seit 1463 Vogt von Sissach: Zeuge für Müller; Clewin Schuw* von Sissach: Zeuge für Müller; Hans Brötlin von Sissach: Zeuge für Müller; Clewin oder Claus Nollinger, Bannwart, 1462 Vogt von Sissach: Fürsprech für Lang; Werlin Müller*, Vogt von Zunzgen: Zeuge für Lang; Rutsch Hüglin von Sissach, Geschworener, 1456 Vogt von Sissach: Zeuge für Lang

Weitere Zeugen für Lang

(Ritter Götz Heinrich von Eptingen, nicht als Zeuge zugelassen)
Rudin Hödelin*, Geschworener; Werlin Hersperg, Geschworener; Heiny Nollinger, Geschworener; Hans Hödelin; Lienhard Brugger von Zunzgen; Graber von Zunzgen; Fridlin Nollinger; Hans Grofflin; Clewin Stellin; Werlin Zschudin; Clewin Erny; Cunrad Schmid; Hans Kuntsch; Hans Scherer; Hans Tulliker; Merzenblust; Hans Vogt*, ehemals Geschworener; Heintzy Kung; Clewin Zschudin; Hans Tenger; Peter Huglin

Weitere Zeugen für Müller

Heintzy Scholer, Vogt zu Magden; Rudin Hödelin, Geschworener; Werlin Hersperg, Geschworener; Heini Nollinger, Geschworener

Fürsprecher im Prozess vom Juni 1463

Clewin Schuh, Fürsprech des Klägers Hans Müller; Werlin Schmid, Fürsprech des Beklagten Hans Lang

sam mit dem inzwischen verstorbenen Clewin Schuh vorbereitet worden. Er hat als Legat «ein gemuret huss zu Sissach gelegen» geschenkt. Weiter sind der Geschworene Ruedi Hödelin und der zur Zeit von Hans Langs Delikt ebenfalls als Vierer amtierende Hans Vogt als Wohltäter an dieser Stiftung beteiligt. Alle diese Persönlichkeiten gehören zum dörflichen «Patriziat».

Werlin Schmid ist seit 1463 als Nachfolger Claus Nollingers Sissacher Vogt. Er sitzt nachweislich seit 1461 im Landgericht. Im von Hans Schmid präsidierten Landtag von 1462 ist er Fürsprech des Landvogts Peter Offenburg und nimmt als solcher erstmals eine Aufgabe im Dienste der städtischen Obrigkeit wahr: Offenburg hat die Urteilssprecher aufgeboten, um abklären zu lassen, welche Dörfer folgepflichtig sind, und um für säumige Urteilssprecher eine Busse von drei Pfund festzusetzen. 1471 dann fungierte Werlin Schmid zusammen mit dem Liestaler Schultheissen Peter Scherer als Fürsprecher der aufständischen Untertanen des Ritters Hans Bernhard von Eptingen in Prattlen. 1473 ist er Landrichter in Sissach im Prozess dieses Ritters gegen die Pratteler Mörder seines Knechts Henslin von Nürnberg. Der Vogt von Gelterkinden, Hans Schmid, der dem Gericht im Immliprozess vorsteht, sitzt damals unstellen. Götz Heinrich glänzt fortan, modern gesprochen, durch Führungsschwäche und vermeidet eine einseitige Parteinahme. Der Landtag lässt ihn nicht einmal mehr als Zeugen zu.

Im Zeugenverhör berichten Augenzeugen der Vorfälle von einer Episode, die von der Unschlüssigkeit und Vorsicht des Ritters kündet. Dahinter steckt letztlich eine gewisse Rücksichtnahme gegenüber dem habsburgischen Lehensherrn und der Stadt Rheinfelden: In Hans Scherers Haus unterrichtet Lang eines Tages Götz Heinrich im Beisein der dörflichen Unterbeamten, des damaligen Bannwarts Clewin Nollinger und der Vierer Rutsch Hüglin, Rudin Hödelin, Werlin Hersberg, Heini Nollinger über den Fälschungsvorwurf. Darauf lässt Götz den Bannwart das Immli beibringen. Weil er das Rheinfelder Eichzeichen bemerkt, kommen ihm Zweifel und er sagt: «Nun steht das Zeichen der Stadt Rheinfelden gar ehrbar darauf. Darum ist es an euch, zu beraten, wie man in dieser Sache weiter vorgehen will; ihr dürft nämlich nicht meinen, es sei meine Angelegenheit, denn ich selbst lasse hier selten mahlen. So kümmert ihr euch darum und seht, was zu tun ist.» Auf Anraten der Vierer schickt er eine Delegation zur Prüfung des Immlis zu den geschworenen Eichmeistern und zum Schultheissen Truchsess in Rheinfelden. Und siehe da, das Fassungsvermögen entspricht der Norm. Hans Müller hat es ja auch in Rheinfelden anfertigen lassen, das können der ehemalige österreichische Landvogt auf der Farnsburg, Junker Wilhelm vom Runs, und dessen Hauptmann bestätigen. Auf Bitten Müllers, der anwesend ist, lässt der Landvogt Lang und seine Begleiter in Rheinfelden umgehend gefangensetzen. Langs Fälschungsthese scheint von Beginn an wenig glaubwürdig gewirkt zu haben. Das zeigt sich bei der erwähnten Zusammenkunft in der Stube Hans Scherers: Der von Götz Heinrich gerufene Zunzger Müller Werlin Müller will mit der Sache nichts zu tun haben, muss sich aber gemeinsam mit zwei Zunzger Geschworenen an der ersten Prüfung des Immlis in Sissach beteiligen. Der vom Bannwart Clewin Nollinger herbeizitierte Hans Tülliker weigert sich zunächst, mit der

ter den Urteilssprechern. In diesem Falle hat er sich also wiederum mit den Herren von Eptingen zu beschäftigen; wir können ihn und Werner Schmid von Sissach gewissermassen als «Spezialisten» für eptingische Herrschaftskonflikte bezeichnen.[28] Im Dienste Basels leitet Hans Schmid um Martini, im November 1465, eine hochpolitische und symbolgeladene Aktion: Er führt ein demonstrativ grosses Aufgebot von etwa 40 Knechten an, um im Bann Pratteln einen Galgen zu errichten und damit den Gerichtsherrn Hans Bernhard von Eptingen zu provozieren. Als erfahrener Urteilssprecher sitzt Hans Schmid von Gelterkinden rund drei Jahrzehnte lang im Landgericht, erstmals um 1444 anlässlich eines der ersten Hexenprozesse in der Region.[29]

Den oben geschilderten Konflikt um das Immli des Sissacher Müllers können wir als Ausdruck der in den eptingischen Herrschaften virulenten und gegen 1460 wachsenden sozialen Spannungen werten; er bildete eine der Voraussetzungen für den kurz nach dem Prozess von 1463 erfolgten Verkauf der Grund- und Dorfherrschaften Sissach, Zunzgen und Ifenthal an Basel. Im Überblick über die Ereignisse der 1460er Jahre in den eptingischen Herrschaften liegt die Hypothese nahe, dass für die politisch einflussreichen Bauern – vor allem

Delegation des Vogts nach Rheinfelden mitzugehen, weil «die gemeinde ein missvallens daran hand». Tülliker gerät in einen Loyalitätskonflikt zwischen Gemeinde und Herrn, sucht diesen deshalb in seinem Wohnsitz in Blotzheim auf und fügt sich zuletzt dessen Willen. Auch der Kaplan Ulrich von Sissach mahnt vergeblich zu Besonnenheit und will zuerst den Müller selbst anhören, um ihn zu fragen, ob er vielleicht ein entsprechendes Privileg habe.

Ein langer Prozessunterbruch zwischen August 1460 und Juni 1463 ist durch den Herrschaftswechsel im Amt Farnsburg und die damit verbundenen administrativen Schritte begründet. Inzwischen hat es der Beklagte Lang, der schon längstens seines Amts als Vogt enthoben ist, vorgezogen, sich in die Stadt Basel abzusetzen. Wahrscheinlich erschien ihm seine Situation im Dorf ausweglos. Als der Prozess am 11. Juni 1463 fortgesetzt wird, tritt Götz Heinrich von Eptingen für ihn ein. Einen aussergerichtlichen Vergleich lehnen die Parteien ab. Darauf fällt das Gericht «einmütiglich» einen ersten Urteilsspruch, wonach Hans Müller «die bessere Kundschaft» habe. Müller verlangt, Lang sei nun endlich zu bestrafen und zur Zahlung eines Schadenersatzes zu verurteilen. Nachdem Lang Berufung ankündigt und beim Basler Bürgermeister und Rat appellieren will, entwickelt sich eine längere, kontrovers bis tumultuös verlaufende Debatte. In einem zweiten Spruch entscheiden die Urteilssprecher am selben Tag, ein Urteil über das Strafmass und die Entschädigungsfrage sei aufzuschieben. Sie räumen sich eine Bedenkzeit ein, um den Rat der Basler Obrigkeit einzuholen. Obwohl sie also nach Anhörung der Zeugen im ersten Spruch «mit der meren urteil» das Recht klar auf Seiten des Klägers Müller sehen, gehen sie allfälligen Komplikationen und Auseinandersetzungen mit Basel aus dem Weg.[45] Anders ist dieser offene Entscheid schwer erklärbar. Das Letzte, was über Lang zu erfahren ist, ist eine vom Basler Notar Johannes Salzmann unterzeichnete Appellation vom 17. Juni 1463.[46]

jene «ehrbaren Männer», die von den Gemeinden in den sisgauischen Landtag abgeordnet wurden – der Übergang ihrer Herrschaft an die Stadt keinen Bruch bedeutete, dass sie ihn zunächst vielleicht sogar begrüssten. Es waren «weltläufige» Menschen, die mit städtischen Exponenten, bis hin zum Bürgermeister, bekannt und im Stande waren, die Ratspolitik in ihr eigenes politisches Handeln einzubeziehen. In Bezug auf die städtische Territorialpolitik ist folgender Umstand wichtig: Als höchstes Gericht stellt der Landtag ein herrschaftsübergreifendes Netz dar, auf dem die städtische Expansion aufbauen kann: Über die Gerichtshoheit macht sich baslerischer Einfluss seit 1461 auch schon in jenen Gemeinden bemerkbar, die noch nicht in den Besitz der Stadt übergegangen sind.

Öffentliche Meinung versus Landgerichtsentscheid

Obwohl Müller im Landtag nicht volle Genugtuung erfährt und ohne Entschädigung ausgeht, ist er im Dorf geachtet. Gemäss dem Verhörprotokoll sprechen sich die Zeugen überwiegend in seinem Sinne aus. Vor allem die Dorfmächtigen, die amtierenden und ehemaligen Sissacher Vögte, Bannwarte und Geschworenen, werfen Lang vor, er habe ohne ihre Zustimmung einsam gehandelt. Er versucht, die Verantwortung auf die Gemeinde abzuschieben – eine Position, die unhaltbar ist. Da hilft es ihm auch nicht, dass er mit weit mehr Zeugen aufwartet als der Kläger. Denn die Dorfmächtigen und so angesehene Persönlichkeiten wie die Richter im Landtag, Werlin Schmid, Hans Brötlin und Clewin Schuh, beschuldigen ihn des Alleingangs. Sie bestreiten ihre Beteiligung an der Intrige und betonen: «ich bin nit daby gesin.» Clewin Schuh leistet dem bedrängten Müller Hilfe und begleitet ihn sogar nach Basel, um den Rat des Bürgermeisters Hans Bremenstein zu suchen. Exemplarisch wird hier sichtbar, dass Einzelne an eine Grenze stossen, wenn sie eigenmächtig, ohne Einverständnis der dörflichen Elite, der Richter und niederen Amtleute, handeln. Deren Haltungen und Ansichten bestimmen wesentlich die öffentliche Meinung im Dorf. Wie der unentschiedene Ausgang des Prozesses zeigt, können sich die Sissacher Landtagsvertreter, obwohl Müller unbestrittenermassen «die bessere Kundschaft» hat, nicht durchsetzen. Dieser Widerspruch zwischen den zwei Ebenen der Gemeinde und des Landgerichts ist nur politisch zu erklären und verweist auf Einfluss und Machtmittel der neuen Obrigkeit und Inhaberin der Landgrafschaft. Im Landtag sind andere Interessen bestimmend als in Sissach, und unter den von den Sissacher Querelen nicht umittelbar betroffenen Urteilssprechern geben andere Überlegungen den Ausschlag – wie möglicherweise der Druck des Basler Rats, der einer Verurteilung des nach Basel geflohenen ehemaligen Dorfvogts abgeneigt ist.

Der Müller
Der Müller treibt die mit dem Getreidesack beladene Eselin mit dem Stock an. Das Junge trottet hinterher. Kupferstich des oberrheinischen Künstlers Martin Schongauer.

Lesetipps

Gegenwärtig stehen die Forschungen über innerdörfliche Spannungen und über Konflikte zwischen Herrschaft und Gemeinde im spätmittelalterlichen Baselbiet noch in den Anfängen.

Ausgangspunkt für wichtige Fragestellungen ist das ausgezeichnete Werk von Berner (1994a) über das Birseck. Das Staatsarchiv in Liestal birgt viel Material, das der Auswertung harrt.

Einschlägig sind die Artikel von Rippmann 1998b; zu sozialen Spannungen im Birseck besonders Rippmann 1996b, 1996e und 1997, überblicksweise Rippmann 1999.

Zur Einbettung der Ereignisse in den grösseren geschichtlichen Rahmen konsultiere man die Aufsatzsammlung «Aufruhr und Empörung?» (Blickle 1980) und den von Häberlein zusammengestellten Band «Devianz, Widerstand und Herrschaftspraxis in der Vormoderne» (1999).

Abbildungen

Kunsthalle Bremen Kupferstichkabinett Inv. Kl. 3 (Kriegsverlust): S. 197.
StA BL, Urk. 534: S. 198.
StA BS, Bildersammlung Falk. Fb 6,2: S. 201.
Kantonale Denkmalpflege Basel-Landschaft: S. 202.
Universitätsbibliothek Heidelberg, Cod. pal. Germ. 164, fol. 16v und 11r: S. 207.
Archäologie und Kantonsmuseum BL: S. 209.
Graphische Sammlung Aschaffenburg, D I 676/Staatliche Graphische Sammlung München, Foto: E. Seehuber: S. 211.
Historisches Museum Basel, Inv. Nr. 1906.2836: S. 212.
Roland Grieder, Basel: S. 213.
Anne Hoffmann Graphic Design, nach Othenin-Girard 1994, S. 517: Karte S. 214.
Burrell Collection, Glasgow, Reg. 46/43: S. 217.
Staatliche Museen zu Berlin – Preussischer Kulturbesitz, Kupferstichkabinett SMPK 41–1885: S. 222.

Anmerkungen

1 Franz 1968, Aktenband, S. 45; ders. 1962, S. 9; Amiet 1929.
2 Sablonier 1984; Blickle 1979; Blickle (Hg.) 1991.
3 Vgl. Bd. 2, Kap. 8; Isenmann 1988.
4 Den Begriff führt Suter (1997) als Schlüsselbegriff in seiner Untersuchung des Bauernkriegs ein.
5 Wunder 1991b; zur Schweiz Gilomen 1998a.
6 Buszello/Blickle/Endres (Hg.) 1984; Ulbrich 1979; Blickle 1980; Stöcklin 1991.
7 Vgl. Bd. 2, Kap. 7.
8 RQ BS/BL, II, S. 53.
9 Vgl. Bd. 2, Kap. 7. Vgl. StA BS, Deutschland B6.2, Gemeiner Pfennig von 1497. Entgegen der Meinung von Ulbrich 1979, S. 236 lässt sich sehr wohl feststellen, wer Hintersasse und wer Leibeigene(r) ist.
10 StA BL, AA, L. 72, Bd. 507, fol. 8v; die Schwörformel für die Hintersassen fol. 9v. Zum Folgenden Rippmann 1998b und 1999. Zur Persönlichkeit Hans Bernhards von Eptingen Christ 1992.
11 Diestelkamp: Art. Huldigung, in: LexMA 2, Sp. 262–265; Holenstein 1990, 1993.
12 Zur Personenliste vgl. Bd. 2, Kap. 7.
13 StA BL, AA, L. 72, Bd. 507, fol. 172v.
14 Lienhard Mathis war der Meier Junker Konrads, des Bruders Anton Husers von Eptingen, gewesen, Heini Mathis der Meier Hans Bernhards (StA BL, AA, Urk. 537; Rippmann, in: Rippmann/Simon-Muscheid/Simon 1996, S. 210); Merz 1909–1914, Bd. 3, S. 136–137, Stammtafel 5.
15 Dazu Rippmann 1998b.
16 Berner 1994a, S. 15; vgl. Rippmann 1998b, S. 136f., 152.
17 RQ BS/BL, II, S. 68, Nr. 618/2 (mit falscher Datierung); das Abkommen Hans Bernhards mit der Gemeinde Pratteln stammt gemäss StA BL, AA, Urk. 534, aus dem Jahr 1465.
18 Gauss 1932, S. 229–240; Amiet 1928, 1929.
19 Vgl. hierzu v.a. die umfangreiche Korrespondenz mit Solothurn, StA SO, Denkwürdige Sachen, Bd. 3; Wackernagel 1907–1924, Bd. 2/I, S. 110f., 359.

20 Rippmann 1998b; StA SO, Denkwürdige Sachen 3, S. 91, 92, 92a, 156, 156a; StA BL, AA, L. 72, Bd. 507, fol. 12v; Wackernagel 1907–1924, Bd. 2/I, S. 34–46; 110f.
21 Boos, Nr. 892, S. 1036.
22 Hierzu besonders der Artikel Pratteln in: Merz 1909–1914, Bd. 3.
23 StA BL, AA, Urk. appendix I; BUB 8 Nr. 482, 554, 593, 597, 602, 604, 645, 678.
24 Hans Friedrich besass drei Viertel der Herrschaft. Der Verkauf von Schloss und Herrschaft wurde 1521 eingeleitet; vgl. Gauss 1932, S. 339f.
25 Merz 1909–1914, Bd. 1, S. 311ff.
26 StA BL, AA, L. 72, Bd. 507, fol. 88, 89; Merz 1909–1914, Bd. 3, S. 155f.
27 Manz 1991, S. 111. Belege für die spätesten Landtage im Birseck sind die Hexenprozesse von 1559 und 1572/73; vgl. Rippmann/Simon-Muscheid/Simon 1996, S. 181f., 220–226.
28 StA BL, AA, L. 72, Bd. 506 Nr. 4.
29 Boos, Nr. 847, 860, 862.
30 Boos, Nr. 853–855, 857.
31 Boos, Nr. 859, 863; Kaufpreis: 700 fl.
32 Müller 1980.
33 Gilomen-Schenkel 1975, S. 20–23.
34 StA BL, AA, L. 11, Bd. 214 Nr. 7; Nr. 137; Urk. 466a und b; Boos, Nr. 818. Schon 1459 hatte sich das Landgericht mit Hans Lang wegen einer Schlägerei mit blutigem Ausgang zu befassen (Boos, Nr. 812).
35 Vgl. Rippmann 1998b.
36 Rippmann/Simon-Muscheid/Simon 1996, S. 176f., 206 (Anm.); Boos, Nr. 809.
37 StA BL, AA, L. 11, Bd. 214 Nr. 7, Landtag vom 25. August 1460; vgl. Boos, Nr. 809 (Bestätigung der niederen Gerichtsbarkeit und der Bussen bis zu 9 Pfund); Boos, Nr. 821.
38 Othenin-Girard 1994, S. 188f., 410; StA BL, AA, L. 9, Bd. 92 Nr. 8.
39 Zum Stereotyp des unehrlichen Müllers vgl. Bachmann 1983, Danckert 1963.
40 Dies ist nicht die erste Gewalttat Hans Langs, vgl. Anm. 34.
41 StA BL, AA, L. 11, Bd. 214 Nr. 7 und Urk. 466a.
42 Diesen Begriff verwendet Hans Müller in der Gerichtssitzung vom 28. Juli 1460; StA BL, AA, L. 11, Bd. 214 Nr. 7. Vgl. Deutsches Rechtswörterbuch, Bd. 4, Sp. 457–459.
43 Brant 1962, S. 175.
44 Kulessa 1964, S. 58f. Unter Leibesnot werden die Krankheit des Säumigen oder das Sterbelager von dessen Ehegatten verstanden, auf Herrennot kann sich berufen, wer in Gefangenschaft ist.
45 StA BL, AA, L. 11, Bd. 214 Nr. 7.
46 StA BL, AA, L. 11, Bd. 214 Nr. 137; Urk. 503 (Appellation des «bescheiden Hanns Lanng von Sissach wonend zuo Basel», Regest in BUB, Bd. 8 Nr. 211). Streit des Klägers Hans Müller mit Hans Bernhard von Eptingen im Jahr 1473: StA BL, AA, L. 11, Bd. 214 Nr. 138.

1 Fuchs 1975, S. 53; Franz 1962, S. 54f., 56–79.
2 Holenstein 1990, 1993; Diestelkamp: Art. Huldigung, in: LexMA 2, Sp. 262–265.
3 Rennefahrt 1964.
4 Berner 1994a, S. 31; Weissen 1994, S. 181–191, 196, 443–450.
5 Zu den Folgen des Armagnakenkriegs vgl. Othenin-Girard 1994, S. 273–275.
6 Weissen 1994, S. 168f., 443–450.
7 AAEB, Comptes de Birseck, 1499, 1500.
8 Ein Beispiel einer renitenten leibeigenen Frau zu Beginn des 15. Jahrhunderts bei Stöcklin 1991.
9 Christ 1992.
10 Zum Folgenden StA BL, AA, Urk. appendix I; Urk. 537, S. 82–102; BUB, Bd. 8, Nr. 257; Rippmann 1998b, S. 122ff.
11 StA BL, AA, Urk. 537, S. 72f.
12 StA BL, AA, L. 72, Bd. 507, fol. 9r; vgl. die Liste des Masseneids in Bd. 2, Kap. 7.
13 Rippmann/Simon-Muscheid/Simon 1996, S. 98.
14 Gemahlin Junker Niklaus von Eptingens; vgl. Stammtafel 22 in Merz 1909–1914, Bd. 1.
15 Der Prozessaktenband von 1511–1512 befindet sich in StA BL, AA, L. 72, Bd. 506 Nr. 4; eine Kopie in StA BL, AA, Urk. appendix I Nr. 1; Teiledition in: Rippmann/Simon-Muscheid/Simon 1996, S. 92–98.

16 Zur Arbeitsmigration vgl. Reininghaus 1982; Rippmann 1990; Jaritz/Müller 1988.
17 So der Titel des frauengeschichtlichen Sammelbandes Honegger/Heintz 1981.
18 StA BS, Missiven, A23, S. 44; RQ BS/BL, II, Nr. 618 (Eid von 1503, vgl. StA BL, AA, L. 72, Bd. 506 Nr. 4); vgl. Rippmann 1998b, S. 138f.; zum Prozess gegen Spörli S. 147–152.
19 Der Fürsprecher ist nicht identisch mit dem Anwalt; vgl. Hagemann 1987, Bd. 2, S. 24–26; Leiber 1964, S. 307ff. Zu Huseneck Hagemann 1987, Bd. 2, S. 25. Es ist bezeichnend für die Persönlichkeit Spörlis und für die relative Aussichtslosigkeit seiner Position als Beklagter, dass er sich auch mit diesem Fürsprecher überwirft.
20 StA BL, AA, L. 72, Bd. 506 Nr. 4; Boos, Nr. 892.
21 RQ BS/BL, II, Nr. 618, besonders S. 65.
22 Art. Müller, in: Zedler, Universallexikon, Bd. 22, Sp. 190; Fälschungen im Mittelalter (1988).
23 Vgl. dazu Othenin Girard 1994, S. 409–414.
24 Vgl. Othenin-Girard 1994, S. 326, 327, 405, 408; Boos, Nr. 771, 775, 812, 815, 818, 841; StA BL, AA, Urk. 537. Schmid wird in StA BL, AA, L. 11, Bd. 214 Nr. 136, einer Kundschaft um 1478, als verstorben erwähnt; Rippmann/Simon-Muscheid/Simon 1996, S. 183.
25 Boos, Nr. 823; Othenin-Girard 1994, S. 405, 407, 408.
26 StA BL, AA, Berain C.405a, Berain C.515, Berain C.515a, fol. 23v, 30v; zum Legat Schmids in Höhe von 14 Gulden: StA BS, Domstift NN, 1483–1484, S. 13.
27 Boos, Nr. 930.
28 StA BL, AA, L. 72, Bd. 507, fol. 14–19; dazu Rippmann 1998b, S. 145–147.
29 Rippmann 1998b; Rippmann/Simon-Muscheid/Simon 1996, S. 183.

Anhang

Glossar

Dorothee Rippmann unter Mitarbeit von Dorothea A. Christ, Mireille Othenin-Girard, Béatrice Wiggenhauser, Maria Wittmer-Butsch.
Begriffe, die hier nicht aufgeführt sind, sind im Text erklärt und im Register zu finden.

Ablass Die Gläubigen konnten Bussleistungen, die ihnen in der Beichte auferlegt worden waren, durch einen Ablass abgelten. Zur Erteilung von Ablässen waren der Papst und die Bischöfe berechtigt, die ihrerseits Ablassbriefe an Klöster, Stifte, Pfarrkirchen und Kapellen verliehen. Die geistlichen Institutionen erhielten mit dem Privileg das Recht, allen Gläubigen Ablass zu erteilen, die an bestimmten Festtagen die Kirche besuchten und einen Beitrag an die Bau- und Unterhaltskosten leisteten.

Adel Eine Gruppe von Familien, die ein besonderes Sozialprestige genoss und ihre Vorrechte meist durch Vererbung an die Nachkommen weitergab. Adelige Privilegien waren unter anderem der Zugang zu lukrativen Ämtern, die Steuerfreiheit und das Recht auf bäuerliche Frondienste und Abgaben. Zu den Standespflichten gehörten der Dienst für übergeordnete Herren sowie der Schutz von Hörigen, Witwen, Waisen und anderen gesellschaftlichen Gruppen (zum Beispiel Kleriker). Zwischen dem 10. und dem 12. Jahrhundert finden sich erste Belege einer sozialen Differenzierung innerhalb des Adels. Neben den alten Geburtsadel und den Hochadel traten Inhaber neuer Dienstlehen und nicht-adelige Krieger, aus deren Reihen mit der Zeit der Ritterstand hervorging.

Angarie siehe Fronfasten.

Arbeitsrente Feudale Abschöpfung bäuerlicher Arbeitskraft im System der Grundherrschaft. Hörige waren ihrem Herrn gegenüber zu regelmässigen, zeitlich fixierten und zu ausserordentlichen Arbeitsdiensten verpflichtet. Man spricht im ersten Fall von bemessenen, im zweiten Fall von unbemessenen Diensten.

Archäobotanik Vegetationsgeschichtlich und historisch orientierte Teildisziplin der Botanik. Sie untersucht Pollen und so genannte Makroreste (Samen, Getreidekörner, Dreschreste und Ähnliches) aus Erdproben in archäologischen Fundstellen und macht Aussagen über die Vegetation historischer Umwelten, über acker- und gartenbauliche Tätigkeiten sowie über die Ernährung prähistorischer und historischer Gesellschaften.

«Arme Leute» Allgemein verwendeter mittelalterlicher Begriff für die nicht dem Herrenstand angehörende breite Schicht der Untertanen und der Hörigen. Der Begriff stellt nicht auf die wirtschaftliche Situation, sondern auf die dingliche (Grundherrschaft), rechtliche und/oder persönliche (Leibherrschaft) Abhängigkeit ab.

Bannbetriebe oder «ehafte» Betriebe Herrschaftlicher Kontrolle unterliegende, zu Abgaben verpflichtete dörfliche Betriebe wie Mühle, Taverne, Bäckerei oder Schmiede. Die herrschaftlichen Rechte waren Teil der niederen Gerichtsbarkeit, von Twing und Bann.

Berain Grundherrliches Güterverzeichnis. Es enthielt die Güter einer Grundherrschaft in einer oder mehreren Dorfgemarkungen. Die Parzellen in der Feldflur waren im Allgemeinen einzeln, nach Zelgen geordnet aufgelistet.

Beständer Moderner Hilfsbegriff zur Bezeichnung eines bäuerlichen Leihenehmers.

Besthaupt Leibherrliche Todfallabgabe; der Herr beanspruchte das beste Stück Vieh einer verstorbenen leibeigenen Person für sich (siehe Todfall).

Blutbann siehe hohe Gerichtsbarkeit.

Burgrecht Eine Einzelperson oder eine Gemeinde stellte sich in einem Vertrag unter den Schutz einer Stadt.

Cluniazenser Bedeutendster benediktinischer Reformorden, nach dem im 10. Jahrhundert gegründeten burgundischen Mutterkloster Cluny benannt.

Curia siehe Fronhof.

Dieb und Frevel siehe hohe Gerichtsbarkeit.

Diözese Bistum.

Domstift/Domkapitel An der Kathedralkirche wirkende Kanonikerkorporation, die seit dem Hochmittelalter jedoch kein gemeinschaftliches klösterliches Leben mehr führte. Die Kanoniker übten bestimmte Dienste für den Bischof, wie zum Beispiel gottesdienstliche, liturgische Einsätze in der Kathedralkirche, aus und verwalteten das Bistum, wenn kein Bischof im Amt war.

Ehafte siehe Bannbetriebe.

Einungsmeister Dörfliche Unterbeamte; auch als Geschworene oder Vierer bezeichnet.

Etter Zaun, der den dörflichen Friedensbezirk umgrenzt.

Freistift Bäuerliches Leihegut, das der Grundherr jährlich einziehen und aufs Neue an einen anderen Leihenehmer ausgeben konnte.

Frondienst Arbeitspflicht Höriger und Leibeigener gegenüber ihrem Herrn. Neben dem herrschaftlichen Frondienst waren die Dorfbewohner auch zu Arbeiten in der Gemeinde wie zum Beispiel zum Unterhalt von Wegen, Stegen und Brücken, den Gemeindefronen, verpflichtet (siehe Arbeitsrente).

Fronfasten (lateinisch: Quatember, quatuor tempora oder angaria) Die Fronfasten gliederten das Jahr in vier Teile; es waren Mittwoch bis Samstag nach Invocavit (6. Sonntag vor Ostern), nach Pfingsten, nach Kreuzerhöhung (14. September) und nach Lucie (13. Dezember).

Fronhof (auch Salland) Herrschaftlicher Hof beziehungsweise herrschaftliche Domäne, vom Grundherrn selbst oder dessen Verwalter (Meier) in Eigenwirtschaft genutzt; die Arbeit wurde vom Hofgesinde mit Hilfe von Frondiensten der Hörigen, das heisst der vom Fronhof abhängigen Bauern, geleistet (siehe Frondienst).

GLOSSAR

Fürsprech Er war im Allgemeinen ein Amtmann des Gerichts, der einer Prozesspartei als unabhängiges Sprachrohr, als frei plädierender Beistand gegeben wurde. Er ist nicht identisch mit dem Anwalt, das heisst nicht Sachanwalt, sondern nur «Wortbote» einer Partei. Er war kein juristisch geschulter Advokat.

Gefälle Einkünfte jeglicher Art, beispielsweise Gerichtsgefälle (Bussen), leibherrliche Einnahmen oder Grundzinsen.

Gerichtsbarkeit *Niedere Gerichtsbarkeit:* Der Inhaber der niederen Gerichtsbarkeit richtete über Kriminal- und Zivilsachen, das heisst über Erb und Eigen, Friedbruch und Freveltaten, über Vergehen, die nicht «an die blutige Hand gehen», das heisst die nicht in den Bereich der peinlichen, grundsätzlich todeswürdigen Missetaten gehörten. Der Gerichtsherr durfte Strafen bis zu einer nach oben begrenzten Geldsumme verhängen. Er war zuständig für die Fertigung, das heisst Bestätigung von Handänderungen und Erbgängen. Der mit niedergerichtlichen Befugnissen ausgestattete herrschaftliche Vertreter (Amtmann) in der Gemeinde war der Dorfvogt (auch Untervogt genannt, nicht zu verwechseln mit dem Landvogt) – je nachdem auch der Meier. Als Vorsitzender des Niedergerichts stand ihm ein Teil der Bussen zu (oftmals ein Drittel). In der Stadt Basel war das Schultheissengericht die niedergerichtliche Instanz.
Hohe Gerichtsbarkeit: Das Recht, Diebstahl und Vergehen gegen Leib und Leben, also «an die blutige Hand gehende» Malefizverbrechen (wie Mord, Fälschung, qualifizierte Unzucht und Notzucht, Verrat, Hexerei), zu bestrafen, hohe Bussen auszusprechen und über die Täter die Todesstrafe zu verhängen (Blutbann, ursprünglich vom König verliehenes Privileg). Sichtbares Zeichen dieser im Mittelalter von den Grafen, später auch von der Stadt Basel als Landesherrin geübten Gerichtsbarkeit waren die Richtstätten mit dem Galgen. In der Stadt Basel (Grossbasel) führte das Vogtgericht unter Vorsitz des Vogts das Blutsühneverfahren über die betreffenden Malefizverbrechen aus. Das Kleinbasler Schultheissengericht war sowohl für die hohe (in diesem Fall erweitert durch den neuen Rat) Gerichtsbarkeit wie die Frevelgerichtsbarkeit und für Zivilsachen zuständig. In der Praxis wurde oftmals zwischen hoher und höchster Gerichtsbarkeit unterschieden, wobei letzterer der Blutbann, ersterer die Bestrafung von Freveltaten (Bussenverhängung) vorbehalten war.

Gescheid Gremium der Scheidleute, zusammengesetzt aus einer Anzahl Gemeindegenossen. Sie griffen in der Gemeinde ein bei Grenzstreitigkeiten, setzten auf Verlangen Grenzsteine oder Grenzmarken (Lohen, siehe dort).

«Geschrei» Im Mittelalter und in der frühen Neuzeit häufig verwendeter Begriff für öffentliches Gerede, auch im Sinne von Hilferuf, Klagegeschrei sowie Anklage wegen Diebstahls und gerichtlicher Vorladung gebraucht.

Geschworene Gremium der dörflichen Unterbeamten, nach ihrer Zahl zuweilen auch Vierer genannt.

Grangie Grössere landwirtschaftliche Hofanlage mit sämtlichen Gebäuden und dem bewirtschafteten Land. Diese Art von Grossbetrieben wurde insbesondere vom Zisterzienserorden eingerichtet.

Grundherr siehe Grundherrschaft.

Grundherrschaft Herrschaft über Grund und Boden und über die darauf ansässigen Leute. Grundherrschaft begründete nicht nur ein rein sachenrechtliches Leiheverhältnis; es schloss auch die Verpflichtung des Herrn zu Schutz und Schirm ein. Aus der adeligen Herrengewalt war auch die grundherrschaftliche Gerichtsbarkeit (Hofrecht, Hofgericht, später niedere Gerichtsbarkeit) abgeleitet. Den in der Grundherrschaft ansässigen Hörigen stand das Nutzungsrecht an der ihnen durch einen Leihevertrag zugewiesenen Wirtschaftsfläche oder Hofstelle zu. Sie waren dem Herrn zur Leistung von Diensten und fixen Abgaben, zur Zahlung der so genannten Grundrente (in Form von Naturalabgaben oder Geld) verpflichtet.

Grundholden Süddeutscher Ausdruck für die Angehörigen einer Grundherrschaft. Sie bildeten eine dem Hofrecht unterliegende Genossenschaft oder «familia» (siehe Grundherrschaft).

Grundrente Die im Feudalsystem von den Bauern dem Grundherrn geschuldeten Abgaben und Dienste.

Häresie Ketzerei; Abweichung vom rechten, kirchlich sanktionierten Glauben.

Haushaltung Lebens- und Arbeitsgemeinschaft in einem Haus oder einer Wohnung, welche auch Personen einschloss, die mit Hausherr und Hausherrin nicht verwandt waren wie beispielsweise das Gesinde. Von der Obrigkeit wurden die Haushalte oftmals als Steuereinheiten definiert. Der von Historikern und Demographen verwendete Begriff ist mittelalterlichen Ursprungs.

Hintersassen Im Spätmittelalter waren Hintersassen jene Personen, die in der Regel von auswärts zugezogen und nicht Leibeigene der Ortsherrschaft waren. Im Unterschied zu den Leibeigenen war ihnen der Wegzug nach Erfüllung gewisser Bedingungen (Bezahlung der Steuern, Abtragen der Schulden) gestattet. Sie waren als Leibeigene ihrem eigenen Leibherrn gegenüber auch am neuen Wohnort weiterhin steuer- und abgabepflichtig. In der frühen Neuzeit, als der Staat alle seine Untertanen als Leibeigene betrachtete, waren Hintersassen Personen minderen Rechtsstatus und ohne Bürgerrecht. Sie durften an der Gemeindeversammlung nicht teilnehmen, keine Gemeindeämter ausüben und waren von der Allmendnutzung ausgeschlossen.

Hochadel siehe Adel.

Horen Der Tagesablauf von geistlichen Gemeinschaften war durch die Horen, die Gebetszeiten zu bestimmten Stunden, unterteilt. Von Sonnenaufgang bis Sonnenuntergang folgten sich Matutin, Laudes, Prim, Terz, Sext, Non, Vesper und Komplet.

Hörige Von einem Grundherrn abhängige Bauern, siehe Grundherrschaft.

Huber Hufenbauer (siehe Hufe), im Spätmittelalter allgemein für den Inhaber eines bäuerlichen Betriebs verwendeter Begriff.

Hufe Ursprünglich ist damit eine aus dem Salland oder Herrenland ausgegliederte, an Hörige verliehene Wirtschaftseinheit gemeint, später ein Bauerngut, eine bäuerliche Wirtschaftseinheit, ein Hof mit zugeteilter Ackerfläche; aber ohne festgelegtes Oberflächenmass.

Huldigung Treueid, den die Erwachsenen, das heisst über 14 oder 15 Jahre alten Männer, einer Herrschaft ihrer Obrigkeit regelmässig (zum Teil jährlich) und beim Amtsantritt eines neuen Herrschers zu schwören hatten. Die Huldigungsformeln und die Abhängigkeit der Huldigung vom Anerkennungseid (das heisst Anerkennung der Rechte und Privilegien der Städte und Gemeinden) kennzeichneten diese als ein Vertragsverhältnis zwischen Herrn und Untertanen.

Inquisitorisches Verfahren

Das inquisitorische Verfahren wurde im Unterschied zum akkusatorischen Verfahren nicht durch die Privatklage des Klägers eingeleitet. Bei schweren Verbrechen wie Diebstahl, Mord, Fälschung, Notzucht oder Hexerei wandte die Gerichtsbehörde das inquisitorische Verfahren an, bei dem der oder die Angeklagte zum Geständnis gezwungen wurde; auf die gütliche Vernehmung folgte das «peinliche» Verhör unter der Folter. In Basel fand dieses seit der Mitte des 15. Jahrhunderts durch den Obersten Ratsknecht, im Beisein der aus Ratsleuten gewählten Spezialbehörde, der Siebner, statt. Im Birseck und auf der Basler Landschaft wurde das Wort «siebnen» bis in die frühe Neuzeit als Synonym für peinlich verhören gebraucht.

Jahrzeit Das Feiern von Jahrzeiten (auch Anniversarien genannt) war eine wichtige Aufgabe der Kleriker an Pfarrkirchen, Klöstern und Stiften. Gläubige stifteten Geld und Naturalien als Zinsen oder Kapital oder Gegenstände an eine Kirche, damit jeweils am Jahrestag eine Messe zum Gedenken an bestimmte Verstorbene gefeiert wurde. Die Stiftungen sicherten das Seelenheil der Stiftenden und linderten die Leiden der Toten im Fegefeuer.

Juchert Oberflächenmass; der alte Basler Juchert umfasste 2835 Quadratmeter. Im Spätmittelalter sind in den Berainen häufig zersplitterte Parzellen erwähnt, so etwa der Zweitel (= $^2/_3$ eines Juchert), halbe und viertel Juchert.

Kastvogt Der Kastvogt war der Hauptvogt einer geistlichen Institution (Kloster, Stift). Er war oberster Schirmherr und übte die hohe Gerichtsbarkeit aus. Der Kastvogt hatte Anrecht auf Abgaben der Kirche. Wegen der oft beträchtlichen Einkünfte und des mit ihr verbundenen Ansehens war die Kastvogtei beim lokalen Adel begehrt, zudem konnte sie zur Herrschaftsbildung genutzt werden.

Kirchensatz Unter Kirchensatz oder Patronat ist die Summe von Rechten und Pflichten zu verstehen, die dem Stifter einer Pfarrkirche oder Kapelle beziehungsweise dessen Rechtsnachfolgern zukommen. Der Patronatsherr hatte das Vorschlagsrecht bei der Besetzung des Kirchenamtes inne. Sowohl geistliche Institutionen als auch Laien konnten Patronatsrechte besitzen. Das Patronatsrecht ist nicht zu verwechseln mit dem Kirchenpatrozinium. Jede Kirche und jeder Altar war einem Heiligen oder einer Heiligen, dem Kirchenpatron, geweiht und stand unter dessen Schutz.

Kollatur siehe Kirchensatz.

Kommende Die Ritterorden (Johanniter, Deutscher Orden, Templer) nannten ihre Niederlassungen Kommenden oder Komtureien.

Konventual Mönch oder Chorherr, Angehöriger einer geistlichen Gemeinschaft, eines Konvents.

Kumulatives Hexereidelikt Von spätmittelalterlichen Theologen und Richtern entwickelte Vorstellung beziehungsweise künstliches Konstrukt, wonach sich eine so genannte Hexe nicht nur des Schadenzaubers an Mensch oder Vieh und des Wetterzaubers schuldig macht; zusätzlich beschuldigte man sie des Abfalls von Gott und der Kirche, der Huldigung an den Teufel und des Teufelspaktes. Als von Gott Abgefallene konnte es für die Angeklagten im Unterschied zu den Ketzerinnen und Ketzern keine Reue geben, so dass sie der Todesstrafe verfielen.

Kundschaft Gerichtliche Zeugenbefragung. Die eidlichen Aussagen wurden in Gerichtsverfahren im Auftrag der Parteien erhoben und in Kundschaftsprotokollen festgehalten; im Sinne einer freien Beweiswürdigung wurden vom Gericht Zeugen beider Parteien angehört.

Kundschaftsprotokoll siehe Kundschaft.

Landesherr Inhaber der Landeshoheit innerhalb eines Territoriums. Die hohe Gerichtsbarkeit und der Blutbann waren die wichtigsten Elemente der Landeshoheit.

Landgraf/Landgrafschaft Landgraf bezeichnet den nichtfürstlichen Inhaber landeshoheitlicher Rechte, die er ohne engere Amtsbindung an den König ausübt. Der Begriff taucht erstmals im 12. Jahrhundert auf und bezeichnet seither den Inhaber der Landgrafschaft. Man unterscheidet diese so genannte jüngere Landgrafschaft (13. bis 15. Jahrhundert) von der älteren Grafschaft, die dem Ausbau der Reichsverwaltung gedient hatte. Das ältere Grafenamt war ein in männlicher Linie vererbbares Reichslehen. Seit 1041 war der Bischof von Basel dank einer königlichen Schenkung Besitzer des als Grafschaft Augst bezeichneten Reichsgutsbezirks um Augst. Die Landgrafschaft Sisgau als Ganzes gelangte wahrscheinlich erst im Laufe des 14. Jahrhunderts unter seine Oberherrschaft. Bis dahin diente die Landgrafschaft den Adelsfamilien Homberg, Frohburg und Thierstein zur Etablierung ihrer Macht als Landesherren. Wichtige Bestandteile der Landgrafschaft bildeten die Blutgerichtsbarkeit sowie das Recht, Zölle zu erheben. Im Spätmittelalter war die Farnsburg bei Buus das Zentrum der Landgrafschaft Sisgau.

Landrichter siehe Landtag.

Landstände Lokale Herrschaftsträger, welche im Landtag mit dem Landesherrn zusammenwirkten und von ihm angehört wurden: Adel, hohe Geistlichkeit, Klöster und landesherrliche Städte. Die Landstände sind seit den 1430er Jahren in Vorderösterreich, dem Herrschaftsgebiet der Herzöge von Habsburg-Österreich nachweisbar, etwas später auch im Fürstbistum Basel.

Landtag Im Namen des Landgrafen (im Falle des Baselbiets des sisgauischen Landgrafen) oder des Bischofs (Birseck) einberufenes Richtergremium unter dem Vorsitz eines so genannten Landrichters, mit der Ausübung der höchsten Gerichtsbarkeit, das heisst auch der Blut- oder peinlichen Gerichtsbarkeit betraut. Im Mittelalter zunächst von adeligen, seit dem 15. Jahrhundert gewöhnlich von bäuerlichen Urteilssprechern besetzt. Für die Richter der zum betreffenden Gerichtskreis (wie zum Beispiel dem sisgauischen Landtag oder den Landtagen in den Ämtern Liestal, Homburg, Waldenburg) gehörigen Dorfgemeinden herrschte Folgezwang und Absenzen wurden gebüsst. Seit dem späten 16. Jahrhundert verschwindet die Institution des Landtags vollständig. Nun fungiert in der Landschaft Basel der Kleine Rat als oberste Gerichtsbehörde.

Leibherrschaft Im Spätmittelalter neu aktivierte Form des herrschaftlichen Zugriffs auf Untertanen: Der oder die Leibeigene war persönlich unfrei, unterlag Heirats- und Freizügigkeitsbeschränkungen, das heisst er oder sie durfte sich nicht ausserhalb des Herrschaftsgebiets des Leibherrn verheiraten, aus der Herrschaft nicht wegziehen und war zu bestimmten Abgaben verpflichtet. Die Ehe eines Leibeigenen mit Untertanen oder Leibeigenen anderer Herrschaften, die so genannte ungenosssame Ehe, wurde gebüsst. Nach dem Tod einer leibeigenen Person zog der Herr Todfall und Besthaupt, das heisst das beste Kleid beziehungsweise das beste Stück Vieh, ein.

Lohen Mittelhochdeutsch: in Baumstämmen eingehauene Grenzzeichen; manchmal durch so genannte «Zeugen» im Boden wie zum Beispiel vergrabene kleine Steine oder Ziegel gesicherte Grenzmarken. Vom Verb «lochne» oder «lonen» ist das Wort Lohnherr abgeleitet. Er war der für die Vermessung zuständige Amtmann.

Mancipium Unfreier Mensch.

Mannwerk Oberflächenmass; bezeichnet eine Parzelle im Wiesland oder im Rebgelände.

Manumission Durch eine Loskaufsumme ermöglichte Freilassung einer Person aus der Leibeigenschaft.

Mystik Die Mystik ist eine bestimmte Form des religiösen Erlebens und Lebens, die seit dem 12. Jahrhundert an Bedeutung gewann. In der Mystik spielt die eigene, persönliche Erfahrung und Offenbarung eine wichtige Rolle. Mystiker und Mystikerinnen strebten die Vereinigung der Seele mit Gott an. Voraussetzungen dafür waren Askese und Meditation.

Neubruchzehnten Zehntabgabe von neu gerodetem, aufgebrochenem und bebautem Land, die dem Inhaber der Kirche zustand, in dessen Gebiet das Land lag.

Niedergerichtsbarkeit siehe Gerichtsbarkeit.

Offizialat/Offizial Geistliche Gerichtsbehörde. Mitte des 13. Jahrhunderts an der Basler bischöflichen Kurie geschaffene Behörde, an welcher juristisch gebildete Notare, Advokaten und Prokuratoren unter Leitung des dem geistlichen Stand angehörenden, juristisch geschulten Offizals wirkten. Das Offizialat war für die gesamte Basler Diözese zuständig; seine Rechtsprechung umfasste geistliche Angelegenheiten und Zivilsachen. Neben Klöstern und Geistlichen schlossen auch weltliche Privatpersonen vor dem Offizialat ihre Rechtsgeschäfte ab und liessen gegen Gebühren Verträge beurkunden. Das Offizialat stellte eine wichtige Einnahmequelle für den Bischof dar; es stand in Konkurrenz zu den städtischen Gerichten.

Patronat siehe Kirchensatz.

Pfründe/Pfrundgut Ein Kirchenamt war mit einer Vermögensmasse ausgestattet, die dem Amtsinhaber ermöglichte, ein standesgemässes Leben zu führen.

Prior Vorsteher eines Klosters.

Realteilung Das Erbe geht zu gleichen Teilen an die (männlichen) Nachkommen.

Regimentsfähigkeit Regimentsfähigkeit besassen in der Stadt Basel der Adel und die als Patrizier bezeichneten vornehmen Familien, später auch einflussreiche Zunfthandwerker. Männliche Vertreter regimentsfähiger Familien konnten in den Rat gewählt werden.

Reisverbot Obrigkeitliches Verbot, in den Krieg zu ziehen.

Reklusen Reklusen waren gläubige Männer und Frauen, die sich freiwillig in eine Klause in der Einsamkeit oder bei einer Kirche zurückzogen, um sich dort mit Bussübungen und Gebeten ganz dem religiösen Leben widmen zu können.

Renten Auf Immobilien verschriebene Reallast. Mit dem Kauf einer Rente erwarb sich der Rentengläubiger um eine bestimmte Summe, das so genannte Hauptgut, das Recht zum Bezug einer regelmässigen Leistung, sei es von Naturalien (zum Beispiel Getreide) oder Geldbeträgen. Bei Zahlungsverzug konnte der Bezugsberechtigte auf das Haus oder die Landparzelle des Rentenschuldners greifen. Je nach Vertragsform und Dauer der Rentenbezugsrechte unterscheidet man Ewigrenten, Wiederkaufs- und Leibrenten. Bei letzteren erloschen die Leistungen des Rentenverkäufers mit dem Tod des Bezugsberechtigten. Das Rentengeschäft kam im Reich im 13. Jahrhundert auf; es galt als wucherrechtlich zulässig.

Rentengrundherrschaft Jüngere Form der Grundherrschaft, in der die Beziehung zwischen Grundherrn und Bauern weitgehend verdinglicht war.

Rüttine Gerodete Parzelle im Wald.

Salier Im Mittelrheingebiet begütertes Hochadelsgeschlecht, das zwischen 1024 und 1125 die Könige des römischen Reichs stellte.
Salland siehe Fronhof.
Schaffnei Herrschaftliche Verwaltung; sie verwaltete Einnahmen und Ausgaben einer Landvogtei.
Scheidleute siehe Gescheid.
Scholastik Im 12. Jahrhundert kam an französischen Universitäten eine Denkform auf, die als Scholastik bezeichnet wird. Ursprüngliches Ziel der Scholastiker war, die christliche Offenbarungslehre und das philosophische Denken miteinander zu verbinden. In der Folge entwickelte sich die Scholastik zu einer Methode für den Umgang mit Problemen, die über Theologie und Philosophie hinausgingen, sie wurde in anderen Wissenschaften verwendet.
Schupfleihe Der Grundherr war zur jährlichen Auflösung des Leihevertrags über ein Lehengut berechtigt.
Schuppose Bezeichnet wie Hufe oder «Gut» eine Betriebseinheit. Im Hochmittelalter galt sie in der Region ursprünglich als eine zinsbare Betriebseinheit, vermutlich einigermassen einheitlicher Grösse. Durch zunehmende Erbteilung und Zersplitterung der Parzellen waren die alten Einheiten schon um 1300 in halbe und Drittels-Schupposen zerfallen. Im Spätmittelalter war die Schuppose im Allgemeinen weder eine Besitz- noch eine Abgabeneinheit (das heisst ein Betrieb oder Haushalt konnte mehrere Schupposen mit oder ohne Haus und Hof umfassen) und von unterschiedlichem Umfang. Als Schuppose wurden auch Kleinstgüter bezeichnet.
Schwörbrief Enthält das Schwörformular, auf welches eine bestimmte Personengruppe vereidigt wurde. Es kann sich um einen Huldigungseid, einen Treueid, einen Bürgereid (in der Stadt) oder um einen Leibeigeneneid handeln. Der Schwörbrief kann nach der Eidformel die Liste der vereidigten Personen enthalten.
Seelgerät Fromme Leistungen, gute Werke für das Seelenheil.

Siebner Aus der Mitte des Rats gewählte Spezialbehörde der Siebnerherren; Untersuchungsbehörde, die bei Inquisitionsprozessen aktiv wurde und den peinlichen Verhören (Verhöre unter der Folter) beiwohnte.
Stift Ein Stift war eine Kirche, an der mehrere Geistliche, so genannte Chorherren, zusammen lebten. Ihre wichtigste Aufgabe war der regelmässige Gebetsdienst zu bestimmten Stunden des Tages und der Nacht (siehe Horen). Mit dem Begriff Domstift wurde eine solche Klerikergemeinschaft an der Kirche des Bischofs bezeichnet.

Tagwan 1) Tagewerk. Mit Tagwan wird die Arbeitsleistung von Arbeitern und Arbeiterinnen im Frondienst oder die Tagesleistung von Lohnarbeiterinnen und Lohnarbeitern bezeichnet. In der frühen Neuzeit leitete sich aus dem Begriff die Bezeichnung Tauner für Tagelöhner, landarmer Bauer, ab.
2) Tagwan wird gelegentlich auch im Sinne eines Oberflächenmasses, unter Umständen in der Grössenordnung eines Jucherts oder Mannwerks verwendet.
Tavernenrecht siehe Bannbetriebe und Twing und Bann.
Todfall Leibherrliche Abgabe. Nach dem Tod eines oder einer Leibeigenen erhebt der Herr Anspruch auf das beste Kleid und/oder das beste Stück Vieh im Stall des oder der Verstorbenen.
Tote Hand Geistliche Institutionen (Kirchen, Klöster, Spitäler), die Vermögenswerte (Grundstücke, Häuser) besassen, nannte man Tote Hand, weil deren unveräusserliche Güter dem Liegenschaftshandel entzogen und auch von Steuern befreit waren.
Twing und Bann Mit der niederen Gerichtsbarkeit verbundene Gebots- und Verbotsgewalt des Ortsherrn, der seine Anordnungen mit Zwangsmitteln durchsetzen konnte. Diese Befugnis entstand im Zuge der Auflösung alter hofrechtlicher Organisationen und der Entstehung von grundherrschaftsübergreifenden Dorfherrschaften.

Umgeld Im Mittelalter meist Ungeld genannt, von lateinisch indebitum, war eine indirekte Konsumsteuer. Das Weinumgeld erhob der Landesherr – sei es die Stadt oder der Bischof – von jedem in einem Gasthaus ausgeschenkten Mass Wein. Zur Kontrolle wurden die Fässer angezeichnet. Zeitweilig erhob die Stadt auch ein Fleischumgeld.
«Umsässen» Mittelalterlicher Quellenbegriff für die in der Umgebung eines Orts ansässige Bevölkerung.
Ungenosssame siehe Leibherrschaft.
Urbar Güterverzeichnis einer Grundherrschaft, mitunter kombiniert mit Eintragung der auf den Gütern lastenden Zinsen (Zinsbuch).
Urfehde Eid eines Haftentlassenen: Dieser anerkannte damit am Tage der Entlassung die Rechtmässigkeit erlittener Haft oder Folter und verzichtete auf Vergeltung.

Viernzol Hohlmass für Getreide. Das Viernzel hält 273,28 Liter. 1 Viernzel = 2 Säcke = 16 kleine Sester.
Vita Lebensbeschreibung einer heiligen Person oder eines Herrschers; im Mittelalter beliebte literarische Gattung.
Vitalleihe Bäuerliche Leihe auf Lebenszeit.

Weistum Aufzeichnung der für ein Dorf gültigen Rechte (abgeleitet vom Begriff des gewiesenen Rechts).

Zelgen Grossfelder in der dörflichen Gemarkung. Als Zelgen werden im vollendeten System der Dreizelgenbrachwirtschaft die nach der genossenschaftlichen Flurordnung turnusmässig bebauten drei Teile bezeichnet, in welche das Ackerland unterteilt ist: Sommerzelg, Winterzelg und Brache.

Abkürzungen

AAEB = Archives de l'ancien Évêché de Bâle, Porrentruy
BasJ = Basler Jahrbuch
BHB = Baselbieter Heimatbuch
BUB = Urkundenbuch der Stadt Basel
BZGA = Basler Zeitschrift für Geschichte und Altertumskunde
GG = Geschichte und Gesellschaft
HK = Heimatkunde
HLS = Historisches Lexikon der Schweiz, Publikation geplant, www.dhs.ch
HRG = Handwörterbuch zur deutschen Rechtsgeschichte
HS = Helvetia Sacra
HZ = Historische Zeitschrift
JsolG = Jahrbuch für solothurnische Geschichte
KDM = Die Kunstdenkmäler der Schweiz
LexMA = Lexikon des Mittelalters
MGH = Monumenta Germaniae Historica
QF = Quellen und Forschungen zur Geschichte und Landeskunde des Kantons Basel-Landschaft
RQ AG = Rechtsquellen des Kantons Aargau
RQ BS/BL = Rechtsquellen von Basel Stadt und Land
SAVK = Schweizerisches Archiv für Volkskunde
SBKAM = Schweizer Beiträge zur Kulturgeschichte und Archäologie des Mittelalters
SOWI = Sozialwissenschaftliche Informationen
SUB = Solothurner Urkundenbuch
StA BL = Staatsarchiv Basel-Landschaft
StA BS = Staatsarchiv Basel-Stadt
StadtBALaufen = Stadtburgerarchiv Laufen
StA SO = Staatsarchiv Solothurn
SZG = Schweizerische Zeitschrift für Geschichte
UB BS = Universitätsbibliothek Basel
VSWG = Vierteljahresschrift für Sozial- und Wirtschaftsgeschichte
ZAA = Zeitschrift für Agrargeschichte und Agrarsoziologie
ZBLG = Zeitschrift für Bayerische Landesgeschichte
ZGO = Zeitschrift für die Geschichte des Oberrheins
ZHF = Zeitschrift für Historische Forschung
ZSG = Zeitschrift für Schweizerische Geschichte
ZSKG = Zeitschrift für Schweizerische Kirchengeschichte

Literatur
und gedruckte Quellen

• Aargauer Urkunden, Teil 3: Die Urkunden des Stadtarchivs Rheinfelden, hg. von Friedrich Emil Welti, Aarau 1933.
• ABEL, WILHELM: Geschichte der deutschen Landwirtschaft vom frühen Mittelalter bis zum 19. Jahrhundert, Stuttgart 1962. • ABEL, WILHELM: Strukturen und Krisen der spätmittelalterlichen Wirtschaft, Stuttgart 1980.
• AHRENDT-SCHULZE, INGRID: Hexenprozesse als Gegenstand historischer Frauenforschung. Der Fall Ilse Winter in Donop 1589, in: Hexenverfolgung und Regionalgeschichte. Die Grafschaft Lippe im Vergleich, hg. von Gisela Wilbertz u. a., Bielefeld 1994, S. 199–210.
• ALBERT, THOMAS D.: Der gemeine Mann vor dem geistlichen Richter. Kirchliche Rechtsprechung in den Diözesen Basel, Chur und Konstanz vor der Reformation, Stuttgart 1998.
• ALIOTH, MARTIN / BARTH, ULRICH / HUBER, DOROTHEE: Basler Stadtgeschichte 2. Vom Brückenschlag 1225 bis zur Gegenwart, Basel 1981.
• AMIET, BRUNO: Die solothurnische Territorialpolitik von 1344–1532, in: JsolG 1, 1928, S. 1–211; 2, 1929, S. 1–78.
• AMMANN, HEKTOR: Die schweizerische Kleinstadt in der mittelalterlichen Wirtschaft, in: Festschrift Walther Merz, Aarau 1928, S. 158–215. • AMMANN, HEKTOR: Die Froburger und ihre Städtegründungen, in: Festschrift Hans Nabholz, Zürich 1934, S. 89–123. • AMMANN, HEKTOR: Mittelalterliche Zolltarife aus der Schweiz III, Zollstellen von Basel und Umgebung, in: ZSG 17, 1937, S. 1–82. • AMMANN, HEKTOR: Die Bevölkerung von Stadt und Landschaft Basel am Ausgang des Mittelalters, in: BZGA 49, 1950, S. 25–52.

• BACHMANN, CHRISTOPH: Zur Entwicklung des Mühlenrechts in Altbayern, in: ZBLG 51, 1983, S. 719–765.
• BARTH, MÉDARD: Der Rebbau des Elsass, Strassburg 1958.

- Behringer, Wolfgang (Hg.): Hexen und Hexenprozesse in Deutschland, München 1988.
- Bennett, Judith: Women in the Medieval English Countryside. Gender and Household in Brigstock before the Plague, New York 1987.
- Berner, Hans: «die gute correspondenz». Die Politik der Stadt Basel gegenüber dem Fürstbistum Basel in den Jahren 1525–1585, Basel 1989.
- Berner, Hans (1994a): Gemeinden und Obrigkeit im fürstbischöflichen Birseck. Herrschaftsverhältnisse zwischen Konflikt und Konsens, Liestal 1994 (QF 45).
- Berner, Hans (1994b): Hinnahme und Ablehnung landesherrlicher Steuern im fürstbischöflichen Birseck, in: Staatsfinanzierung und Sozialkonflikte (14.–20. Jahrhundert), hg. von Sébastien Guex/Martin Körner/Jakob Tanner, Zürich 1994, S. 159–170.
- Bierbrauer, Peter: Bäuerliche Revolten im Alten Reich. Ein Forschungsbericht, in: Blickle, Peter (Hg.): Aufruhr und Empörung? Studien zum bäuerlichen Widerstand im Alten Reich, München 1980, S. 1–68.
- Bierbrauer, Peter: Die ländliche Gemeinde im oberdeutschschweizerischen Raum, in: Landgemeinde und Stadtgemeinde in Mitteleuropa, hg. von Peter Blickle, München 1991, S. 169–190.
- Bischoff, Georges: Gouvernés et gouvernants en Haute-Alsace à l'époque autrichienne, Strassburg 1982.
- Blauert, Andreas: Frühe Hexenverfolgungen. Ketzer-, Zauberei- und Hexenprozesse des 15. Jahrhunderts, Hamburg 1989.
- Blauert, Andreas (Hg.): Ketzer, Zauberer und Hexen. Die Anfänge der europäischen Hexenverfolgungen, Frankfurt a. M. 1990.
- Blauert, Andreas: Frühe Hexenverfolgungen in der Schweiz, am Bodensee und am Oberrhein, in: Lorenz, Sönke (Hg.): Hexen und Hexenverfolgung im deutschen Südwesten, Karlsruhe 1994, S. 59–66.
- Blickle, Peter: Bäuerliche Erhebungen im spätmittelalterlichen deutschen Reich, in: ZAA 27, 1979, S. 208–231.
- Blickle, Peter (Hg.): Aufruhr und Empörung? Studien zum bäuerlichen Widerstand im Alten Reich, München 1980.
- Blickle, Peter (1990a): Friede und Verfassung. Voraussetzungen und Folgen der Eidgenossenschaft von 1291, in: Innerschweiz und frühe Eidgenossenschaft. Jubiläumsschrift 700 Jahre Eidgenossenschaft, hg. vom Historischen Verein der Fünf Orte, Olten 1990, Bd. 1, S. 15–202.
- Blickle, Peter (1990b): Artikel «Bauer», in: Fischer Lexikon Geschichte, hg. von Richard van Dülmen, Frankfurt a. M. 1990, S. 140–149.
- Blickle, Peter (Hg.): Landgemeinde und Stadtgemeinde in Mitteleuropa. Ein struktureller Vergleich, München 1991 (HZ Beiheft 13).
- Blöcker, Monica: Die Geschichte der Frauen: erlebt, erlitten, vergessen?, in: Köppel, Christa/Sommerauer, Ruth (Hg.): Frau – Realität und Utopie, Zürich 1984, S. 123–146.
- Bloesch, Paul: Das Anniversarbuch des Basler Domstifts (Liber vite Ecclesie Basiliensis) 1334/38–1610, Basel 1975.
- Blunschi, Jules: Reinach. Ein kurzer Gang durch die Kirchengeschichte, Basel 1964.
- Boner, Georg: Zur älteren Geschichte des Klosters Olsberg, in: Argovia 91, 1979, S. 45–99.
- Boner, Georg: Iglingen im Fricktal, in: Vom Jura zum Schwarzwald 57, 1983, S. 5–17; 59, 1985, S. 61–82.
- Boos, Heinrich (Hg.): Urkundenbuch der Landschaft Basel, 2 Teile, Basel 1881/1883.
- Borgolte, Michael: Conversatio Cottidiana. Zeugnisse vom Alltag in frühmittelalterlicher Überlieferung, in: Archäologie und Geschichte des ersten Jahrtausends in Südwestdeutschland, hg. von Hans Ulrich Nuber u. a., Sigmaringen 1990, S. 295–385.
- Borradori, Piera: Mourir au monde. Les lépreux dans le Pays de Vaud (XIIIe–XVIIe siècle), Lausanne 1992.
- Bourin, Monique/Durand, Robert: Vivre au village au moyen-âge. Les solidarités paysannes du 11e au 13e siècle, Paris 1984.
- Bowlus, Charles R.: Die Umweltkrise im Europa des 14. Jahrhunderts, in: Sieferle, Rolf Peter (Hg.): Fortschritte der Naturzerstörung, Frankfurt a. M. 1988, S. 13–30.
- Brant, Sebastian: Das Narrenschiff, hg. von Manfred Lemmer, Tübingen 1962.
- Braudel, Fernand: Sozialgeschichte des 15.–18. Jahrhunderts. Der Alltag, München 1985.
- Bruckner, Albert: Das bischöfliche Archiv von Basel, in: Archivalische Zeitschrift 63, 1967, S. 103–117.
- Bruckner, Daniel: Versuch einer Beschreibung historischer und natürlicher Merkwürdigkeiten der Landschaft Basel, 27 Bde., Basel 1748–1763.
- Brunner, Karl: Österreichische Geschichte 907–1156, hg. von Herwig Wolfram, Wien 1994.
- Brunold-Bigler, Ursula/Bausinger, Hermann (Hg.): Hören Sagen Lesen Lernen. Bausteine zu einer Geschichte der kommunikativen Kultur. Festschrift für Rudolf Schenda zum 65. Geburtstag, Bern 1996.
- Bücher, Karl: Die Frauenfrage im Mittelalter, 1881 (2. verbesserte Auflage Tübingen 1910).
- Bücher, Karl: Die Entstehung der Volkswirtschaft, Tübingen 1911 (8. Auflage).
- Bühler, Theodor: Die Mandate der Basler Fürstbischöfe als volkskundliche Quelle, in: SAVK 64, 1968, S. 135–162.
- Bühler, Theodor: Gewohnheitsrecht und Landesherrschaft im ehemaligen Fürstbistum Basel, Zürich 1972.
- Bulst, Neidhart: Der Schwarze Tod. Demographische, wirtschafts- und kulturgeschichtliche Aspekte der Pestkatastrophe von 1347–1352. Bilanz der neueren Forschung, in: Saeculum 30, 1979, S. 45–67.
- Buomberger, Ferdinand: Bevölkerungs- und Vermögensstatistik der Stadt und Landschaft Freiburg um die Mitte des 15. Jahrhunderts, in: Freiburger Geschichtsblätter 6/7, 1900.
- Burckhardt, L(udwig) A(ugust): Die Hofrödel von Dinghöfen Baselischer Gotteshäuser und Andrer am Ober-Rhein, Basel 1860.

- Burckhardt-Biedermann, Theophil: Geschichte des Gymnasiums zu Basel 1589–1889, Basel 1889 (Nachdruck 1989).
- Burke, Peter: Küchenlatein. Sprache und Umgangssprache in der frühen Neuzeit, Berlin 1990 (2. Auflage).
- Buszello, Horst: «Wohlfeile» und Teuerung am Oberrhein 1340–1525 im Spiegel zeitgenössischer erzählender Quellen, in: Festschrift Günther Franz, Stuttgart 1982, S. 18–42.
- Buszello, Horst/Blickle, Peter/Endres, Rudolf (Hg.): Der deutsche Bauernkrieg, Paderborn 1984 (3. bibliographisch ergänzte Auflage 1995).
- Butler, Thomas (Hg.): Memory, History, Culture and Mind, Oxford 1989.
- Buxtorf-Falkeisen, Dr. [sic]: Basler Zaubereiprozesse aus dem 14. und 15. Jahrhundert, in: Baslerische Stadt- und Landgeschichten aus dem Sechzehnten Jahrhundert, IV, Basel 1868, S. 1–30.

- Camporesi, Piero: Das Brot der Träume. Hunger und Halluzinationen im vorindustriellen Europa, Frankfurt a. M. 1990.
- Cherubini, Giovanni: Der Bauer, in: Der Mensch des Mittelalters, hg. von Jacques Le Goff, Frankfurt a. M. 1989, S. 130–155.
- Christ, Dorothea A.: Das Familienbuch der Herren von Eptingen, Liestal 1992 (QF 41). • Christ, Dorothea A.: «... dannen die geschrifften kein ende würden haben». Ein Briefkrieg Graf Oswalds von Thierstein mit der Stadt Basel, in: BZGA 96, 1996, S. 33–56. • Christ, Dorothea A.: Zwischen Kooperation und Konkurrenz. Die Grafen von Thierstein, ihre Standesgenossen und die Eidgenossenschaft im Spätmittelalter, Zürich 1998.
- La circulation des nouvelles au moyen âge. XXIVe Congrès de la S.H.M.E.S., Paris 1994.

- Danckert, Werner: Unehrliche Leute. Die verfemten Berufe, Bern 1963.
- Degen, Peter: Beiträge zur Stadtbaukunst in der Schweiz: in: Docu-Bulletin 1980.
- Degen, Peter u. a.: Die Grottenburg Riedfluh, Eptingen BL. Bericht über die Ausgrabungen 1981–1983, Zürich 1988 (SBKAM 14–15).
- Desarzens-Wunderlin, Eva: Das Chorherrenstift St. Martin in Rheinfelden 1228–1564. Diss., Rheinfelden 1989.
- Determinanten der Bevölkerungsentwicklung im Mittelalter, hg. von Bernd Herrmann/Rolf Sprandel, Weinheim 1987.
- Dienst, Heide: Männerarbeit – Frauenarbeit im Mittelalter, in: Beiträge zur Historischen Sozialkunde 11/3, 1981, S. 88–90. • Dienst, Heide: Lebensbewältigung durch Magie. Alltägliche Zauberei in Innsbruck gegen Ende des 15. Jahrhunderts, in: Alltag im 16. Jahrhundert, hg. von Alfred Kohler/Heinrich Lutz, Wien 1987, S. 80–116.
- Dirlmeier, Ulf: Untersuchungen zu Einkommensverhältnissen und Lebenshaltungskosten in oberdeutschen Städten des Spätmittelalters (Mitte 14. bis Mitte 16. Jahrhundert), Heidelberg 1978.
- Dirlmeier, Ulf/Fouquet, Gerhard: Bischof Johannes von Venningen (1458–1478) auf Reisen. Aufwand und Konsum als Merkmale adliger Selbstführung, in: Symbole des Alltags – Alltag der Symbole. Festschrift für Harry Kühnel zum 65. Geburtstag, hg. von Gertrud Blaschitz u. a., Graz 1992, S. 113–145. • Dirlmeier, Ulf/Fouquet, Gerhard: Ernährung und Konsumgewohnheiten im spätmittelalterlichen Deutschland, in: Geschichte in Wissenschaft und Unterricht 8, 1993, S. 504–526.
- Djuric, Rajko/Becken, Jörg/Bengsch, A. Bertolt: Ohne Heim – Ohne Grab. Die Geschichte der Roma und Sinti, Berlin 1996.
- Dubled, Henri: L'administration de la seigneurie rurale en Alsace du XIIIe au XVe siècle, in: VSWG 52, 1965, S. 433–484.

- Dürr, Emil/Roth, Paul (Hg.): Aktensammlung zur Geschichte der Basler Reformation in den Jahren 1519 bis Anfang 1534, 6 Bde., Basel 1921–1950.
- Dürr, Renate: Mägde in der Stadt. Das Beispiel Schwäbisch Hall in der Frühen Neuzeit, Frankfurt a. M. 1995.
- Dyer, Christopher: Standards of Living in the Later Middle Ages. Social Change in England c. 1200–1520, Cambridge 1989.

- Elm, Kaspar (Hg.): Beiträge zur Geschichte der Konversen im Mittelalter, Berlin 1980.
- Elm, Kaspar/Parisse, Michel (Hg.): Doppelklöster und andere Formen der Symbiose männlicher und weiblicher Religiosen im Mittelalter, Berlin 1992.
- Ereignis – Mythos – Deutung. 1444–1994. St. Jakob an der Birs, hg. von Werner Geiser, Basel 1994.
- Esch, Arnold: Überlieferungs-Chance und Überlieferungs-Zufall als methodisches Problem des Historikers, in: Esch, Arnold: Zeitalter und Menschenalter. Der Historiker und die Erfahrung vergangener Gegenwart, München 1994, S. 39–69.
- Ettlin, Erwin: Butterbriefe. Beiträge und Quellen zur Geschichte der Fastendispensen in der Schweizerischen Quart des Bistums Konstanz im Spätmittelalter, Bern 1977.
- Ewald, Jürg: Die Kirche als archäologisches Musterbeispiel. St. Arbogast in Muttenz, in: Ewald, Jürg/Tauber, Jürg (Hg.): Tatort Vergangenheit, Basel 1998, S. 267–284.
- Ewald, Jürg/Tauber, Jürg (Hg.): Tatort Vergangenheit. Ergebnisse der Archäologie heute, Basel 1998.

- Fälschungen im Mittelalter. Internationaler Kongress der MGH München, 16.–19. Sept. 1986, Hannover 1988 (MGH, Schriften 33).
- Fechter, Daniel Albert: Geschichte des Schulwesens in Basel bis zum Jahr 1589, Basel 1837.

- Feller-Vest, Veronika: Die Herren von Hattstatt. Rechtliche, wirtschaftliche und kulturgeschichtliche Aspekte einer Adelsherrschaft (13.–16. Jahrhundert), Bern 1982.
- Fiala, F.: Gebets- und Glaubensformulare des 15. und 16. Jahrhunderts aus der deutschen Schweiz, in: Blätter für Wissenschaft, Kunst und Leben aus der katholischen Schweiz, N.F. 2, 1870, S. 282–293.
- Fischer Lexikon Geschichte, hg. von Richard van Dülmen, Frankfurt a. M. 1990.
- Franz, Günther: Der Deutsche Bauernkrieg, Darmstadt 1962 (6. Auflage). • Franz, Günther: Der deutsche Bauernkrieg. Aktenband, Darmstadt 1968.
- Freitag, Winfried: Haushalt und Familie in traditionalen Gesellschaften, in: GG 14, 1988, S. 5–37.
- Frey, Peter: Der Untere Hauenstein im ausgehenden Mittelalter. Die politische und wirtschaftliche Bedeutung eines Jurapasses, in: JsolG 42, 1969, S. 5–135.
- Fridrich, Anna C.: Herrschaft im Spätmittelalter. Von der Adelsherrschaft zum städtischen Territorialstaat, in: Fridrich, Anna C. (Hg.): Büren. Einblicke in die historische Entwicklung eines Dorfes, Büren 1994, S. 22–37. • Fridrich, Anna C.: Juden in Dornach. Zur Geschichte einer Landjudengemeinde im 17. und frühen 18. Jahrhundert, in: JsolG 69, 1996, S. 7–40. • Fridrich, Anna C.: Laufen im Ancien Régime, Projekt der Forschungsstelle Baselbieter Geschichte 1995–1998 (Manuskript).
- Fuchs, Walther Peter: Der Bauernkrieg, in: Der Bauernkrieg 1524–26. Bauernkrieg und Reformation, hg. von Rainer Wohlfeil, München 1975, S. 51–64.
- Füglister, Hans: Handwerksregiment. Untersuchungen und Materialien zur sozialen und politischen Struktur der Stadt Basel in der ersten Hälfte des 16. Jahrhunderts, Basel 1981.
- Fuhrmann, Bernd/Weissen, Kurt: Einblicke in die Herrschaftspraxis eines Fürsten im 15. Jahrhundert. Das persönliche Notizheft des Basler Bischofs Friedrich zu Rhein, in: ZGO 145, 1997, S. 59–173.
- Fuhrmann, Horst: Einladung ins Mittelalter, München 1987.
- Gauss, Karl: Geschichte der Landschaft Basel und des Kantons Basellandschaft, Bd. 1, Liestal 1932.
- Gauss, Karl/Suter, Paul: Zur Geschichte der Gotteshäuser des Baselbieter Hinterlandes, in: BHB 1975, S. 537–543.
- Gedenkbuch zur Fünfhundert-Jahrfeier der Schlacht bei St. Jakob an der Birs vom 26. August 1444, hg. von der Historischen und Antiquarischen Gesellschaft zu Basel, Basel 1944.
- Germania Judaica, Bd. I, hg. von I. Elbogen/A. Freimann/H. Tykocinski, Breslau 1934; Bd. II/1, hg. von Zvi Avneri, Tübingen 1968; Bd. III/1, hg. von Arye Maimon, Tübingen 1987; Bd. III/2, hg. von Arye Maimon s.A./Mordechai Breuer/Yacov Guggenheim, Tübingen 1995.
- Gerteis, Klaus: Die deutschen Städte in der Frühen Neuzeit. Zur Vorgeschichte der «bürgerlichen Welt», Darmstadt 1986.
- Geschichte der Stadt Freiburg im Breisgau, Bd. 1, Stuttgart 1996.
- Geschichte des Kantons Zürich, Bd. 1, Frühzeit bis Spätmittelalter, hg. von Niklaus Flüeler/Marianne Flüeler-Grauwiler, Zürich 1995.
- Gilomen, Hans-Jörg: Die Grundherrschaft des Basler Cluniazenser-Priorates St. Alban im Mittelalter, Basel 1977.
- Gilomen, Hans-Jörg: Die städtische Schuld Berns und der Basler Rentenmarkt im 15. Jahrhundert, in: BZGA 82, 1982, S. 5–64. • Gilomen, Hans-Jörg (1991a): Die Schweiz in der spätmittelalterlichen Krisenzeit, in: Die Schweiz: gestern – heute – morgen (Die Orientierung 99, hg. von der Schweizerischen Volksbank), Bern 1991, S. 12–18. • Gilomen, Hans-Jörg (1991b): Einleitung. Die Cluniazenser in der Schweiz, in: HS III/2, Basel 1991, S. 21–140. • Gilomen, Hans-Jörg (1991c): St. Alban in Basel, in: HS III/2, Basel 1991, S. 147–226. • Gilomen, Hans-Jörg: Das Motiv der bäuerlichen Verschuldung in den Bauernunruhen an der Wende zur Neuzeit, in: Spannungen und Widersprüche. Gedenkschrift für František Graus, hg. von Susanna Burghartz u. a., Sigmaringen 1992, S. 173–189. • Gilomen, Hans-Jörg: Anleihen und Steuern in der Finanzwirtschaft spätmittelalterlicher Städte. Option bei drohendem Dissens, in: Finanzbedarf und Finanzierungsmodelle – Les besoins de l'Etat et les modèles de leur financement, hg. von Sébastien Guex/Martin Körner/Jakob Tanner, Zürich 1994, S. 137–158. • Gilomen, Hans-Jörg (1998a): Stadt-Land-Beziehungen in der Schweiz des Spätmittelalters, in: Stadt und Land in der Schweizer Geschichte. Abhängigkeiten – Spannungen – Komplementaritäten, hg. von Ulrich Pfister, Basel 1998, S. 10–48 (Itinera 19). • Gilomen, Hans-Jörg (1998b): L'endettement paysan et la question du crédit dans les pays d'Empire au moyen âge, in: Endettement paysan et crédit rural dans l'Europe médiévale et moderne. Actes des XVIIes journées internationales d'Histoire de l'Abbaye de Flaran, Septembre 1995, Toulouse 1998, S. 99–137. • Gilomen, Hans-Jörg: Spätmittelalterliche Siedlungssegregation und Ghettoisierung, insbesondere im Gebiet der heutigen Schweiz, in: Stadt- und Landmauern, Bd. 3 (Veröffentlichungen des Instituts für Denkmalpflege an der ETH Zürich, Bd. 15.3), Zürich 1999, S. 85–106.
- Gilomen-Schenkel, Elsanne: Henman Offenburg (1379–1459). Ein Basler Diplomat im Dienste der Stadt, des Konzils und des Reichs, Basel 1975. • Gilomen-Schenkel, Elsanne: Das Doppelkloster – eine verschwiegene Institution. Engelberg und andere Beispiele aus dem Umkreis der Helvetia Sacra, in: Studien und Mitteilungen zur Geschichte des Benediktiner-Ordens und seiner Zweige 101, 1990, S. 197–211.
- Gilsenbach, Reimar: Weltchronik der Zigeuner, Bd. 1, Frankfurt a. M. 1994.
- Ginzburg, Carlo: Der Käse und die Würmer, Frankfurt a. M. 1983 (2. Auflage).
- Gössi, Anton: Das Urkundenwesen der Bischöfe von Basel im 13. Jahrhundert (1216–1274), Basel 1974.
- Goy, Karin: Die Flurnamen der Gemeinde Rothenfluh, Basel 1993.

• Graus, František (1981a): Tendenzen der Stadt-Land-Beziehungen im ausgehenden Mittelalter, in: Freiburg. Die Stadt und ihr Territorium, hg. von Gaston Gaudard/Carl Pfaff/ Roland Ruffieux, Freiburg 1981, S. 26–41. • Graus, František (1981b): Randgruppen der städtischen Gesellschaft im Spätmittelalter, in: ZHF 8, 1981, S. 385–437. • Graus, František: Judenfeindschaft im Mittelalter, in: Strauss, Herbert A./Kampe, Norbert (Hg.): Antisemitismus. Von der Judenfeindschaft zum Holocaust, Frankfurt a. M. 1984, S. 29–46. • Graus, František: Die Randständigen, in: Moraw, Peter (Hg.): Unterwegssein im Spätmittelalter, ZHF Beiheft 1, Berlin 1985, S. 93–101. • Graus, František: Europa zur Zeit der Schlacht bei Sempach, in: Jahrbuch der Historischen Gesellschaft Luzern 4, 1986, S. 3–15. • Graus, František: Pest – Geissler – Judenmorde. Das 14. Jahrhundert als Krisenzeit, Göttingen 1987 (3. unveränderte Auflage 1994).
• Gschwind, Franz: Bevölkerungsentwicklung und Wirtschaftsstruktur der Landschaft Basel im 18. Jahrhundert, Liestal 1977 (QF 15).
• Guenée, Bernard: Temps de l'histoire et temps de la mémoire au moyen âge, in: Guenée, Bernard: Politique et histoire au moyen âge, Paris 1981, S. 253–263.

• Haas, Jean Nicolas/Rasmussen, Peter: Zur Geschichte der Schneitel- und Laubfutterwirtschaft in der Schweiz. Eine alte Landwirtschaftspraxis kurz vor dem Aussterben, in: Festschrift Heinrich Zoller, hg. von Christoph Brombacher/Stefanie Jacomet/Jean Nicolas Haas, Basel 1993, S. 469–489.
• Das Habsburgische Urbar, hg. von Rudolf Maag, Basel 1894, 1899, 1904 (Quellen zur Schweizer Geschichte 14, 15/1 und 15/2).
• Häberle, Alfred: Die mittelalterliche Blütezeit des Zisterzienserklosters St. Urban 1250–1375, Diss. phil. Freiburg i. Ü., Luzern 1946.

• Häberlein, Mark (Hg.): Devianz, Widerstand und Herrschaftspraxis in der Vormoderne. Studien zu Konflikten im südwestdeutschen Raum (15. bis 18. Jahrhundert), Konstanz 1999.
• Haefliger, Hans: Solothurn in der Reformation, in: JsolG 16, 1943, S. 1–120.
• Hagemann, Hans-Rudolf: Basler Rechtsleben im Mittelalter, 2 Bde., Basel 1981, 1987.
• Hagmann, Daniel/Hellinger, Peter (Hg.): 700 Jahre Stadt Laufen, Basel 1995.
• Hanawalt, Barbara A.: The Ties that Bound: Peasant Families in Medieval England, New York 1986.
• Handwörterbuch zur deutschen Rechtsgeschichte, hg. von Adalbert Erler und Ekkehard Kaufmann, unter philologischer Mitarbeit von Ruth Schmidt-Wiegand, 4 Bde., Berlin 1971–1990.
• Harmening, Dieter: Zauberinnen und Hexen. Vom Wandel des Zaubereibegriffs im späten Mittelalter, in: Blauert, Andreas (Hg.): Ketzer, Zauberer, Hexen, Frankfurt a. M. 1990, S. 68–90.
• Harms, Bernhard: Der Stadthaushalt Basels im ausgehenden Mittelalter, 3 Bde., Tübingen 1909–1913.
• Hatje, Frank: Leben und Sterben im Zeitalter der Pest. Basel im 15. bis 17. Jahrhundert, Basel 1992.
• Haverkamp, Alfred (Hg.): Haus und Familie in der spätmittelalterlichen Stadt, Köln 1984.
• Heckmann, Dieter: Wirtschaftliche Auswirkungen des Armagnakenkrieges von 1444 bis 1445 auf die Deutschordensballeien Lothringen und Elsass-Burgund, in: ZGO 140, 1992, S. 102–125.
• Heim, Peter: Die Deutschordenskommende Beuggen und die Anfänge der Ballei Elsass-Burgund von ihrer Entstehung bis zur Reformationszeit, Bonn-Bad Godesberg 1977.
• Hellinger, Peter: Freiheit zwischen Zarg und Grendel. Über das Stadtrecht, für wen es galt, was es bedeutete und was es bewirkte, in: 700 Jahre Stadt Laufen, hg. von Daniel Hagmann/ Peter Hellinger, Basel 1995, S. 35–44.

• Helvetia Sacra, begr. von P. Rudolf Henggeler OSB, hg. von Albert Bruckner, Bern (später Basel) 1972ff.
• Hergemöller, Bernd Ulrich (Hg.): Randgruppen der spätmittelalterlichen Gesellschaft. Ein Hand- und Studienbuch, Warendorf 1990 (2. Auflage 1994).
• Hesse, Christian: St. Mauritius in Zofingen. Verfassungs- und sozialgeschichtliche Aspekte eines mittelalterlichen Chorherrenstiftes, Aarau 1992.
• Heyer, Hans-Rudolf: Neues zum Schloss Binningen, in: Jurablätter 56, 1994, S. 168–173.
• Hildbrand, Thomas: Herrschaft, Schrift und Gedächtnis. Das Kloster Allerheiligen und sein Umgang mit Wissen in Wirtschaft, Recht und Archiv (11.–16. Jahrhundert), Zürich 1996.
• Hoffmann, Hartmut: Grafschaften in Bischofshand, in: Deutsches Archiv 46, 1990, S. 375–480.
• Holenstein, André: Die Huldigung der Untertanen: Rechtskultur und Herrschaftsordnung (800–1800), Stuttgart 1990. • Holenstein, André: Seelenheil und Untertanenpflicht. Zur gesellschaftlichen Funktion und theoretischen Begründung des Eides in der ständischen Gesellschaft, in: Der Fluch und der Eid. Die metaphysische Begründung gesellschaftlichen Zusammenlebens und politischer Ordnung in der ständischen Gesellschaft, hg. von Peter Blickle, Berlin 1993, S. 11–63.
• Holzherr, Georg (Hg.): Die Benediktsregel. Eine Anleitung zu christlichem Leben, Zürich 1993 (4. Auflage).
• Honegger, Claudia/Heintz, Bettina (Hg.): Listen der Ohnmacht. Zur Sozialgeschichte weiblicher Widerstandsformen, Frankfurt a. M. 1981.
• Hörsch, Waltraud: Ein Sonderfall der Agrar- und Kulturgeschichte. Die zisterziensischen Klosterhöfe von St. Urban im untern Rottal, in: Heimatkunde des Wiggertals 53, 1995, S. 93–146.
• Huggel, Samuel: Die Einschlagsbewegung in der Basler Landschaft, 2 Bde., Liestal 1979 (QF 17).

- IRSIGLER, FRANZ / LASSOTTA, ARNOLD: Bettler und Gaukler, Dirnen und Henker. Aussenseiter in einer mittelalterlichen Stadt, Köln 1984.
- IRSIGLER, FRANZ: L'approvisionnement des villes de l'Allemagne occidentale jusqu'au XVIe siècle, in: L'approvisionnement des villes de l'Europe occidentale au Moyen âge et aux temps modernes. Centre Culturel de l'Abbaye de Flaran, 5es journées internationales d'Histoire, Auch 1985, S. 117–144.
- ISENMANN, EBERHARD: Die deutsche Stadt im Spätmittelalter, Stuttgart 1988.

- JACOBSEN, GRETHE: Female Migration and the Late Medieval Town, in: Jaritz, Gerhard / Müller, Albert (Hg.): Migration in der Feudalgesellschaft, Frankfurt a. M. 1988, S. 43–55.
- JACOMET, STEFANIE / FELICE, NIDIJA / FÜZESI, BARBARA: Verkohlte Samen und Früchte aus der hochmittelalterlichen Grottenburg «Riedfluh» bei Eptingen, Kanton Baselland (Nordwestschweiz). Ein Beitrag zum Speisezettel des Adels im Hochmittelalter, in: Degen, Peter u. a.: Die Grottenburg Riedfluh, Eptingen BL, in: SBKAM 14, Zürich 1988, S. 169–243.
- JÄGGI, CAROLA / MEIER, HANS-RUDOLF: Löwe, Drache, Ritter und Madonna. Zur Ikonographie der Schöntaler Fassadenskulptur, in: Unsere Kunstdenkmäler 40, 1989, S. 412–419.
- JÄGGI, GREGOR: Das Bistum Basel in seiner Geschichte, Strassburg 1999.
- JAKOBS, HERMANN: Kirchenreform und Hochmittelalter 1046–1215, München 1984.
- JARITZ, GERHARD / MÜLLER, ALBERT (Hg.): Migration in der Feudalgesellschaft, Frankfurt 1988.
- JEZLER, PETER: Der spätgotische Kirchenbau in der Zürcher Landschaft. Die Geschichte eines «Baubooms» am Ende des Mittelalters, Wetzikon 1988.
- JORIO, MARCO: Das Schicksal des fürstbischöflich-baslerischen Archivs seit 1789, in: BZGA 83, 1983, S. 85–125.

- KARG, SABINE: Leben aus der Asche. Ernährung und Landwirtschaft der mittelalterlichen Stadt aus archäologischer Sicht, in: 700 Jahre Stadt Laufen, hg. von Daniel Hagmann / Peter Hellinger, Basel 1995, S. 79–84.
- KARG, SABINE / JACOMET, STEFANIE: Pflanzliche Makroreste als Informationsquelle zur Ernährungsgeschichte des Mittelalters in der Schweiz und Süddeutschlands, in: Tauber, Jürg (Hg.): Methoden und Perspektiven der Archäologie des Mittelalters, Liestal 1991, S. 121–143.
- KAUFMANN, BRUNO: Eptingen-Riedfluh. Die Tierknochenfunde der Grabung 1981–83, in: Degen, Peter u.a.: Die Grottenburg Riedfluh, Eptingen BL, in: SBKAM 14–15, Zürich 1988, S. 279–316.
- KAUFMANN, BRUNO: Die Tierknochen, in: Tauber, Jürg: Die Ödenburg bei Wenslingen – eine Grafenburg des 11. und 12. Jahrhunderts, Derendingen 1991, S. 111–132.
- KEIL, GUNDOLF: Seuchenzüge des Mittelalters, in: Mensch und Umwelt im Mittelalter, hg. von Bernd Herrmann, Stuttgart 1986, S. 109–128.
- KETSCH, PETER: Frauen im Mittelalter, Bd. 1: Frauenarbeit im Mittelalter. Quellen und Materialien, Düsseldorf 1983.
- KIESSLING, ROLF (Hg.): Judengemeinden in Schwaben im Kontext des Alten Reiches, Berlin 1995.
- KOCHER, AMBROS: Regesten zu den Solothurnischen Hexenprozessen, in: JSolG 16, 1943, S. 121–140.
- Kommunikation und Alltag in Spätmittelalter und Früher Neuzeit, redigiert von Helmut Hundsbichler, Wien 1992.
- KÖHN, ROLF: Die Auszahlungen des Kammermeisters Georg von Welsberg für 1399–1400. Zur Finanzverwaltung in den österreichischen Vorlanden unter Herzog Leopold IV., in: ZGO 140, 1992, S. 61–88.
- KÖLNER, PAUL: Die Zunft zum Schlüssel in Basel, Basel 1953.
- KÖPPEL, CHRISTA: Wirtschaftliche Reorganisation in einer geistlichen Grundherrschaft als Prozess regionaler Integration am Beispiel des Fraumünsters in Zürich (1418–1525), in: Europa 1500. Integrationsprozesse im Widerstreit, hg. von Ferdinand Seibt / Winfried Eberhardt, Stuttgart 1986, S. 247–261.
- KÖPPEL, CHRISTA: Von der Äbtissin zu den gnädigen Herren: Untersuchungen zu Wirtschaft und Verwaltung der Fraumünsterabtei und des Fraumünsteramts in Zürich 1418–1549, Zürich 1991.
- KRIEDTE, PETER: Spätmittelalterliche Agrarkrise oder Krise des Feudalismus?, in: GG 7, 1981, S. 42–68.
- KRUTTER, F.: Urkunden über Solothurns misslungenen Versuch Pratteln zu erwerben, in: Solothurner Wochenblatt: Beiträge zur vaterländischen Geschichte 3, 1847, S. 89–107.
- KÜMMELL, JULIANE: Bäuerliche Gesellschaft und städtische Herrschaft im Spätmittelalter. Zum Verhältnis von Stadt und Land im Fall Basel/Waldenburg 1300–1525, Konstanz 1980/1982.
- KÜMMELL, JULIANE: Städtische Verwaltung und Landbevölkerung im Spätmittelalter. Ein Personenrödel als Quelle zur Mentalitätsgeschichte, in: ZGO 136, 1988, S. 129–151.
- Die Kunstdenkmäler der Schweiz, hg. von der Gesellschaft für schweizerische Kunstgeschichte, Basel 1927ff.

- Landjudentum im Süddeutschen- und Bodenseeraum, Dornbirn 1992.
- LANDOLT, NIKLAUS: Untertanenrevolten und Widerstand auf der Basler Landschaft im 16. und 17. Jahrhundert, Liestal 1996 (QF 56).
- Laufen. Geschichte einer Kleinstadt, hg. von der Einwohnergemeinde Laufen, Laufen 1975.
- LAVIČKA, PAVEL: Neue Datierungen und Daten mit einem «Rekonstruktionsversuch» zur Liestaler Baugeschichte, in: «Keine Kopie an niemand!». Festschrift für Jürg Ewald zu seinem sechzigsten Geburtstag, Liestal 1997, S. 71–75.
- LEHMANN, PAUL: Die Bibliothek des Klosters Beinwil um 1200, in: ZSKG 44, 1950, S. 1–16.

- Leiber, Gert: Das Landgericht der Baar. Verfassung und Verfahren zwischen Reichs- und Landesrecht 1283–1632, Allensbach 1964.
- Leiser, Wolfgang: Zentralorte als Strukturproblem der Markgrafschaft Baden, in: Stadt und Umland, hg. von Erich Maschke/Jürgen Sydow, Stuttgart 1974, S. 1–19.
- Levack, Brian P.: Hexenjagd. Die Geschichte der Hexenverfolgungen in Europa, München 1995.
- Lexikon des Mittelalters, 9 Bde., München 1980–1998.
- Locher, Markus: Den Verstand von unten wirken lassen, Liestal 1985 (QF 23).
- Lutz, Markus: Basel und seine Umgebungen neu beschrieben, um Eingeborne und Fremde zu orientieren, mit Würdigung und einer Bibliographie der Werke von Ch. Ph. Matt, Faksimile der 2. Auflage, Basel 1998.

- Maier, Eva: Trente ans avec le diable. Une nouvelle chasse aux sorciers sur la Riviera lémanique (1477–1484), Lausanne 1996.
- Manz, Matthias: Die Basler Landschaft in der Helvetik, Liestal 1991 (QF 37).
- Marchal, Guy P.: Die Ursprünge der Unabhängigkeit (401–1394), in: Geschichte der Schweiz und der Schweizer, Bd. 1, Basel. 1983 (2. Auflage), S. 105–210.
- Marchal, Guy P.: Das Meisterli von Emmenbrücke oder: Vom Aussagewert mündlicher Überlieferung, in: SZG 34, 1984, S. 521–539.
- Marchal, Guy P.: Sempach 1386. Von den Anfängen des Territorialstaates Luzern. Beiträge zur Frühgeschichte des Kantons Luzern, mit einer Studie «Adel im Bannkreis Österreichs» von Waltraut Hörsch, Basel 1986.
- Marchal, Guy P.: Memoria, Fama, Mos Maiorum. Vergangenheit in mündlicher Überlieferung im Mittelalter, unter besonderer Berücksichtigung der Zeugenaussagen in Arezzo von 1170/80, in: Ungern-Sternberg, Jürgen/Reinau, Hansjörg (Hg.): Vergangenheit in mündlicher Überlieferung, Stuttgart 1988, S. 289–320.
- Marchal, Guy P. (1996a): Grenzerfahrung und Raumvorstellungen. Zur Thematik, in: Marchal, Guy P. (Hg.): Grenzen und Raumvorstellungen (11.–20. Jahrhundert), Zürich 1996, S. 11–25.
- Marchal, Guy P. (1996b): «Von der Stadt» und bis ins «Pfefferland». Städtische Raum- und Grenzvorstellungen in Urfehden und Verbannungsurteilen oberrheinischer und schweizerischer Städte, in: Marchal, Guy P. (Hg.): Grenzen und Raumvorstellungen (11.–20. Jahrhundert), Zürich 1996, S. 225–263.
- Marti, Reto: Zwei frühmittelalterliche Gräber und ihre Bedeutung für die Frühgeschichte Liestals, in: Beiträge zur Archäologie der Merowinger- und Karolingerzeit, Archäologie und Museum, Heft 11, Liestal 1988, S. 29–59.
- Marti, Reto: Buus BL, Fundbericht 1990, in: Jahrbuch Schweizerische Gesellschaft für Ur- und Frühgeschichte 74, 1991, S. 285.
- Marti, Reto/Windler, Renata: Die Burg Madeln bei Pratteln (BL), Liestal 1988.
- Martin, Ernst: Johann Jakob Kettiger und Heinrich Pestalozzi. Zur Wirkungsgeschichte Pestalozzis, Liestal 1991 (QF 39).
- Mattmüller, Markus: Agrargeschichte der Schweiz im Ancien Régime, I. Teil. Vorlesung im WS 1976/77 und SS 1977, Universität Basel, ungedrucktes Typoskript.
- Maurer, Hans-Martin: Masseneide gegen Abwanderungen im 14. Jahrhundert. Quellen zur territorialen Rechts- und Bevölkerungsgeschichte, in: Zeitschrift für Württembergische Landesgeschichte 39, 1980, S. 30–99.
- Mayer-Edenhauser, Theodor: Die Territorialbildung der Bischöfe von Basel, in: ZGO 91, 1939, S. 225–322.
- Merz, Walther: Die Burgen des Sisgaus, 4 Bde., Aarau 1909–1914.
- Mesmer, Beatrix: Ausgeklammert – Eingeklammert. Frauen und Frauenorganisationen in der Schweiz des 19. Jahrhunderts, Basel 1988.
- Meyer, Werner: Der Basler Stadtadel, in: Jurablätter 26, 1964, S. 83–94.
- Meyer, Werner: Psitticher und Sterner. Ein Beitrag zur Geschichte des unstaatlichen Kriegertums, in: BZGA 67, 1967, S. 5–21.
- Meyer, Werner: Die Löwenburg im Berner Jura. Geschichte der Burg, der Herrschaft und ihrer Bewohner, Basel 1968.
- Meyer, Werner: Die Burgstelle Rickenbach. Ein archäologischer Beitrag zur Geschichte des Buchsgaus im Hochmittelalter, in: JsolG 45, 1972, S. 316–409.
- Meyer, Werner: Burgen von A bis Z. Burgenlexikon der Regio, hg. von den Burgenfreunden beider Basel, Basel 1981.
- Meyer, Werner: Zur Auflassung der Burgen in der spätmittelalterlichen Schweiz, in: Château Gaillard 12, 1985, S. 11–21.
- Meyer, Werner: Die Frohburg. Ausgrabungen 1973–1977, Olten 1989.
- Meyer, Werner: Der Zusammenschluss von Gross- und Kleinbasel im Spätmittelalter, in: Leben im Kleinbasel 1392 1892 1992, Basel 1992, S. 12–36.
- Meyer, Werner: «Also griffen die Eidgenossen das Volk an». Die Schlacht bei St. Jakob an der Birs – Hintergründe, Verlauf und Bedeutung, in: Ereignis – Mythos – Deutung. 1444–1994. St. Jakob an der Birs, hg. von Werner Geiser, Basel 1994, S. 9–57.
- Meyer, Werner (1995a): Spielball der Mächtigen. Bischöfliche Territorialpolitik und Stadtgründung, in: 700 Jahre Stadt Laufen, hg. von Daniel Hagmann/Peter Hellinger, Basel 1995, S. 19–34.
- Meyer, Werner (1995b): Münchenstein vom Mittelalter bis ins 17. Jahrhundert. Das Schloss, in: HK Münchenstein, Bd. 1, Liestal 1995, S. 127–143.
- Meyer, Werner: Im Banne von Gilgenberg. Nunningen unter der Herrschaft der Ramsteiner, in: Hänggi, Heiner (Hg.): Nunningen, Breitenbach 1996, S. 85–114.
- Meyer, Werner: Altenberg. Überlegungen zum historischen Umfeld/Altenberg. Burgenkundliche und typologische Fragen, unveröffentliches Manuskript, abgeschlossen 1997.
- Mitterauer, Michael: Familie und Arbeitsorganisation in städtischen Gesellschaften des späten Mittelalters und der frühen Neuzeit, in: Haverkamp, Alfred (Hg.): Haus und Familie in der spätmittelalterlichen Stadt, Köln 1984, S. 1–36.

• MITTERAUER, MICHAEL: Artikel
«Familie», in: Fischer Lexikon Geschichte,
hg. von Richard van Dülmen, Frankfurt
a.M. 1990, S. 161–176. • MITTERAUER,
MICHAEL: Historisch-anthropologische
Familienforschung, Wien 1990.
• MONE, F. J.: Zur Geschichte des
Weinbaues vom 14. bis 16. Jahrhundert,
in: ZGO 3, 1852, S. 257–299.
• MONTANARI, MASSIMO: L'alimentazione
contadina nell'alto medioevo,
Neapel 1979. • MONTANARI, MASSIMO:
Alimentazione e cultura nel medioevo,
Bari 1988. • MONTANARI, MASSIMO:
Der Hunger und der Überfluss.
Kulturgeschichte der Ernährung in
Europa, München 1993.
• MÜLLER, ALEX: Von Pfeffingen
und Reinach und den Pfarrverhältnissen
im Mittelalter, in: BHB 2, 1943, S. 195–218.
• MÜLLER, FELIX: Der Bischofstein bei
Sissach, Kanton Baselland,
Derendingen 1980.
• MÜLLER, KARL OTTO: Das Finanzwesen
der Deutschordenskommende
Beuggen und Freiburg i. Br. im Jahre 1414,
in: Zeitschrift der Gesellschaft für
Beförderung der Geschichts-,
Altertums- und Volkskunde von Freiburg,
dem Breisgau und den angrenzenden
Landschaften 31, 1916, S. 47–102.

• NADA PATRONE, ANNA MARIA:
Il cibo del ricco ed il cibo del povero.
Contributo alla storia qualitativa
dell'alimentazione. L'area pedemontana
negli ultimi secoli del medio evo,
Turin 1981.
• NORDEMANN, THEODOR: Zur Geschichte
der Juden in Basel. Jubiläumsschrift
der Israelitischen Gemeinde Basel aus
Anlass des 150jährigen Bestehens
5565–5715 (1805–1955), Binningen/
Basel 1955.
• NORDMANN, ACHILLES:
Über den Judenfriedhof in Zwingen und
Judenniederlassungen im Fürstbistum
Basel, in: BZGA 6, 1907,
S. 120–151. • NORDMANN, ACHILLES:
Die Juden im Kanton Baselland, in:
Basler Jahrbuch 1914, Basel (o. J.),
S. 180–249.

• OEDIGER, FRIEDRICH WILHELM:
Über die Bildung der Geistlichen im
späten Mittelalter, Leiden 1953.
• Ökumenische Kirchengeschichte
der Schweiz, hg. von L. Vischer/
L. Schenker/R. Dellsperger, Freiburg 1994,
S. 80–89.
• OSTHUES, GABRIELE: «Die Macht edler
Herzen und gewaltiger Weiblichkeit».
Zwei frühe Beiträge zur Situation
der Frau im Mittelalter: Karl Weinhold und
Karl Bücher, in: Bennewitz, Ingrid (Hg.):
Der frauwen buoch: Versuch zu einer
feministischen Mediävistik,
Göppingen 1989, S. 399–431.
• OSTORERO, MARTINE: Folâtrer avec
les démons. Sabbat et chasse aux
sorciers à Vevey (1448), Lausanne 1995.
• OTHENIN-GIRARD, MIREILLE:
Sozialisation und Verantwortungs-
bewusstsein in bäuerlichen Haushalten
im 15. Jahrhundert, Forschungsstelle
Baselbieter Geschichte, Liestal 1991
(Manuskript). • OTHENIN-GIRARD,
MIREILLE: Ländliche Lebensweise und
Lebensformen im Spätmittelalter.
Eine wirtschafts- und sozialgeschichtliche
Untersuchung der nordwest-
schweizerischen Herrschaft Farnsburg,
Liestal 1994 (QF 48). • OTHENIN-GIRARD,
MIREILLE: Helfer und Gespenster.
Die Toten und der Tauschhandel mit
den Lebenden, in: Jussen,
Bernhard/Koslofsky, Craig (Hg.):
Kulturelle Reformation. Sinnformationen
im Umbruch 1400–1600, Göttingen 1999,
S. 159–191.

• PARAVY, PIERRETTE: Zur Genesis der
Hexenverfolgungen im Mittelalter.
Der Traktat des Claude Tholosan,
Richter in der Dauphiné (um 1436), in:
Blauert, Andreas (Hg.): Ketzer, Zauberer,
Hexen. Die Anfänge der europäischen
Hexenverfolgungen, Frankfurt a. M. 1990,
S. 118–159.
• Personenlexikon des Kantons Basel-
Landschaft, bearb. von Kaspar Birkhäuser,
Liestal 1997 (QF 63).
• PFISTER, CHRISTIAN: Klimageschichte
der Schweiz 1525–1860, Bern 1984
(3. Auflage 1988). • PFISTER, CHRISTIAN:
Historische Umweltforschung und
Klimageschichte, mit besonderer
Berücksichtigung des Hoch- und Spät-
mittelalters, in: Siedlungsforschung.
Archäologie – Geschichte – Geographie 6,
1988, S. 113–127.
• PFISTER, CHRISTIAN/SCHWARZ-
ZANETTI, GABRIELA/WEGMANN, MILÈNE:
Winter Severity in Europe:
The Fourteenth Century, in: Climatic
Change. An Interdisciplinary, International
Journal Devoted to the Description,
Causes and Implications of Climatic
Change, hg. von Stephen H. Schneider,
Bd. 34, Dordrecht 1996, S. 91–108.
• PFISTER, CHRISTIAN/SCHWARZ-ZANETTI,
GABRIELA/HOCHSTRASSER, FELIX/
WEGMANN, MILÈNE: The Most Severe
Winters of the Fourteenth Century
in Central Europe Compared to Some
Analogues in the More Recent Past,
in: Frenzel, Burkhard u. a. (Hg.):
Documentary Climatic Evidence for
1750–1850 and the Fourteenth Century
(Paläoklimaforschung 23), Stuttgart 1998,
S. 45–61.
• PFISTER, RUDOLF: Kirchengeschichte
der Schweiz, Bd. 1: Von den Anfängen bis
zum Ausgang des Mittelalters, Zürich 1964.
• PFROMMER, JOCHEM: Spuren im Boden.
Archäologische Erkenntnisse über
das Alltagsleben im mittelalterlichen
Laufen, in: 700 Jahre Stadt Laufen,
hg. von Daniel Hagmann/Peter Hellinger,
Basel 1995, S. 65–78.
• PITZ, ERNST: Entstehung und Umfang
statistischer Quellen, in: Voraus-
setzungen und Methoden geschichtlicher
Städteforschung, hg. von W. Ebrecht,
Köln 1979, S. 47–74.

• QUIRIN, HEINZ: Einführung in das
Studium der mittelalterlichen Geschichte,
Stuttgart 1985 (4. Auflage).

• RAPP, FRANCIS: Die bäuerliche
Aristokratie des Kochersberges im
ausgehenden Mittelalter und zu Beginn
der Neuzeit, in: Franz, Günther (Hg.):
Bauernschaft und Bauernstand,
1500–1970, Limburg/Lahn 1975,
S. 89–101.

• Die Rechtsquellen des Kantons Aargau, Teil 1: Stadtrechte, Bd. 7: Das Stadtrecht von Rheinfelden, bearb. von Friedrich Emil Welti, Aarau 1917.
• Rechtsquellen von Basel Stadt und Land, hg. von Johannes Schnell, 2 Bde., Basel 1856–1865.
• REDON, ODILE/SABBAN, FRANÇOISE/SERVENTI, SILVANO: La gastronomie au Moyen âge. 150 recettes de France et d'Italie, Paris 1993 (2. Auflage).
• REININGHAUS, WILFRIED: Quellen zur Geschichte der Handwerksgesellen im spätmittelalterlichen Basel, Basel 1982.
• RENNEFARTH, HERMANN: Bauernunruhen im Elsgau (1462 und 1525), in: Schweizer Beiträge zur Allgemeinen Geschichte 20, 1962/63, S. 5–43.
• RIHA, ORTRUN: Das mittelalterliche Frauenbild und die moderne Hexenforschung, in: Geschlechterverhältnisse in Medizin, Naturwissenschaft und Technik, hg. von Christoph Meinel/Monika Renneberg, Stuttgart 1996, S. 117–132.
• RIPPMANN, DOROTHEE: Die Herrschaft der Grafen von Frohburg, ungedruckte Lizentiatsarbeit, Universität Basel, Basel 1975. • RIPPMANN, DOROTHEE: Bauern und Städter. Stadt-Land-Beziehungen im 15. Jahrhundert: das Beispiel Basel unter besonderer Berücksichtigung der Nahmarktbeziehungen und der sozialen Verhältnisse im Umland, Basel 1990. • RIPPMANN, DOROTHEE: Zur Geschichte des Dorfs im Mittelalter, am Beispiel des Kantons Baselland, in: Tauber, Jürg (Hg.): Methoden und Perspektiven der Archäologie des Mittelalters, Liestal 1991, S. 31–56. • RIPPMANN, DOROTHEE: Lohnarbeit und Interessenkonflikte im fürstbischöflichen Amt Birseck. Der Weiher zu Oberwil im 16. Jahrhundert, in: Geschichte 2001, Mitteilungen der Forschungsstelle Baselbieter Geschichte 9, Beilage der Baselbieter Heimatblätter 57, 1992, S. 1–8. • RIPPMANN, DOROTHEE: Le travail salarié et les corvées dans la société rurale du nord-ouest de la Suisse. Travail féminin, travail masculin à la fin du moyen-âge et au XVIe siècle, in: Bulletin du Département d'Histoire Economique et Sociale de l'Université de Genève, Genf 1993, S. 25–38. • RIPPMANN, DOROTHEE (1994a): Alltagsleben und materielle Kultur im Spiegel von Wirtschaftsquellen. Materielle Kultur und Geschlecht, in: Medium Aevum Quotidianum 30, Krems 1994, S. 44–61. • RIPPMANN, DOROTHEE (1994b): Dem Schlossherrn in die Küche geschaut. Zur Ernährung im Spätmittelalter und in der Frühen Neuzeit, in: Geschichte 2001, Mitteilungen der Forschungsstelle Baselbieter Geschichte 15, Beilage der Baselbieter Heimatblätter 59, 1994, S. 1–12. • RIPPMANN, DOROTHEE (1995a): Einleitung zum Kapitel «Arbeit, Überleben und Selbstbehauptung», in: Eine Stadt der Frauen. Studien und Quellen zur Geschichte der Baslerinnen im späten Mittelalter und zu Beginn der Neuzeit (13.–17. Jahrhundert), hg. von Heide Wunder, in Verbindung mit S. Burghartz, D. Rippmann, K. Simon-Muscheid, Basel 1995, S. 69–79. • RIPPMANN, DOROTHEE (1995b): Frauen in Wirtschaft und Alltag des Spätmittelalters. Aufzeichnungen des Kaufmanns Ulrich Meltinger, in: Eine Stadt der Frauen. Studien und Quellen zur Geschichte der Baslerinnen im späten Mittelalter und zu Beginn der Neuzeit (13.–17. Jh.), hg. von Heide Wunder, in Verbindung mit S. Burghartz, D. Rippmann, K. Simon-Muscheid, Basel 1995, S. 99–117. • RIPPMANN, DOROTHEE (1995c): «Frauenwerk» und Männerarbeit. Gesinde, Tagelöhner und Tagelöhnerinnen in der spätmittelalterlichen Stadt, in: BZGA 95, 1995, S. 5–42. • RIPPMANN, DOROTHEE (1996a): «Frauenwerk» und Männerarbeit. Formen von Leben und Arbeit im Spätmittelalter, in: Arbeit im Wandel. Organisation und Herrschaft vom Mittelalter bis zur Gegenwart, hg. von Ulrich Pfister/Brigitte Studer/Jakob Tanner, Zürich 1996, S. 24–47. • RIPPMANN, DOROTHEE (1996b): Frauenarbeit im Wandel. Untersuchungen zu Arbeitsteilung, Arbeitsorganisation und Entlöhnung im Weinbau am Oberrhein (15./16. Jahrhundert), in: Wunder, Heide/Vanja, Christina (Hg.): «Weiber, Menscher, Frauenzimmer». Frauen in der ländlichen Gesellschaft, 1500–1800, Göttingen 1996, S. 26–59. • RIPPMANN, DOROTHEE (1996c): Gärten, Obstbäume und Obst im Mittelalter, in: Fundgruben. Stille Örtchen ausgeschöpft. Publikation zur Ausstellung im Historischen Museum Basel, Basel 1996, S. 87–94. • RIPPMANN, DOROTHEE (1996d): Bauern und Herren: Rothenfluh im Mittelalter. Ein Beitrag zur Geschichte der ländlichen Gesellschaft im Mittelalter, mit einem Beitrag von Jürg Tauber, Liestal 1996. • RIPPMANN, DOROTHEE (1996e): «Sein Brot verdienen»: Beköstigung von Arbeitskräften im Spätmittelalter, in: Medium Aevum Quotidianum 34, Krems 1996, S. 91–114. • RIPPMANN, DOROTHEE: La main-d'œuvre et son alimentation à la fin du moyen-âge d'après les documents comptables. L'exemple de la région de Bâle, in: Rassart-Eeckhout, E. u. a. (Hg.): La vie matérielle au Moyen âge. L'apport des sources littéraires, normatives et de la pratique, Louvain-la-Neuve 1997, S. 179–203. • RIPPMANN, DOROTHEE (1998a): Frauen und Handwerk. Gedanken zum Stadt-Land-Vergleich im Spätmittelalter, in: Simon-Muscheid, Katharina (Hg.): «Was nützt die Schusterin dem Schmied?». Frauen und Handwerk vor der Industrialisierung, Frankfurt a. M. 1998, S. 131–157. • RIPPMANN, DOROTHEE (1998b): Unbotmässige Dörfler im Spannungsverhältnis zwischen Land und Stadt. Pratteln im 15. und zu Beginn des 16. Jahrhunderts, in: Stadt und Land in der Schweizer Geschichte. Abhängigkeiten – Spannungen – Komplementaritäten, hg. von Ulrich Pfister, Basel 1998, S. 110–156 (Itinera 19). • RIPPMANN, DOROTHEE: Herrschaftskonflikte und innerdörfliche Spannungen in der Basler Region im Spätmittelalter und an der Wende zur Frühen Neuzeit, in: Häberlein, Mark (Hg.): Devianz, Widerstand und

Herrschaftspraxis in der Vormoderne. Studien zu Konflikten im südwestdeutschen Raum (15. bis 18. Jahrhundert), Konstanz 1999, S. 199–225.
• RIPPMANN, DOROTHEE/SCHNYDER, ALBERT: Regionalgeschichte und Öffentlichkeit. Das Beispiel der Forschungsstelle Baselbieter Geschichte, in: Brakensiek, Stefan/Flügel, Axel (Hg.): Regionalgeschichte in Europa. Methoden und Erträge der Forschung zum 16. bis 19. Jahrhundert, Paderborn 2000, S. 129–150.
• RIPPMANN, DOROTHEE/SIMON-MUSCHEID, KATHARINA: Weibliche Lebensformen im Spätmittelalter und in der frühen Neuzeit. Methoden, Ansätze und Postulate, in: Frauen und Öffentlichkeit. Beiträge der 6. Schweizerischen Historikerinnentagung, hg. von Mireille Othenin-Girard u. a., Zürich 1991, S. 63–98.
• RIPPMANN, DOROTHEE/SIMON-MUSCHEID, KATHARINA/SIMON, CHRISTIAN: Arbeit – Liebe – Streit. Texte zur Geschichte des Geschlechterverhältnisses und des Alltags, 15. bis 18. Jahrhundert, Liestal 1996 (QF 55).
• RÖSENER, WERNER: Die spätmittelalterliche Grundherrschaft im südwestdeutschen Raum als Problem der Sozialgeschichte, in: ZGO 127, 1979, S. 17–69. • RÖSENER, WERNER: Grundherrschaften des Hochadels in Südwestdeutschland im Spätmittelalter, in: Die Grundherrschaft im späten Mittelalter, hg. von Hans Patze, Sigmaringen 1983, S. 87–176.
• RÖSENER, WERNER (1994a): Bauer und Ritter im Hochmittelalter. Aspekte ihrer Lebensform, Standesbildung und sozialen Differenzierung im 12. und 13. Jahrhundert, in: Institutionen, Kultur und Gesellschaft im Mittelalter. Festschrift für Josef Fleckenstein, hg. von Lutz Fenske u. a., Sigmaringen 1984, S. 665–692. • RÖSENER, WERNER (1984b): Zur sozialökonomischen Lage der bäuerlichen Bevölkerung im Spätmittelalter, in: Bäuerliche Sachkultur des Spätmittelalters, Wien 1984, S. 9–47. • RÖSENER, WERNER: Bauern im Mittelalter, München 1985. • RÖSENER, WERNER (Hg.): Strukturen der Grundherrschaft im frühen Mittelalter, Göttingen 1989. • RÖSENER, WERNER: Grundherrschaft im Wandel. Untersuchungen zur Entwicklung geistlicher Grundherrschaften im südwestdeutschen Raum vom 9. bis 14. Jahrhundert, Göttingen 1991. • RÖSENER, WERNER: Einführung in die Agrargeschichte, Darmstadt 1997.
• ROTH, CARL: Die Entstehung und Entwicklung der Herrschaft Farnsburg, in: BZGA 6, 1907, S. 444–463.
• RÜCK, PETER: Zur Basler Bildungsgeschichte im 12. Jahrhundert, in: Freiburger Geschichtsblätter 52, 1963/64, S. 38–100. • RÜCK, PETER: Die Urkunden der Bischöfe von Basel bis 1213, Basel 1966.
• RUFFIÉ, JACQUES/SOURNIA, JEAN-CHARLES: Die Seuchen in der Geschichte der Menschheit, München 1993 (2. Auflage).

• SABLONIER, ROGER: Adel im Wandel. Eine Untersuchung zur sozialen Situation des ostschweizerischen Adels um 1300, Göttingen 1979. • SABLONIER, ROGER: Das Dorf im Übergang vom Hoch- zum Spätmittelalter. Untersuchungen zum Wandel ländlicher Gemeinschaftsformen im ostschweizerischen Raum, in: Festschrift für Josef Fleckenstein, hg. von Lutz Fenske u. a., Sigmaringen 1984, S. 727–745.
• SCARPATETTI, BEAT MATTHIAS VON: Die Kirche und das Augustiner-Chorherrenstift St. Leonhard in Basel (11./12. Jahrhundert – 1525), Basel 1974.
• SCHAAB, MEINRAD: Landgrafschaft und Grafschaft im Südwesten des deutschen Sprachgebiets, in: ZGO 132, 1984, S. 31–55.
• SCHADEK, HANS: «Dass die Jugendt reich und arm ... truwlich underwisen werde». Die Freiburger Schulen von ihren Anfängen bis zum Ende der habsburgischen Herrschaft, in: Geschichte der Stadt Freiburg im Breisgau, Bd. 2, Stuttgart 1994, S. 461–481.
• SCHÄFER, URSULA: Vokalität. Altenglische Dichtung zwischen Mündlichkeit und Schriftlichkeit, Tübingen 1992.

• SCHENKER, JOSEF: Geschichte des Chorherrenstiftes Schönenwerd, von 1458 bis 1600, in: JsolG 45, 1972, S. 5–286.
• SCHENKER, LUKAS: Das Benediktinerkloster Beinwil im 12. und 13. Jahrhundert. Beiträge zur Gründung und frühen Geschichte, in: JsolG 46, 1973, S. 1–156. • SCHENKER, LUKAS: Die Wappen der sog. Gründer des Klosters Beinwil, in: Mariastein 23, 1977, S. 221–225.
• SCHENKER, PETER: Der frohburgische Dienstadel, unveröffentlichte Oberlehrerarbeit, Universität Basel, Historisches Seminar, Basel 1975.
• SCHIBLER, JÖRG/HÜSTER-PLOGMANN, HEIDEMARIE: Tierknochenfunde aus mittelalterlichen Latrinen als Informationsquelle zur Wirtschafts-, Sozial-, Kultur- und Umweltgeschichte, in: Fundgruben. Stille Örtchen ausgeschöpft. Publikation zur Ausstellung im Historischen Museum Basel, Basel 1996, S. 77–86.
• SCHLETTWEIN-GSELL, DANIELA: Zum Nährwert von «core» und «fringe», in: Schaffner, Martin (Hg.): Brot, Brei und was dazugehört. Über sozialen Sinn und physiologischen Wert der Nahrung, Zürich 1992, S. 45–66.
• SCHMITT, JEAN-CLAUDE: Die Geschichte der Aussenseiter, in: Die Rückeroberung des historischen Denkens, hg. von Jacques Le Goff u. a., Frankfurt a. M. 1994, S. 201–243.
• SCHNEIDER, JÜRG: Die Grafen von Homberg, in: Argovia 89, 1977, S. 5–310.
• SCHNYDER, ALBERT: Alltag und Lebensformen auf der Basler Landschaft um 1700. Vorindustrielle, ländliche Kultur und Gesellschaft aus mikrohistorischer Perspektive – Bretzwil und das obere Waldenburger Amt von 1690 bis 1750, Liestal 1992 (QF 43).
• SCHOCH, WILLI: Die öffentliche Getreideversorgung in Basel im Spätmittelalter, in: Medium Aevum Quotidianum 34, 1996, S. 48–67.
• SCHÖNBERG, GUSTAV: Finanzverhältnisse der Stadt Basel im XIV. und XV. Jahrhundert, Tübingen 1879.

- Schreiner, Klaus: «Grundherrschaft». Entstehung und Bedeutungswandel eines geschichtswissenschaftlichen Ordnungs- und Erklärungsbegriffs, in: Die Grundherrschaft im späten Mittelalter, Bd. 1, hg. von Hans Patze, Sigmaringen 1983, S. 11–74.
- Schreiner, Klaus: Nobilitas Mariae. Die edelgeborene Gottesmutter und ihre adeligen Verehrer: Soziale Prägungen und politische Funktionen mittelalterlicher Adelsfrömmigkeit, in: Maria in der Welt, hg. von Claudia Opitz u. a., Zürich 1993, S. 213–242.
- Schubert, Ernst: Fahrendes Volk im Mittelalter, Bielefeld 1995.
- Schuler, Peter-Johannes: Überleben in der Stadt. Zuzügler in spätmittelalterlichen Städten, in: SOWI 16, 1987, Heft 2, S. 79–86.
- Schulz, Knut: Die Stellung der Gesellen in der spätmittelalterlichen Stadt, in: Haverkamp, Alfred (Hg.): Haus und Familie in der spätmittelalterlichen Stadt, Köln 1984, S. 302–326.
- Schulz, Knut: Handwerksgesellen und Lohnarbeiter. Untersuchungen zur oberrheinischen und oberdeutschen Stadtgeschichte des 14. bis 17. Jahrhunderts, Sigmaringen 1985.
- Schwinges, Rainer Christoph: Solothurn und das Reich im späten Mittelalter, in: SZG 46, 1996, S. 451–473.
- Schweizerisches Idiotikon, Wörterbuch der schweizerdeutschen Sprache, 15 Bde., Frauenfeld 1881–1990 und Alphabetisches Wörterverzeichnis zu den Bänden 1–11, Frauenfeld 1990.
- Scott, Tom: Freiburg and the Breisgau. Town-Country Relations in the Age of Reformation and Peasants' War, Oxford 1986.
- Sennhauser, Hans Rudolf (Hg.): Zisterzienserbauten in der Schweiz. Neue Forschungsergebnisse zur Archäologie und Kunstgeschichte, Bd. 1: Frauenklöster, Bd. 2: Männerklöster, Zürich 1990.
- Sieber-Lehmann, Claudius: Spätmittelalterlicher Nationalismus. Die Burgunderkriege am Oberrhein und in der Eidgenossenschaft, Göttingen 1995.
- Sigrist, Hans: Die Westgrenze der Landschaft Sisgau, in: Jurablätter 24, 1962, S. 27–31.
- Sigrist, Hans: Der Dinghof im Mittelalter, in: JsolG 52, 1979, S. 208–232.
- Simon, Christian: Untertanenverhalten und obrigkeitliche Moralpolitik. Studien zum Verhältnis zwischen Stadt und Land im ausgehenden 18. Jahrhundert am Beispiel Basels, Basel 1981.
- Simon, Christian: Hintergründe bevölkerungsstatistischer Erhebungen in Schweizer Städteorten des 18. Jahrhunderts. Zur Geschichte des demographischen Interesses, in: SZG 34, 1984, S. 186–205.
- Simon-Muscheid, Katharina: Basler Handwerkszünfte im Spätmittelalter. Zunftinterne Strukturen und innerstädtische Konflikte, Bern 1988.
- Simon-Muscheid, Katharina: Randgruppen, Bürgerschaft und Obrigkeit. Der Basler Kohlenberg, 14.–16. Jahrhundert, in: Spannungen und Widersprüche. Gedenkschrift für František Graus, hg. von Susanna Burghartz u. a., Sigmaringen 1992, S. 203–225.
- Sittler, Lucien: La viticulture et le vin de Colmar à travers les siècles, Paris 1956.
- Slicher van Bath, B. H.: The Agrarian History of Western Europe 500–1850, London 1963.
- Solothurner Urkundenbuch, bearb. von Ambros Kocher, Bd. 1–3, Solothurn 1952–1981.
- Sonderegger, Stefan: Landwirtschaftliche Entwicklung in der spätmittelalterlichen Nordostschweiz. Eine Untersuchung ausgehend von den wirtschaftlichen Aktivitäten des Heiliggeist-Spitals St. Gallen, St. Gallen 1994.
- Speck, Dieter: Die oberrheinische Ritterschaft und das Haus Habsburg vom 14.–16. Jahrhundert, in: ZGO 137, 1989, S. 203–240.
- Spiess, Karl-Heinz: Teilpacht und Teilbauverträge in Deutschland vom frühen Mittelalter bis zur Neuzeit, in: ZAA 36, 1988, S. 228–244.
- Staehelin, Andreas / Barth, Ulrich: Der Baselstab, in: Schweizer Archiv für Heraldik 105, 1991, S. 83–110.
- Stein, Günter: Die Juden und ihre Kultbauten am Oberrhein bis 1349, in: ZGO 117, 1969, S. 333–355.
- Stöckli, Werner: Das ehemalige Benediktinerkloster Beinwil, in: Archäologie der Schweiz 4, 1981, S. 82–84.
- Stöcklin, Peter: Eine Frau lehnt sich auf. Ein Beitrag zum Verhältnis zwischen Untertanen und Herrschaft im ausgehenden Mittelalter, in: BHB 18, 1991, S. 335–356.
- Straub, Bernhard: Wirtschaftliche und soziale Lebensbedingungen der Leprosen im spätmittelalterlichen Basel, ungedruckte Lizentiatsarbeit, Universität Basel, Basel 1988.
- Strobino, Sandrine: Françoise sauvée des flammes? Une Valaisanne accusée de sorcellerie au XVe siècle, Lausanne 1996.
- Strübin, Eduard: Kinderleben im alten Baselbiet, Liestal 1998 (QF 67).
- Strübin, Martin: Die Kreuzsteine des Territoriums und der leuga bannalis im alten Basel, Basel 1947.
- Suter, Paul / Strübin, Eduard (Hg.): Baselbieter Sagen, Liestal 1990 (3. Auflage).
Suter, Andreas: «Troublen» im Fürstbistum Basel (1726–1740). Eine Fallstudie zum bäuerlichen Widerstand im 18. Jahrhundert, Göttingen 1985.
- Suter, Andreas: Der schweizerische Bauernkrieg von 1653. Politische Sozialgeschichte – Sozialgeschichte eines politischen Ereignisses, Tübingen 1997.
- Sutter, Pascale: Die Ernährung der Leprösen des St. Galler Siechenhauses Linsebühl im Spätmittelalter und in der frühen Neuzeit, in: Medium Aevum Quotidianum 34, 1996, S. 25–47.

- Tanner, Jakob: ‹Der Mensch ist, was er isst›. Ernährungsmythen und Wandel der Esskultur, in: Historische Anthropologie 4, 1996, S. 399–419.

- Tauber, Jürg: Schlusswort und Die Funde, in: Degen, Peter u.a.: Die Grottenburg Riedfluh, Eptingen BL, in: SBKAM 14–15, Zürich 1988, S. 93–95 und S. 97–163.
- Tauber, Jürg: Die Ödenburg bei Wenslingen – eine Grafenburg des 11. und 12. Jahrhunderts, Derendingen 1991.
- Tauber, Jürg (1998a): Lausen-Bettenach – ein Sonderfall, in: Ewald, Jürg / Tauber, Jürg (Hg.): Tatort Vergangenheit, Basel 1998, S. 221–240.
- Tauber, Jürg (1998b): Das Mittelalter, in: Ewald, Jürg / Tauber, Jürg (Hg.): Tatort Vergangenheit, Basel 1998, S. 481–531.
- Tauber, Jürg / Hartmann, Fanny: Von den Karolingern bis zur grossen Pest. Fundort Schweiz 5: Das Hochmittelalter, Solothurn 1988.
- Toepfer, Michael: Die Konversen der Zisterzienser. Untersuchungen über ihren Beitrag zur mittelalterlichen Blüte des Ordens, Berlin 1983.
- Treffeisen, Jürgen / Andermann, Kurt (Hg.): Landesherrliche Städte in Südwestdeutschland, Sigmaringen 1994.
- Treffeisen, Jürgen: Aspekte habsburgischer Stadtherrschaft im spätmittelalterlichen Breisgau, in: Landesherrliche Städte in Südwestdeutschland, hg. von Jürgen Treffeisen / Kurt Andermann, Sigmaringen 1994, S. 157–229.
- Tremp, Ernst: Mönche als Pioniere. Die Zisterzienser im Mittelalter, Meilen 1998 (Schweizer Pioniere der Wirtschaft und Technik 65).
- Tremp-Utz, Kathrin: Gedächtnis und Stand. Die Zeugenaussagen im Prozess um die Kirche von Hilterfingen (um 1312), in: SZG 36/2, 1986, S. 157–203.
- Trouillat, Joseph (Hg.): Monuments de l'histoire de l'ancien Evêché de Bâle, 5 Bde., Porrentruy 1852–1867.
- Trümpy, Hans: Die Aussätzigen in der mittelalterlichen Gesellschaft, in: CIBA-GEIGY Zeitschrift 3, Basel 1973, S. 27–31.
- Ulbrich, Claudia: Leibherrschaft am Oberrhein im Spätmittelalter, Göttingen 1979.
- Unverhau, Dagmar: Frauenbewegung und historische Hexenverfolgung, in: Blauert, Andreas (Hg.): Ketzer, Zauberer, Hexen. Die Anfänge der europäischen Hexenverfolgungen, Frankfurt a. M. 1990, S. 241–283.
- Urkundenbuch der Stadt Basel, Bd. 1–10 bearb. von Rudolf Wackernagel und Rudolf Thommen, Bd. 11 bearb. von August Huber, Basel 1890–1910.
- Utz Tremp, Kathrin: Ist Glaubenssache Frauensache? Zu den Anfängen der Hexenverfolgungen in Freiburg (um 1440), in: Freiburger Geschichtsblätter 72, 1995, S. 9–50.
- Vollrath, Hanna: Das Mittelalter in der Typik oraler Gesellschaften, in: HZ 233, 1981, S. 571–594.
- von Tscharner-Aue, Michaela: Die Wirtschaftsführung des Basler Spitals bis zum Jahre 1500. Ein Beitrag zur Geschichte der Löhne und Preise, Basel 1983.
- Wackernagel, Rudolf: Geschichte der Stadt Basel, 3 Bde., Basel 1907–1924.
- Wackernagel, Rudolf: Geschichte des Schöntals, in: BasJ 1932, S. 1–48.
- Wackernagel, Wolfgang: Das Offizialat, in: HS I/1, Bern 1972, S. 241–243.
- Weissen, Kurt: «An der stuer ist ganz nuett bezalt»: Landesherrschaft, Verwaltung und Wirtschaft in den fürstbischöflichen Ämtern in der Umgebung Basels (1435–1525), Basel 1994.
- Wenninger, Markus J.: Man bedarf keiner Juden mehr. Ursachen und Hintergründe ihrer Vertreibung aus den deutschen Reichsstädten im 15. Jahrhundert, Wien 1981.
- Wenzel, Horst: Hören und Sehen. Schrift und Bild. Kultur und Gedächtnis im Mittelalter, München 1995.
- Wesoly, Kurt: Der weibliche Bevölkerungsanteil in spätmittelalterlichen und frühneuzeitlichen Städten und die Beteiligung von Frauen im zünftigen Handwerk, in: ZGO 128, 1980, S. 69–117.
- Wittmer-Butsch, Maria: Untersuchungen zur Geschichte der Kleinregion Liestal im Früh- und Hochmittelalter (Manuskript, Nationalfondsprojekt 12-37391.03), Liestal 1998.
- Wunder, Heide: Die Stellung der Frau im Arbeitsleben und in der Gesellschaft des 15.–18. Jahrhunderts: eine Skizze, in: Geschichtsdidaktik 7, 1982, S. 239–251.
- Wunder, Heide: Die bäuerliche Gemeinde in Deutschland, Göttingen 1986.
- Wunder, Heide (1991a): Überlegungen zum Wandel der Geschlechterbeziehungen im 15. und 16. Jahrhundert aus sozialgeschichtlicher Sicht, in: Wunder, Heide / Vanja, Christina (Hg.): Wandel der Geschlechterbeziehungen zu Beginn der Neuzeit, Frankfurt a. M. 1991, S. 12–26.
- Wunder, Heide (1991b): Die ländliche Gemeinde als Strukturprinzip, in: Landgemeinde und Stadtgemeinde in Mitteleuropa, hg. von Peter Blickle, Sigmaringen 1991, S. 385–402.
- Wunder, Heide: «Er ist die Sonn', sie ist der Mond». Frauen in der Frühen Neuzeit, München 1992.
- Wunder, Heide: Hexenprozesse und Gemeinde, in: Wilbertz, Gisela u. a. (Hg.): Hexenverfolgung und Regionalgeschichte. Die Grafschaft Lippe im Vergleich, Bielefeld 1994, S. 61–70.

- Zahnd, Urs Martin: Zur Wirtschaftsordnung hochmittelalterlicher Zisterzienserklöster im oberdeutschen und schweizerischen Raum, in: SZG 40, 1990, S. 55–66.
- Zangger, Alfred: Grundherrschaft und Bauern. Eine wirtschafts- und sozialgeschichtliche Untersuchung der Grundherrschaft der Prämonstratenserabtei Rüti (ZH) im Spätmittelalter, Zürich 1991.
- Zapp, Hartmut: Artikel «Fastendispensen», in: LexMA, Bd. 4, München 1986, Sp. 306f.
- Zedler, Johann Heinrich: Grosses Vollständiges Universallexikon, 61 Bde., 2. vollständiger mechanischer Nachdruck der Ausgabe Halle / Leipzig 1732–1749, Graz 1993–1998.
- Zehnder, Leo: Volkskundliches in der älteren Schweizerischen Chronistik, Basel 1976.

Personenregister

Vorbemerkung: Die Registereinträge folgen in Zählung, Titulatur und Schreibweise den von den Autorinnen verwendeten Bezeichnungen, denn ein Standard fehlt in diesem Bereich. Die umfangreichste Zusammenstellung genealogischer Informationen über adlige Familien der Region sind bei Merz 1909–1914 zu finden, zu neuerer Literatur über einzelne Familien konsultiere man die Bibliographien von Christ 1998 und von Schneider 1977.

Aarburg, Thüring von: S. 116
Aristoteles: S. 50
Arx, Heinrich von: S. 176
Aspelt, Peter von, Bischof von Basel: S. 97
Auggen, Herren von: S. 52
Auggen, Heinrich von: S. 52
Auggen, Rudolf von: S. 52
Baden, Herren von: S. 55
Baden, Karl, Markgraf von: S. 208
Bärenfels, Basler Patrizierfamilie: S. 109, 146, 189
Bärenfels, Adalbert von: S. 120
Bärenfels, Arnold: S. 109
Basel, Bischof von: S. 11, 22, 26, 31, 32, 34, 36, 37, 46, 50, 62, 63, 66–69, 72, 85, 86, 90, 97, 98, 102, 103, 109, 110, 112–120, 138, 146, 170, 171, 177, 178, 189, 191, 192, 198, 200, 208
Bechburg, Herren von: S. 35, 51
Bielisser, Heini: S. 188, 205, 209, 216
Bielisser, Lienhard: S. 205, 209
Blech, Peter zum: S. 189
Brandis, Nese von: S. 176
Brattelerin, Gret: S. 204–206
Bremenstein, Hans: S. 222
Bröglin, Hans: S. 206, 208
Brötlin, Hans: S. 222
Büchel, Emanuel: S. 65, 201
Burgund, Grafen von: S. 52
Burgund, Rainald: S. 115
Burgund, Herzöge von
Burgund, Karl der Kühne von: S. 86, 117, 121, 201, 206
Burgund, Katharina von: S. 110
Chono, von Solothurn: S. 49
Coelestin III., Papst: S. 42

Deck, Hans: S. 208
Deck, Stefan: S. 206, 209
Dürer, Albrecht: S. 124, 133
Egerkind, Cunzman: S. 118, 134, 188
Egisheim, Herren von: S. 58
Eptingen, Herren von: S. 9 Ill., 35, 37, 52, 54, 55, 72, 82, 92, 104, 106, 109, 114, 120, 122, 125, 146, 150, 156, 188, 189, 196, 199, 203, 204, 208, 209, 214, 216, 220
Eptingen, Anton Huser von: S. 188, 200, 203, 206, 223
Eptingen, Fröwelin von: S. 176
Eptingen, Götz Heinrich von: S. 212, 215, 218, 220, 221
Eptingen, Hans Bernhard von: S. 52, 57, 93, 94, 106, 128, 132, 177, 178, 188, 196, 200, 201, 203, 204, 205, 208–210, 212, 214, 219, 220, 223, 224
Eptingen, Hans Friedrich von: S. 210
Eptingen, Hans Günther von: S. 115
Eptingen, Heinzmman von: S. 200
Eptingen, Herman von: S. 212
Eptingen, Jakob von: S. 210
Eptingen, Konrad von: S. 223
Eptingen, Ludwig von: S. 210, 212
Eptingen, Niklaus von: S. 206, 208–210, 212, 215, 224
Eptingen, Peter von: S. 212
Eptingen, Ulrich von: S. 115
Eptingen, Thenige Huser von (gest. 1437/39): S. 200
Eptingen, Thüring von: S. 212
Eptingen, Wilhelm von: S. 203, 206
Erimann, Münzmeister von Basel: S. 117
Esso, Abt von Beinwil: S. 51
Eugen III., Papst (1145–1153): S. 42
Falkenstein, Herren von: S. 35, 51, 54, 92, 104, 106, 118, 151, 154, 188, 196, 214, 215
Falkenstein, Hans von (gest. 1462): S. 104, 116–118
Falkenstein, Hans II. von: S. 116
Falkenstein, Hans Friedrich von: S. 114, 116
Falkenstein, Thomas von (gest. 1482): S. 104, 111, 116, 117, 189, 216, 218
Felix V., Gegenpapst (1439–1449): S. 187
Fenis, Burkhart von, Bischof von Basel: S. 160
Fleckenstein, Johann von, Bischof von Basel: S. 93, 94, 117, 119

Franc, Martin le: S. 187
Freiburg, Grafen von: S. 102
Friedrich, Kaiser: S. 42
Friedrich III., Kaiser (1440–1493): S. 210
Frohburg, Grafen von: S. 16, 17, 18, 20, 22–26, 28, 30, 31, 35, 42, 45, 51, 54, 58, 63, 64, 66, 70, 86, 108, 109, 115, 145, 147
Frohburg, Adalbero von, Bischof von Basel: S. 42, 49, 50
Frohburg, Adalbero von: S. 108
Frohburg, Hermann VI. von, Abt von St. Urban (gest. 1367): S. 56
Frohburg, Johann von: S. 98, 109, 110, 116
Frohburg, Ludwig von: S. 24, 27, 42, 50, 108
Frohburg, Ortlieb von, Bischof von Basel: S. 17, 42, 55
Frohburg, Rudolf von, Domherr: S. 32, 51
Frohburg, Sophia von: S. 108
Frohburg, Volmar von: S. 50
Frölicherin, Gret: S. 186–188, 196
Fröweler, Basler Patrizierfamilie: S. 109
Fröweler, Hans: S. 118
Fust, Werlin: S. 210
Grete von Schaffhausen, Magd: S. 131–136
Grünenberg, Freiherren von: S. 53
Grünenberg, Wilhelm von: S. 111
Grünewald, Matthias: S. 128
Gysin, Hans: S. 167
Gysin, Niklaus: S. 167
Habsburg, Grafen/Herzöge von: S. 20, 22, 31, 35, 86, 102, 106, 107, 109, 111–113, 115, 146, 206
Habsburg, Albrecht von: S. 104, 111, 112, 216
Habsburg, Friedrich von: S. 109
Habsburg, Leopold von: S. 112
Habsburg, Rudolf I. von, König (1273–1291): S. 31, 115
Habsburg, Rudolf IV. von: S. 21
Habsburg-Laufenburg, Grafen von: S. 109
Habsburg-Laufenburg, Rudolf von: S. 25, 98, 108, 109
Hachberg, Markgrafen von: S. 102
Hachberg, Rudolf von: S. 108, 112, 113, 208

Personenregister

Hachberg, Wilhelm von: S. 104
Hagenbach, Peter von: S. 117, 208
Hallwil, Thüring von: S. 104
Hasenburg, Herren von: S. 54, 58
Heinrich III., König: S. 16
Hergheim, Herren von: S. 55
Hersberg, Werlin: S. 219, 220
Heydelbeck, Wunnebald, Kanzler des Bischofs von Basel: S. 135
Hödelin, Rudin (Ruedi): S. 219, 220
Homberg, Grafen von: S. 10, 18, 20, 21, 35, 86, 108, 109, 110
Homberg, Hedwig von: S. 27
Homberg, Hermann von: S. 27
Homberg, Ita von: S. 27, 108
Homberg, Mechthild von: S. 27
Homberg, Richenza von: S. 27
Homberg, Volmar von: S. 27
Homberg, Werner III. von: S. 20
Honorius III., Papst (1216–1227): S. 46
Hüglin, Rutsch: S. 220
Huseneck, Rudolf: S. 214, 215, 224
Institoris, Heinrich: S. 185
Isny, Heinrich von, Bischof von Basel: S. 115
Karl V., Kaiser (1519–1556): S. 119
Küfer, Jörg: S. 210
Kutz, Hans: S. 206, 208
Lang, Hans: S. 215, 216, 218–221, 224
Langenstein, Freiherren von
Langenstein, Lüdold von: S. 52, 56
Langenstein, Ulrich von: S. 52
Langenstein, Werner von: S. 52, 56
Laufen, Familie von: S. 119, 146
Lenzburg, Grafen von: S. 42
Lichtenfels, Melchior von, Bischof von Basel: S. 98
Liechtensteiger, Ulrich: S. 167
Locher, Jörg, Konventual von St. Alban: S. 151
Ludwig der Fromme, Kaiser (813–840): S. 84
Ludwig von Frankreich: S. 111
Marschalk: S. 30
Martin V., Papst (1417–1431): S. 45, 56, 57
Mathis, Claus: S. 215
Mathis, Heini: S. 188, 223
Mathis, Lienhard: S. 223
Maximilian I., Kaiser (1486–1519): S. 85, 125, 162
Merian, Matthäus: S. 144, 145

Meyer, Georg Friedrich: S. 54, 62–64, 142
Meyer, Jakob: S. 184
Michelbach, Herren von: S. 54
Mömpelgard, Grafen von: S. 116, 199
Mömpelgard, Dietrich von: S. 115
Montfaucon, Herren von: S. 52
Mörsberg, Herren von: S. 55
Mörsberg, Peter von: S. 104, 216
Müller, Hans: S. 215, 216, 220–222, 224
Müller, Werlin: S. 218, 220
Münch, Herren von: S. 31, 36, 65, 106, 108, 132
Münch, Hans: S. 176
Münch, Hans Konrad: S. 210
Münch, Jakob: S. 120
Münch, Konrad: S. 108
Münch von Landskron: S. 146
Münch von Landskron, Burkart: S. 108
Münch von Löwenberg: S. 150
Münch von Münchenstein: S. 52, 146, 150
Münch von Münchenstein, Hans Thüring: S. 52, 175, 176
Münch von Münchenstein, Konrad: S. 120, 206
Münster, Sebastian: S. 102
Musbach, Familie: S. 196
Musbach, Martin: S. 192
Neuenburg, Heinrich von, Bischof von Basel: S. 31, 113
Neuenburg, Humbert von, Bischof von Basel: S. 108, 112
Neuenburg, Mathias: S. 190
Nidau, Rudolf von: S. 116
Nider, Johannes: S. 187
Nollinger, Claus: S. 219
Nollinger, Clewin: S. 220, 221
Nollinger, Heini: S. 220
Offenburg, Basler Patrizierfamilie: S. 146
Offenburg, Henmann (gest. 1459): S. 110, 115, 118, 120, 215
Offenburg, Peter: S. 150, 193, 214, 215, 219
Offenburg, Ursula (gest. um 1428–1431): S. 122
Oltinger, Thomas: S. 167, 177
Österreich, Herzöge von: S. 91, 102, 111, 214

Österreich, Friedrich von: S. 104, 110
Österreich, Sigmund von: S. 212
Peraudi, Raymundus: S. 178
Pfirt, Grafen von: S. 35, 58, 72, 115
Pfirt, Ulrich von: S. 113
Ramstein, Herren von: S. 32, 34, 35, 69, 94, 106, 146, 189
Ramstein, Christoffel von: S. 120
Ramstein, Hans von: S. 111, 189
Ramstein, Heinrich von: S. 104
Ramstein, Imer von, Bischof von Basel: S. 112
Ramstein, Kunzmann von: S. 117
Ramstein, Rudolf von: S. 117, 118
Ramstein, Ulrich von: S. 116
Rappoltstein, Adalbert von: S. 46
Rappoltstein, Reinhard von: S. 46
Rappoltstein, Wilhelm von: S. 104
Reich, Basler Patrizierfamilie: S. 116, 146
Reichenstein, Herren von: S. 36
Reich von Reichenstein, Heinrich: S. 192
Rhein, zu, Basler Patrizierfamilie: S. 55
Rhein, Elisabeth zu: S. 208
Rhein, Friedrich zu: S. 118, 215
Rhein, Kaspar zu, Bischof von Basel: S. 112, 167, 171, 200
Rheinfelden, Rudolf von, Herzog von Schwaben, später Gegenkönig (gest. 1080): S. 16, 109
Ritter, Basler Familie: S. 55
Rot, Basler Patrizierfamilie: S. 146
Rotberg, Herren von: S. 69
Runs, Wilhelm von: S. 220
Rütschin, Clewin: S. 202–206
Säckingerin: S. 187
Salzmann, Johannes, Notar im Offizialat des Bischofs von Basel: S. 221
Saugern, Grafen von: S. 16, 26, 35, 52, 58,
Schaler, Basler Patrizierfamilie: S. 31, 36, 146
Schaler, Peter: S. 26, 31
Schäublin, Henslin: S. 218
Scherer, Hans: S. 219, 220
Scherer, Ulrich: S. 198
Schilling, Bernhard: S. 155
Schilling, Diebold: S. 104, 195
Schmid, Hans: S. 189, 196, 217, 219, 220
Schmid, Werlin: S. 217–220, 222
Schönau, Ritter von: S. 109
Schongauer, Martin: S. 125, 157, 211, 222

SCHOWENBERG, MARQUART VON: S. 193
SCHUH, CLEWIN: S. 218, 219, 222
SEVOGEL, Basler Patrizierfamilie: S. 109
SIGMUND, KÖNIG (1410–1437): S. 110
SINZ, Basler Patrizierfamilie: S. 109
SPIEGELBERG, MECHTHILT VON: S. 46
SPÖRLI, JÖRG: S. 202, 206, 208–212, 214–216, 224
SPRENGER, JACOB: S. 185
STOLZHERZ, PETER: S. 135
SULZ, HERMANN VON: S. 104
SYMLIN, VERENA: S. 188
TEGERFELD, HERREN VON: S. 55
THIERSTEIN, GRAFEN VON: S. 10, 21–23, 31, 35, 38, 86, 103, 106, 108, 110, 114, 116, 119, 120, 132, 145, 146, 214
THIERSTEIN, AGNES VON: S. 23
THIERSTEIN, ANNA VON: S. 23
THIERSTEIN, CLARA ANNA VON: S. 116
THIERSTEIN, HANS VON: S. 104, 111
THIERSTEIN, HEINRICH VON (gest. 1519): S. 112, 146
THIERSTEIN, JOHANN VON: S. 22
THIERSTEIN, OSWALD VON: S. 104, 111, 112
THIERSTEIN, OTTO VON (gest. 1418): S. 114, 116, 182
THIERSTEIN, SIGMUND VON: S. 25, 109, 116, 147, 148
THIERSTEIN, SIGMUND II. VON: S. 98, 145
THIERSTEIN, SIGMUND III. VON: S. 21, 22
THIERSTEIN, WILHELM VON: S. 112
THOLOSAN, CLAUDE: S. 187
THUN, HEINRICH VON, Bischof von Basel: S. 190
TOGGENBURG, GRAF FRIEDRICH VON: S. 108
TRUCHSESS: S. 30, 146, 220
TRUCHSESS, PETER (gest. um 1428–1431): S. 122
TRUCHSESS, PETERMANN: S. 118
TRUCHSESS, WERNER: S. 118, 212, 215
TÜLLIKER, HANS: S. 221
URBAN, HANS: S. 193
UTENHEIM, CHRISTOPH VON, Bischof von Basel: S. 112, 200
VENNINGEN, JOHANNES VON, Bischof von Basel: S. 111, 118
VIENNE, JOHANN III., Bischof von Basel: S. 108, 109, 199
VOLROT, AGNES: S. 187

WILDENSTEIN, HERREN VON: S. 51
WITTENWILER, HEINRICH: S. 140
WÜRTTEMBERG, GRAFEN VON: S. 200
WÜRZBURG, KONRAD VON: S. 26
ZÄHRINGEN, GRAFEN VON: S. 62
ZEISE, HEINRICH: S. 117
ZIBOLL, JAKOB: S. 109, 110, 117

Ortsregister

Aarau: S. 113
Aarburg: S. 63
Aargau: S. 56, 110
Aesch: S. 10, 30 Ill., 47, 60, 114, 119, 143, 150, 178
Allschwil: S. 10, 11, 116, 134, 143, 153, 161
Alt-Bechburg: S. 117
Altdorf: S. 113
Altenberg: S. 16, 36, 38, 75
Alt-Homberg: S. 15, 34, 107, 120, 212
Altkirch: S. 191
Alt-Thierstein: S. 11, 21
Angenstein: S. 30 Ill., 146
Anwil: S. 107, 119, 132, 147, 171, 214
Arisdorf: S. 53, 100, 106, 118, 120, 132, 143, 146, 147, 167, 185, 189, 214
Arlesheim: S. 10, 30 Ill., 36, 94, 95 Ill., 116, 119, 131, 134, 143, 144, 147, 151, 192
Arras: S. 136, 187
Augsburg: S. 91
Augst: S. 53, 102, 103, 106, 114, 118–120, 185, 191
Baden: S. 113, 132, 134, 138
Balsthal: S. 48, 147
Bamlach: S. 120
Bärschwil: S. 69, 117
Basel: S. 10, 16, 22, 26, 30–32, 34, 37, 38, 40, 44, 46, 48, 50, 51, 53–56, 58, 62, 63, 66–69, 72, 73, 78, 79, 82, 84–87, 89–93, 96–99, 101–104, 106–113, 115–122, 125, 128, 130, 131, 133–137, 144–148, 150–156, 161, 163, 166, 167, 170, 171, 176–178, 180, 184–190, 192, 193, 195, 199, 200, 203–206, 208–210, 212, 214, 215, 217, 218, 220–222
Basel-Landschaft, Kanton: S. 15, 20, 24, 25, 32, 36, 42, 44, 46, 52, 85, 90–94, 96, 98, 103, 106, 114, 133, 137, 142, 166, 174, 195, 198, 199, 212, 223
Bechburg: S. 198
Beinwil, Kloster: S. 15, 16, 24, 26, 32, 42, 44, 46, 47, 49–52, 58, 59, 60, 86, 106
Benken S. 30 Ill., 118, 143, 150
Bennwil: S. 11, 49
Bern: S. 102, 106, 111, 113, 117, 162, 208
Beromünster: S. 32, 51
Bettenach: S. 64, 65 Ill., 67, 86 Ill.
Bettingen: S. 119, 197
Beuggen: S. 45, 47, 144
Biel BE: S. 97, 113, 116

Biel-Benken: S. 119
Binningen: S. 11, 30, 56, 117, 119, 122, 143, 150, 152, 168
Bipp: S. 117, 147
Birseck: S. 36, 78, 82, 84, 85, 93, 94, 95 Ill., 98, 100, 102, 109, 116–119, 124, 125, 128, 130–132, 134, 138, 144, 154, 162, 185, 189, 198, 200, 201, 224
Birsfelden: S. 143, 154
Bischofstein, Burg: S. 37, 111, 118, 153, 214, 215
Blauen: S. 11, 69
Blochmont: S. 111, 120
Blotzheim: S. 167, 221
Böckten: S. 106, 118, 119, 215, 218
Bötzen: S. 58
Bottmingen: S. 30, 119
Breisach: S. 102, 125
Bretzwil: S. 11, 35, 120, 132
Brislach: S. 11, 35, 69
Brugg: S. 113
Bubendorf: S. 10, 11, 119, 131, 168, 169, 172, 180
Buchsgau: S. 22, 50, 53, 63, 106, 108, 116, 145, 147, 148
Buckten: S. 166, 178
Büren: S. 106, 111, 112, 146, 147, 167, 185, 189, 206, 214
Burg: S. 11
Büsserach: S. 16, 39 Ill., 185
Buus: S. 10, 41, 116, 131, 146, 147, 168, 214
Caffa: S. 130
Charavines-Colletière (Isère F): S. 90
Chur: S. 62
Colmar: S. 125, 150
Delsberg: S. 97, 109, 115, 116, 136
Diegten: S. 11, 21, 48, 106, 112, 119, 131, 206, 210, 212, 214, 215
Diepflingen: S. 102, 117, 147, 191, 214
Diessenhofen: S. 113
Dittingen: S. 69
Dornach: S. 146, 147, 160
Dorneck: S. 106, 162, 198
Duggingen: S. 119, 178
Egerkingen: S. 48
Einsiedeln: S. 113
Elsgau, Vogtei: S. 113, 115, 199
Engental, Kloster: S. 45, 47, 58
Ensisheim: S. 104, 200, 216
Eptingen: S. 11, 16, 35, 40, 72, 104, 106, 119, 206, 208, 210, 212, 214, 215

Erlinsbach: S. 117
Erschwil: S. 46
Ettingen S. 30 Ill., 119, 134, 146
Farnsburg, Feste, Herrschaft, Amt: S. 23, 84, 91, 98, 106, 107, 110, 111, 114, 117, 119, 128, 131, 136, 141, 145, 150, 151, 154, 156, 158, 159, 161, 163, 168, 193, 214–217, 218, 220, 221
Freiburg im Breisgau: S. 62, 102, 113, 160, 190, 192
Freiburg im Üchtland: S. 113, 135, 185
Frenkendorf: S. 37, 58, 106, 118–120, 130, 132, 143, 210, 212, 214
Frick: S. 15, 107, 131, 145, 147, 163, 164
Frickgau: S. 42, 58, 148
Fridau: S. 25, 63
Frohburg: S. 13, 36, 108
Füllinsdorf: S. 36, 38, 112, 116, 118–120
Geckingen: S. 11, 65
Gelterkinden: S. 11, 40, 74, 111, 124, 131, 136, 141, 147, 151, 153, 159, 166–168, 171, 189, 214, 219, 220
Gempen: S. 104, 146, 147, 185
Genf: S. 62
Giebenach: S. 53, 107, 132, 214
Gipf-Oberfrick: S. 34, 120, 147, 212
Gösgen: S. 198
Grellingen: S. 119, 178
Häfelfingen: S. 91, 159, 178
Haltingen: S. 119
Häsingen: S. 215
Hauenstein: S. 17, 25
Hauenstein, Herrschaft: S. 109
Hegenheim: S. 153
Heidelberg: S. 103
Hemmiken: S. 131, 147, 214
Hersberg: S. 48, 53, 143
Herzogenbuchsee: S. 54
Hirsau, Kloster: S. 44, 46, 51
Hochwald: S. 116, 150
Holderbank: S. 48
Hölstein: S. 10, 11, 35, 41, 115, 118, 119, 159, 215
Homberg, österreichisches Amt: S. 107, 110
Homburg, Amt: S. 89, 91, 93, 98, 109, 110, 112–114, 116, 117, 119, 122, 154, 158, 176, 182
Horw(en) (heute Hauenstein): S. 106, 145, 147, 214
Huttingen: S. 119

Ifenthal: S. 120, 145, 147, 212, 220
Iglingen, Kloster: S. 46, 47, 53, 57, 58, 59
Isenheim: S. 128
Istein: S. 119, 153
Itingen: S. 119, 120, 214
Itkon: S. 48
Jerusalem: S. 177, 178, 203
Kaiseraugst: S. 167
Känerkinden: S. 96 Ill., 178
Kenzingen: S. 102
Kestenholz: S. 117
Kilchberg: S. 21, 131, 147, 158, 167, 169, 171
Kleinhüningen: S. 119
Kleinlützel: S. 46, 47, 49, 52, 60
Knutwil: S. 108
Konstantinopel: S. 130
Konstanz: S. 51, 91, 146
Küssnacht SZ: S. 116
La Neuveville: S. 97
Langenbruck: S. 11, 24, 25, 50, 63, 68, 108, 122
Läufelfingen: S. 17, 91, 159, 166, 167, 169, 171, 172, 176
Laufen: S. 10, 11, 26, 32, 34, 35, 62, 63, 66–70, 97, 100, 109, 115–118, 134, 136, 148, 175, 200
Laufenburg: S. 102, 110, 113, 154, 206
Lausanne: S. 62
Lausen: S. 27, 63, 64, 65 Ill., 70, 86 Ill.
Lauwil: S. 11
Lenzburg: S. 113
Leymen: S. 30 Ill., 106, 118
Liedertswil: S. 11
Liesberg: S. 69, 117
Liestal: S. 10, 11, 16, 24–27, 32, 34, 35, 41, 42, 54, 61–68, 70, 86, 92–94, 97, 98, 100, 102, 108–114, 116–120, 122, 124, 131, 136, 148, 153, 154, 169, 172, 175, 191, 205, 208, 214, 217, 218
Lostorf: S. 48
Lucelle, Kloster: S. 44, 47, 48, 52, 56, 86
Lupsingen: S. 11, 120
Luzern: S. 32, 50, 56, 103, 113, 208
Madeln, Burg: S. 30, 93, 116, 209, 210
Magden: S. 21, 53, 57, 114, 131, 193, 214
Maisprach: S. 10, 11, 21, 103, 131, 132, 147, 193, 214
Mariastein, Kloster: S. 58

Marseille: S. 130
Masmünster: S. 113
Mauchen: S. 119
Melchnau BE: S. 53
Metzerlen: S. 15 Ill.
Mülhausen: S. 104, 113, 208
Münchenstein: S. 11, 56, 64–66, 106, 118–120, 124, 182, 200, 206, 210, 212
Münster: S. 113
Munzach: S. 27, 64, 67
Murbach, Kloster: S. 11
Muri: S. 113
Muttenz: S. 10, 16, 17, 28–30, 45–47, 52, 54, 56, 58, 66, 75 Ill., 102, 103, 109, 114, 118–120, 131, 132, 136, 145, 150, 152, 153, 167–169, 175, 176, 190, 191, 200, 206, 208, 210, 212
Nenzlingen: S. 69, 178
Neuenburg am Rhein: S. 113
Neu-Homberg: S. 17, 108
Neu-Thierstein, Burg: S. 16, 39 Ill.
Niederbuchsiten: S. 117, 147
Niederdorf: S. 11, 18, 67
Nuglar: S. 46, 106, 214
Nunningen: S. 35, 103
Nürnberg: S. 49
Nusshof: S. 53
Oberbuchsiten: S. 117, 147
Oberdorf: S. 18, 19 Ill., 67, 174, 175, 176
Oberwil: S. 11, 100, 116, 118, 124, 131, 134, 135, 143, 150, 192
Ödenburg: S. 13, 15, 34, 36, 79, 80, 82, 152
Olsberg, Kloster: S. 24, 44, 47, 53–57, 59, 87 Ill., 144, 153, 218
Olten: S. 16, 20, 54, 63, 106, 108, 109, 113, 119, 136, 198, 217
Oltingen: S. 21, 58, 132, 147, 167, 169, 171, 174, 214
Onoldswil (mittelalterliches Dorf zwischen den heutigen Orten Ober- und Niederdorf): S. 18, 20, 24, 32, 50, 67, 102, 110, 114, 122, 168, 218
Ormalingen: S. 42, 131, 141, 147, 166, 168, 170, 214
Paris: S. 50
Pfäfers: S. 113, 180
Pfeffingen: S. 11, 111, 119, 143, 165 Ill. 166, 175, 178, 180
Pfeffingen, Amt: S. 84, 93, 94, 98, 100, 106, 114, 119, 146
Pfirt: S. 191

Pratteln: S. 11, 30 Ill., 35, 37, 48, 52, 82, 92, 93, 104, 106, 114, 116, 118–120, 124–128, 130–132, 134, 143, 151, 152, 156, 167, 174, 177, 178, 185, 187, 188, 189, 196, 200–206, 208–212, 214, 215, 219, 223
Pruntrut: S. 34, 94, 96, 97, 115, 116
Ramlinsburg: S. 153
Ramstein, Amt, Herrschaft: S. 98, 119, 120, 206
Reigoldswil: S. 11, 108, 131
Reinach: S. 11, 35, 100, 116, 118, 131, 134, 143, 146, 147, 150, 154, 178, 180
Rheinfelden: S. 38, 45–47, 56–58, 62, 92, 102, 107–111, 113, 117, 118, 122, 136, 144, 146, 148, 154, 161, 167, 187, 189, 191, 206, 216, 220, 221
Rickenbach: S. 147
Riedfluh: S. 16, 40, 71 Ill., 72, 74–76, 78–82
Riehen: S. 107, 119, 120, 175, 200
Roggenburg: S. 174
Roggwil: S. 53, 54
Rom: S. 35, 50
Röschenz: S. 35, 69, 117
Rothenfluh: S. 11, 20, 41, 103, 106, 107, 114, 119, 120, 132, 142, 214
Rouffach: S. 103
Rümlingen: S. 17, 159, 175, 177, 178
Rünenberg: S. 11, 21, 103, 131, 141, 147, 157, 158, 214
Säckingen: S. 58, 102, 110, 154
Saint-Ursanne: S. 116
St. Blasien: S. 44, 115
St. Gallen: S. 11, 103
St. Jakob an der Birs: S. 102, 105 Ill., 111, 145, 169, 183 Ill., 184, 185, 191
St. Omer: S. 206
St. Urban, Kloster: S. 44, 47, 48, 50, 53–56, 59
Sarnen: S. 113
Schaffhausen: S. 62, 113, 136, 208
Schauenburg: S. 16, 46, 47, 57, 118
Scheidegg: S. 40, 74, 111, 153
Schliengen: S. 119, 189, 199
Schönenbuch: S. 134,
Schönenwerd, Kloster: S. 144, 147, 151, 154, 158, 168
Schöntal, Kloster: S. 15, 17, 24–26, 32, 42–60, 68, 86, 108, 144

Schwarzwald, Herrschaft: S. 109
Schwyz: S. 113, 208
Seewen: S. 46, 106, 117, 206, 214
Seltisberg: S. 11
Sempach: S. 113
Sisgau, Landgrafschaft, Dekanat: S. 16, 18, 20–22, 24, 50, 53, 92, 97, 98, 103, 106, 108, 109, 111, 114, 115, 117, 132, 147, 163, 168, 188, 196, 209, 211, 215
Sissach: S. 10, 16, 25, 37, 48, 56, 102–104, 106, 111, 114, 118–120, 124, 131, 136, 167, 169, 171, 174–178, 191, 212–220, 222
Sitten: S. 62
Solothurn, Kanton: S. 32, 42, 52, 56, 106, 111, 198, 206, 210, 212
Solothurn: S. 54, 62, 70, 103, 104, 107, 111, 114, 117, 119, 146, 151, 163, 188, 198, 205, 206, 208, 214, 215
Sornegau: S. 113
Sursee: S. 54
Stans: S. 113
Steinenstadt: S. 119
Strassburg: S. 30, 62, 91, 102, 150
Tecknau: S. 147
Tenniken: S. 119, 214
Thann: S. 113
Therwil: S. 118, 119, 134, 146, 147, 150
Thierstein, Herrschaft: S. 106, 119, 146, 161
Thierstein-Farnsburg, Herrschaft: S. 116
Thürnen: S. 11, 147, 218
Titterten: S. 10, 11, 41, 49
Triberg: S. 102
Trimbach: S. 17, 108, 147
Wädenswil: S. 113
Wahlen: S. 69, 93, 117
Waldenburg: S. 11, 20, 24–26, 41, 62–66, 68, 70, 86, 97, 98, 100, 108–110, 112–117, 119, 122, 124, 125, 131, 135, 136, 150, 154, 163, 175, 176, 185, 189, 191, 217, 218
Waldshut: S. 102, 110, 113, 209
Wangen: S. 48
Wartenberg: S. 16, 17, 20, 30, 109
Wartenberg, Vorderer: S. 75, 153
Wenslingen: S. 13, 15, 35, 36, 38, 132, 141, 147, 157, 158, 167, 214
Wiedlisbach: S. 25, 63, 117, 147
Wintersingen: S. 11, 21, 131, 141, 145, 214
Winterthur: S. 113
Wisen: S. 106, 145, 147, 166, 214

Wittinsburg: S. 178
Wittnau: S. 34, 107, 120, 214
Zeglingen: S. 21, 91, 131, 141, 147, 157, 158, 160, 214, 218
Zeiningen: S. 131
Ziefen: S. 35, 40, 120, 130, 168, 169, 172
Zofingen: S. 25, 32, 51, 54, 63, 113
Zug: S. 113
Zunzgen: S. 106, 119, 120, 159, 212, 214, 217, 218, 220
Zürich: S. 36, 62, 86, 103, 113, 135, 162, 208
Zwingen: S. 11, 26, 32, 35, 69, 70, 100, 118

Sachregister

Abgaben (Feudallasten): S. 10, 12–18, 22, 23, 27, 28, 35–38, 40, 64, 89, 90, 98, 103, 107, 141
Abwanderung: S. 12, 20, 113, 159
Abzugsgebühr: S. 203
Ackerbau: S. 10, 12–16, 18, 20, 21, 28, 140, 147, 152, 153, 156, 158, 159
Adel: S. 18, 23, 26–32, 34, 35–38, 40, 46, 48, 49, 51, 52, 54–57, 62–66, 72, 74, 75, 78, 79, 84, 85, 90, 92, 102–104, 106–108, 110, 121, 122, 124, 131, 142, 145–148, 150, 151, 154, 159, 175ff., 187, 188–190, 198–200, 202–204, 210, 212, 217
Allmend: S. 15, 16, 21, 35, 78, 80, 91, 158, 192, 205
Ämter: S. 22, 30, 31, 32
– ländliche (dörfliche): S. 35, 36, 160, 161, 162, 203, 205, 215, 220, 222
– städtische: S. 31, 34
Augustinerorden: S. 44, 47, 48
Ausburger: S. 103
Bannwart: S. 35, 205, 222
Bauer: S. 11–14, 16–18, 20, 21, 27, 28, 31, 35, 38, 40, 75, 76, 84, 86, 88, 140ff., 163, 169, 191, 199, 211, 214, 217
Beginen: S. 46, 59, 150
Benediktinerorden: S. 44, 46–50, 52, 53, 57, 59, 178
Bergbau: S. 17, 23, 26, 35, 110, 158
Bevölkerungsentwicklung: S. 13–15, 20, 88, 94, 96, 97, 99, 124ff., 137, 141, 143, 147, 148, 156, 158, 160
Burg: S. 11, 15, 16, 24, 26, 30–32, 34, 36–38, 62–64, 72, 74–76, 78–82, 90, 102, 106, 108, 110–113, 116, 120, 130, 141, 146
Burgrecht: S. 106
Chorherrenstift: S. 25, 51, 63, 144, 150, 151, 167
Dinghof: S. 10, 67, 97, 100, 115, 119, 151
Dominikanerorden: S. 46, 97, 185
Domkapitel/-stift: S. 10, 26, 30, 31, 34, 58, 72, 74, 75, 79, 108, 148, 150, 153, 161, 218
Dorfgemeinde: S. 13, 21, 22, 38, 41, 124, 146, 147, 169, 171, 174, 178, 180
Dreizelgenwirtschaft: S. 12, 13, 14, 69
Ehafte (Mühlen, Tavernen): S. 11, 15, 26, 68, 88, 102, 114, 142, 157, 205, 206, 216, 217, 218

Ehe: S. 16–18, 128, 134, 136, 181, 190, 202
Eidgenossenschaft: S. 90, 102–104, 106, 109, 113, 121, 160, 162, 193, 202, 206, 208
Eisengewinnung und -verhüttung: S. 15, 25, 50, 110, 157
Erblehen: S. 16, 21, 142, 151, 152
Erbrecht: S. 13, 17, 23, 31, 152
Ernährung: S. 14, 69, 72ff., 82, 143, 147, 157, 170
Familie: S. 17, 97, 131, 134–137, 142, 158, 160, 161, 162, 172, 186, 190
Fischrechte: S. 23, 58, 110, 111, 156
Franziskanerorden: S. 46, 47, 48
Frondienst: S. 11, 14, 17, 94, 141, 142, 144, 154, 162
Geistliche: S. 27–29, 31, 32, 50, 76, 85, 90, 104, 166–169, 171, 172, 178, 180
Gemeinde: S. 22, 26, 32, 36, 97, 142, 154, 166, 167, 174, 175, 188, 198, 199, 203–205, 209, 215, 222
Gerichtsbarkeit: S. 10, 11, 23, 32, 35, 66, 68, 84, 92, 97, 103, 104, 107, 110–112, 114, 115, 117, 120, 132, 140, 146, 162, 175, 176, 201, 206ff.
Grenzen, Grenzkonflikte: S. 35, 91, 92, 107
Grundherren: S. 11–16, 20–23, 27, 28, 31, 32, 36, 88, 124, 140ff., 177, 199
Grundherrschaft: S. 22, 28, 90, 92, 107, 120, 140ff., 188, 189, 199, 204, 212
Gugler: S. 92, 160
Haushalt: S. 98, 124, 125, 131, 132, 134, 136, 137, 158, 160
Handwerk: S. 11, 13, 26, 53, 58, 69, 86, 115, 116, 131, 134, 135, 153, 158, 166, 170
Hexen: S. 103, 185–190, 195
Hintersassen: S. 126f., 128, 130, 132, 136, 200, 203, 206, 208, 215
Hörige: S. 13
Huldigung: S. 201, 203–205, 215
Jagdrechte: S. 23, 110
Juden: S. 184, 190–192, 195
Kastvogt: S. 36, 44, 51, 54, 151, 171, 175
Kirche: S. 10, 17, 18, 22, 24–28, 32, 51, 64, 65, 67–69, 88, 94, 97, 120, 124, 146, 150, 156, 166ff., 185, 190, 205, 206, 210, 219
Kirchmeier: S. 35, 171, 172, 174
Kleinstadt: S. 25, 31, 62ff., 70, 97, 98, 108, 112, 113, 115, 124, 148, 205, 217
Klimaveränderung: S. 14, 18, 143, 146, 147, 160

Kloster: S. 10, 14–16, 24–27, 31, 32, 36, 38, 44ff., 59, 63, 75, 84–88, 90, 92, 97, 102, 106, 107, 113, 128, 142–145, 150–153, 155, 156, 158, 161, 166, 172, 175, 189, 190, 198
Konversen: S. 48, 51, 53, 54, 56
Laienfrömmigkeit: S. 166ff.
Landbevölkerung: S. 10, 12, 13, 18, 20, 26, 31, 36, 40, 76, 78, 88, 90, 94, 97, 110, 114, 117, 121, 124, 140, 166, 168
Landesausbau: S. 14, 15, 50, 63, 108
Landesherrschaft: S. 11, 15, 18, 69, 102, 104, 106, 107, 113, 115, 121, 144, 163
Landgrafschaft: S. 16, 20–22, 24, 25, 85, 92, 93, 97–99, 103, 104, 106, 107, 109, 110–112, 114, 116, 117, 121, 122, 132, 188, 209, 211, 215, 217
Landvogt: S. 69, 78, 92–94, 96, 97, 102, 104, 107, 117, 119, 124, 131–134, 144, 150, 188, 192, 193, 200, 217, 219
Landwirtschaft: S. 10, 20, 38, 58, 76, 80, 97, 98, 140, 146, 148
Leibeigene: S. 13, 66, 89, 90, 97, 102, 106, 107, 115, 126f., 128, 130, 132, 140, 200–206, 208, 212
Lepröse: S. 145, 184, 190, 191, 192
Markt: S. 10, 11, 24, 25, 50, 54, 62, 63, 66, 67, 68, 69, 72, 114, 124, 144, 148, 157, 160
Meier: S. 22, 27, 31, 32, 36, 38, 67, 88, 100, 152, 161, 162, 203
Ministeriale: S. 30, 31, 51, 52, 55, 56, 64, 72, 116, 146
Münzrecht: S. 103, 109, 112, 116, 157
Orden (geistliche Gemeinschaften), siehe auch Augustiner-, Benediktiner-, Dominikaner-Franziskaner-, Ritter-, Zisterzienserorden: S. 29
Pest: S. 58, 124, 128, 130, 132, 137, 138, 143, 147, 152, 158, 195
Ritter: S. 10, 13, 30, 34, 36, 38, 40, 45, 52, 55, 84, 85, 103, 109, 116, 128, 146, 156
Ritterorden: S. 45, 47, 144
Rodungen: S. 13, 14, 18, 20, 24, 50, 159, 208
Salz: S. 102, 114, 115
Schriftlichkeit: S. 10, 11, 84ff., 99, 142, 148, 155
Schule: S. 85, 89
Schultheiss: S. 66, 92, 102, 112, 189, 212, 219, 220
Schutz und Schirm: S. 23, 28, 140, 200, 201, 206

Siedlungsentwicklung, Siedlungsform: S. 10, 14, 25, 41, 62
Stadtbevölkerung: S. 13, 26, 97, 103, 140, 146, 152
Stadtgründung: S. 23–26, 35, 62ff., 116
Stände: S. 10, 28, 29, 32, 37, 38, 40, 91
Steuern: S. 85, 86, 87, 88, 102, 103, 107, 115, 125, 130–132, 134, 138, 155, 156, 162, 200, 204
Stiftungen (Seelgeräte): S. 27, 35, 48, 52, 64, 169, 171, 172, 180, 181
Tagelöhner: S. 20, 82, 136, 152, 153, 158, 209
Twing und Bann: S. 12, 140, 214
Umgeld: S. 62, 87, 102, 162, 200
Vogt (Dorf- oder Untervogt): S. 22, 31, 32, 36, 37, 66, 88, 100, 161, 162, 206, 216, 218, 222
Wallfahrt: S. 54–58
Wasserrechte: S. 23
Widerstand, ländlicher: S. 98–100, 188, 198ff.
Wüstungen: S. 20, 64, 65, 67, 162
Zigeuner: S. 184, 192–195
Zisterzienserorden: S. 44, 45, 47, 48, 50, 52–57, 59, 144, 153, 218
Zoll: S. 17, 18, 23–25, 64, 66, 69, 86, 100, 102, 103, 110, 114, 117, 122, 192

250 CHRONOLOGIE

	Schweiz	**Wirtschaft**
1450–1500	Freiburg und Solothurn werden Mitglieder der Eidgenossenschaft 1481. Schwabenkrieg, Frieden von Basel zwischen den Eidgenossen und dem Reich 1499–1500.	Erhebung des Gemeinen Pfennigs 1497.
1400–1450	Die Habsburger verlieren den Aargau an die Eidgenossen 1415. Schlacht bei St. Jakob 1444.	Ökonomische Auswirkungen der verschiedenen Kriegszüge 15. Jahrhundert.
1350–1400	Zürich wird fünfter eidgenössischer Ort 1351. Glarus und Zug kommen zur Eidgenossenschaft 1352. Mit dem Beitritt Berns entsteht die acht-örtige Eidgenossenschaft 1353. Einfall der Gugler 1375. Schlacht bei Sempach 1386.	Sigmund III. von Thierstein-Farnsburg erstellt ein Verzeichnis seiner Rechte als Landes- und Grundherr 1372/76. Basel erwirbt Münz- und Zollrecht vom Bischof 1373. Basel erhält Schultheissengericht vom Bischof 1385.
1300–1350	Ermordung Albrechts von Österreich 1308. Schlacht bei Morgarten 1315. Luzern wird vierter eidgenössischer Ort 1332.	Klimatisch ungünstige Zeit mit kalten Wintern, Hungersnöte, schlechte Ernten 1303–1328.
1250–1300	Aussterben der Grafen von Kyburg, es erben die Grafen von Habsburg, in der Waadt die Savoyer 1264. Bündnis von Uri, Schwyz und Unterwalden 1291.	Laufen wird Stadt 1295.
1200–1250	Aussterben der Grafen von Zähringen, ihr Erbe treten die Grafen von Urach, von Kyburg und von Habsburg an 1218. Zahlreiche Stadtgründungen 13. Jahrhundert.	Bau der Basler Rheinbrücke 1225. Liestal und Waldenburg werden Städte 2. Viertel des 13. Jahrhunderts. Allmähliche Entstehung der Dreizelgenwirtschaft in Baselland nicht vor dem 13. Jahrhundert.
1150–1200		
1100–1150	Mit Freiburg im Breisgau entsteht in der Region Basel die erste neue Stadt 1120. Wormser Konkordat beendet Investiturstreit 1122. Die Grafen von Zähringen gründen Rheinfelden 1130.	
1050–1100	Ausbruch des Investiturstreits 1075.	
1000–1050		Bevölkerungszunahme, Landesausbau 10.–13. Jahrhundert. Bau früher Burgen wie zum Beispiel der Riedfluh, Ödenburg, Alt-Thierstein 10. bis 11. Jahrhundert.

Gesellschaft / Kultur	Politik
Pestzüge am Oberrhein 1451, 1463, 1474/75, 1494. Gründung der Basler Universität 1460.	Basel erwirbt die Herrschaft Farnsburg und die Landgrafschaft im Sisgau 1461. Bischof konstituiert die Herrschaft Zwingen 1462.
Pest am Oberrhein 1418/19. Konzil von Basel 1431–1449. Erste Hexenverbrennungen in der Region Basel 1444.	Bischof erlangt das jahrzehntelang verpfändete Birseck zurück 1439. Adelskrieg gegen Basel 1443–1449. Basel arrondiert sein Territorium auf der Landschaft, 15. Jahrhundert.
Basler Erdbeben zerstört einige Burgen auf der Landschaft 1356. Entstehung der zweiten jüdischen Gemeinde in Basel 1362. Flucht der Juden aus Basel 1399. Pogrom und Vertreibung der Juden aus Basel 1349. Pest 1349.	Landgrafschaft Sisgau gelangt von den Frohburgern an den Grafen von Thierstein-Farnsburg 1366. Die Grafen von Thierstein-Farnsburg und von Habsburg-Laufenburg halten als Inhaber der Landgrafschaft in Sissach den letzten gemeinsamen Landtag ab 1367. Böse Fasnacht in Basel 1376. Bischof verkauft die Ämter Liestal, Homburg und Waldenburg an die Stadt Basel 1400. Verkauf der Herrschaften Liestal und Neu-Homberg an den Bischof von Basel 1305. Aussterben des Geschlechts Neu-Homberg 1325. Beteiligung der Zünfte am Regiment in Basel 1337.
Erdrutsch zerstört Onoldswil 1295.	Konflikt zwischen Rudolf von Habsburg und dem Basler Bischof 1271–1273. Heirat Ludwigs I. von Neu-Homberg mit Elisabeth, Erbtochter der Grafen von Rapperswil, um 1282. Graf Volmar IV. von Frohburg muss wie schon sein Vater die bischöfliche Lehenshoheit für Waldenburg und Olten anerkennen 1295.
In Olsberg entsteht das erste Zisterzienserinnenkloster in der heutigen Schweiz, um 1230.	Die Grafen von Homberg sterben in männlicher Linie aus 1223. Heirat der Erbtochter Ita von Alt-Homberg mit Hermann IV. von Frohburg zwischen 1241 und 1250.
Neubau des Basler Münsters 1185–1225.	
Gründung Beinwils um 1100. In Lucelle entsteht das erste Zisterzienserkloster im Raum Basel 1123/24. Frohburger besetzen den Basler Bischofsstuhl 1133–1179. Kloster Schöntal erstmals erwähnt 1146.	Die Zähringer, Erben Rudolfs von Rheinfelden, erhalten vom Kaiser die Vogtei des Klosters St. Blasien zugesprochen 1125. Das Bistum Basel wird für diesen Verlust mit Herrenhöfen in Laufen und Oltingen BL, Villnachern AG und dem elsässischen Sierenz entschädigt 1141.
	Die Witwe Kaiser Heinrichs III. ernennt Rudolf von Rheinfelden, Graf im Sisgau, zum Herzog von Schwaben und verspricht ihm die Hand ihrer Tochter Mathilde 1057/59. Die Kaiserin hält in Basel einen Reichstag ab 1061. Herzog Rudolf von Rheinfelden nimmt im Investiturstreit Stellung für den Papst und gegen seinen Schwager König Heinrich IV. 1077. Zum Gegenkönig gewählt, bleibt Rudolf politisch erfolglos und stirbt nach der Schlacht an der Elster 1080.
Neubau der Liestaler Kirche St. Martin um 1000. Einweihung des Basler Münsters 1019.	Stadt Basel geht ans Reich als Sicherheit für die Designation Kaiser Heinrichs II. zum Nachfolger König Rudolfs III. in Burgund 1006. Verhandlungen in Muttenz und Basel zwischen Rudolf III. und Kaiser Konrad II. über die Erbfolge in Burgund 1027. Letzter König von Burgund stirbt 1032. Angliederung des Burgunds ans Römische Reich 1033. Kaiser Konrad II. übergibt Burgund seinem Sohn Heinrich III. 1038. Bischof erhält von König Heinrich III. Grafschaftsrechte im Sisgau 1041.